Yuqing "Tour – Livable Farmhouse" and the
Economic Innovation Mode of Agriculture,
Farmland and Farmers in China

北京盛方咨询集团
文化旅游经济丛书

余庆旅居农家与中国三农经济创新模式

许豫宏　贾伟　汪海涛　编著

北京·旅游教育出版社

序1

余庆县新一届领导班子自上任以来的十个多月时间里,对余庆县经济发展做了艰辛探索,就如何推动"三农经济"创新发展,推进县域经济做强做大做活,进行了反复研究和论证,并针对县域产业发展现状和产业发展未来进行了多层面、全方位的反复调研、探讨。围绕这些难题,我们希望能从"四在农家"的突破发展上找抓手,真正使农民在生活条件改善的基础上,进一步实现产业创新,推动传统农业走向现代农业、文化农业、高效农业,驱动经济模式从传统"三农"走向"新三农"经济模式。由此,我们与盛方咨询的专家团队共同探讨出"四在农家"的升级模式——"旅居农家"模式,在余庆县十多年"三农"发展科学实践的基础上,以"旅居"为核心理念,推动产业体系构建和新型城镇化发展,并将其作为县域经济发展的核心抓手,以此联动各乡、各镇,协调各项产业政策,整合各个行业优势,开创县域经济大繁荣大发展的大好局面。

如今,基于余庆县实践基础和发展现状,指导余庆未来社会和经济全面繁荣发展的创新理论体系即将付梓出版,我们倍感欣慰,此书既是对余庆县十余年"三农"问题探索的高度肯定和总结提炼,也为我们下一步经济社会转型发展,走向共同富裕提供了创新、务实、科学、可持续的发展战略思路。在此,谨希望"旅居农家"创新体系,能够为新时期中国"三农"经济发展提供理论基础和实践经验。

"旅居农家"理论体系,是基于"四在农家"科学实践的成功,在国内外经济社会环境日新月异之际,我们班子深深意识到"四在农家"面临转型升级的历史机遇,而与专家共同谋划的新模式。余庆县"四在农家"系统工程在历届市委、市政府领导班子的引导、带动、支持、鼓励下,在历届县委、县政府的坚持、创新、探索下,经过全县人民十多载的艰辛努力和务实探索,取得了喜人成绩和伟大胜利,引发了社会的广泛关注和学习借鉴,余庆县农民的人居环境、生产生活条件和精神面貌都得到极大改善,农民幸福指数得以显著提高。而在新的经济环境下,余庆县老百姓依然干劲十足,保持着强烈的"奔小康、求富裕"奋斗精神。对于我们而言,如何引导全县人民向更高层次迈进,是本届领导班子服务全县的重要课题。在做了基于如下三点的思考之后,"旅居农家"的理论体系逐渐浮出水面。

第一点,"四在农家"面临转型升级的历史机遇。

新时期,党和政府继续重点关注"三农"问题及民生发展,党的十八大提出"解决好农业农村农民问题是全党工作重中之重,城乡发展一体化是解决'三农'问题的根本途径……增强农业综合生产能力……构建集约化、专业化、组织化、社会化相结合的新型农业经营体系";2013年中央一号文件明确提出"鼓励社会资本投向新农村建设"、"鼓励发展乡村旅游和休闲农业,推动农村生态文明建设"及"鼓励扶持家庭农场发展"等要求;2013年中央经济工作会议做出"创新农业经营体制,加快调整产业结构"的战略部署;贵州省委赵克志书记也于近日明确做出"打造100个特色小城镇,建设100个农业产业化的示范园区,以扶贫方式推动农业产业化的结构调整"的全省经济发展战略部署。

在此背景下,响应中央号召,顺应时代潮流,在"四在农家"全面发展的基础上,探索余庆县产业经济发展新模式,推动余庆全县农业产业升级,壮大综合产业经济,带动全县农民走向小康,打造农业中产阶级具有了现实的可行性。

第二点,"四在农家"有巨大的发展空间和发展潜力。

目前,"四在农家"确确实实地极大改善了全县绝大多数农民的生活条件和生存状况,但是如何依托"四在农家"的优势基础,以新产业融合的视角,让"四在农家"成为对接市场旅游消费群体的休闲产品,从而根本上解决农民收入问题、产业发展问题,是"四在农家"应该进一步着重挖掘的潜力所在。形成这一思路主要基于以下四方面原因:一是,"四在农家"已经具备了发展休闲产业的资源基础,却缺少一个从资源走向产品的过程;二是,"四在农家"不仅可以成为本地百姓生活生存的基地,也可以成为外来游客乡村旅游度假的全新的产品;三是,通过"四在农家"的集中连片打造,形成田园式居住和城市化配套服务,不改变田园居住方式,实现城镇化的公共服务配套,形成人们可消费、可体验的生活方式;四是,虽然"四在农家"取得了喜人成绩,极大改善了民生状况,但目前资源与产业、农民与市场之间的渠道仍未畅通,还有很大的产业提升和市场开拓空间。

第三点,余庆的县域经济模式到了创新发展的新时期。

余庆县目前已经有了一定的产业发展基础,烤烟、茶叶、粮食、果蔬等产业都已经有了一定规模,目前余庆正处于确定未来县域经济发展模式和城镇化发展路径的历史关键点。而对于余庆县域经济发展而言,面临着两大重要课题:第一是如何对现有产业进行提升;第二是如何整合现有产业体系,创新产业体系。余庆县域经济绝不能是单一的发展,也不能是简单的富农富民的结构,而是要从"资源主导型"转变为"产业主导型"、"旅游导向型"、"综合发展型"经济,以整合资源、产业融合的发展思路,驱动全县经济走向综合发展、可持续发展。

"旅居农家"作为新时期全县领导班子带领全县人民全面走向小康的执政纲领,是"四在农家"的升级与转型,是激活全县产业要素、构建全县产业体系、探索全县新型城镇化发展的新模式,其内涵主要体现在如下三个方面:

一、主客共享，是"旅居农家"的出发点与归宿点

"旅居农家"，是在"四在农家"发展成熟之际，基于对休闲经济时代市场需求变化的认知，基于对余庆"建设大交通、构建大旅游、实现大发展"的战略思路的深化落实，而探索的全县产业经济发展路径的新模式。

其核心内涵是以依托"四在农家"的优势基础，以提升旅游服务功能为导向，构建既服务于本地居民又可服务于外来游客的功能更加完善、主题更加突出的主客共享农村发展新模式。其本质是瞄准大都市市场人群追崇田园生活、山水旅游、怀旧农耕的时代需求，为远道而来的游客提供旅游产品，让外来游客找到"回家"的感觉并真实体验余庆风土人情、风味美食、风景田园，倡导和满足城市居民回归自然、回归乡野、回归自我的生活方式。

二、"四净六化"，是"旅居农家"的特征表现

"四净"是指土净、水净、气净、食净。"土净"是指能够为外来游客提供怀旧农耕体验的田地；"水净"是指游客所接触的水体景观、饮用水等水资源的干净卫生；"气净"是指空气洁净，能够为游客远离城市呼吸自由空气提供条件；"食净"是指为游客提供健康美味的饮食，饮食从源头抓起，确保做到有机生态无污染。

"六化"是指"农家故事化、设施宾馆化、服务标准化、田园景观化、民俗常态化、价格透明化"等。"农家故事化"是指农家按照本地传说、文化传统等进行故事演绎，采用壁画装饰、墙纸装修、设施改造等形式，增添旅游氛围；"设施宾馆化"是指以宾馆化的服务标准来提升农家的服务设施，如房间电话、宽带服务、24小时热水、数字电视等；"服务标准化"是指制定完善的服务标准，并对本地农民进行培训，符合标准方可接待游客；"田园景观化"是指所有的田园风光、乡间小路按照旅游景观的要求进行景观化的提升；"民俗常态化"，挖掘、整理各乡村的特色民俗活动，将民俗常态化，游客到此可以深深感受各乡村民俗；"价格透明化"，农家对游客的饮食、居住、购物等服务按照县政府统一标准进行统一制定，严禁价格欺骗等行为发生。

三、"双圈服务体系"，是"旅居农家"的重要支撑

全县域推进"四在农家"向"旅居农家"升级，关键在于以"双圈服务体系"提升"四在农家"，即"旅游综合服务＋城镇公共服务"的双圈体系，其中，旅游综合服务包括：游客接待服务中心、消防医疗救护服务、环卫设施服务解说、导示牌服务、安全保障服务、旅游购物服务；城镇公共服务包括：保健卫生服务、科普文化服务、便民商业服务、老年残障服务、安全安保服务、卫生环保服务等。通过"双圈服务体系"建设，统筹农家物业的功能改造，统筹道路交通系统的谋划，统筹农业与旅游业融合，统筹体育与

旅游业融合,最终实现"四在农家"向"旅游农家"、"休闲农家"转型升级。

最后,余庆"旅居农家"经济发展新模式,将是一项推动余庆县域产业结构优化、提升余庆综合产业经济实力的发展工程、引擎工程,也是一项关乎全县居民福祉、提升幸福指数的民心工程、民生工程,是对遵义红色革命精神的传承和弘扬,也是余庆人民对现实和未来的慎重思考。让我们秉持一颗虔诚之心、长远之心、期待之心,共同努力、共同祝福、共同见证。

余庆县委书记　舒存水
余庆县县长　谭　诤
联合执笔于余庆
2013 年 4 月 20 日

序 2

与余庆结缘,是偶然的一次机会。

与余庆县现任的谭净县长相识相知,并且通过她结识余庆县委舒存水书记,进而通过连续的规划咨询共同推进县域经济发展,实现专家与政府共赢,那就是进行过深思熟虑、多次多维度谋划策划的事情啦。

作为余庆县域经济发展的顾问专家,曾经无数次莅临这个云贵高原的偏远地方,感悟过这个地区的领导和百姓那种质朴与深沉,感受过这个多民族高度融合地区的风情与民俗,感叹到这个地区的追求发展积极探索的欲望与自觉,感慨到这个地区的山水人文历史传承的伟岸与高远。以至于自己心里有一种"来了不想离开,离开还想来"的茫然,同时兼具"其实不想走,其实是想留"的惆怅。不仅仅是人文情怀吸引牵挂的原因,更是有一种想身临其境共同参与其中成为一分子的默念。回到北京,这种魂牵梦绕的感觉更加的熬人,更加的真实,更加的潮涌。以至于希望用一个词来表达自己的真情实感与真挚愿望,思前想后,反复咀嚼,终于得到一个自认为恰当的词——旅居。

旅居之于余庆,自身感觉至少可以用"十全十美"来代表都市居民不断往来并且养生生活永恒的奢求。其中的"十全"包括全类型资源、全空间体验、全季节气候、全交通覆盖、全城镇乡村、全健康修复、全生态环境、全景观意境、全慢行生活、全安全秩序,这其中的"十美"包括山美、水美、土美、食美、梯田美、花美、树美、植物美、动物美、风情美。这种意境是旅居生活必须和必要的组成部分,不可或缺,不可脱离。正如县委舒存水书记所比喻的,没有来余庆工作之前,曾经多次来过余庆,并没有感觉有什么特别,但是,来到余庆工作,多次下乡调研,密切接触百姓,很快地热爱上这片土地,深入地思考如何发展这片土地,让农民过上更好的生活。

旅居之于盛方,自身感觉也可以用山水使然、人情似然、精神实然、生活释然来表达我的智业团队追求。城市居民的福气在于追求原真与生态的旅游生活方式,外出游客的底气在于崇尚脱离城市与世外桃源的田园生活方式,盛方专家的责任在于创意一种意境与创新一种模式的区域经济格局。为此,十年时间的研究探索,千余项目的顾问经验、诸多案例的运营总结,盛方团队先后在全国区域勤于实践、默默耕耘、积极探索,不仅形成了"盛方旅居"的理论体系,更指导顾问了很多成功的旅游经济、旅游地产开发案例。

盛方之于余庆,余庆之于盛方,是一种双赢的合作,种种机缘和巧合都永远存储于人生百年的斗志与境界,在寻求区域经济发展的突破口时,书记县长不约而同地提出了"四在农家"走过十年,应该到了产业提升形成旅游产品的时代啦。正如县政府谭诤县长说的,"四在农家"体现的是政府关怀民生、领导关心百姓的执政理念,改变的是农民的生活环境、居民的生活条件,目前本届政府的任务就是在党委领导下,在"四在农家"发展成功模式的基础上,找到农民走向小康、走向富裕、走向新产业的路径,找到农民不离家乡赚大钱、不离土地多赚钱、不离农业赚多钱的办法。——这就是旅居农家创新发展模式的思路由来。

谈到旅居农家,总结起来可以用"三游四闲七融合"来表达规划发展路径。"三游"是指山水自然生态旅游、人文民俗风情旅游、乡村农家田园旅游,"四闲"是指休闲生活在农家、避暑度假在农庄、农耕怀旧在农园、健康养生在农田,"七融合"是指农业要融合旅游、农村要融合文化、农民要融合科技、农庄要融合地产、农居要融合卫生、农田要融合艺术、农品要融合商业。以此来实现旅居农家作为旅游产品升级换代发展与区域经济模式的经典抓手,这是一种现实而理想博弈的结合体,这是一种城乡统筹与一体化发展的创新体,这是一种旅游景区到旅游度假区的创意综合体。

旅居农家成为专家创意的精彩与经典,要感谢余庆县委舒存水书记、县政府谭诤县长的共同创意,要感谢余庆县党委、政府、人大、政协领导和各级各部门同人的共同参与,要感谢余庆县白泥镇、小腮镇、龙溪镇、龙家镇、松烟镇、构皮滩镇、大乌江镇、关兴镇、花山苗族乡、敖溪镇十个乡镇的党委政府各位班子成员,正是位居第一线的工作领导务实探索并提出诸多的意见与建议才使得旅居农家的方案创意得以完善。与此同时,还要感谢多年来跟随我南来北往、同甘共苦、加班加点的盛方咨询的同事们、专家们,更要感谢旅居农家规划设计项目组的所有成员,包括李玲、方淳、贾伟、赵明哲、徐婉苏、张杨、汪海涛、贾丽萍、刘璐、陈雷、钟乙歌、张海燕、崔宴芳、赵倩男、申洪常、张书亮、彭帆、彭清、时蕊、史静、王伟等,其夜以继日的奉献与大胆新颖的创意都将伴随中国旅居生活方式的创造成就而走向个人的成熟与成功。

旅居作为旅游生活方式的创意一定会成为游客未来向往的旅游产品。

旅居农家作为新时期余庆县社会经济发展创新模式,包括"四在农家"实践、"旅居农家"创意、"旅居产品"创新、"旅居经济"创立、"旅居城镇"创建的五重内涵。"四在农家"是基础,是全面改变乡村面貌、提升农民幸福指数的历史创举;"旅居农家"是核心,是以旅游业驱动农民生存生活方式转变的核心抓手;"旅居产品"是引擎,是构建余庆县旅游产业核心吸引力、支撑"旅居农家"发展的动力所在;"旅居经济"是灵魂,是以旅游为引领,全面推动综合经济转型升级的手段;"旅居城镇"是归宿,是以旅游引领城乡统筹,实现城乡一体化共融发展的新型城镇化战略模式。旅居农家作为余庆"三农经济"的创新与创造一定会福泽游客、福泽三农。

余庆旅居农家作为官员与专家联手共建的区域经济模式一定会成功。

笔者会不断努力,笔者也热切期待。

许豫宏于余庆构思
于北京成文
2013 年 4 月 23 日

目　录

第一章　"三农"的中国现象 ………………………………………… 1
　　第一节　"三农"及其内涵 ……………………………………… 1
　　第二节　"三农"问题的具体表现 ……………………………… 3
　　第三节　"三农"问题的成因 …………………………………… 6

第二章　"三农"的国家探索 ………………………………………… 14
　　第一节　国家解决"三农"问题的探索和成就 ………………… 14
　　第二节　新时期"三农"新挑战 ………………………………… 26
　　第三节　解决"三农"问题的路径探索 ………………………… 30

第三章　内源式破解"三农"的余庆模式 …………………………… 35
　　第一节　余庆县概况 …………………………………………… 35
　　第二节　余庆县"三农"状况 …………………………………… 39
　　第三节　余庆"三农"探索历程 ………………………………… 42
　　第四节　"四在农家"走向"旅居农家" ………………………… 51

第四章　"四在农家"实践 …………………………………………… 55
　　第一节　"四在农家"的定义和内涵 …………………………… 55
　　第二节　"四在农家"缘起 ……………………………………… 57
　　第三节　"四在农家"发展历程 ………………………………… 59
　　第四节　"四在农家"运营机制 ………………………………… 63
　　第五节　"四在农家"重大成就 ………………………………… 68

第五章　"旅居农家"创意 …………………………………………… 91
　　第一节　旅居农家的定义与内涵 ……………………………… 91
　　第二节　旅居农家标准与规划方案 …………………………… 93
　　第三节　旅居农家的保障机制 ………………………………… 104

第六章 "旅居产品"创新 ············ 114
  第一节　产品开发基础 ············ 114
  第二节　产品市场分析 ············ 128
  第三节　产品体系设计 ············ 142

第七章 "旅居经济"创立 ············ 152
  第一节　产业发展基础 ············ 152
  第二节　产业发展战略 ············ 161
  第三节　传统产业提升 ············ 168
  第四节　创新产业落地 ············ 178
  第五节　产业运营策略 ············ 192

第八章 "旅居城镇"创建 ············ 197
  第一节　新型城镇化国家战略 ············ 197
  第二节　旅居城镇化创新模式 ············ 206
  第三节　旅居城镇发展战略 ············ 213
  第四节　旅居城镇保障措施 ············ 224

第九章　旅居政策体系 ············ 228
  第一节　指导性政策、文件 ············ 228
  第二节　农业专项政策 ············ 240
  第三节　旅游开发的资金政策 ············ 246
  第四节　基于"旅居政策"的土地运作策略 ············ 255

参考文献 ············ 259

后　记 ············ 265

第一章 "三农"的中国现象

第一节 "三农"及其内涵

一、"三农"定义

"三农",是农民、农业、农村的总称。这三个词的存在和使用,均有着数千年的历史,然而,将这三个概念结合起来,合称为"三农",反映了特定历史条件下,中国政府和社会各界对特定问题的高度重视,有着特殊的时代意义。

其中,农民,是指长时期从事农业生产的人,在中国,特指从1958年1月9日,新中国第一部户籍制度《中华人民共和国户口登记条例》颁布、确立了一套较完善的户口管理制度以后,拥有农村户口,与城市居民形成对称的"二元"国民结构的群体。

农业,是指以土地资源为生产对象的部门,是通过培育动植物生产食品及工业原料的产业。农业属于第一产业,是二、三次产业的基础产业,研究农业的科学是农学。农业是居民生存的原产业,是农民繁衍的主产业。

农村,是指不同于城市、城镇的"从事农业的农民聚居地,以从事农业生产为主的劳动者聚居的地方"。农村是相对于城市的概念,指农业区,有集镇、村落,以农业产业(自然经济和第一产业)为主,包括各种农场(包括畜牧和水产养殖场)、林场(林业生产区)、园艺和蔬菜生产等。与人口集中的城镇相比较,农村地区人口呈散落居住的特点。

由此可知,农业是农民从事的产业、赖以为生的主业,农村是农民生产生活场所、精神的家园,农民、农业、农村三者构成了一个包含了主体与客体、自然与社会、人与环境的完整而又相互独立的统一体。按照马克思主义"以人为本"的思想,农民是"三农"的根本,是"三农"研究的核心。

二、"三农"问题定义

一般情况下,提及"三农"时往往与"问题"联系在一起,成为一个复合词组,即"三农"问题。"三农"问题是农民问题、农业问题、农村问题的总称,三者之间既有着密切的联系,也有本质的区别,在一定条件下相互交织着矛盾。

其中,农民问题,主要涉及农民身份和社会地位、农民待遇、农民的市场组织化程度、农民就业状况、农民收入、农民负担、农民权利、农民利益、农民生活状况、农民劳动力素质、农民各项社会保障、农民意愿的表达和疏导、农民和城镇(市)之间的关系、农民工生存状况、农民工收入、农民工社会保障、新生代农民工状况等。

农业问题,主要涉及农业的经济结构、农业的市场竞争力、粮食综合生产能力和粮食安全、农业的投入和扶持、农业产业化经营、农副产品质量安全体系、农业社会化服务体系、农业科技创新和进步、农业科学技术推广、农产品深加工、农产品仓储流通、农产品市场体系等。

农村问题,主要涉及农村土地利用,农村基础设施建设,农村经济结构调整,农村文化、教育、卫生、体育等事业发展,农村市场消费状况和市场建设,农村信贷与金融市场,农村保险事业,农村社会保障,农村富余劳动力转移,农村村容村貌,农村集体经济,农村土地承包经营权流转和规模经营,农村经营体制创新,农村税费改革,农村计划生育,农村基层政权建设和村民自治等。

由此可知,解决"三农"问题的核心是解决农民增收增权、农业增质增效、农村增稳增强的问题。

三、"三农"的中国特性

"三农"问题及其形成的理论体系是中国所特有的,因为在西方发达国家,一般没有"三农"问题的说法,国外的研究往往是就农民问题、农业问题、农村问题的单项研究,并未形成"三农"问题的理论体系[①]。

中国的"三农"问题是国家工业化、现代化进程中城乡经济社会变革不同步造成的结构偏差问题,现已构成当今中国改革与发展、全面建设小康社会的最大难题。农民、农业、农村这三方面的问题相互交缠在一起,彼此之间紧密依存,任何单一问题的解决,都有可能因其他问题尚未解决而出现反复[②]。可以说,中国"三农"问题的复杂性、严重性和化解的艰巨性,堪称世界之最,也是世界唯一。如何系统、全面、彻底地解决好"三农"问题,是党和国家全部工作的重中之重。

---

① 陆学艺. 中国"三农"问题的由来和发展[J]. 当代中国史研究,2004(3):4-15.
② 陆学艺. "三农"新论:当前中国农业、农村、农民问题研究[M]. 北京:社会科学文献出版社,2005:2-3.

第二节 "三农"问题的具体表现

一、农民问题表现

农民是农业和农村存在和发展的主体，是农业和农村发展的决定性力量，正如前文所述，农民问题是"三农"问题的核心。当前，农民问题的表现和特征概括起来，就是农民的"多、穷、弱、苦"，由此社会各界普遍认为农民是弱势群体。"农民多"是指中国农村人口的数量和占总人口比重一直很大；"农民穷"是指农民的收入渠道有限、收入水平低下，导致消费能力低下，城乡差距不断拉大，生活状况很难一时改变；"农民弱"是指农民的经济、政治和社会地位弱，农民的组织化程度低，农民抗风险能力弱，农民利益容易受损；"农民苦"是指农民社会保障缺乏，农民权利匮乏，农民劳动时间长、安全条件差，缺乏社会保障，职业病和工伤事故多，被社会认可度低。具体表现如下：

（一）农民人口众多

中国是一个农业大国，农民人口数量庞大是产生"三农"问题的主要原因。国家统计局最新发布的数据显示，截至2012年年末，中国大陆总人口135 404万人，其中城镇人口71 182万人，比上年末增加2 103万人；乡村人口64 222万人，比上年末减少1 434万人；城镇人口占总人口比重达到52.57%，比上年末提高1.30个百分点。全国非农业户口人口所占比重达到35.29%，农业户口人口比重高达64.71%。

农民人口众多，人均占有土地面积小。与美国相比，美国农民人均耕地200亩，与日本相比，日本农民人均耕地30亩，而我国农民人均耕地1.35亩（2011年国土资源部数据），人均土地资源相差如此悬殊。农民人均占有生产资源要素少是农民问题难以在短期内彻底解决的重要原因。

（二）农民收入较低

农民收入低主要表现在农民收入渠道少，收入增长缓慢，收入稳定性差。(1)收入渠道少。是指农民收入增长的绝大部分来源于农业产量的增加，受到农业产量产值的影响很大；(2)收入增长缓慢。改革开放以来，农民收入总体上处于增长的态势，但随着物价上涨、生产要素价格上涨而显得增幅非常不明显；(3)收入稳定性差。从长期趋势来看，农民收入处于增长态势，但由于农民的抗风险能力弱，改革开放以后，出现过停滞增长和持续下跌的趋势。

（三）农民地位不高

农民地位不高是指农民在整个社会发展和经济活动中，始终处于弱势地位，甚至在很长一段时间内,享受着差别化的国民待遇。这一点从实质上看,是城乡"二元结构"造成的,这种二元结构不仅造成城乡贫富差别,也使农民长期以来负有一种自卑感。长期以来,国家在资源分配上不仅倾重于城市,使得农村长期缺乏发展要素,"金融剪刀差"、"土地价格剪刀差"、"农产品价格剪刀差"、"劳动力价格剪刀差"也使农业长期处于亏损状态。长期的"剪刀差"把农村剪得十分贫穷,发展停滞不前,也让法律难以扎根生长,发挥应有的作用。城乡二元结构还使农民一直沦为弱势群体,农民的生存状况和人权状况无法得到改善。在中国,他们的分量太轻,声音太弱,很难充分表达自己的意志、愿望和要求,含冤负屈之下,难以得到司法救济。司法人员常蔑视农民的生命价值和平等的生命权利。城乡二元制导致城乡差距越来越大,穷人越来越多,犯罪率越来越高,冤假错案时有发生。农民缺乏应有的社会地位,新时代农民工被边缘化,权利缺乏。

虽然农民可以通过各种途径进入城市,但地位仍然很低,"人在城里,却还叫农民"[①]是农民阶层现实中最大的无奈。

(四)农民生活艰苦

农民收入不仅是相对值的低下,也是绝对值的低下。长期以来,城乡居民收入差距一直较大,是农民生活艰苦的主要原因。主要表现在:(1)农民可支配收入低。导致消费能力低,农民收入虽然在逐年增长,但农民还要考虑农业的投入等问题,导致农民能够自由支配的收入较少。(2)农民的负担较重。一方面,虽然党和中央政府采取各种措施减轻农民负担,特别是2004年农业税减免政策出台,让农民负担减轻了不少,但个别地方"令不行禁不止",依旧变换花样增加农民负担,存在着多种巧立名目、变换花样的乱收费、乱罚款的现象,由此引发的农民上访事件时有发生;另一方面就是政府改革力度不够,目前有些基层政府还存在机构膨胀、人员冗余的现象,无形中增加了农民的负担。(3)农民享有的权利仍然不够。改革开放以来,党和政府通过多种措施增加农民的权利和福利,但由于长期历史原因,农民的各项权利仍然不足,农民的医疗、养老、保险等各项福利制度相比于城市居民,尚显不足。

二、农业问题表现

农业问题主要表现为以下几点。

(一)农业缺乏竞争优势

横向比较,我国农业与国外规模化种植农业无法比较;纵向比较,农业产业与第二产业、第三产业,无论是在产值、附加值还是抗风险能力等方面均不具备优势。

---

① 吴敬琏. 土地城市化速度比人高一倍,人在城里还叫农民[N]. 21世纪经济报道,2013-04-08.

(二)农业的抗市场风险能力弱

农业属于高度分散的小农经营,社会化的大市场对于农业经营主体而言是一种难以驾驭的力量,使得市场信息高度不透明,信息的不对称严重地困扰着农业的稳定发展,而且随着农业生产能力的提高,这一问题变得日益突出。由于缺乏有效的市场指导,全国绝大多数地区尚未建立起农业产业化运作模式,导致农产品流通成本高,农民缺乏甚至没有议价权。"菜贱菜贵都伤农"的现象时有发生。

(三)农业科技总体水平还不高

目前农业生产研究中,低层次、模仿式、跟踪式,甚至重复式研究还较多,科研的市场转化率低,类似杂交水稻、黄淮海综合治理等重大成果多年少见。我国50%以上的生猪、蛋肉鸡、奶牛良种,90%以上的高端蔬菜花卉品种依赖进口。

(四)农技推广服务不足

我国农业科技推广服务尚显不足,特别是基层农技推广体系尚未完全确立,还存在许多突出问题,如管理体制不顺、运行机制不活、经费投入不足、条件建设薄弱、人员素质不高等,推广能力落后于生产和农民需要,导致农业生产很难达到高科技水平。

(五)农业生产融资困难

农业经济没有形成规模化的经营,加上基础设施差,难于容纳较多的金融资金。目前我国的农业体制主要是家庭联产承包责任制,在我国现行融资体制下,这种经营方式只能容纳少量的小额农贷资金,很难支撑"大农业"的发展。

(六)农业科研缺乏领军人才,基层农技人员年龄老化问题突出

此外,大量农村青壮年劳动力流向城镇(市),使得农村甚至出现"无人种地"、"无人养猪"等严峻问题。

三、农村问题表现

农村是农民生存的聚落,农村问题主要表现在以下几个方面:

(一)农村土地流转

由于我国《土地法》规定,农村土地属于村集体所有,这就很容易导致土地承包经营权流转不规范,少数流转后的耕地缺乏保护或存在被非法侵害等现象,由此而引发农村土地流失、耕地非法变性等问题,使得原本就紧张的农村"人地"关系更加紧张。

(二)农村公共服务

由于长期以来城乡"二元结构"导致农村公共服务迟迟未能全面建立,卫生医疗服务、社会保障服务、公共文化服务、公共交通服务、社会管理服务、科技推广服务等在许多地区还存在空白,有些已尝试建立这些服务的地区,也没有严格的标准,服务水平参差不齐。

(三)农村民主建设

农村民主建设是确保农民能够享受国家规定的各项权益的重要保障。目前,我国农村民主建设尚不完善,侵权事件时有发生,村委会和村内事务得不到有效监督、村民会议召开存在随机性,村务不公开或公开欠真实,导致基层在落实国家对农业和农村的投入和扶持过程中,缺少监督,存在违规使用的现象,严重损害农民的利益。

(四)农村文化建设

随着经济快速发展,农民物质生活水平日益提高,但相对应的农民文化生活水平却提高缓慢。农民对文化生活的投入非常有限,多数农民每年用于订阅书刊、看戏、看电影的支出几乎为零,精神文化生活相对较少。农村文化建设落后于城市文化建设,特别是农村基层文化资源严重匮乏,活动形式单一枯燥,缺乏创新。

由于长期以来我国实行城乡二元体制,重城市、轻农村的发展方式,使城市文化日益强化,乡村文化相对衰落。当前社会交流日益频繁,当强势文化进入乡村,乡村原有的淳朴气息很容易被改变,许多非物质文化遗产开始失传或消亡,这一点加剧了农村的不稳定性。

第三节 "三农"问题的成因

"三农"问题是一项错综复杂的问题,其产生的根源同样是错综复杂的,既有内部因素又有外部因素,既有历史因素的长期积淀,又有现实因素的重重约束。多年以来,这些问题一直是国家、政府和整个社会高度关注的焦点,其解决的路径、程度和效率制约着国家经济发展的方式、质量和速度。解决好"三农"问题,是当代国人肩负的重要历史使命,具有巨大而深远的历史意义和现实意义。

根据马克思主义的"因果关系"原理,探索"三农"问题的成因,从中找出对策,是有效、深入、彻底解决"三农"问题,找到最妥当解决路径的关键。

一、制度根源——城乡二元结构限制"三农"发展

"二元经济结构"是西方发展经济学家对发展中国家经济发展结构的理论概括,其代表人物是美国著名经济学家、诺贝尔经济学奖获得者——阿瑟·刘易斯,尽管在刘易斯之后不少经济学家对"二元经济结构"理论与模型进行了多个层面的补充发展,但其基本理论框架大致相似[①]。"二元经济结构"的核心逻辑内涵就是:发展中国

---

① 冯继康,李岳云."三农"难题成因:历史嬗变与现实探源[J]. 中国软科学,2004(9):1-9.

家或地区一般存在着现代发达的工业部门和传统落后的农业部门;由于两个部门之间的劳动生产率水平与劳动边际收益率的显著差异,很容易引起农业部门的剩余劳动力在产业间流动,最终实现"二元经济结构"一元化的终极目标;刘易斯认为,发展中国家一般要经历"以农支工"、"农工协调"与"工业'反哺'农业"等三个不同的发展阶段,在这个过程中,农业剩余劳动力的非农业转移是"二元经济结构"转换的核心内涵与关键环节。

依据刘易斯的理论,我国是个典型的"城乡二元经济结构"的国家。在新中国成立初期,国家为了迅速地恢复和发展国民经济,以最快的速度改变落后贫穷的面貌,实施赶超型发展战略而提出"优先发展工业"的战略方针。于是在20世纪50年代初,我国开始大力推动"工业化"进程,国家结合当时的国情,确立了"城乡二元经济体制":即以"城市、工业、市民"为一元和以"农村、农业、农民"为另一元的"二元"结构体制的"二元"管理模式。国家为了适应工业化战略的需要,全面实行"二元"结构管理体制,为了巩固这种体制以确保经济快速增长,国家通过"统购统销"、"人民公社"和"户籍制度"的"三位一体"的严密计划系统和相应配套政策,人为地割裂农村与城市、农业与非农业的联系,采取"城乡分割、一国两策"的管理模式,确立城市偏向政策,形成城市相对于农村、市民相对于农民的优势地位。其中,"统购统销"制度借助于对农产品市场交易渠道的人为干预保障了国家工业化初期的粮食供应;"人民公社"制度则通过农村土地的集体所有与统一经营管理,在组织上保证了政府对农民与农业剩余的绝对控制;"户籍管理"制度一方面在农村把土地与户口相结合,另一方面在城市把户口与就业、社会保障相结合,严格限制了人口自由迁徙。

"城乡二元经济结构"主要从以下几个方面导致了"三农"问题的生成和发展。

(一)制度本身即从各方面限制"三农发展"

在"二元结构体制"中,国家对城乡功能定位和发展次序计划有着严格的限制和划分:乡村只从事农业生产,城市发展工业及其他非农产业,城市、工业、市民的发展优先于农村、农业、农民,而农业的基本政策含义就是服从于或服务于城市、工业和市民的发展,不能错位或颠倒。在"城乡分治、工农分割"的二元结构体制下,国家主导社会,施行城市偏向的国民经济收入分配政策,在财政、金融等方面明显地向城市偏斜,使各种资源在城乡之间的分配越来越失衡,导致农村、农业、农民的发展远远落后于城市、工业、市民,"三农"问题便自然形成且日趋复杂。

(二)制度以牺牲农业发展机会为城市发展铺路

国家还从农村汲取资金,取之过度,持续时间长,使农村、农业、农民发展失去动力。在"二元"结构体制支配下,国家从农村汲取资金,投向工业化和城市发展。据有关学者统计分析,1952—1989年,国家通过工农产品价格"剪刀差"和税收,从农村中汲取资金7000多亿元(已扣除同时期国家支农资金),超过当时国有工业固定资产原值。到1990年虽然国家工业化资本原始积累阶段已告结束并已进入工业化中期发展阶段,但是国家从农村中汲取发展资金的政策并未改变,1990至1998年,国家通过财政渠道、工农产品价格"剪刀差"和金融渠道,又从农村汲取资金19 000亿元。此外,最近20多年间,出现了国家汲取农村资金的新形式,主要是在征用农民集体所有土地1亿亩的运作中,利用垄断土地一级市场的优势,通过土地价格"剪刀差",从农民手里拿走土地资产收益2万多亿元①。资金是发展的引擎,特别是在发展启动阶段,资金更是不可或缺。国家拿走农业部门的资金,等于牺牲和剥夺了"三农"的发展机会。这一时期,"三农"为国家复兴强大及工业化发展奠定了必要的物质基础,使得我国在工业化初期资本积累不足与有效需求不旺的双重困境下,在较低的国民收入水平的基础上,实现了较快的工业化发展速度,但也导致了农业生产的长期低速增长,阻滞了社会经济的全面进步,并日益加剧了"三农"内部问题的复杂性与难解程度。

(三)二元结构体制下,国家对"三农"支持力度始终不足

"二元结构"体制,导致国家实行城市偏向的财政、金融政策,对农村、农业、农民支持历来较少,造成资源在城乡之间的分配愈加失衡,加大了城乡发展差距。国家公共财政用于"三农"的支出虽然在逐年增加,比例在逐渐提高,从2000年支农资金1298亿元,约占国家财政总支出的8%左右,到2012年的12 286.60亿元,占国家财政总支出的19.16%,但这一数据与欧美等发达国家相比,差距太大。发达国家对农业的支持水平在30%到50%,明显高于我国,就是发展中国家,如泰国、印度、巴基斯坦、巴西等国家也在20%左右。

(四)二元经济结构降低农业生产的积极性

"二元经济结构"强化了城市非农产业的地位,在土地边际报酬递减规律的作用下,农业边际生产力很低甚至为零,加之2004年之前农业所承载的负担较重,这为城市非农产业特别是城市工业创造了无限的廉价劳动力。城乡二元结构的存在,又致使大量农村剩余劳动力无法自由迁徙到城市(镇),只能滞留在农业部门,不仅限制了农业生产效率的提高,而且阻滞了传统农业的转型升级,限制了现代化农业的形成,导致农业长期并仍然停留在简单再生产的层面上。工农、城乡之间的利益结构倾斜使农业生产经营主体必须从微观利益出发,减少对农业的各种投入,缩小其生产经营的经济边界②,从而不可避免地导致了整个农业生产积极性的挫伤,农业产值增长的缓慢,再加上二元经济结构所固有的国民收益分配生产要素配置过程中的"重工轻农"的政策制度倾向,共同导致了农业积极性的持续降低,从而从根本上制约了农村经济的持续稳定增长。

(五)户籍制度的存在长久制约着农民全面发展

户籍制度把国民分成农民和市民,使他们的机会和权益不平等,户籍制度的长期

---

① 牛若峰.中国的"三农"问题:回顾与反思[J].古今农业,2003(4):1-11.
② 冯继康,李岳云."三农"难题成因:历史嬗变与现实探源[J].中国软科学,2004(9):1-9.

存在,使得这种不平等日益加剧。在我国现行体制下,政策安排整体性地不利于农民,农民长期处于被歧视的状态,而且这种歧视伴随着城乡差距的拉大而愈演愈烈。

到目前为止,农民仍然是我国人口的主体,虽然其曾是我国革命的主力军,也是新中国的重要建设者,但农民在政治上和经济上的地位一直不高。相反地,城市居民在政治上和经济上的重要性日益增强。两者的行为能力,对权力和资源的控制能力、机会的把握能力等产生了此消彼长的变化,农民被边缘化的趋势正在加剧。我国的改革并没有因为工业化中期阶段的到来而做出政策的适应性变化和战略性调整,相反,仍然保持和放大了工业化原始积累时期特定条件下的政策扭曲,持续地向城市、工业和市民倾斜[1]。首先,农民享受与市民不平等的政治权力。城市居民对社会和政治生活的参与度要比农民广泛得多,例如,农民选举产生一个人大代表的人数是城里人的4倍,也就是说农民的权力相当于城里人权的25%[2]。其次,农民享受的劳动待遇不公平,享受差异化的国民待遇。伴随着改革开放,成千上万农民进城务工,为城市工业化、现代化发展做出了宝贵的贡献,但是,他们却饱受歧视。一是进城务工受到很多不合理的限制;二是进城务工办证手续繁杂,项目多,收费高;三是劳动条件恶劣,没有安全保障;四是生活异常艰苦,福利保障差,子女入学难,看病医疗难;五是工资水平低,而且常被拖欠扣发,"民工讨薪"事件时有发生。再次,农民享有的社会公共资源较少。一是农民享受的医疗经费长期较少,在2003年国家全面开展"农村合作医疗"前,公共卫生经费用于农村的份额逐年减少。据统计,在1990—2000年间,在农村卫生总费用中,政府投入的比重由12.5%下降到6.6%,2000年,农村人均卫生事业费12元,相当于城市人均卫生事业费的27.6%。二是国家财政用于农村的义务教育经费比重很轻。2000年,全国教育经费为3849亿元,其中用于农村的义务教育经费为919亿元,占全部教育经费的23.9%。农村居民受教育机会不平等,还会造成就业机会、收入的不平等,进而使得"新生代农民"地位先天性不高,导致"三农"问题向下一代延伸。

二、自然约束——农业的天然弱质性

农业的成长和发展,必须依赖于当地水、土、日照、气温等自然资源的配置,自然条件与自然环境对农业生产经营活动起着至关重要的决定性影响,从而形成了无法预测的农业自然风险。正如马克思所说:"经济的再生产过程,不论它的特殊的社会性质如何,在这个部门(农业)内,总是同一个自然的再生产过程交织在一起。"到目前为

---

[1] 余朝晖,曹筱春."三农"问题的主要表现、基本成因和根本对策[J]. 宜春学院学报(社会科学),2004(1):36-40,106.

[2] 牛若峰.中国的"三农"问题:回顾与反思[J]. 古今农业,2003(4):1-11.

止,人类对自然资源的配置,还仅限于大体上适应,微(局)部改善,无法整体改变。在现有科学技术与生产力水平相对低下的条件下,气候与自然灾害往往直接决定了农业生产经营主体的命运。

我国是世界上自然灾害最严重的国家之一,各种突发性的自然灾害往往给农业生产造成巨大的经济损失,具有改善大自然气候作用的森林和植被,也在历史和现实的困境下大部分遭到毁坏,环境恶化程度较高。农业的弱质地位还源于农业生产经营者的主体素质,农民(农业生产经营主体)本身素质不高,导致长期以来,农业生产只能凭借经验,产业科技含量长期很低,导致农业产品缺乏市场竞争能力。由于农业产业禀赋决定了各种生产要素投入农业难以获取社会市场利润,于是在市场利润机制的作用驱动下,农业既没有能力吸纳外部生产要素的持续投入,又难以防范农业内部各生产要素的非农业外流,从而进一步加剧了农业产业的弱势格局①。

农业的天然弱质性还表现在我国农业生产组织程度和农产品的特性上。首先,在很长一段时期内,我国农业生产是以家庭小规模生产为主体,缺乏必要的经济组织,农业组织化程度不高。虽然近几年农业生产组织逐渐增多,规模逐渐扩大,但毕竟受到我国人均占有耕地面积较小的条件约束,农业组织比例有限、影响较小。在信息不完全与信息不对称的双重制约下农业生产只能"听天由命",这在一定程度上大大降低了市场效率,也无法抵御市场风险,同时也弱化了农民利益的谈判地位,加剧了市场波动的风险。其次,农业产品需求的特殊性使得农业在较短的时间内很难迅速扩大生产。加上农产品需求收入弹性不高,必然导致农业生产需求拉力不足与市场竞争力低迷,于是不可避免地会出现农产品市场"供过于求"的状况,进一步加剧了农业的弱势地位。

三、国情之困——人多地少的现实窘迫

土地是人类社会赖以生存与得以发展最不可或缺的物质基础,土地是财富之母,是一切财富的源泉。对于以土地为生的"三农",土地是最大的财富源泉,在国民经济和社会发展、演变与进步中起着至关重要的作用。"国以民为本","民以食为天","食以土为根"。

我国作为农业发展大国,农村土地问题始终是革命与建设的首要问题;人多地少的现实国情,不仅是我国社会经济发展的硬性约束,同时也是"三农"问题生成、发展的基本要素。对此,"三农"问题研究专家温铁军明确提出人地关系高度紧张的基本国情矛盾和城乡二元结构的基本体制矛盾制约的长期存在是讨论中国农业本体论问

---

① 赵凤玉. "三农"问题成因探源[J]. 发展研究,2005(10):41-42.

题的基本前提①。由此可见，"人多地少"的基本国情是长期制约"三农"发展并引发"三农"问题凸显的重要原因。

"人多地少"的国情矛盾主要表现在以下几个方面：首先，土地资源绝对数量与人均占有数量之间的矛盾。一方面，我国土地总面积达960万平方公里，占世界陆地总面积的6.4%，仅次于俄罗斯与加拿大，居世界第三位。但可用作农业用地的面积所占比重较小，我国地形地貌呈现"六山三水一分田"的格局，近年来，沙漠化、石漠化等土地功能退化现象严重，也加剧了"人地关系"的紧张与复杂程度。另一方面，由于我国人口绝对基数的制约，人均土地占有量很小。世界人均陆地面积2.97公顷，我国人均陆地面积0.827公顷。世界人均耕地面积0.32公顷，我国人均耕地面积0.08公顷。在全球26个人口5000万以上的国家中，中国人均耕地占有量仅高于孟加拉国与日本，位列倒数第三②；以我国目前大陆13.4亿人口（第六次人口普查）计算，我国现有耕地面积为18.26亿亩（2012年数据），约占国土面积的14.2%，与美国的19.5%和印度的55.6%相比明显偏低。同时约有1/3的省份人均耕地不足1亩，有666个县人均耕地低于联合国0.8亩的警戒线，有463个县人均耕地低于联合国0.5亩的危险线。其次，耕地数量不足与质量弱化并存。一方面我国耕地总量不足，可以开垦利用的后备耕地资源相对较少，二者相加总和约占全国国土面积的14.2%。同时，耕地质量较差，中低产田比重超过2/3。再次，农村人口绝对增长与土地面积减少的矛盾。近年来，我国人口每年以1000万左右的速度递增，而农村土地却以每年数百万亩的数量锐减，从而形成我国现代化进程中所特有的"人增地减"的尴尬局面。

据资料显示，从1980年到1995年的10多年间，我国耕地净减5万平方公里，超过日本耕地面积的总和③。1998至2010年，全国耕地面积从19.45亿亩减少到18.26亿亩，已逼近18亿亩耕地红线。2011年国土资源部下达全国城市新增建设用地指标只有600万亩，而各地上报国务院的计划高达1500万亩，未来确保18亿亩耕地红线的难度加大。此外，耕地质量不佳。这些因素的存在都使得本来已经紧张的人地矛盾更加突出。导致耕地减少的原因有自然因素与社会因素的影响，但更为主要的引发源在于人为因素，主要表现为：以开发区建设、越权批地、城镇化与非农业发展为特征的土地不合理利用与土地乱占滥用④；以水土流失与过度开发为特征的耕地功能弱化与耕地面积锐减；以耕地污染与有机肥料过度使用为特征的耕地退化与肥力下降。农村耕地的锐减对农业生产的正常发展与国家的粮食安全构成了严重威胁。

---

① 温铁军,董筱丹,石嫣. 中国农业发展方向的转变和政策导向：基于国际比较研究的视角[J]. 农业问题研究,2010(10):88-94.
② 闫海旺. 当前农村土地流转若干问题[J]. 太原市委党校学报,2003(4):26-27.
③ 陆岸萍. 关注"三农"问题[J]. 广西经济管理干部学院学报,2001(4):34-37.
④ 冯继康,李岳云. "三农"难题成因：历史嬗变与现实探源[J]. 中国软科学,2004(9):1-9.

随着近几年国家工业化进程的加快,以耕地污染与化学肥料的过度使用为特征的耕地退化、恶化与肥力下降,农业面源污染造成水环境污染、耕地质量退化,制约了农业的健康持续发展,甚至影响到国家的粮食安全战略。2003—2012年,尽管我国粮食连续10年实现增产,但农业存在的资源消耗大、污染加剧等问题日益突出,成为不容回避的新问题。我国目前是世界第一的化肥农药生产大国、进口大国和使用大国,以化肥农药的高投入来换取农产品的高产出。我国化肥用量已经达到5000多万吨,超过世界总用量的30%,利用率仅为35%左右,农药使用量达到140多万吨,利用率也仅为30%左右。未被农作物吸收的部分导致我国至少1300万到1600万公顷耕地受到严重污染①。

最后,由于农业生产积极性不高,受到产业利益驱动、产业结构调整、剩余劳动力流动等诸多因素的影响,加之种植业经济效益不断下降、生产要素价格持续走高、农业生产自然风险加剧、非农产业利益诱导、农村社会负担仍然存在等因素影响,近年来在我国农村不同程度地出现了耕地抛荒与土地闲置现象。据1998年清查统计结果显示,1991年至1998年期间,全国各类非农业建设项目实际占地总面积约202万公顷,其中耕地102.4万公顷,经依法批准的用地152.8万公顷,占总面积的75.65%;清查出闲置土地11.6万公顷,占实际用地总面积的5.8%,其中耕地6.2万公顷,占闲置总面积的53.9%;清查出土地违法案件382.8万件,处理211.76万件,处理率55%②。大量耕地抛荒现象的出现,致使耕地的生产及经济功能缺失,严重影响了农业生产、农村经济发展和农民收入增加。

四、自身条件——劳动力资源约束

除了城乡二元制度、自然条件及特殊国情的约束外,"三农"自身条件的约束,也是影响"三农"问题形成和演变的重要因素。劳动力资源的约束主要表现在两个方面:

首先,农业从业者普遍文化素质不高。据全国第六次人口普查数据分析,中国的文盲率从2000年的6.72%下降到2010年的4.08%,每10万人中具有大学文化程度的由3611人上升为8930人。2010年,我国文盲绝对数仍高达8507万,且90%的文盲分布在农村,一半文盲在西部地区。在农村贫穷落后地区,因贫困产生文盲,又由文盲再导致贫困,已经形成恶性循环。文盲绝大部分分布在农村,直接影响到关乎国家全局的"三农"问题的解决。农业人口素质低是造成耕作方式落后、资源使用浪费、生态环境恶劣的主要原因之一。农民文化素质不高,不仅影响了其在农业生产过程中的

---

① 九三学社. 关于推进面源污染防治的建议[R]. 2012-3-13.
② 全国非农建设用地情况基本查清[N]. 光明日报,1998-01-22.

劳动所得，也使得他们在城市就业中处于不利地位，往往不能适应工作要求，甚至无法找到工作，被迫返乡，相对收益下降。尤其随着市场经济的发展，收入水平已按人力资本特征由市场机制来决定，这使城市中素质较高的居民收入增加很快，而进城务工的农民群体的收入则相对停滞增长。

其次，劳动力数量约束。表现为从早期的农村劳动力剩余，到后来的劳动力短缺。2001年的统计数据显示，我国农村劳动力约有5亿左右，占全部劳动力的70%，而且每年还要新增几百万农村劳动力，增长速度远远超过了农业生产的需求，农村劳动力过剩问题十分突出，有限的土地资源承载的人口失去控制。而随着近几年我国城镇化、工业化推进的不断加快，新生代农民不仅在城市中难以生存下去，而且由于他们不会种田，他们大多不愿回乡务农。这导致农村劳动力短缺，现在种地的大多是老人和妇女。这又加剧了"三农"问题新的复杂性。

第二章 "三农"的国家探索

第一节 国家解决"三农"问题的探索和成就

一、中央和国家对"三农"的关注

"三农"作为一个概念由经济学家温铁军博士于1996年正式提出,自此渐渐被媒体和官方广泛引用。2000年8月24日,《南方周末》发表湖北省监利县棋盘乡党委书记李昌平给朱镕基总理写的信,信中提出"农民真苦,农村真穷,农业真危险",把我国"三农"问题推向了风口浪尖。2001年"三农"问题的提法写入文件,正式成为我国大陆理论界和官方决策层引用的术语。2002年李昌平的《我向总理说实话》出版后,"三农"问题在社会上引起了广泛反响;中共中央于2003年正式将"三农"问题写入工作报告。

"三农"问题在中国的改革开放初期曾是"重中之重",当时虽未形成专有名词,但中共中央在1982年至1986年连续五年发布以农业、农村和农民为主题的中央一号文件,对农村改革和农业发展作出具体部署。这五个"一号文件",在中国农村改革史上成为专有名词——"五个一号文件"。时隔18年,时任中共中央总书记的胡锦涛于2003年12月30日签署《中共中央、国务院关于促进农民增加收入若干政策的意见》,2004年中央一号文件再次回归农业,作了"集中力量支持粮食主产区发展粮食产业,促进种粮农民增加收入;发展农村二、三产业,拓宽农民增收渠道;改善农民进城就业环境,增加外出务工收入;发挥市场机制作用,搞活农产品流通;加强农村基础设施建设,为农民增收创造条件"的重要部署。

2005年1月30日,《中共中央、国务院关于进一步加强农村工作提高农业综合生产能力若干政策的意见》,即第七个一号文件公布。指出:继续加大"两减免、三补贴"等政策实施力度;切实加强对粮食主产区的支持;建立稳定增长的支农资金渠道;坚决实行最严格的耕地保护制度,切实提高耕地质量;加强农田水利和生态建设,提高农业抗御自然灾害的能力;加快农业科技创新,提高农业科技含量等。

2006年2月21日,新华社受权全文公布了以"建设社会主义新农村"为主题的2006年中央"一号文件"。文件强调:推进现代农业建设,强化社会主义新农村建设的产业支撑;加强农村现代流通体系建设;稳定、完善、强化对农业和农民的直接补贴政策;加强农村基础设施建设等。

2007年1月29日,《中共中央、国务院关于积极发展现代农业扎实推进社会主义新农村建设的若干意见》下发。文件从"健全农业支持补贴制度"、"鼓励农民和社会力量投资现代农业"、"加快发展农村清洁能源"、"推进农业科技进村入户"、"积极发展农业机械化"、"加快农业信息化建设"、"发展健康养殖业"、"大力发展特色农业"等八个方面作了重要部署。

2008年1月30日,《中共中央、国务院关于切实加强农业基础建设 进一步促进农业发展农民增收的若干意见》下发。文件分为"巩固、完善、强化强农惠农政策"、"切实抓好'菜篮子'产品生产"、"着力强化农业科技和服务体系基本支撑"、"逐步提高农村基本公共服务水平"、"建立健全农村社会保障体系"等五个方面。

2009年2月1日,中国官方媒体公布了《中共中央、国务院关于2009年促进农业稳定发展农民持续增收的若干意见》的文件,分为"加大对农业的支持保护力度"、"稳定发展农业生产"、"强化现代农业物质支撑和服务体系"、"稳定完善农村基本经营制度"、"推进城乡经济社会发展一体化"五部分,重点突出农业发展与促进农民增收。

2010年1月31日,新华社公布《中共中央、国务院关于加大统筹城乡发展力度进一步夯实农业农村发展基础的若干意见》,分别从"健全强农惠农政策体系,推动资源要素向农村配置"、"提高现代农业装备水平,促进农业发展方式转变"、"加快改善农村民生,缩小城乡公共事业发展差距"、"协调推进城乡改革,增强农业农村发展活力"、"加强农村基层组织建设,巩固党在农村的执政基础"等五个方面推进城乡统筹发展。

2011年1月30日,《中共中央、国务院关于加快水利改革发展的决定》的文件下发,从"新形势下水利的战略地位"、"水利改革发展的指导思想、目标任务和基本原则"、"突出加强农田水利等薄弱环节建设"、"全面加快水利基础设施建设"、"建立水利投入稳定增长机制"、"实行最严格的水资源管理制度"、"不断创新水利发展体制机制"、"切实加强对水利工作的领导"等八个方面重点推进"三农"问题中的水利建设。

2012年1月30日,《中共中央、国务院关于加快推进农业科技创新持续增强农产品供给保障能力的若干意见》的文件下发,文件指出:实现农业持续稳定发展、长期确保农产品有效供给,根本出路在科技。"把农业科技摆上更加突出的位置,下决心突破体制机制障碍,大幅度增加农业科技投入,推动农业科技跨越发展,为农业增产、农民增收、农村繁荣注入强劲动力。"

2013年1月31日,《中共中央、国务院关于加快发展现代农业进一步增强农村发展活力的若干意见》下发,文件涵盖农产品供给保障机制、农业支持保护制度、农业生产经营体制、农业社会化服务新机制、农村集体产权制度、农村公共服务等方面,提出了"鼓励和支持承包土地向专业大户、家庭农场、农民合作社流转"、"探索建立严格的工商企业租赁农户承包耕地准入和监管制度"、"全面开展农村土地确权登记颁证工作"等工作要求,并首次提到了"家庭农场"概念。

至此,中国在新世纪已连续出台了十个指导"三农"工作的中央"一号文件",有力促进了农民增产增收,提高了农业综合生产能力,开创了社会主义新农村建设的新局面,也给农业健康发展、农民持续增收和农村长期稳定带来强劲的动力。

二、"三农"问题解决的重大措施

党和政府历来重视"三农"问题,不仅从每年的"一号文件"来扶持"三农"发展,而且不断通过重大行动和重要措施推动"三农"问题的解决。

(一)国家扶持"三农"的重大措施

1. 家庭联产承包责任制(始于1982年)

家庭联产承包责任制是20世纪80年代初期中国大陆在农村推行的一项重要的改革,是农村土地制度的重要转折,也是中国大陆农村现行的一项基本经济制度。十一届三中全会以来,大陆推行改革,而改革最早始于农村,农村改革的标志为"包产到户(分田到户)",即后来所称"家庭联产承包责任制"(俗称"大包干")。

家庭联产承包责任制是指农户以家庭为单位向集体组织承包土地等生产资料和生产任务的农业生产责任制形式。其基本特点是在保留集体经济必要的统一经营的同时,集体将土地和其他生产资料承包给农户,承包户根据承包合同规定的权限,独立作出经营决策,并在完成国家和集体任务的前提下分享经营成果。一般做法是将土地等按人口或劳动力比例根据责、权、利相结合的原则分给农户经营。承包户和集体经济组织签订承包合同。

家庭联产承包责任制的实质是打破了人民公社体制下土地集体所有、集体经营的旧的农业耕作模式,实现了土地集体所有权与经营权的分离,确立了土地集体所有制基础上以户为单位的家庭承包经营的新型农业耕作模式。

家庭联产承包责任制是特定社会经济条件下的历史选择,该种农业生产组织形式与传统的农业生产组织方式(大集体时期)相比具有较大的进步,在改变农村经济格局的同时,奠定了经济发展和后续改革的基础,调动了农业生产者的积极性,对我国农民脱贫起到了重要作用,推动了农业生产的快速发展,极大地改善了我国农业生产和农民生活,被邓小平同志誉为中国农村改革与发展的"第一次飞跃"。

2. 西部大开发（始于2000年）

"西部大开发"是中华人民共和国中央政府的一项政策，目的是"把东部沿海地区的剩余经济发展能力，用以提高西部地区的经济和社会发展水平、巩固国防"。2000年1月，国务院成立了西部地区开发领导小组，由当时国务院总理朱镕基担任组长，当时国务院副总理温家宝担任副组长。经过全国人民代表大会审议通过之后，国务院西部开发办于2000年3月正式开始运作。至今，已经经过了13年多的发展历程，在此期间，中国西部发生了翻天覆地的变化。

西部地区落后的关键在于农业、农村和农民问题，即"三农"问题比中部和东部更加突出，西部的贫困主要也是西部农民的贫困。因此，"西部大开发"作为平衡区域协调发展的国家战略，对于全面解决我国"三农"问题具有重要的时代意义。在"西部大开发"中，在改善西部地区农民生产生活条件方面，主要有五大举措：一是加快发展现代特色农业；二是振兴牧业经济；三是提高林业发展水平；四是拓宽农民增收渠道；五是建设幸福新家园，实施"六到农家"工程。

3. 城乡统筹发展（始于2002年）

统筹城乡发展，是党中央国务院从国民经济和社会发展全局的高度提出来的。江泽民同志在党的"十六大"报告中提出"统筹城乡经济社会发展，建设现代化农业，发展农村经济，增加农民收入，是全面建设小康社会的重大任务。"党的十六届三中全会又提出了"五个统筹"，首要的就是统筹城乡发展。统筹城乡发展，实质就是把城市和农村的经济和社会发展作为整体统一规划、通盘考虑，把城市和农村存在的问题及相互关系综合起来研究、统筹加以解决。这是消除我国城乡二元结构，实现城乡互动互促互进，推进城乡协调发展的根本途径。

4. 新型农村合作医疗（始于2002年）

2002年10月，《中共中央、国务院关于进一步加强农村卫生工作的决定》明确指出：要"逐步建立以大病统筹为主的新型农村合作医疗制度"，"到2010年，新型农村合作医疗制度要基本覆盖农村居民"，"从2003年起，中央财政对中西部地区除市区以外的参加新型合作医疗的农民每年按人均10元安排合作医疗补助资金，地方财政对参加新型合作医疗的农民补助每年不低于人均10元"，"农民为参加合作医疗、抵御疾病风险而履行缴费义务不能视为增加农民负担"。

这是我国政府历史上第一次为解决农民的基本医疗卫生问题进行大规模的投入。从2003年开始，本着多方筹资、农民自愿参加的原则，新型农村合作医疗的试点地区正在不断地增加，通过试点地区的经验总结，为将来新型农村合作医疗在全国的全面开展创造了坚实的理论与实践基础。截至2004年12月，全国共有310个县参加了新型农村合作医疗，有1945万户、6899万农民参合，参合率达到了72.6%。按照"十一五"规划的要求，新型农村合作医疗到2010年的覆盖面达到农村的80%以上。2011

年2月17日中国政府网(www.gov.cn)发布了《医药卫生体制五项重点改革2011年度主要工作安排》。这份文件明确,2011年政府对新农合和城镇居民医保补助标准均由上一年每人每年120元提高到200元;城镇居民医保、新农合政策范围内住院费用支付比例力争达到70%左右。

2012年起,各级财政对新农合的补助标准从每人每年200元提高到每人每年240元。其中,原有200元部分,中央财政继续按照原有补助标准给予补助,新增40元部分,中央财政对西部地区补助80%,对中部地区补助60%,对东部地区按一定比例补助。农民个人缴费原则上提高到每人每年60元,有困难的地区,个人缴费部分可分两年到位。个人筹资水平提高后,各地要加大医疗救助工作力度,资助符合条件的困难群众参合。新生儿出生当年,随父母自动获取参合资格并享受新农合待遇,自第二年起按规定缴纳参合费用。

5. 农业税减免政策(2004—2005年)

农业税是国家对一切从事农业生产、有农业收入的单位和个人征收的一种税,俗称"公粮"。2004年,国务院开始实行减征或免征农业税的惠农政策。据统计,免征农业税、取消烟叶外的农业特产税可减轻农民负担500亿元左右,到2005年已有近8亿农民直接受益。2005年岁末免除农业税的惠农政策以法律的形式固定下来,让9亿中国农民彻底告别了缴纳农业税的历史。2005年,有28个省份全部免征农业税,其他3个省份农业税税率也都降到2%以下。2005年,农业税收在全国财政收入中的比重已经微不足道。

农业税减免政策是近几年党中央关于全面建设小康社会、建设和谐社会等重要方略的具体体现。我国的农业是弱势产业,农民是弱势群体,农村是落后地区。不解决"三农"问题,也就谈不到全国的小康,谈不到和谐社会。党中央对农业、农村、农民问题高度关注,将其作为工作的重中之重。2003年、2004年,中央连续出台两个关于"三农"的一号文件就深刻体现了这一点。随着减免农业税政策的实施,党的富农政策已经深入人心。

2006年2月22日国家邮政局发行了一张面值80分的纪念邮票,名字叫作《全面取消农业税》,以庆祝从2006年1月1日起废止《农业税条例》。这意味着这项在我国沿袭两千年之久的传统税收的终结,新中国实施了近50年的农业税条例成为历史档案。作为政府解决"三农"问题的重要举措,停止征收农业税不仅减少了农民的负担,增加了农民的公民权利,体现了现代税收中的"公平"原则,同时还符合"工业反哺农业"的趋势。

6. 社会主义新农村建设(始于2005年)

2005年10月,中国共产党十六届五中全会通过《十一五规划纲要建议》,提出要按照"生产发展、生活宽裕、乡风文明、村容整洁、管理民主"的要求,扎实推进社会主义新农村建设。

生产发展,是新农村建设的中心环节,是实现其他目标的物质基础。建设社会主义新农村好比修建一幢大厦,经济就是这幢大厦的基础。如果基础不牢固,大厦就无从建起。如果经济不发展,再美好的蓝图也无法变成现实。

生活宽裕,是新农村建设的目的,也是衡量我们工作的基本尺度。只有农民收入上去了,衣食住行改善了,生活水平提高了,新农村建设才能取得实实在在的成果。

乡风文明,是农民素质的反映,体现农村精神文明建设的要求。只有农民群众的思想、文化、道德水平不断提高,崇尚文明、崇尚科学,形成家庭和睦、民风淳朴、互助合作、稳定和谐的良好社会氛围,教育、文化、卫生、体育事业蓬勃发展,新农村建设才是全面的、完整的。

村容整洁,是展现农村新貌的窗口,是实现人与环境和谐发展的必然要求。社会主义新农村呈现在人们眼前的,应该是脏乱差状况从根本上得到治理、人居环境明显改善、农民安居乐业的景象。这是新农村建设最直观的体现。

管理民主,是新农村建设的政治保证,显示了对农民群众政治权利的尊重和维护。只有进一步扩大农村基层民主,完善村民自治制度,真正让农民群众当家做主,才能调动农民群众的积极性,真正建设好社会主义新农村。

7. 新物权法(2007年)

为了严格控制农用地转为建设用地,切实加强土地调控,制止违法违规用地行为发生,我国于2007年3月16日第十届全国人民代表大会第五次会议通过、2007年10月1日起施行《中华人民共和国物权法》(以下简称《物权法》)。《物权法》从以下几个方面确保了农民在土地承包、土地流转上的权益不受侵害。

(1)确定了土地承包经营制度的长期性。

在农村实行土地承包经营制度是我国将长期坚持的一项基本制度,赋予了农民长期而有保障的土地使用权,土地承包期届满可按国家规定继续承包。

《物权法》规定:"耕地的承包期为三十年。草地的承包期为三十年至五十年。林地的承包期为三十年至七十年;特殊林木的林地承包期,经国务院林业行政主管部门批准可以延长。"

(2)确定了土地流转后的用途。

《物权法》规定:"土地承包经营权人依照农村土地承包法的规定,有权将土地承包经营权采取转包、互换、转让等方式流转。流转的期限不得超过承包期的剩余期限。未经依法批准,不得将承包地用于非农建设。"

(3)更加明确征地补偿制度。

征地补偿是农用地转建设用地并实现市场化供应的关键环节,事关被征地区域的百姓生活安居、劳动力安置、被征地人员生活保障等一系列重大问题,是当前城乡关系的矛盾交集点。《物权法》对征地补偿的操作程序和基本内涵作了明确规定:"征收集体所有的土地,应当依法足额支付土地补偿费、安置补助费、地上附着物和青苗的补偿费等费用,安排被征地农民的社会保障费用,保障被征地农民的生活,维护被征地农民的合法权益。"与过去的"合理补偿"相比,《物权法》明确了补偿费用的法律依据。法律是要征地主体、被征地主体和政府共同去执行的。在现实的农地征收过程中,征地补偿的费用大部分是要由征地方向被征地方实施货币支付的,没有政府成体系的制度保证、操作规程、执行标准以及强有力的监管措施,是难以实现对被征地农民合法权益的维护和保障的。

(4)防止集体决定侵害农民利益。

集体决定也不得侵害集体成员权益,《物权法》明确规定:"集体经济组织、村民委员会或者其负责人作出的决定侵害集体成员合法权益的,受侵害的集体成员可以请求人民法院予以撤销。"

8. 新的征地补偿标准(2012年)

土地是农村生存的最后一道防线,关于农村土地管理制度改革,当前最突出的问题是在征地补偿工作中征地程序不完善,法定补偿办法存在缺陷、标准偏低且规定过死,被征地农民长远生计保障不足,一些地方违法违规征地、强占乱占农民土地的现象时有发生,成为影响社会稳定的重要问题。

2012年中央农村工作会议闭幕两天后,关乎农民切身利益的《中华人民共和国土地管理法修正案(草案)》(下称《修正案草案》),终于进入全国人大审议阶段。

12月24日,国务院提请十一届全国人大常委会第三十次会议初次审议的《土地管理法修正案草案》,对"土地补偿"作了重大修改——删除了原先执行第47条中按土地原有用途补偿和30倍补偿上限的规定。

近年来,农村土地管理制度改革以及农村征地补偿中引发的有关问题得到了社会广泛关注。现行《土地管理法》第47条规定,征收土地按照被征地的原用途给予补偿,土地补偿费和安置补助费的总和不得超过土地被征收前三年平均年产值的30倍。

(二)扶持"三农"的公共财政情况

公共财政是社会主义市场经济条件下国家财政的一种运行模式,是国家或政府满足公共需要的一种经济行为,是以国家为主体的"取之于民,用之于民"的分配关系。

国家在配合各项扶持"三农"发展的重大决定和重要措施的同时,建立了健全的"三农"投入稳定增长机制和强农惠农政策体系,对于促进农业生产、农民增收和农村社会事业全面发展具有重要意义。

自2003年以来,国家财政遵循"多予、少取、放活"的方针,重点在"少取"和"多予"上采取各种有效措施,促进农民增收。从2004年起,国家财政调整粮食风险基金使用结构,对种粮农民实行直接补贴,并不断加大对部分地区种粮农民的良种和农机补贴力度,2006年又因部分农业生产资料涨价对种粮农民实行综合补贴。2006年中央投资中心转向农村"要下决心调整投资方向,把国家对基础设施建设投入的重点转向农村。这是一个重大转变。""农村发展的滞后和农村收入增长的缓慢已成为影响经济持续快速增长的一大瓶颈,投资重心向农村转移后,将直接拉动农村消费,开拓农村市场,进而带动农村经济乃至整个经济的发展。"

伴随国家财力的不断增强,中央财政"三农"投入逐年迈上新台阶,"三农"支出从2003年中央财政2000多亿元,到2011年中央财政"三农"支出超过1万亿元,8年增长了4倍。2012年,中央财政用于"三农"的支出安排合计12 286.6亿元,增长19.16%。

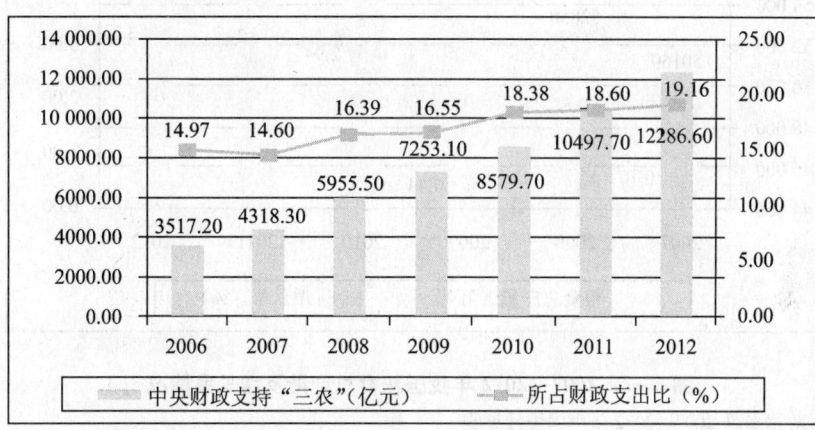

图2-1　2006—2012年中央财政支持"三农"情况

数据来源:2007—2013年政府工作报告

与此同时,地方财政按照中央要求,不断加大对"三农"的投入力度,着力"建机制增投入,强科技促生产",进一步支持建立健全农业技术推广服务体系,促进农业生产稳定发展。

三、"三农"建设的重大成就

经过数十年的艰辛探索,国家持续加大农民、农业、农村投入,稳步推进现代农业建设和"三农"问题的建设,农民、农业、农村事业发展取得了巨大成就,主要表现在以下几个方面:

(一)农村国民经济与社会发展成绩显著

1.粮食等主要农产品产量稳步增长

民以食为天,粮食等主要农产品生产情况,关系到社会稳定和经济运行。改革开放以来,我国主要农产品产量及人均占有量均大幅提高,主要农产品供求实现总体基本平衡。

2007年我国粮食总产量达到50 160万吨(10 032亿斤),比1978年增加近20 000万吨(近4000亿斤),增长65%,粮食人均占有量381公斤,比1978年提高19.4%。2008—2012年,我国粮食总产量继续保持稳定速度增长,其中2012年粮食总产量达到58 957万吨,增长3.21%,实现了"九年丰"。

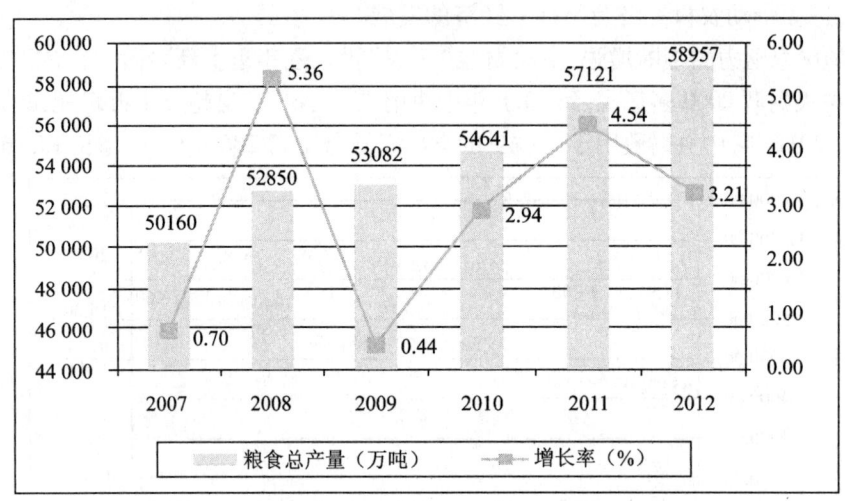

图2-2 2007—2012年我国粮食总产量及增长率情况

数据来源:2007—2012年中国统计年鉴

在我国城乡经济转型发展新时期,特别是在当前国际金融危机持续影响和国际粮食价格高位运行的背景下,我国粮食生产实现"九连增",粮、油、棉、水果和蔬菜等农产品全面稳定增长,为人民生活水平日益提高提供了物质基础,不仅大幅提高了国内的粮食自给率,对平衡全球粮食供求、稳定国际市场价格具有特殊的重要意义,同时也极大增强了我国经济发展过程中抵御国际金融风险的能力,为我国社会经济稳定发展奠定了坚实的物质基础。

2.农民收入水平大幅度提高

建国60多年以来,我国农民收入水平呈现出不断增长的趋势。改革开放以来,我国农民收入大幅提高,农村贫困状况大幅改善,农民生活水平向全面建设小康社会目标迈进。改革开放初期,农民收入以农业收入为主体,实物收入占比很大。随着市场经济深化发展,农民收入来源呈现出市场化、多元化和非农化的"多轮驱动"趋势。

统计显示,1978年至2011年,我国农民人均纯收入由134元提高到6799元,年均实际增长18.62%。以农业收入为代表的家庭经营收入比重下降,以外出务工收入为代表的工资性收入比重稳定上升,现金纯收入比重不断增长。特别是2010年,农民人均收入增长的幅度首次超过城镇居民,2011年增幅再次超过城镇,对于缩小城乡差距,具有重要意义。

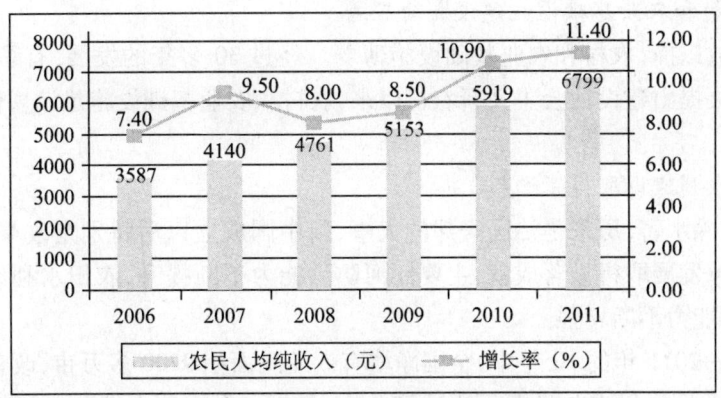

图 2-3　2006—2011 年我国农民收入增长情况

数据来源:2006—2012 年中国统计年鉴

3.农业农村经济结构不断优化

农业农村经济结构调整在更宽领域、更高层次展开,农村经济增长方式正在发生重大变化。农业区域化布局、优质化生产、标准化管理和产业化经营取得明显进展,绿色生产、节约生产和清洁生产开始起步。农村二、三产业从注重外延增长转向注重内涵发展。农村劳动力中非农产业就业比重不断上升。农村经济增长更加依靠科技进步和劳动者素质的提高。农业由单一型向复合型、由粗放型向集约型、由一季生产向四季生产转变,各级各类农业科技示范园区不断涌现,农村农业经济结构得以不断优化。

在农林牧渔业总产值结构中,农、林、牧、渔业产值比例不断优化,农业比重从1978 年的 80.00%下降到 2011 年的 56.69%,2003 年开始,农林牧渔服务业开始出现,其比例于 2006、2011 年分别达到 5.47%、4.58%。

表 2—1　1978—2011 年我国农、林、牧、渔业总产值构成的变化

单位:%

年份	农业	林业	牧业	渔业	农林牧渔服务业
1978	80.00	3.40	15.00	1.60	0
1980	75.70	4.20	18.40	1.70	0
1990	64.70	4.30	25.70	5.30	0
2000	54.82	1.64	39.73	3.81	0
2006	55.97	1.86	33.75	2.95	5.47
2011	56.69	1.20	34.19	3.34	4.58

数据来源:《新中国 50 年统计资料汇编》《2000 年中国统计年鉴》《2006 中国统计年鉴》

(二)农村和农业基础设施建设成绩显著

改革开放以前,农村和农业基础设施薄弱。经过30多年的发展,有了很大改观,特别是党中央提出建设社会主义新农村以来,农村和农业基础设施建设规模和力度明显加大。

1. 农田水利建设取得新进展

兴水利、除水害,历来是治国安邦的大事,新中国成立以后特别是改革开放以来,我国水利改革发展取得显著成就,主要江河防洪能力不断提升,农田水利设施不断完善,水利保障能力不断增强。

从2002—2011年的10年中,全国净增有效灌溉面积9200多万亩,改善灌溉面积2.3亿亩,使我国农田有效灌溉面积达到9.25亿亩。全国节水灌溉工程面积由2002年的2.79亿亩增加到2011年的4.38亿亩,其中喷灌、微灌、低压管道输水等高效节水灌溉面积由1亿亩增加到1.87亿亩。不仅提高农业的抗灾能力,而且还能够提高用水效率,实现了"藏粮于田"。

2. 耕地质量建设取得新进展

耕地质量建设与提高,是提高农业综合生产能力、确保国家粮食安全的根本保障,是优化利用土地资源、构建国家生态安全屏障的有效途径。

我国人均耕地资源少,耕地资源约束日益趋紧,确保国家粮食安全面临着巨大压力。近年来国家在农田保护上也给予了很大重视和倾斜,国务院及国土资源部先后出台了《全国土地整治规划(2011—2015年)》、《关于提升耕地保护水平全面加强耕地质量建设与管理的通知》,耕地质量管理工作在健全法规、调查监测、强化管理等方面开展了大量富有成效的工作。据统计资料显示,2004—2008年,国家统筹安排资金123亿元,建设标准粮田400多万公顷(6000多万亩)。2008年年底,中央从"拉内需、促增长"投资中追加安排8亿元用于标准农田建设。2009年国家启动实施了《全国新增1000亿斤粮食生产能力规划》,当年安排投资65亿元,用于规划的田间工程机农机服务体系项目建设。除了安排投资用于田间基础设施建设外,中央财政和各级地方财政还通过补贴项目形式,加强耕地质量建设,培肥土壤,提升地力。同时在全国实施有机肥补贴、鼓励利用冬闲田恢复绿肥种植的政策,耕地质量建设的方式更加多样。

3. 农村公路建设卓有成效

农村交通是制约农村经济发展的重要因素,大力度改善农村交通条件,是促进"三农"经济发展的关键。

我国自2003年开展大规模农村公路建设,掀起了中国历史上最大规模的农村公路建设热潮,解决了1000个乡(镇)、14万个建制村不通公路的难题,并让1万个乡(镇)、27万个建制村通了沥青(水泥)路,9亿农民摆脱了"晴天一身土、雨天一身泥"

的行路难局面,为促进农村地区的经济持续发展和社会和谐稳定奠定了坚实基础,被广大农民称为党和国家的"德政工程"。

来自交通运输部的统计显示,我国开展大规模农村公路建设十年来,全社会共完成农村公路建设投资超过1.7万亿元。与我国高速公路实施"贷款修路,收费还贷"政策不同,如此巨额的1.7万亿多元农村公路建设投资,主要靠的是各级财政的无偿投入。2003—2012的十年间,全国共新改建农村公路292万公里,新增农村公路通车里程234万公里。截至2012年年底,乡镇通公路率和通沥青(水泥)路率分别达到99.97%和97.43%,通沥青(水泥)路率较上年提高0.25个百分点;建制村通公路率和通沥青(水泥)路率分别达到99.55%和86.46%,分别提高0.17和2.42个百分点;新增1.4万个建制村通沥青(水泥)路。农村公路通达深度和通畅水平进一步提高,路网结构进一步优化,服务"三农"能力进一步增强。

4. 农村饮水安全工程快速推进

农村饮水安全,是决定农村居民的生活质量的关键因素。国家历来重视农村饮水安全,积极推进集中供水工程建设,提高农村自来水普及率。"十一五"期间(2006年至2011年),中国累计完成投资1053亿元,解决了2.1亿农村人口的饮水安全问题,全国农村集中式供水人口比例提高到58%。农村饮水安全工程建设项目的实施,提高了农民健康水平,改善了农村生产生活条件,推进了基本公共服务均等化。

2012年3月21日,国务院出台了《全国农村饮水安全工程"十二五"规划》,将在"十二五"期间,全面解决2.98亿农村人口和11.4万所农村学校的饮水安全问题,使全国农村集中式供水人口比例提高到80%左右。

(三)农村公共事业发展成绩显著

1. 农村教育事业

农村教育水平影响和制约着"三农"经济的全面发展。改革开放30多年来,尤其是党的"十六大"召开以来,我国农村教育发展步入了快车道,取得了巨大成绩。首先是将农村义务教育全面纳入了国家财政的保障范围,实现了义务教育体制的深刻变革,农村中小学校的面貌发生了根本性的变化,全国农村共有1.5亿义务教育阶段的学生全部免除了学杂费,并且获得了免费的教科书,有1100万家庭经济困难的寄宿生享受到了一定数额的生活补助,全国农村基本上实现了免费义务教育。其次,农村职业教育和成人教育也得到了不断的发展。农村教育为"三农"服务的能力得到了显著的增强,基本实现了农村人人可以享有接受良好教育机会的目标。

2. 农村医疗事业

随着新型农村合作医疗在全国的广泛开展,我国农村医疗事业取得新进展。2011年,全国参加新农合人数为8.32亿人,参合率超过97%,全年受益13.15亿人次,各级财政对新农合的补助标准从每人每年120元提高到200元。2012年政府补助新农合达到240元的标准,农村居民住院的实际报销水平达到55%,住院报销比例达到75%左右,重大疾病实际报销比近70%。

目前,我国正积极探索商业保险机构参与新农合经办服务试点工作。扩大试点有资质的商业保险机构参与新农合经办服务,探索利用新农合基金购买商业大病保险,推动形成多重补充医疗保险机制,分担重特大疾病高额医疗费用,住院报销比例和重大疾病实际报销率将进一步提高。

3. 农村文化事业

农村文化事业建设和发展,是我国"软实力"建设的重要内容。近年来,我国农村文化事业经费投入不断增加,公共文化设施网络初步建立;重点文化惠民工程稳步实施,为农民群众服务的文化资源更加丰富;农村公共文化服务方式不断创新,服务水平不断提高,特别是,广播电视村村通工程的实施,实现了农民分享社会主义建设的文化成果的目标;公共文化服务的城乡统筹机制加快建立,公共文化服务城乡一体化水平稳步提高,农村文化事业呈现出整体推进、重点突破、快速发展的良好态势。

4. 农村社保事业

农村社会保障是一项基本的社会经济制度,也是最基础和最重要的民生问题之一。近几年我国农村社会保障发展迅速,2007年底,农村最低生活保障制度在全国范围内普遍建立,平均低保标准70元/人/月。自2009年开始实施新型农村社会养老保险试点,截至2012年底,我国农村居民养老保险的参保人数大约4.6亿人,基金累计结余高达数千亿元,基本实现了制度的全覆盖。

目前,我国基本形成了以社会养老保险、合作医疗、最低生活保障、五保供养、医疗救助等为主要内容的农村社会保障体系,各项制度从无到有、从不完善到逐步成熟,初步保障了农村群众的基本生活需要。

第二节 新时期"三农"新挑战

经过党和政府的多年努力和艰辛探索,我国"三农"问题的解决取得了喜人的成绩,农民生活水平得以从本质上得到改善,农业发展迈上新的台阶,农村经济社会发展成效显著。然而,由于农业基础薄弱,城乡"二元"体制障碍根深蒂固难以一时消除,资源要素持续从农村流出的趋势短期内难以逆转,"三农"之中仍然存在着诸多问题。

新时期,随着我国经济社会的进一步发展,社会的进一步变革,在新时期、新形势下加快推进"三农"建设也将面临一些新的挑战。如农民的收入、教育、权益、医疗和社会保障、就业、福利及养老,农业的生产活力、粮食产量和安全、农业市场化程度、农业的产业结构、农业抗风险能力、农业科技创新和推广、农业生态环境保护,农村的土地保护和土地流转、农村劳动力闲置和转移、农村公共配套设施、农村民主建设、农村税费制度等问题。这些问题,伴随着改革的深入,又以不同的形式呈现在我们面前,业已成为严重阻碍我国社会经济的全面发展繁荣和全面建设小康社会的新难题、新挑战,如何针对这些新难题、新挑战,提出创新解决思路,是值得社会各界人士严肃思考的问题。

一、城乡差距进一步扩大

城乡收入差距问题一直是我国全社会关注的焦点问题。经过数十年的艰辛探索,经过国家政策的不断引导和大力扶持,城乡居民收入差距有所缓解,但其比值仍然保持在3以上,见图2-4。世界银行(1998年)的一个报告称:"36个国家的数据表明,城乡之间收入比率超过2的极为罕见;在绝大多数国家,农村收入为城市收入的2/3或更多一些"。学者认为,如果考虑到农民纯收入中约有30%~40%需用于生产性投入,加之城市居民享有更多的福利因素,则目前城乡居民可比收的真实比率应当是4.5~5∶1[①]。随着城乡经济进一步的发展,即使农民收入按中央提出的6%的速度增长,城镇居民收入按年均9%增长,到2020年,城乡差距也将扩大到4.63∶1,收入绝对差距由目前的1万元以上扩大到3万元以上[②]。2012年12月21日至22日举行的中央农村工作会议作出的一个判断很契合现实:"全面建成小康社会进程中最严重的制约仍然是城乡发展和居民收入差距过大"。

2010年是近十年来,也是自1998年以来,农村居民收入实际增速第一次超过城镇。农村居民收入增速较高的主要原因是各种来源收入均衡较快增长,特别是工资性收入和农业纯收入的大幅增长,其中工资性收入增长17.9%,增速比上年提高6.7个百分点,对农民全年增收的贡献率达48.3%。工资性收入较快增长主要是由于农村劳动力务工工资水平上涨较多、外出务工人数和时间有所增加。

城乡居民收入差距呈扩大趋势,农民收入增长逐渐减缓,劳动力的转移矛盾加剧,农村社会发展滞后,造成城乡间一系列的经济、政治问题,使"三农"问题变得更为复杂。

---

① 牛若峰. 中国的"三农"问题:回顾与反思[J]. 古今农业,2003(4):1-11.
② 韩俊. "十二五"时期"三农"政策基本走向[J]. 三江论坛,2011(4):3-6.

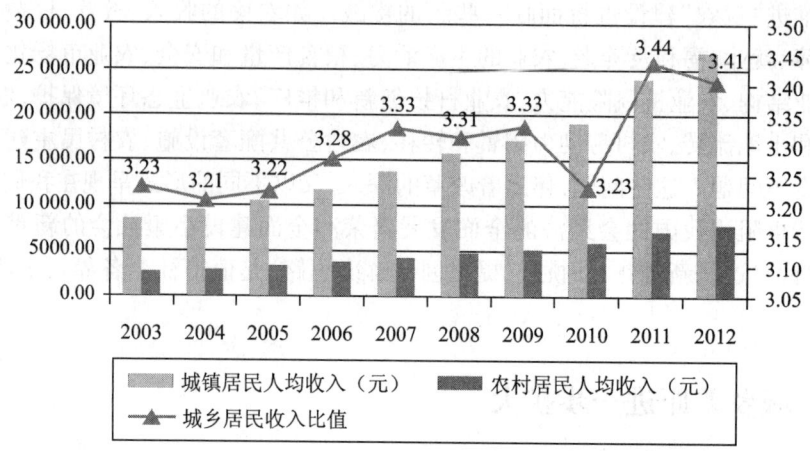

图 2-4　2003—2012 年我国城乡居民收入情况对比

数据来源:2003—2012 年中国统计年鉴

二、农村劳动力结构失衡,劳动力素质下降

城镇化加速推进,增加了农村社会保障建设的艰巨性和复杂性。当前,我国正处于工业化、城镇化加速发展期,每年将有大量农村富余劳动力转移到城镇与非农产业。2010 年,全国有 1.53 亿外出农民工在城乡之间流动就业,针对农民工的社会保障安排尚不完善,特别是需要长期积累的养老保险,2010 年农民工参加城镇职工养老保险的仅为 3284 万人。同时,由于农村青壮年劳动力转到城镇就业,在农村留守的主要是妇女、儿童和老人,"空巢化"问题突出。

农业劳动力老龄化严重,劳动力素质不断下降,种粮收益更是愈来愈低,农业后继无人。著名"三农"学者李昌平曾指出,20 世纪 90 年代,中国人种地是 3899 部队,是妇女和老人。进入 21 世纪,种地的则是 99 部队,是老人。最新资料显示,全国农村有 5800 万留守儿童、4000 万留守老人,留在农村的全成了"老弱病残"。农业劳动力从 1991 年 3.91 亿人,下降到 2009 年 1.5 亿人。

三、农业发展环境更加严峻

农业的客观环境、硬件环境变得更加严峻。化肥农药滥用导致土地质量严重下降,过度依赖化肥、农药增产的路子已经走到尽头,水资源短缺矛盾愈来愈凸显,农业抗灾能力不足。因为农民的劳动力素质低,种田意愿低,因为家庭联产承包的小农户土地太少、资源太少,因为各种主观、客观因素,农业新技术难以推广应用,生态农业难以发展。

中国用全球7%的土地,养活了全球五分之一的人口,同时却也消耗全球35%的氮肥和30%以上磷肥、钾肥[1]。单位面积化肥用量从1978年的58.9kg/公顷增加到2009年的466.67kg/公顷,粮食产量从1978年的2527.4kg/公顷增加到4872kg/公顷。2009年单位面积施肥是1978年的792%,但是粮食单产却仅为193%。

与此同时,化肥、农药、柴油等生产资料涨价,人工成本涨价,农业效益下降,种粮收益更低,农民不愿意种地,抛荒、撂荒现象比较严重,多地已经出现农民积极卖地的现象。

四、农村社会保障面临巨大压力

近30多年来,随着免征农业税以及建立农村最低生活保障制度、新型合作医疗制度、新型农村养老保险制度等重大措施出台,中国农村居民包括老年人生活总体有了不同程度的改善,但我国农村社会保障发展仍然相对滞后,农民人数众多、收入相对较低的情况没有发生根本转变,尤其是农村老龄化问题加重以及老年人的养老保障形势依然严峻,成为"三农"发展的一大挑战。

根据《2010年度中国老龄事业发展统计公报》显示,2010年全国60岁及以上老年人口已达1.7765亿,占总人口的比重达13.26%,而我国农村老龄化程度超过城镇,2010年我国农村人口老龄化水平为15.4%,比全国平均水平高出2.14个百分点,高于城市老龄化程度。人口老龄化对养老保险和医疗保险的影响很大,如老年人平均医疗费是中青年的3倍以上。目前,国际社会对应对过亿农业人口的老龄化没有现成的可借鉴的模式和经验。同时,随着农村家庭规模普遍小型化,弱化了家庭的保障功能,传统家庭养老模式已经发生变化,迫切需要社会化的养老保障和养老服务。和城镇相比,农村社会事业发展滞后,农村居民的养老、医疗保障制度尚不健全,保障水平比较低。

由德意志银行大中华区首席经济学家马骏、中银国际控股有限公司首席经济学家曹远征等牵头撰写的研究报告《化解国家资产负债中长期风险》最近预测,到2013年,中国养老金的缺口将达到18.3万亿元[2]。在全国养老金全面缺口的状况下,农村养老问题显得尤为严峻。

与此同时,农村社会保障政策衔接和统筹层次不够,缺乏更高水平的统筹管理。目前试点较早的浙江和重庆采取的都是针对不同群体制定不同政策的方式,如与农民相关的养老保险就有城乡居民社会养老保险、农民工养老保险、被征地农民养老保险

---

[1] 李昌平.粮食安全问题的化解之道——关于中国农业制度的思考[J].探索与争鸣,2011(5):3-7.
[2] 我国社会保障支出占财政12%远低于西方国家[N].21世纪经济报道,2012-06-15.

等,有地方同志将这样的制度设计称为"打补丁"。尽管这样的制度安排在当前有其合理性,但缺乏更高层面的统一规划和统筹设计。目前缺乏灵活就医和统筹报账制度,一旦跨出统筹区就医,就必须办理异地就医申请,手续烦琐,往返不便。

第三节 解决"三农"问题的路径探索

中国"三农"问题是一个错综复杂的系统问题,是中国经济和社会发展的一个根本问题,它不仅涉及经济问题,也涉及社会问题和政治问题,如何有效彻底解决"三农"问题,已成为一个关系到整个国民经济和社会发展全局性的重大课题。一直以来,社会各界始终对其倾注较大的研究热情,分别从社会学、人类学、历史学、经济学、城市学等诸多领域和多维视角对"三农"问题的解决进行了艰辛的探索,为我国"三农"问题的有效解决提供了丰富的理论基础。

纵观数十年来学者对于解决我国"三农"问题的不同角度的研究,以及各地对"三农"的实践,从其解决"三农"问题的动力机制来看,可以分为外部力量驱动型、内部支持型和内源式发展型三种类型:

一、外部力量驱动路径

外部力量驱动型即通过"三农"之外的力量,来吸引农民就业,引导农民向非农业转移,进而化解"三农"矛盾,解决"三农"问题。

最为典型的观点认为解决"三农问题"的根本出路在于大规模推进城市化,以城市化扩大国民经济的增长空间和国民的就业空间,促进农村剩余劳动力向非农产业转移,最终消除"三农"问题。罗伟雄(2001)[①]认为,解决"三农"问题必须彻底铲除它赖以长期存在的经济、政治和文化基础。要摧毁这个基础,即要彻底改变"一家一户就是一个生产单位"的这种分散的自然经济状况,最好的办法就是发展市场经济,以此推动"三农"的解决。王建(2001)[②]认为,解决农村问题的出路在于城市化,过去城市化发展严重滞后于工业化,特别是农村工业"离土不离乡"的政策,使中国经济增长中始终有一块巨大的增长和就业空间没有释放出来。沈越(2002)[③]认为,只有在大部分农村剩余劳动力已转移到城市中,留在土地上的农民才有可能实现农业的集约经营和

---

① 罗伟雄. 实践"三个代表"促进农村发展[N]. 光明日报,2001-03-11.
② 王建. 用城市化解决"三农"问题[J]. 上海投资,2001(10):4-7.
③ 沈越. 三农问题的根本出路在于城市化[J]. 当代经济研究,2002(2):36-40.

规模经营,农业才有可能成为现代化产业。赵复元(2004)①认为要推进农业工业化和农村城市化进程,重要的是要消除城乡间的壁垒,促进生产要素的城乡互动,特别是拆除农村人口向城镇转移的藩篱。李林杰(2005)②认为造成我国"三农"问题突出的根源是人口城市化水平滞后导致的农业劳动力、农村人口过多。加快人口城市化,有利于农村剩余劳动力向城市转移,从而大幅度减少农业人口和农村人口,进而可充分提高政府支农政策的实施力度和实际效应。农民进城所面临的第一个主要问题就是就业问题,因此应从我国人多地少的国情出发,千方百计加大农业人口的就业力度,促使农村剩余劳动力向非农产业转移,最终消除"三农"问题③。吴敬琏(2002)④认为,实现大量农村剩余劳动力向非农产业的转移,是解决"三农"问题、顺利实现工业化和城市化的中心环节。林毅夫(2004)⑤认为,要解决农民收入问题,首先要将农村剩余劳动力转移出来。而要转移剩余劳动力,就要通过解决城市通货紧缩的势头,将过剩的生产能力消化掉。

另外一种典型观点就是城乡统筹发展论,他们普遍认为要加快小城镇建设,改变传统的分工格局,把城市的非农业向农村扩展,最终消除城乡差别。在国家提出和实施"城乡统筹发展"战略前后,许多学者都提出统筹城乡发展是解决"三农"问题的关键⑥⑦,既要使城乡经济社会资源优化配置,又要使城乡经济社会结构全面转换,不仅要调整政策导向,而且要调整发展战略,建立城乡一体化的经济运行机制。许经勇(2004)⑧认为,长期保留和发展作为一个相对独立的农村社会经济领域,是不可能最终解决农村的社会经济问题的。只有改变传统的城乡社会分工格局,把过去集中到城市的非农产业不断扩散到农村去,才有利于合理地配置生产要素,才有可能从根本上克服作为相对独立系统的城市领域与农村领域所必然产生的一系列矛盾,并为整个社会经济系统的协调发展开辟广阔前景。赵复元(2004)⑨强调要支持小城镇建设:积极配合各地建委和其他部门制定有关制度、方案;在分税制财政体制方面,提高对小城镇税收分成比例和税收返还比例,加大对小城镇的财政转移支付力度;加大对小城镇的资金投入,并引导社会资金投入。还有许多经济学家们根据发展经济学的二元结构模

---

① 赵复元. 全面小康建设与"三农"问题综述[J]. 经济研究参考,2004(87):40-45.
② 李林杰. 人口城市化:解决三农问题的根本之路[J]. 河北大学学报(哲学社会科学版),2005,30(3):77-81.
③ 李本军. 三农问题与政府行为[D]. 中国农业科学院,2005:12-13.
④ 吴敬琏. 农村剩余劳动力转移与"三农"问题[J]. 宏观经济研究,2002(6):6-9.
⑤ 林毅夫. 解决三农问题的关键在于发展农村教育、转移农村人口[J]. 职业技术教育,2004(9):33-35.
⑥ 顾修迅,郭振宗,胡继连. 统筹城乡发展是解决"三农"问题的关键[J]. 山东社会科学,2004(6):86-89.
⑦ 曾业松. 统筹城乡:解决"三农"问题的必然选择[J]. 人民日报,2004-02-23.
⑧ 许经勇. 解决"三农"问题的途径:统筹城乡发展[J]. 南通师范学院学报(哲学社会科学版),2004(1):40-45.
⑨ 赵复元. 全面小康建设与"三农"问题综述[J]. 经济研究参考,2004(87):40-45.

式提出,解决"三农"应加强小城镇建设,主张通过大规模的城市化与工业化来消化农村的过剩人口,增加市民数量,最终使农民的收入提高,农产品市场扩大,促进国民经济的协调发展,缩小城乡间的巨大差距。陈锡文(2009)[1]认为,中国城镇化建设,应优化经济结构和产业布局,使内地的中小城市、小城镇尤其是县城和中心镇有更多的发展机会,为农民的就近转移创造必要的条件。从而在农民向城镇转移的基础上,一方面逐步扩大农户的经营规模,一方面通过发展农民专业合作社和农业生产的社会化服务,使中国农业走上现代化的道路。黄祖辉等(2012)[2]认为,解决"三农"问题,应深化农村基本经济制度、农业生产经营体制、农村公共品体系、城乡协调发展机制的改革,调整利益分配格局,发展现代农业,推进新农村建设,逐步实现中国"三农"问题的根本解决。

二、内部支持路径

内部支持路径即是通过加大政府对"三农"的投入和扶持,切实保护农民利益,消除城乡差别,实施农民增权,提高农民素质,建立健全社会保障体系,从而实现"三农"问题的解决。内部支持"三农"发展的理论认为,农业是弱质产业,农民处在弱势地位,必须依靠政府的大力支持和帮助,才能解决"三农"问题。

首要问题就是农民的国民待遇问题。林光彬(2002)[3]认为,农民的等级平等权不落实,国民待遇不改善,"三农"问题就不可能解决。宫希魁(2003)[4]强调,解决中国的"三农"问题必须以人为本。离开了对农民作为"人"的终极关怀,不从根本制度和体制上解决农民的身份歧视或社会地位问题,"三农"问题就不会有一个令人满意的结果。解放农民,还农民一个平等的社会地位,是解决"三农"问题的关键所在。胡继连等(2007)[5]认为其根本原因是农民没有得到应有的国民待遇,政府从农民身上索取的太多,给予的太少,农民在非农领域尤其是在城市就业受到很多限制,有许多制度性收入农民享受不到。同时,农民得不到应有的尊重,农民的权利和利益任意受到侵犯。解决"三农"问题,必须解决农民的公平待遇问题。岑子彬(2009)[6]认为农民的权利贫困,如政治参与权利、公共事务决策权利、受教育权利、享受社会保障权利等的弱势和缺失,既是广泛的社会现象,也是农村、农民难以走出贫困得以快速发展的本质因素。

---

[1] 陈锡文. 当前农业和农村经济形势与"三农"面临的挑战[J]. 中国农村经济,2010(1):4-9.
[2] 黄祖辉. 中国"三农"问题解析——理论述评与研究展望[M]. 杭州:浙江大学出版社,2012:8-11.
[3] 林光彬. 社会等级制度与"三农"问题[J]. 读书,2002(2):30-36.
[4] 宫希魁. 中国"三农"问题大透视[J]. 财经问题研究,2003(2):56-63.
[5] 胡继连,姜东晖. "穷人经济学"与"三农"问题[J]. 山东农业大学学报(社会科学版),2007(1):1-7.
[6] 岑子彬. 根除农民权利贫困是解决三农问题的关键[J]. 太原师范学院学报(社会科学版),2009,8(5):46-48.

根除农民这一政治主体的权利贫困,是解决"三农"问题的关键,是推进中国社会整体现代化所急迫需要解决的问题。

其次是对"三农"的扶持,政策手段主要有农产品价格政策、农村税收政策、农业信贷政策和农业财政政策。在国家出台"农业税减免政策"(2004—2005年)前后,诸多学者从不同角度建议政府加强对"三农"的扶持①②,以减少农民进行农业生产的风险和成本支出,确保农民收入的稳定增长。

此外,学者们还建议建立农村最低生活保障制度③,增加农民创收渠道④,学者们普遍建议政府应大规模向农村基础设施建设领域投资,增加农民收入进而提高农村的购买力,产生农民增收的乘数效应。近几年来,学者们更多关注"三农"问题衍生的新生代农民工问题⑤⑥,建议政府、企业加大对新生代农民工的社会保障力度。

三、内源式发展路径

内源式发展,即通过政府主导,积极调动农民的积极性,挖掘农村特定的资源基础,发展特定的产业,实现农村经济繁荣、农业结构转型升级、农民充分就业收入增长,在"外部推动"、"外部输血"的推动下,更加强调"内部发展"、"内部造血"模式。

内源式发展论者认为国民经济发展战略中,应加快产业结构调整步伐,实现农村经济结构的现代化⑦⑧。实行农业产业化、农民市民化和农村城市化,即"三农三化"是改革二元体制这个"三农"发展道路上极大阻碍的有效途径⑨。在我国目前的国民经济结构中,一方面产出结构不尽合理,另一方面就业结构的转换速度也滞后于产出结构的转换,这样的状况存在着相当的缺陷,亟待进行重大调整,"三农"问题的解决必须通过调整国民经济人的产业结构来实现。推进农业和农村经济结构调整和增加农民收入,需要通过改善和优化总体经济结构,大力发展第三产业等途径来实现⑩。

---

① 樊胜根,张林秀,张晓波. 中国农村公共投资在农村经济增长和反贫困中的作用[J]. 华南农业大学学报(社会科学版),2002(1):1-13.
② 赵复元. 全面小康建设与"三农"问题综述[J]. 经济研究参考,2004(87):40-45.
③ 赵复元. 建立农村最低生活保障制度的综述[J]. 经济研究参考,2005(55):40-45.
④ 徐祥临. 中国古代农本思想的现代诠注——兼谈"给农民增收开辟第四条渠道"的智慧源头[J]. 江苏行政学院学报,2001(4):54-59.
⑤ 李培林,田丰. 中国新生代农民工:社会态度和行为选择[J]. 社会,2011,31(3):1-23.
⑥ 夏丽霞,高君. 新生代农民工市民化进程中的社会保障[J]. 城市发展研究,2009,16(7):119-124.
⑦ 黄连贵,张照新,张涛. 我国农业产业化发展现状、成效及未来发展思路[J]. 经济研究参考:2008(31):23-33.
⑧ 夏春玉,薛建强. 农业产业化模式、利益分配与农民收入[J]. 财经问题研究,2008(11):31-38.
⑨ 周批改. 二元体制与"三农三化"——关于中国三农发展的宏观思路[J]. 湘潭大学社会科学学报,2002,26(4):57-59.
⑩ 郭树清. 从国民经济总体上考虑和解决"三农"问题[J]. 宏观经济研究,2002(6):10-13.

我国已有的工业化和城市化对"三农"发展的带动作用表现在,以"非农化"解决农业问题,以城市化解决农村问题,以劳动力转移解决农民问题。然而实践证明,在"三农"以外寻求发展路径,不能完全解决"三农"问题[①]。前文研究表明,现在工农差距、城乡差距不但没有缩小,还在进一步扩大,突出反映在:农业生产方式落后,农产品不能满足人民群众日益增长的需求;农民收入太低,农民消费能力太低;农村居民的生活条件严重落后于城市。加之,"三农"面临新的挑战,因此,在新的历史起点上推进"三农"现代化,不能只是靠非农化和城镇化,而是要直接以农业、农村和农民为发展对象。

当前,在国家大力推动新型农村合作医疗、农业税减免政策、城乡统筹一体化、新型城镇化等国家战略,全面实施农业负担减轻,不断加强"支农惠农扶农"政策力度的情况下,如何开发出"三农"内部资源,走出符合各区域特色的"三农"经济道路,实现内部"造血"功能,是彻底而全面解决"三农"问题的根本出路。内源式发展路径可以实现内部消化"三农"矛盾,既可避免城市化、城乡统筹路径所带来的负面效应,又可避免政府单向扶持却只能解决表面问题的情况出现,是全面彻底解决"三农"问题的有效路径。

---

① 洪银兴,刘志彪,等. 三农现代化的现代途径[M]. 北京:经济科学出版社,2009:1-10.

第三章 内源式破解"三农"的余庆模式

第一节 余庆县概况

一、基本情况

余庆县(Yuqing County)位于贵州省东北部,遵义市东南部,地处黔中腹地,是遵义、铜仁、黔南、黔东南四地州市结合部,东与石阡县接壤,南接黄平县,东南连施秉县,西南临瓮安县,西北接湄潭县,东北与凤冈县毗邻。东经107°24′~108°03′,北纬27°08′~27°42′。

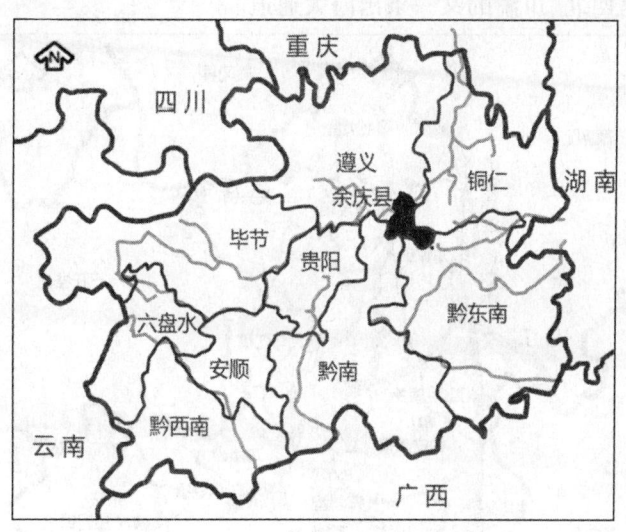

图3-1 余庆县区位示意图

余庆县面积1623.7平方公里,总耕地面积28.74万亩。县人民政府驻白泥镇,全县辖9个镇1个乡,分别为:白泥镇、小腮镇、龙溪镇、大乌江镇、构皮滩镇、龙家镇、敖溪镇、关兴镇、松烟镇及花山苗族乡,共有69个村(居、社区)。截至2012年年末,全县共有人口298 976人,其中农业人口262 913人,占总人口的87.9%。全县有汉、苗、侗、仡佬、土家族等21个民族,人口密度为186人/平方公里,是一个典型的山区农业县,也是"三农"问题较为突出的县域之一。

尽管早期经济基础薄弱,资源条件匮乏,区位交通落后,但勤劳勇敢的余庆人民,还是在这片热土上创造了众多喜人成绩和伟大成就。余庆县先后被评为全国体育先进县、全国村民自治模范县、中国小叶苦丁茶之乡、全国绿化模范县、国家级生态示范区、全国绿色小康县、全国科普示范县、全国文明县城、全国村务公开民主管理示范县和全国推进义务教育均衡发展先进地区等。

二、区位交通

余庆紧靠贵州东线旅游的经济圈,全县交通便利,省道湄黄线(S204)和久铜线(S305)在县内呈十字交汇,204省道是目前余庆县现有对外交通主要通道,对外可连接湄潭县、遵义县及黄平县,余庆至凯里高速公路已于2012年正式动工,县域公路通行条件不断改善。规划中的道(真)翁(安)高速预计于2015年通车,在龙家镇和花山苗族乡分别留有进入口,是连通黔东北道真、正安、湄潭、余庆和黔南、黔东南等区域的重要交通干道,是西北、川渝的又一条出海大通道。

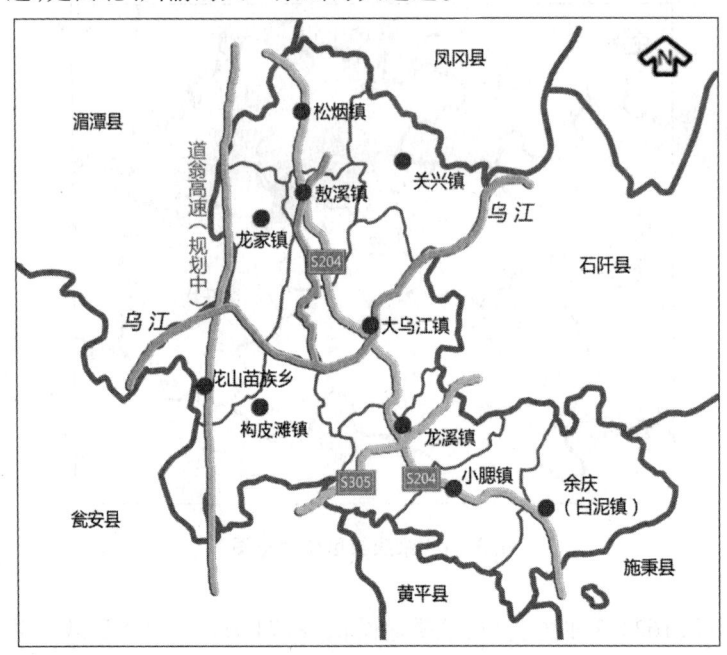

图3-2 余庆县交通条件示意图

三、发展脉胳

余庆,县名充满美好生活愿景和东方哲学内涵,已有四百余年(412年)的建县史。关于余庆名字的由来,目前大概有三种推测:一是源于《周易·坤卦》之"积善之家,必有余庆。"寓意着如果祖宗积德行善,子孙后代就会得到恩泽福被;二是源于中国历史上第一幅对联:"丰年纳余庆,佳节号长春";三是源于《红楼梦》中巧姐的曲子《留余庆》。《留余庆》全曲为:留余庆,留余庆,忽遇恩人;幸娘亲,幸娘亲,积得阴功。劝人生,济困扶穷。休似俺那爱银钱忘骨肉的狠舅奸兄。正是乘除加减,上有苍穹。① 大多数人认可第一种说法,因为第二、三种说法,很有可能也是源于第一种。

余庆县始建于明万历二十九年(1602年),其前身为万寿县。西晋初,分汉代且兰县地置万寿县,为牂牁郡治,有今余庆县地。历南朝宋、齐、梁、陈,万寿县无变。

隋代以万寿县扩置牂柯县,为牂柯州牂柯郡治,今县地在境内。

唐武德三年(620年),以牂柯地置牂州,余庆属牂柯牂州境。四年(621年),牂州改名柯州,余庆属其辖。随即,柯州又改名牂州,原牂柯县为建安县,仍为州治,余庆属牂州建安县辖。乾符三年(876年),设白泥、余庆(敖溪)两地校尉,属牂柯县辖。余庆作为地名开始出现。

南宋绍定元年(1228年),今余庆隶绍兴府所领羁縻小州辖境。

元至元十四年(1277年),属播州安抚司辖地。十八年(1281年),升播州安抚司尉宣慰司,余庆属其辖。二十一年(1284年),撤播州宣慰司,以播州与思州并入顺元路宣慰司,隶四川行省,余庆属之。不久,复置播州宣慰司,余庆受其辖。二十六年(1289年),改播州宣慰司为播南路,余庆属播南路辖。二十八年(1291年),改播州安抚司为军民宣抚司,余庆属之。是年,升余庆长官司为余庆州。至正二十三年(1363年),明玉珍据蜀,余庆属明夏占据境域,改白泥长官司等地为白泥州。

明洪武五年(1372年),思州、播州归入明朝,余庆、白泥二州随归,隶四川行省。十七年(1384年),余庆、白泥二州复改为长官司,属播州宣慰司,隶四川布政司。嘉靖三十年(1551年),别置走马坪寨。万历二十九年(1601年),合余庆、白泥两土司地置余庆县,属平越军民府,隶贵州布政使司。

清嘉庆三年(1798年),改平越军民府为平越直隶州,余庆县仍隶之。

民国二年(1913年),废府州后,余庆县属黔中道。民国九年(1920年),废道后直属于省。民国二十四年(1935年),属贵州第七行政督察区。民国二十六年至三十八

---

① 钱再伦. 余庆之名的由来[N]. 贵州政协报,2006-03-07.

年(1937—1939年),隶第一行政督察区。

1949年11月12日,余庆县解放后,隶镇远专区,1956年改隶遵义地区。1958年撤余庆县,并入湄潭县。1961年恢复余庆县,建制至今未变。

四、县域特色

(一)"四在农家"发源地

余庆是典型的山区农业县,长期以来,经济发展水平较低,交通不发达,农业、农村发展滞后。21世纪初,余庆县根据自身发展条件,坚持政府主导,全面调动农民的积极性,走出来一条内源式化解"三农"问题的道路,开创性地提出了社会主义"四在农家"建设模式。余庆在历届县委和县政府的领导下,勤劳纯朴的余庆人民励精图治,开拓创新,奋勇争先,正向全面实现小康迈进。

随着"四在农家"的广泛开展,余庆相继获得了全国文明县城、全国社会治安综合治理先进县、全国计划生育先进县、全国村务公开民主管理示范县、全国绿化模范县、全国绿色小康县、国家级生态示范区等49项全国性殊荣。如今,勤劳勇敢的余庆人民正深入贯彻落实科学发展观,突出"提速赶超、转型跨越"主基调,深入实施工业强县、城镇带动、农业现代化"三大战略",突出文化旅游活县、城乡统筹发展、社会管理创新"三大重点",实现余庆在遵义市"东部开发"战略中率先崛起、争创省列"经济强县"、打造中国西部最亮丽新农村"三大目标"。

(二)小叶苦丁茶之乡

余庆县山水相依、气候温润,特别适合茶叶生长。近年来,余庆县围绕"稳烟、增茶、促林、扩果蔬"的农业产业化发展思路,做大做强茶叶产业,以国家开发银行扶贫信用贷款为支持,强化龙头培育、基地建设、品牌打造、金融服务、技术指导、政策保障。余庆县充分利用重点产茶县优势,抢抓政策机遇,积极到省市争资金和项目,积极取得国开行授信贷款,中央、贵州省茶产业专项资金以及贵州省扶贫办发展茶产业资金等,为余庆县茶产业发展壮大和优化升级提供了强有力的资金保障。

余庆是"中国西部茶海"(由余庆、湄潭、凤冈和贵州茶叶科学研究所组成)的核心成员之一,中国特产之乡暨宣传活动推荐组委会将余庆命名为"中国小叶苦丁茶之乡",中国茶叶流通协会授予余庆"全国小叶苦丁茶生产示范基地"。2004年2月,国家质量监督检验检疫总局还授予"余庆小叶苦丁茶"为中华人民共和国地理标志保护产品,这是贵州省继茅台酒后第二家获此殊荣产品的国家级品牌,是进入国际市场的通行证。

第二节 余庆县"三农"状况

一、农民状况

1. 农民基数较大,所占比重较高

余庆县是传统的农业大县,长期以来,农业人口基数大,所占全县总人口比重较大。最近六年,即 2007—2012 年间,农业人口基数呈现总体上升的趋势,尤其是 2007—2011 年间,农业人口由原来的 256 118 人,上升到 2011 年的 269 516 人。虽然 2012 年农业人口数量略有下降,为 262 913 人,但还比 2007 年多出 6795 人。

从 2007—2012 年,农业人口占总人口比重从 89.06% 下降到 87.94%,下降了 1.12%。其中,2007—2011 年间,占比情况呈平稳趋势,2012 年比 2011 年有较大幅度下降,降幅为 1.00%。

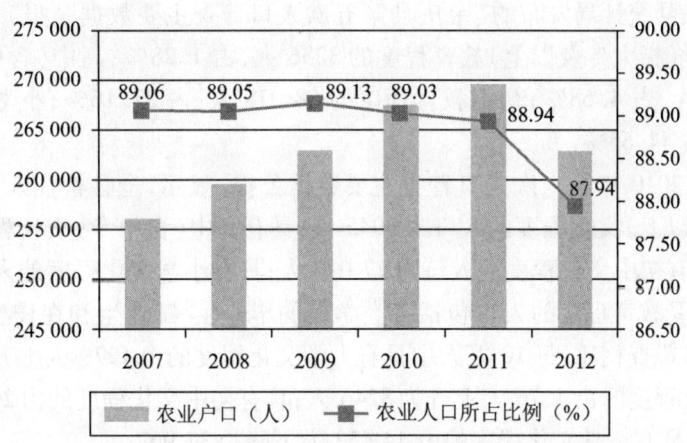

图 3-3 2007—2012 年余庆县农业户口人数及所占比重情况

数据来源:2007—2012 年余庆县国民经济和社会发展统计公报

2. 农民收入水平较低

由于经济基础薄弱,农民收入渠道少,余庆县农民收入处于较低的水平。2007—2012 年间,农民收入从 3478 元增加至 6147 元,增加了 2669 元,年均增加 533.80 元。但余庆县农村居民收入与全国平均水平相比,则是差距越来越大。2007 年,余庆县农民收入低于全国平均水平 662 元,2012 年,低于全国平均水平 1770 元。五年以来,余庆县农民收入与全国平均水平的差距增加了 1108 元。

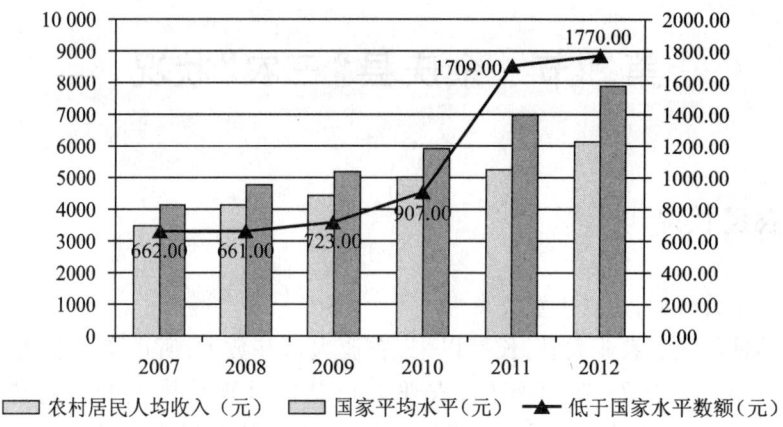

图 3－4　2007—2012 年余庆县农村居民人均收入与国家平均水平的比较
数据来源：2007—2012 年国民经济与社会发展统计公告、余庆县国民经济和社会发展统计公报

3. 农民受教育程度逐年提升，但仍显不高

根据余庆县统计局发布的《余庆县第五次人口普查主要数据公报》，在本地登记的人口中大学（指大专及以上）教育程度的 3236 人，占 1.28%；高中（含中专）教育程度的 11 828 人，占 4.68%；初中教育程度的 68 078 人，占 27.16%；小学教育程度的 112 944 人，占 44.65%。

《余庆县 2010 年第六次人口普查主要数据公报》显示，全县常住人口中，具有大学（指大专及以上）文化程度的人口为 9945 人；具有高中（含中专）文化程度的人口为 19 356 人；具有初中文化程度的人口为 77 096 人；具有小学文化程度的人口为 89 124 人（以上各种受教育程度的人口包括各类学校的毕业生、肄业生和在校生）。同 2000 年第五次人口普查相比，每 10 万人中具有大学文化程度的由 1279 人上升为 4237 人；具有高中文化程度的由 4676 人上升为 8246 人；具有初中文化程度的由 26 915 人上升为 32 843 人；具有小学文化程度的由 44 653 人下降为 37 967 人。

从两次公布的数据，我们可以看出，余庆县农民的文化程度还比较低，这在一定程度上影响了农民的发展。

二、农业状况

1. 农业所占比重较高

余庆是传统农业大县，农业产值所占比重一直较高。2000 年全县国内生产总值 76 916 万元，其中第一产业 50 188 万元，占比 65.25%；第二产业 14 470 万元，占比 18.81%；第三产业 12 258 万元，占比 15.94%。三类产业结构比为 65.25∶18.81∶15.94。

人均国内生产总值2708元。财政总收入5814万元,年均增长11.2%。全社会固定资产投资累计达5.4亿元,是"八五"时期累计数的2.6倍。社会消费品零售总额15538万元,年均增长9.2%。

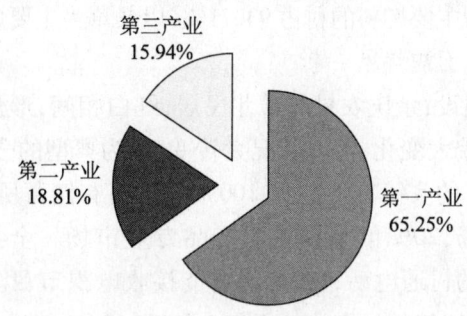

图3-5 2000年余庆县三次产业结构比

数据来源:《余庆县国民经济和社会发展第十个五年计划》

2. 传统农业优势突出

余庆县是全省粮食、油菜、烤烟主产区之一。余庆是全省首批国家级农业综合开发县,农业生产规范化种植水平及养殖水平居全省、全市前列。

余庆是全省产粮大县,2008年粮食总产量20.2万吨,在全省居第22位,全市第8位,人均粮食产量777公斤,列全省第1位。油菜子产量1.7万吨,列全省第9位,全市第5位。烤烟产量0.9万吨,列全省第10位,全市第4位。肉类产量2.8万吨,列全省第22位,全市第5位。可见虽为贵州小县,但余庆粮、油、烟、畜产量居于全省前列。

3. 农业产业化进程低

虽然余庆县作为传统农业大县,农业所占比重历来较高,但余庆县发展至今,只有烤烟相对成熟,精米、粮油加工有一些规模,龙头不强、规模不大、效益不高、企业和农户共同体的共存关系不紧密是余庆县现代农业建设中的突出问题。

从市场的角度看,无论是"龙头企业"带动,还是公司+农户模式,在现代农业比较成熟的国家或地区,都有一批具备很强实力的企业经济主体,去带动产业基地和农户,形成完整的产业链条。

三、农村状况

1. 2000年前农村面貌较差

自改革开放后,余庆县农村基层组织社区环境有了很大改善,农村居民的生活质量有了很大提高。但2000年之前,受到传统经济基础薄弱等原因制约,余庆县农村面貌长期处于原始落后状态。

1996年年末,在余庆农村的行政村(居委会)中,通电的占99.43%,通邮的占99.43%,通路的占96.57%,通电话的占13.14%,能接收电视节目的占97.14%,饮水困难的占6.86%。农村饮用水的主要来源是井水,占86.86%。居民生活用主要燃料是煤炭和柴草,其中以煤炭为主要燃料的村占93.71%,以柴草为主要燃料的村占5.71%。

2.2001年以后农村面貌焕然一新

经过"四在农家"建设,余庆农村的黔北民居,红白相间,形色相宜,错落有致。村容村貌大改观,精神面貌大变化,治安状况大转变,成为典型的全国农村画廊。

2006年年末,100%的乡镇有邮电所,100%的乡镇有储蓄所,10%的乡镇有公园,70%的乡镇有综合市场,20%的乡镇有农产品专业市场。全县100%的村通公路,100%的村通电,100%的村通电话,100%的村能接收电视节目。14.06%的村饮用水经过集中净化处理,17.19%的村实施垃圾集中处理,100%的村有沼气池,25%的村地域内有50平方米以上的综合商店或超市。全县10%的乡镇地域内有职业技术学校。100%的乡镇有医院、卫生院,80%的乡镇有敬老院。100%的村在3公里范围内有小学,40.62%的村在5公里范围内有中学。17.19%的村有幼儿园、托儿所,3.13%的村有体育健身场所,15.63%的村有图书室、文化站,18.75%的村有农民业余文化组织。98.44%的村有卫生室,82.81%的村有有行医资格证书的医生,46.88%的村有有行医资格证书的接生员①。

第三节 余庆"三农"探索历程

一、常规式探索阶段

自新中国成立以来,余庆县历届县委县政府领导班子始终关注民生、注重余庆"三农"问题的解决,坚持以带领全县人民走向共同富裕为执政使命,进行了艰苦卓绝的探索和实践。从1949年新中国成立至2000年年底,是余庆县"三农"问题探索的常规化阶段,经过数十年的努力,农民生活水平不断提高,农业的产业化水平得以提升,农村发展不断繁荣。正是基于这一时期的探索和实践,余庆县从内源式发展"三农"的角度,总结和探索了"四在农家"的创新模式,为下一阶段的探索和实践提供了坚实的理论基础和实践经验。

在这一阶段,余庆县在"三农"问题的解决上,主要完成了以下重要成就:

---

① 数据来源:余庆县第二次农业普查主要数据公报(2006)。

1.促进农村经济总量增长,确保农业基础地位进一步巩固

采取各项措施,确保农村经济总量不断增加。特别是"九五"(1996—2000年)期间,农业经济发展迈上新台阶,2000年实现农业总产值81 345万元,实现"九五"年均增长5.6%;粮食总产量164 794吨,"九五"年均增长5.5%;烤烟产量7300吨,油菜子17 682吨,茶叶、蔬菜、水果、辣椒等经济作物产量均有大幅度增长。2000年,生猪年末存栏29.43万头、出栏23.5万头,大牲畜出栏9880头,羊出栏4.27万只,肉类总产量2.29万吨,水产品产量425吨①。

截至2000年年底,余庆县农业发展基本上实现了"五个新突破":一是在商品基地建设上有新突破;二是在农产品加工销售上有新突破;三是在科技推广运用上有新突破;四是在农业基础设施建设上有新突破;五是在深化农村改革上有新突破。

2.注重农业产业结构调整,加快推进农业产业化进程

以产业化建设为着力点,推进传统农业向现代农业转变。一是抓龙头带动,积极探索乡镇企业"二次创业"新路子,把农副产品精加工作为乡镇企业发展的主攻方向,支持供销社和农村专业合作社参与农产品基地建设和市场建设,加强经纪人队伍建设,搞活农产品流通。二是抓特色推动,完成建设1万亩苦丁茶基地,完善了苦丁茶立档建卡制度,大力发展"订单农业",注重发展无公害特色农产品,积极发展八角产业。三是抓市场牵动,发展和繁荣商贸市场,重点完善子营市场、香港路商贸城、龙溪综合市场,加快构皮滩、大乌江、松烟、敖溪农贸市场建设,不断增强市场服务功能,进一步加快农产品的产销衔接。

"九五"期间,全县农业生产水平逐步提高。产业化建设取得成效,畜牧、茶叶、果蔬等生产基地不断壮大,市场建设步伐加快,新建了一批综合市场和专业市场,创立了"狮达"牌苦丁茶、"大凉山"牌珍米、"余庆红金橘"等品牌。农业科技含量不断提高,全县优质稻米占水稻产量的50%以上,上中等烟叶由65%提高到100%,生猪出栏率由63%提高到80%,蔬菜商品率达45%,农机总动力85 243千瓦。农村生态环境进一步改善,累计造林30.8万亩,森林覆盖率由43.5%上升到48%。

同时,在政府各项政策的扶持和引导下,乡镇企业得以快速发展。"九五"期间全县乡镇企业总产值66 565万元,年均增长35%,乡镇工业产值29 462万元,年均增长34%,营业收入68 610万元,年均增长36%,乡镇企业增加值占国内生产总值的比重由6.6%提高到21.5%。

农业建设方面,以农田水利建设为支撑点,提高农业产出能力。加强农业基础设施建设,突出抓好退耕还林工程、天然林保护工程、长防林工程;加大病险水库治理,高质量实施农业综合开发和以工代赈坡改梯工程,高标准完成团结水库灌区和湄凤余灌

---

① 数据来源:《余庆县国民经济和社会发展第十个五年计划》.

区余庆部分的项目,努力提高农业抗御自然风险的能力,不断改善农民增收条件。

以科技兴农为立足点,努力提高农产品的科技含量。建立健全农村社会化服务体系,加强农业科技队伍建设,发挥农村专业技术协会和农技服务中心的龙头作用,坚持良种良法,大力推广农业适用新技术,精心规划实施白泥、龙溪和龙家农业科技示范园区项目。不断提高农业机械化水平,加大农村科技培训力度,提高科技对农业的贡献率。

3. 逐步提高农民收入水平,注重民生改善

历届县委县政府始终把千方百计增加农民收入作为农业农村工作的重点、难点,以及巩固和加强农业基础地位的关键。

在这一阶段,余庆县探索出一条以小城镇建设为增长点,拓宽农民增收渠道的道路。坚持和完善家庭承包经营体制,积极探索农村集体土地使用权流转的机制和办法。依托小城镇建设,进一步放宽城镇准入政策,制定和完善小城镇户籍管理、土地使用、社会保障等方面的政策措施,有效转移农村剩余劳动力。对进入城镇务工经商的农民,给予非公有制经济发展的各种优惠条件,不限经营方式,不限经营规模,县政府各工作部门和县内执收执罚部门不得乱收费、乱罚款,尽力提供一切便利。树立"减负就是增收"的观念,积极稳妥推进农村税费制度改革,切实减轻农民负担,全方位增加农民收入。

"九五"期间,农民收入水平全面提高,2000 年农民人均纯收入 2054 元,年均增长 8.3%;人均占有粮食 600 公斤、油料 64 公斤、水果 120 公斤、肉类 83 公斤、水产品 1.5 公斤,比"八五"期末均有较大增长;"九五"期间,乡村居民居住环境有较大改善,农村人均居住面积 25 平方米,比"八五"期末增加 3.2 平方米;消费支出不断增加,农村家庭生活费支出年均增长 5.2%,电话机、洗衣机、电视机、组合音响等家用电器进入寻常百姓家,人民生活方式、生活质量发生了较大变化。

4. 注重农民全面发展,推动社会各项事业全面进步

坚持实施科教兴余战略。积极引进、推广和普及高新技术,运用高新技术嫁接、改造传统产业,促进产业优化升级。继续深化教育"三制一管理"改革,巩固"两基"成果,抓好"普实"教育,大力发展非义务教育和职业技术教育,全面推进素质教育,推动教育事业向产业化发展。

加强精神文明建设,促进社会全面进步。坚持"两手抓、两手都要硬"的方针,一是坚持正确方向,把握时代精神,充分利用多种形式特别是广播影视、互联网等现代传媒,大力实施电视、电话"村村通工程",加强信息网络建设,丰富广大群众的文化生活,形成健康向上、文明和谐的社会氛围。二是坚持以德治县,认真贯彻落实《公民道德建设实施纲要》,教育和引导公民把忠心献给祖国,把孝心献给父母,把爱心献给社会,把诚心献给朋友,把信心留给自己。三是大力实施"民心工程",积极开展社区服务,移风易俗,推进殡葬改革。四是坚持依法治县,加强社会治安综合治理,认真实施"四五"普法规划,切实解决群众关心的"热点"、"难点"问题,切实开展严打整治斗

争,预防青少年违法犯罪,依法从快打击刑事和经济犯罪,铲除黑恶势力,认真抓好安全生产,保障国家和人民生命财产安全。

二、"四在农家"阶段

随着余庆县"三农"问题探索的不断深入,余庆县领导集体逐渐从实践中总结出新的理论体系,走出了中国解决"三农"问题的特色道路——"四在农家"模式,即"富在农家,学在农家,乐在农家,美在农家"。从20世纪80年代的萌芽孕育时期,到2001年全县正式全面开展,直至2012年年底,"四在农家"走过了从萌芽到总结、从总结到推广、从推广到提升、从提升到点线面全面展开的四个典型时期。在这期间,"四在农家"理论体系伴随着实践的不断深入而不断丰富、不断升华,使得"四在农家"逐步走向遵义全市、贵州全省,直至走向全国,成为全国解决"三农"问题的一个典范。因此,我们将余庆县这一探索阶段定义为"四在农家"阶段。在这一阶段,余庆县在"三农"问题探索上,主要有以下几项成就:

1. 农业快速发展,产业化进程加快,基础地位得以进一步巩固

主要表现在农田水利基础设施持续改善,农业产业结构不断优化,农业总产值不断提高,农业产业附加值日益提升。农业产值从2007年的68 610万元,增长到2012年的97 847万元,年均增长5847.36万元,年均增长率6.68%。其中,2012年,农业产值增长率最高,为10.90%。

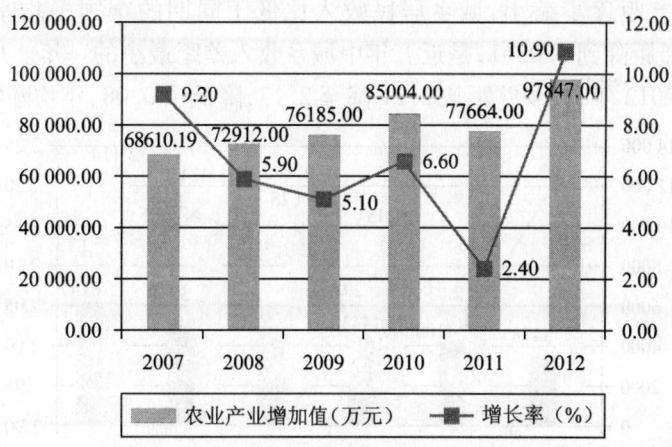

图3-6 2007—2012年余庆县农业产业增加值情况

数据来源:2007—2012年余庆县国民经济和社会发展统计公报

在农业产值整体增加的同时,农业内部的农业、林业、畜牧业、渔业各项产业均逐年提升产值。农业的产业结构逐年优化调整。

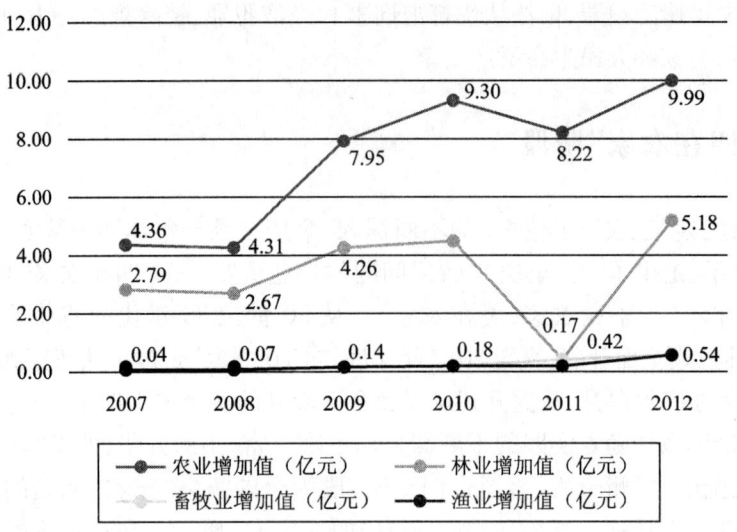

图 3-7 2007—2012 年余庆县一产分项增加值情况

数据来源:2007—2012 年余庆县国民经济和社会发展统计公报

2. 全面提高农民收入水平,逐步缩小城乡差距

随着"四在农家"的全面实施,余庆农村居民人均收入逐年提高,从 2007 年的 3478 元,增加至 2012 年的 6147 元,年均增加 1229.4 元,年均增长率 12.06%。

城乡收入差距逐步缩小,城乡居民收入比低于同期的全国平均水平。特别是 2008 年,城乡差距降到 2.03∶1,是近五年中城乡收入差距最小的一年。从总体趋势上看,2007 年至 2012 年,城乡差距从 2.21 降至 2.13,降低了 0.08,年均降幅 0.016。

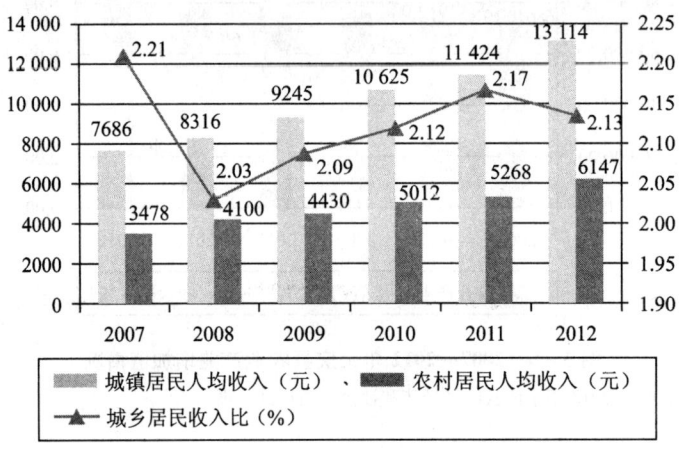

图 3-8 2007—2012 年余庆县城乡收入差距情况

数据来源:2007—2012 年余庆县国民经济和社会发展统计公报

3. 农民购买力显著提高,家庭富裕程度提升

农民购买力是反映农民生存生活状况的重要指标。自"四在农家"实施以来,伴随着农民收入水平的不断提升,农民的购买力逐步提高。

农民购买力的提高,使得余庆县乡村的消费市场持续繁荣。2007年乡村市场消费品零售额为27 906万元,增长2.9%;2012年乡村市场消费品零售额33 460万元,增长3.69%。平均每年增长1110.80万元,年均增长率3.56%。

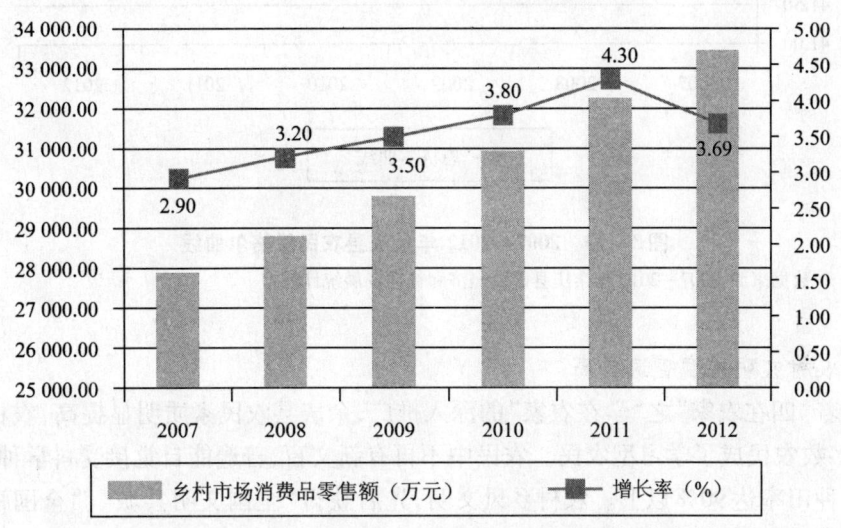

图3-9　2007—2012年乡村市场消费品零售额情况

数据来源:2007—2012年余庆县国民经济和社会发展统计公报

4. 农民恩格尔系数逐渐降低,生活幸福指数提升

恩格尔系数(Engel's Coefficient)是食品支出总额占个人消费支出总额的比重,是反映生活富裕程度的重要指标。2001年以来,特别是近五年来,余庆县农村居民恩格尔系数呈现逐渐下降的趋势,农民生活逐渐走向富裕。其中2007年,恩格尔系数为43.9,2012年恩格尔系数为42.0,2007—2012年,农民的平均恩格尔系数为43.27,年均降低0.88。

根据联合国有关恩格尔系数的划分标准,一个国家平均家庭恩格尔系数大于60%为贫穷,50%~60%为温饱,40%~50%为小康,30%~40%属于相对富裕,20%~30%为富足,20%以下为极其富裕。可见,余庆县农民生活已处于小康水平,正在向相对富裕的层次迈进。

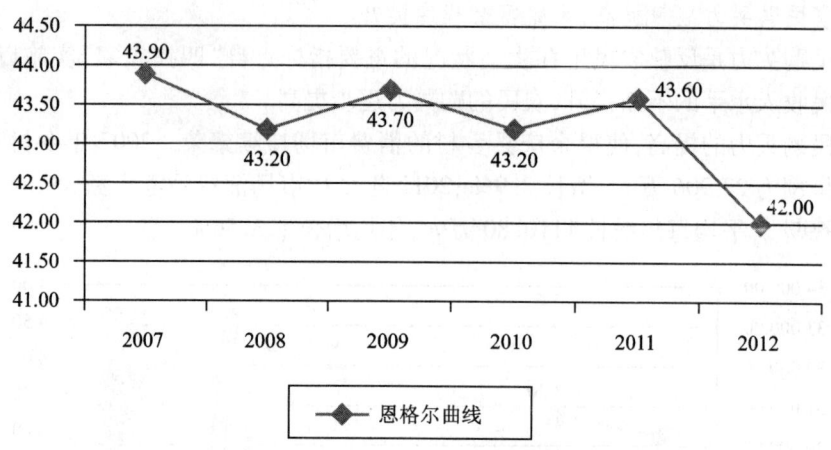

图 3-10　2007—2012 年余庆县农民恩格尔曲线
数据来源:2007—2012 年余庆县国民经济和社会发展统计公报

5.农村文明程度普遍提高

随着"四在农家"之"学在农家"的深入推广,余庆县农民素质明显提高,农村文明和谐,多数农民成了学习型农民。农民中不再有新文盲,普遍能自觉接受科学种田,全县科学种田率达 90% 以上。农村乡风文明,先后获得"全国文明县城"、"全国社会治安先进县"的殊荣。

例如,2009 年 5 月,余庆县建设局、创建办分别对 10 个乡镇的木工、泥工、漆工、泥水工等技术工匠进行了专业技术培训。余庆县团委和妇联分别到乡镇对创建点上群众进行各方面知识培训达 6000 人次。目前,完成各种普及培训 4.5 万人次;绿色证书培训 950 人,颁证 500 多人;农村劳动力转移培训 3000 多人。通过学习培训,全县 6 万多农民中平均 3 至 5 个农民就有一位技术员,科技对农业的贡献率达到了 60%。

6.农民各项权益得以实现,农村治理更加民主化

由于农村基层党组织认真组织,积极引导,广大党员干部积极参与,"四在农家"创建活动得到了有效推动,党组织和党员队伍在"四在农家"创建活动中充分体现了全心全意为农民服务的宗旨。"四在农家"创建活动丰富了"三级联创"活动的内涵,创新了"三级联创"活动的形式,为"三级联创"活动拓展了新的空间,注入了新的内容。

在创建中强化村民自主、村民自治、村民自管、一事一议,改变了千百年来"民可使由之,不可使知之"的愚民政策。村民对村里的发展以及其他大事小务有了知情权、决策权、参与权,有效行使了人民当家做主的权利。这期间,余庆先后获得"全国

村民自治模范县"、"全国村务公开民主管理示范县"、"全国农村社区建设实验县"等殊荣,便是各级政府对余庆县农村民主建设工作的高度肯定。

7. 农村环境得以改善,乡村更加和谐美丽

余庆县紧紧围绕构建和谐生态村寨这一主题,结合"整脏治乱"专项行动,抓好村寨"绿化、美化、亮化"活动。积极引导农户在房前屋后栽花种树,培植茶叶、药材等,实现庭院经济发展与环境绿化美化的有机结合,从而促进了创建点的绿化美化;加强环境保护,严禁乱砍滥伐,结合实际,大力发展农村沼气,抓好以沼气建设为龙头的农业循环经济建设。在心灵美方面,广泛开展"告别陈规陋习"活动,以刹住迷信风、婚丧喜庆大操大办的浪费风、影响社会稳定的赌博风为重点,大力开展移风易俗活动,积极推进农村殡葬改革,倡导科学健康、积极向上的生活方式。在广大农村形成了良好的尊老爱幼、团结互助、睦邻友好的淳朴民风。

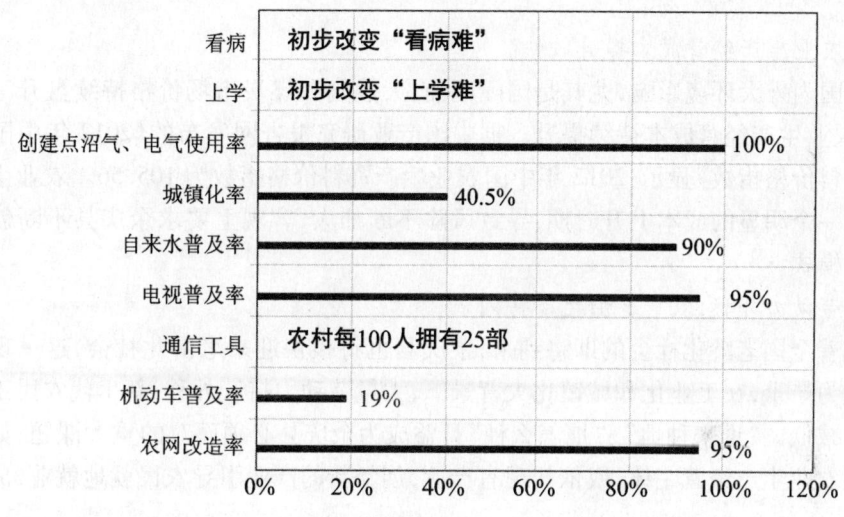

图3-11 "四在农家"开展以来余庆县社会综合指标情况

三、新时期余庆"三农"新挑战

改革开放以来,历经各届县委县政府领导班子的艰辛探索,余庆县"三农"问题的解决,已经成为全国贫困山区自发式、内源式解决"三农"问题的典型模式,农民富裕、农业发展、农村繁荣的景象已经呈现在祖国大西南。

然而,长期以来由于区位交通闭塞、经济基础薄弱、产业发展滞后、生态环境脆弱等条件的限制,加之国内外经济环境日新月异,余庆县"三农"问题依然存在许多新的挑战,如何迎接这些挑战,以何种方式深化推进"四在农家"模式,是余庆县取得全面建设小康社会、走向共同富裕道路上所面临的重要课题。

1. 农民致富渠道单一,农民增收缓慢

虽然"四在农家"工程始终强调"富在农家",然而,目前为止的余庆农村尚没有实现农业产业的全面优化调整,如发展经济作物、特色作物、建立养殖小区等,无法发挥种养殖业的最大效益,导致很难激发群众的创建积极性[①]。根据调研资料显示,目前,余庆县多数农民从事传统产业,特色产业不明显,种植规模小,科技支撑力不足,甚至大多数农民不懂科学种植技术,市场化导向种植水平低,抗灾能力较差,增收效益低,致富路子窄。这也在一定程度上导致农村部分劳动力就业不充分,导致劳动力资源浪费。

2. 农业生产经营成本提升较快

受国内外大环境影响,尤其是国际原油、天然气和煤炭市场价格持续盘升等因素影响,农业生产经营成本持续提升。据中国产业研究报告网发布的《2012年中国农业生产资料价格指数》显示,2012年中国农业生产资料价格指数为105.56。农业生产经营进入一个明显的成本上升时期,导致风险不断加大,客观上要求余庆县不断创新产业经济模式。

3. 劳动力外移,农村老龄化即将到来

随着全国老龄化社会的即将到来,余庆县也将很快迎来老龄化社会,这一现象在农村更为严重,在工业化和城镇化大背景下,大量劳动力持续外移,新生代农民工对农业兴趣减低。"谁来种地"、"地怎么种"日益成为余庆县必须面对的重大课题,如何培育新型农业生产经营主体,或依托现有产业,创新新的产业引导农民就地就业,成为新的课题。

4. 周边县域竞争加剧,产业转型压力加大

在贵州省经济结构大调整、区域经济大发展的背景下,余庆县面临周边县域经济发展冲击,我们将2011年余庆县域与周边各县国内生产总值及固定资产投资等指标综合比较,余庆县分值仍然较低(见表3-1)。

如何在区域产业发展中确定自己的地位,树立独特的品牌,壮大自身产业体系,以便深入解决"三农"问题,是余庆县目前面临的新挑战。

[①] 邱学宗,陈保健. 以"四在农家"创建为载体 推进贵州社会主义新农村建设的进程[A]. 改革开放与欠发达地区社会主义新农村建设理论研究[C],2008:313-320.

表 3-1　2011 年余庆县与周边县域发展对比

对比县	综合得分及排位			地区生产总值						固定资产投资					
	分值	排位		绝对额(亿元)	排位		增速(%)	排位		绝对额(亿元)	排位		增速(%)	排位	
		全省	周边县		全省	周边县		全省	周边县		全省	周边县		全省	周边县
余庆	63.88	88	7	31.68	52	3	5.0	88	7	27.15	49	3	2.6	88	7
凤冈	68.89	85	6	25.94	63	4	8.4	87	6	17.87	67	4	75.4	46	5
湄潭	72.13	60	4	36.62	48	2	16.1	62	4	32.75	43	2	78.3	45	4
瓮安	73.50	40	2	51.86	35	1	18.1	35	1	47.72	32	1	88.0	36	3
石阡	71.55	65	5	24.80	64	5	15.0	76	5	13.86	75	6	41.6	77	6
施秉	72.67	55	3	15.10	83	7	16.2	59	3	13.20	78	7	273.2	3	1
黄平	74.25	30	1	19.70	73	6	16.4	57	2	14.14	74	5	134.7	20	2

第四节　"四在农家"走向"旅居农家"

一、余庆"三农"创新的内在必然性

(一)"四在农家"面临转型升级的历史机遇

新时期,党和政府继续重点关注"三农"问题及民生发展,党的十八大提出"解决好农业农村农民问题是全党工作重中之重,城乡发展一体化是解决'三农'问题的根本途径……增强农业综合生产能力……构建集约化、专业化、组织化、社会化相结合的新型农业经营体系";2013 年中央一号文件明确提出"鼓励社会资本投向新农村建设"、"鼓励发展乡村旅游和休闲农业,推动农村生态文明建设"及"鼓励扶持家庭农场发展"等要求;2013 年中央经济工作会议做出"创新农业经营体制,加快调整产业结构"的战略部署;贵州省委赵书记也于近日明确做出"打造 100 个特色小城镇,建设 100 个农业产业化的示范园区,以扶贫方式推动农业产业化的结构调整"的全省经济发展战略部署。

在此背景下,余庆县响应中央号召,顺应时代潮流,在"四在农家"全面发展的基础上,探索余庆县产业经济发展新模式,推动余庆全县农业产业升级,壮大综合产业经济,带动全县农民走向小康,打造农业中产阶级具有了现实的可行性。

(二)"四在农家"有强大的发展空间和发展潜力

目前,"四在农家"的确极大改善了全县绝大多数农民的生存状况,但是如何依托"四在农家"的优势基础,以新产业融合的视角,让"四在农家"成为对接市场旅游消费群体的休闲产品,从而根本上解决农民收入问题、产业发展问题,是"四在农家"进一步应该着重挖掘的潜力所在。做出这样的考虑主要基于以下四点原因:一是,"四在农家"已经具备了发展休闲产业的资源基础,却缺少一个从资源走向产品的过程;二是,"四在农家"不仅可以成为本地百姓生活生存的基地,也可以成为外来游客乡村旅游度假的全新的产品;三是,通过"四在农家"的集中连片打造,形成田园式居住和城市化配套服务,不改变田园居住方式,实现城镇化的公共服务配套,形成人们可消费可体验的生活方式;四是,虽然"四在农家"取得了喜人成绩,极大改善了民生状况,但目前资源与产业、农民与市场之间的渠道仍未畅通,还有很大的产业提升和市场开拓空间。

(三)余庆的县域经济模式到了创新发展的新时期

余庆县目前已经有了一定的产业发展基础,烤烟、茶叶、粮食、果蔬等都已经有了一定规模,目前余庆正处于确定未来县域经济发展模式和城镇化发展路径的历史关键点。而对于余庆县域经济发展而言,面临着两大重要课题:第一是如何对现有产业进行提升;第二是如何整合现有产业体系,创新产业体系。余庆县域经济绝不能是单一的发展,也不能是简单的富农富民的结构,而是要从"资源主导型"走向"产业主导型"、"旅游导向型"、"综合发展型"的经济发展之路,以整合资源、产业融合为发展思路,驱动全县经济走向综合发展、可持续发展。

二、余庆"三农"创新的可行性

(一)中产下乡引领时代变革,使得农耕体验成为一种时尚

随着社会的变革,人们生活条件的不断改善以及自驾车的普及,食品安全问题、城市交通拥堵等现象的频繁出现,中产阶级下乡成为一种时尚,正引领着时代变革[①]。他们喜欢大山大水的环境,通过与政府或企业之间的合作,租种农民土地,组建生态农庄,不仅自己体验农耕生活方式,还通过现代化的传播手段,吸引热衷于有机食品的消费者,推动休闲农业、有机农业的形成,倡导有机生活方式。

----

① 中产阶级下乡[N]. 21世纪商业评论,2013 – 01 – 22.

余庆山水相宜,阡陌纵横,物产丰富,这片土地历经千年耕作仍然生机勃勃,具备打造怀旧农耕体验的天然条件。随着周边区域大中城市中产阶级的崛起,余庆将利用优越的生态气候环境、富饶的农特物产、宜人的山水生态,成为更多中产阶级体验田园生活的目的地。

(二)"家庭农场"推向全国,余庆自然条件有望打造典范

2013年的中央一号文件,首次提出了家庭农场的农民经营转型新模式。家庭农场是指以家庭成员为主要劳动力,从事农业规模化、集约化、商品化生产经营,并以农业收入为家庭主要收入来源的新型农业经营主体。余庆生态优越、气候舒适、山水相依,具备打造大规模、集群式家庭农场的天然基础,积极利用"四在农家"所取得的胜利成果,顺势而为,引导农民走向"旅居农家",具备了十分充足的条件。

(三)周边市场兴起度假浪潮,旅居目的地支撑创新模式

随着休闲度假时代的到来,人们已不满足走马观花式的旅游,而是喜欢到一处山水俱佳、环境舒适的旅游目的地进行高端度假旅游。特别是周边四川、重庆市场的度假需求已经十分成熟,余庆拥有丰富的自然资源和人文资源,具有打造高端旅居目的地的基础条件,以旅游产业为引领,推动"三农"经济发展,成为大势所趋。

三、余庆"旅居"农家创新模式

旅居农家模式,包括"四在农家"实践、"旅居农家"创意、"旅居产品"创新、"旅居经济"创立、"旅居城镇"创建的五重内涵。"四在农家"是基础,是全面改变乡村面貌的历史创举;"旅居农家"是核心,是转变农民生存生活方式的关键;"旅居产品"是引擎,是构建余庆县旅游产业核心吸引力,支撑"旅居农家"发展的动力所在;"旅居经济"是灵魂,是全面提升农业转型升级的手段;"旅居城镇"是归宿,是全面统筹城乡一体化发展的新型城镇战略。因"旅居农家"是最核心的抓手,该模式是以"四在农家"转型为"旅居农家",因此,笔者将其归纳为"旅居农家"模式。旅居农家模式包含以下五重内涵:

1."四在农家"实践

即通过"富、美、乐、学"为目标,依托政府主导、农民参与、社会共建的模式推动,是"旅居农家"的基础和前提,是"旅居农家"走向伟大胜利的第一步。

2."旅居农家"创意

在"四在农家"的基础上,顺应旅居时代的休闲度假需求,以农居、院落、田园为资源背景,塑造主客共享的怀旧农耕旅游产品,引领全县农民生存方式转变。

3."旅居产品"创新

产品是旅游目的地核心吸引物,旅居产品是驱动旅居农家快速转型的引擎。通过

对余庆县旅游资源普查与评价,对潜在客源市场的调研与分析,创新地提出打造"三大品牌产品"+"四大特色产品"的余庆旅居产品体系,形成余庆旅游景区景点的体系,以此构筑余庆旅游的核心吸引力。

4."旅居经济"创立

发展县域经济是解决"三农"问题的新的切入点,旅居经济是县域经济发展的创新模式,是以旅游产业为引领,以融合发展、产业集聚、产业创新为战略,统领产业结构调整、统筹城乡发展,推动全县传统产业升级、新兴产业落地。

5."旅居城镇"创建

城乡一体化融合发展是"三农"问题解决的重要途径,在新型城镇化的国家战略背景下,确定余庆县以"旅居城镇"新模式,推动"产城融合、空间集聚、城乡互融、特色强镇"四大战略,最终走向全域旅游、全景余庆。

第四章 "四在农家"实践

第一节 "四在农家"的定义和内涵

一、"四在农家"的定义

1. 初期定义

"四在农家",即"富在农家,学在农家,乐在农家,美在农家",是新时期余庆县委县政府破解全县"三农"难题,促进农民、农业、农村全面发展的一项伟大实践。从农民追求发展出发,突出一个"富"字;从农民追求进步出发,突出一个"学"字;从农民追求安康出发,突出一个"乐"字;从农民追求和谐出发,突出一个"美"字。以"七个一"(即帮助农民找到一条致富增收的路子,家家户户有一幢宽敞整洁的住房,有一套家具和家用电器,安装一部家用电话,掌握一门以上农业实用技术,有一间卫生厨房和厕所,有一种以上健康有益的文体爱好)和"五通三改三建"(即通电、通水、通路、通电话、通广播电视,改居住环境、改厕、改灶,建文化广播室、对外宣传栏、体育娱乐场所)创建模式为标准,以引导农民增收致富为前提,改善农民的人居环境和生产生活条件,改变农民的精神面貌。

2. 升级定义

党的十七大提出统筹城乡发展、建设社会主义新农村的新要求后,余庆县在实践基础上对"四在农家"内涵进行了丰富和完善,从已经解决温饱并向全面小康迈进的遵义农村实际出发,提出以"富在农家增收入,学在农家长智慧,乐在农家爽精神,美在农家展新貌"为核心内容,以引导农民增收致富为前提,以农村一家一户得实惠为根本,以"四有五通三改三建"("四有"是有一条增收致富的路子,有几项适用的生产技术,有够住、整洁的房子,有好用的家具电器。"五通"是通水、通电、通路、通电话、通广播电视;"三改"是改灶、改厕、改善环境;"三建"是建图书阅览室、建文体活动室、建村务政务公开宣传栏)为切入点,引导农村走创造文明、发展文明、享受文明的小康之路。

55

二、"四在农家"的内涵

1. 富在农家增收入

围绕农村经济发展这个核心,遵循市场规律,积极引导农民勤劳致富、科技致富、增加收入。在具体的创建工作中,首先是贯彻落实好国家的"长富之策",即中央2004年以来的四个一号文件精神。其次是作为县乡两级来说,要使农民有"长富之路",工作中,紧紧围绕七个方面来扎实推进,即:一是筑路架线,治水修堰;二是种草养畜,开发庭院;三是封山护林,退耕还林;四是常调结构,劳务输外;五是兴科减负,重抓培训;六是一村一品,多业并举;七是提高推进,促进转变。再次是作为农民群众自身来说要有"长富之能"。按照"全面推进农业产业化经营"的现代农业发展思路,努力提高农民组织化程度,畅通农产品营销渠道,支持引导农村专业合作组织发展经济;按照"把提高农业综合生产能力放在优先位置"的基础设施建设思路,大力发展设施农业,以实施"四有五通三改三建"为重点,进一步完善村组公路、农田水利、饮水安全、沼气和农村教育、文化、卫生等农村基础设施,率先在全省山区农业县实现了乡乡通油砼路和村村通公路。

2. 学在农家长智慧

学在农家是立足于农民的这种现实需要而产生的,它的基本内涵就是坚持以人为本,培育学习型农村、学习型农民,积极引导农民学科技、学文化、学政策、学法律、学市场经济知识,不断提高农民科学文化素质。在具体的创建活动中,坚持农科教结合,大力发展农村职业教育和技能培训,让农民掌握2至3门农业适用技术,着力培育新型农民。通过学习培训,余庆全县获"绿色证书"人数每年递增10%以上,科技对农业的贡献率达到55%以上。同时,在全县开展民主法制教育和"五心教育"(忠心献给祖国,孝心献给父母,诚心献给他人,爱心献给社会,信心留给自己),营造一个"敬民若父、爱官若子"和"教民做人"、"让民做主"的干群新风尚。坚持优先发展农村义务教育和高中教育,大力实施"双高普九"。目前,高中(含职高)毛入学率达到了83%,高考升学率达75%。充分利用现代远程教育网络,搭建农村教育跨越发展和农村经济腾飞的平台,从而开创"老、少、边、穷"地区接受现代信息的新时代。

3. 乐在农家爽精神

不断满足农民群众日益增长的精神文化生活需求和加强基层民主政治建设的愿望。在"四在农家"创建活动中,认真抓好广播电视"村村通"工程,图书室、村务公开栏、体育运动场所等文娱体育基础设施建设,建好群众文化生活平台,不断巩固农村文化阵地。充分利用各种节庆、民族传统节日、农闲时间,经常开展农畜产品比赛、农民体育竞赛、"四在农家"文艺表演和知识竞赛等活动,极大地丰富了农民群众的精神生活。结合不同的地域、不同的民族特点,培养一批农村文艺人才和骨干,深入挖掘、培植花灯、川剧、傩戏、泥塑等地方文化艺术,传承民间文艺,鼓励并引导他们传播先进文化。让他们自编自演、自拉自唱、自作自导,篮球场、农家院成了农民群众演出的舞台。通过这样一些形式多样、健康有益的活动把全村人的心紧紧凝聚在一起,使村民之间的关系也融洽和谐起来,整个村庄宛如一个和谐的大家庭。

4. 美在农家展新貌

即着眼于人的全面发展,着眼于人与社会、人与自然的和谐发展,讲文明树新风,积极引导农民追求心灵美和环境美,建设殷实、和谐、文明的新农村,让广大农村农民过上"高尚的美好的生活"。在具体的创建活动中,根据地理、交通、经济、文化、产业等不同情况,分门别类地创建文明新风型、绿色庭院型、生态家园型等具体的"四在农家"示范类型。在生态家园型创建中,坚持从农村能源改造抓起,大力发展农村沼气,加大"五乱"治理力度,破除陈规陋习,有效消除农村生产生活污染源,有效处理人畜粪便、柴草秸秆、垃圾污水,彻底改善农村人居环境卫生。在绿色庭院型创建中,积极引导农户在房前屋后栽花种树,培植茶叶、经果、药材等,实现庭院经济发展与环境绿化美化的有机结合。在农民房屋的改造上,注重保持鲜明的地方民族特色,不搞大拆大建,由建设部门免费提供经济安全适用、节地节能节材的黔北民居设计图,充分体现了地方民族特色的美感。同时,积极营造美满和谐的人际新关系,大力倡导弘扬传统美德,继承光大淳朴民风,认真贯彻《公民道德实施纲要》,深入开展以"八荣八耻"为主要内容的社会主义荣辱观教育,在全县广泛开展"把忠心献给祖国,把孝心献给父母,把爱心献给社会,把诚心献给朋友,把信心留给自己"的"五心教育"活动,推动农村群众性精神文明活动的开展,努力创建和谐家庭、和谐村组、和谐乡镇,形成健康文明的农村社会新风尚。

第二节 "四在农家"缘起

一、"四在农家"的萌芽

"四在农家"发轫于20世纪80年代的余庆县白泥镇满溪村的罗家坡,在当时那里是一个普通而边远的山区村寨,坡上住有17户人家,全都姓周,当时是远近闻名的穷旮旯。"远看秃岭荒坡,近看老树几棵,到处是干烧地,井水不够一家喝;种苞谷似草,栽烤烟如蘘,吃的杂粮野菜,住的是柴棚草窝,这样的日子真难过,谁都想离开罗家坡"。这就是关于白泥镇罗家坡13年前在村民中广为流传的一段顺口溜,也是20世纪70年代当地人的真实写照。

1982年,有点文化水平的周修平当了组长,硬性规定一条:住在山上的人只能栽树,不能砍树,谁砍了就罚谁的款。他年年从林业部门要来树苗组织群众栽植,还组织村民学技术学知识。此后,罗家坡一年年变绿了,村民也一天天富起来。当年,村民们通过硬化连户路、整治环境卫生,使村容村貌发生了巨大变化。1994年,周修平任满溪村支书,他又发动大家自发集资13万元,投劳5000余个,对房前屋后进行硬化、美化,家家户户安装了程控电话、闭路电视。"山清水秀渠常流,绿树红果满枝头。庭院干净环境美,民居好似别墅楼。公路通到寨门前,自来水往锅里流。电视电话进农家,时代信息在手头。科技致富甜头多,今后日子有奔头"道出了当地人美滋滋的新生活。老支书周修平说,当时也是摸着石头过河,没想到,一开始就得到村民的热情拥护。之后再走进罗家坡,错落有致的房舍掩映在青山绿水间,满山的红果绿树装点着山乡村寨,好一幅江南农家的画卷。罗家坡的巨变引起了上级领导的注意,并逐渐推广辐射到周边村寨,激发了村民求富、求学、求美、求乐的热情。

1999年至2000年期间,余庆县县委在农村广泛开展了"3115"(即"三教育一培训一发动五落实",其中,"三教育"指爱国主义教育、集体主义教育、社会主义教育;"一培训"指农业试用技术培训;"一发动"指发动群众制定增产增收措施,做好春耕备耕工作,迅速掀起春耕生产高潮;"五落实"指落实春耕备耕各项生产任务和增收措施,落实社会治安各项措施,落实解决村级组织有钱办事的计划措施,落实"个十百千万"文明建设工程,落实村民自治、村务公开制度)和"233"(即"两发动三建设三落实","两发动"指的是搞好农业产业结构和经济结构调整的思想发动,广大干部群众学科学用科学、促进增收致富的思想发动;"三建设"指的是以村党支部为核心的村党组织建设、精神文明建设、小康村建设;"三落实"指的是落实三个50%,落实小康村年度建设规划任务,落实春耕备耕、烤烟生产任务、村民增收措施及计划生育、社会稳定目标)农村思想政治教育活动,得到广大农民群众的积极响应,推动了农业和农村经济结构调整,形成"干部经常受教育,农民长期得实惠"的长效机制,为催生"四在农家"创建奠定了思想基础。经过"3115"和"233"农村思想政治教育活动洗礼后,全县广大农村群众在生产生活上表现出了强烈的主动性和创造性。

罗家坡的实践经验与余庆县县委的农村思想政治教育为"四在农家"的提出奠定了坚实的基础,创新的发展模式呼之欲出。

二、"四在农家"的提出

2001年,余庆县县委派工作组到罗家坡等地取经,因势利导并提炼和总结出四四一十六个字。即"富在农家、学在农家、乐在农家、美在农家"。富在农家,就是引导农民勤劳致富、增加收入,过上殷实生活;学在农家,就是引导农民学科技、学文化、学法律,提高素质;乐在农家,就是在农村不断为群众开展丰富多彩的文化生活,让农民享受文明成果;美在农家,就是着眼于人与社会、人与自然的和谐,讲文明树新风,建设和谐美丽的新农村。

余庆县县委县政府在之后的调研中还发现,余庆的"三农"工作存在严重的问题:一是在农民问题上,突出地表现为数量多、受教育程度不高,既造成人均资源紧缺,人地关系紧张,又存在就业难、致富难、提高素质难、保持稳定更难的状况;二是在农村问题上,主要表现在基础设施建设滞后,社会事业发展缓慢,社会保障措施乏力,加之国家投入不足,公共服务条件十分薄弱,整个农村只有为城市提供原材料和供给廉价的劳动力;三是在农业问题上,既受土地和经营规模的限制,又存在不可抗御的自然灾害。国家虽然取消了各种税费,但农业生产资料价格居高不下,给科技兴农特别是发展现代农业的投入带来了困难。

针对以上三个问题,2001年,余庆县县委又在"三个代表"重要思想学教活动中,派出上千名干部打着背包,住进老百姓家里,与农民同吃同住同劳动,察民情、听民声。在这当中,发现在小腮镇桥底、白泥镇罗家坡、龙家镇高寨等一些村寨,老百姓自发地组织起来硬化联户路、改建厕所、改善居住环境。余庆县委、县政府随即进行深入调查研究,总共历时三个月的时间。调查期间发现广大农村居民,尤其是农民朋友非常渴望和城里人一样有稳定的收入来源,过上殷实富裕的生活;渴望与城里人一样有受教育和更多学习的机会;渴望与城里人一样享受欢乐和经常参加文体活动;渴望与城里人一样居住在亮丽而舒适的房屋,有干净卫生的环境。此次调研工作增加了余庆县全面推进"四在农家"工作的决心和信心。

2001年,余庆县委、县政府通过总结提炼,正式提出在全县开展"四在农家"创建活动。从农民增收致富、提升素质、改善农村生产生活条件和提高农村社会文明程度等关键环节入手,以"富"推动生产的发展,以"学"提升素质、培养新型农民,以"乐"倡导乡风文明,以"美"展示现代文明,并对"富、学、乐、美"赋予新的内涵,即"富在农家、学在农家、乐在农家、美在农家",简称"四在农家"。从2001年下半年开始,在全县本着先易后难的原则,在部分村组选点示范,取得了成功,迅速地在全县推广,受到了农民群众的热烈欢迎和高度认可。

第三节 "四在农家"发展历程

成功的实践源于科学的决策。罗家坡的变化仅是余庆县"四在农家"创建的一个缩影。初期的活动展开后,引起了市委、市政府的高度重视,多次派工作组到余庆调研,帮助余庆进一步总结和推广。

"四在农家"的建设过程可归结为四个阶段,即从起源到总结,从总结到推广,从推广到提升,从提升到点线面全面展开。四个阶段是一个不断创新、不断提高的过程,内涵在不断丰富,品位在不断提高,效果在不断显现,影响也在不断扩大。

一、从起源到总结阶段

2001年开始"四在农家"的初级创建,为积极探索农村基层党组织执政能力建设的有效途径,余庆县县委制定了《余庆县2002—2004年以"四在农家"为载体的农村基层组织暨精神文明"示范带"创建活动规划》《中共余庆县委关于广泛开展以"四在农家"为载体的基层组织暨精神文明"示范带"创建活动的决定》,在全县形成了党委、部门同抓"四在农家"活动的格局。

2003年,全县在以"四在农家"为载体开展农村基层组织和精神文明"示范带"创建活动中,又涌现出罗家寨、下寨、金斗湾等一批规格高、规模大的"普通型"创建点,进一步扩大了创建活动的覆盖面,形成了村村搞创建、镇镇有亮点的良好局面。

在创建之初,龙家镇光明村高寨组人均年收入不足500元,全组没有一幢像样的楼房。"四在农家"创建后,52户高寨农民走上了"建筑强寨、亮化美寨、科技兴寨、新风进寨"的路子,他们积极追求健康向上的生活方式,建起羽毛球场、乒乓球台、图书室等,经常开展文体活动,实现多年无人参与赌博和打架斗殴、无人违反"计划生育"政策。

2003年,坐落在关兴镇狮子十二山脚下的金斗湾村民组,在"四在农家"创建中,83户农民围绕"富"字做文章,调出好田好土250余亩种植优质烟叶,实施退耕还林栽植优质果林500亩,种植优质牧草300亩发展畜牧业,实现人均收入4000多元。现在的金斗湾,水泥硬化路连着村寨、联户路串起农户,家家庭院干净整洁,房前屋后栽花种草、物放有序,村容村貌焕然一新。通过创建,一批文明新风型、富裕小康型、绿色庭院型、生态家园型、城郊服务型、产业经济型等各具特色的示范类型不断涌现,使"四在农家"辐射带动效应越来越强。

二、从总结到推广阶段

2002年到2005年间,余庆县县委抓住建设"小康"这个核心目标,拟定《2004—2008年以"四在农家"为载体的农村基层组织暨精神文明示范带创建活动规划》,对全县426个自然村寨进行规划创建,覆盖全县80%以上的农村人口。在推广点面的同时,重点打造10个高规格创建点,塑造起一批可闻可观可感的农村小康模式。

龙家镇光辉村文家弯就是"提升版"创建中的一个典型。文家弯依山傍水、环境优美、交通便利，产业化程度高，基础较好，群众创建热情高。创建中，文家弯在县贴息贷款优先政策、示范点宅基地政策、基础建设税费政策、配套项目倾斜政策的激励下，统一规划村寨、统一设计房屋立面、统一建筑风格、统一创建内容、统一配套水电通信建设，深入推进创建，形成寨前小桥流水、寨中新房林立、寨后绿树成荫的和谐村寨。与此同时，全县还建成了龙溪镇周家弯、小腮镇蔡家榜、敖溪镇官仓等10个新型村寨。

三、从推广到提升阶段

2006年到2009年，"四在农家"进入提升建设阶段。

余庆县建设部门按照既传承传统风格，又体现民族特色，既表现现代文明，又优化节省投资和依山形、依水势、依自然特点进行建设的思路，设计出10余套房屋建设图纸，供建房户选择，为后来"黔北民居"户型的绘制提供了有力参考。

行走在余庆山水间，人们会发现，以"小青瓦、坡屋面、穿斗式、转角楼、罗马柱、雕花窗、白粉墙"为主要风格的黔北民居随处可见。

余庆县龙家镇光辉村的黄金榜，是黔北民居第一村。2005年，时任余庆县县长的杨兴友一直思索着"如何让农民的房子大起来、宽起来、靓起来"，当年冬天，他与遵义市建设局的专家被白泥镇满溪村农民请去吃"刨锅汤"。席间，他提出请设计单位设计"有遵义会议会址之外观，与巴蜀文化和夜郎古韵有机结合"能体现黔北民居特点的新房子，与客人一拍即合。40天之后，5种房屋格局的设计图纸出来了。就如同五颗"房屋种子"，种下去后就迅速长出很多漂亮的房子来。目前这种房子不仅在余庆有，且已遍布遵义城乡，累计多达3万多栋，而小小的余庆县就有近2万栋。

当时的余庆县龙家镇黄金榜农民发展烤烟多年，外出务工收入多，经济条件相对较好，能不能从那里找个寨子"试点"？杨兴友找到组长商量，与组长沈双政一拍即合，实验就在黄金榜开始。杨兴友在村民大会上表态：农民修房子政府奖励，含建沼气池每户5000元，还可以享受2万元的两年贴息贷款。龙家镇将第一户选在了村民沈双政家，他家是烤烟大户，有着一定的经济实力，积极性极高。半年后，第一户黔北民居诞生了。紧接着，一栋栋黔北民居拔地而起。水泥硬化路直通寨子中间，寨子里有农家书屋、篮球场、健身器材、党员活动室、便民服务中心、商店，家家户户装了淋浴热水器。

随后，白泥镇金鸡屯、构皮滩镇的杨柳塘、敖溪镇的指挥村、松烟镇觉林村的群众热火朝天地在统一规划下自发修建黔北民居，年底建成140多栋。之后，黔北民居像雨后春笋般出现。

在修建新房时，余庆人民始终坚持保护环境、尊重自然的理念。当时的龙家镇光辉村一村民建盖新房时,为保留庭院旁的古树让其屋基调整位置,为此多出更多的工时和投入。松烟镇"小江南"有一村民,在修建房屋时完整保留清理地基时露出的岩石,如今成为不可多得的景观。

四、从提升到点线面全面展开阶段

2010年以后,"四在农家"以"自然村寨为点,以公路干道为线,以整村创建为面"。

2009年,全国农村精神文明建设工作经验交流会在遵义召开。为贯彻落实好会议精神,进一步深化"四在农家"创建活动,2010年5月,遵义市第四次以市委名义下发文件,出台了《关于在全市农村进一步深化"四在农家"创建活动的意见》,黔北大地再次掀起了创建高潮。截至2010年12月,遵义市累计建成"四在农家"创建点8200多个,覆盖全市232个乡镇、1700多个村,受益农民达440万,受益人口占全市农民总数的69.8%。

中央下发《关于进一步加强新形势下农村精神文明建设工作的意见》后,遵义市委进一步强调:深化"四在农家"创建活动要认准"一个目标",明确"四大任务",突出"两个重点"。"一个目标"就是要积极推动农村发展,努力做到工业化、城镇化和农业产业化"三化同步";"四大任务"就是指"培育新农民、倡导新风尚、建设新环境、发展新文化";"两个重点"就是指在创建过程中一要突出农村基础设施建设、人居环境改善和人文内涵的提升,二要推动创建活动向边远贫困山区拓展延伸,实现普惠于民,推动高标准创建点沿高速公路和骨干公路延伸拓展,实现点线面结合。通过5~10年的时间,积极探索具有遵义特色的农村城镇化发展新路。力争到"十二五"期末,实现"四在农家"创建活动惠及人口达到630万人以上,覆盖率达到100%。

之后,余庆县县委县政府针对农业税免征情况,合理转移农村干部工作重心,坚持以"四在农家"创建活动统领农村工作,创建了79个示范点,7条示范带和光明村、凉风村、木叶顶村3个整村面。余庆县县委县政府结合村庄整治,着力打造"四在农家"创建的"精品版",并在省、市建设部门的指导下,按照"黔北民居"建筑风格,规划建设了龙家镇黄金榜创建点。黄金榜过去产业薄弱,公路不畅,经济落后,脏乱现象严重。黄金榜在当地政府的引导下,实施退耕还果,栽种烤烟,种植优质水稻,形成800亩经果林、300亩烤烟、200亩优质水稻的经济发展路子。农民收入提高后,又在建设部门的统一规划下,全面完成了"小青瓦、坡屋面、白粉墙、雕花窗、转台阁、三合院"式的黔北民居改造,建起了图书室、羽毛球场、篮球场、乒乓球台等文化娱乐中心,形成了"山上绿树成荫,山腰果满枝头,寨中休闲娱乐,门前鱼儿欢跳,邻里和睦相处"的和谐新貌。黄金榜被评为"全国农业旅游示范点"。在黄金榜创建的示范带动下,全县围绕

"生产发展、生活宽裕、乡风文明、村容整洁、管理民主"的要求,按照"抓线、突点、扩面"的思路,沿省道 S204 线和 S305 线,对 10 户以上的自然村寨实施"四有五通三改三建三制"。

截至 2012 年底,全县 802 个自然村寨进行了"四在农家"创建,受益人口突破 25 万人,占全县农业人口的 94%,在开展"四在农家"创建活动的村组,农民人均纯收入在 5000 元以上,全国农村画廊初见雏形。

第四节 "四在农家"运营机制

"四在农家"创建活动,为社会管理创新提供了基础,同时社会管理创新又推动了创建活动深化和提升。经过多年的不断探索,"四在农家"实现了上级组织服务基层组织体系、党组织服务党员体系、党组织和党员服务群众工作体系、城镇服务农村工作体系四个方面的创新。由于党组织和支部的粘连作用,成功推行了"支部+公司+农户"的农村经济发展新模式。"四在农家"的运营机制主要包括目标机制、动力机制、投入机制、统筹机制、帮扶机制、安全机制。

一、目标机制

探索"着眼点远、着力点小、切入点实、操作性强"的创建目标。"四在农家"创建活动自开展以来,紧紧围绕农村全面建设小康的目标,以引导农民增收致富为前提,以一家一户得实惠为根本,以"四有五通三改三建"为切入点,切实治理"五乱"(柴草乱垛、粪土乱堆、垃圾乱倒、污水乱泼、畜禽乱跑),不断改善农村人居环境和生产条件,改变农民精神面貌,拓展农民视野,提高农村文明水平,把农民求富、求学、求乐、求美的愿望变为现实。同时,充分尊重贫困地区农民的主观意愿,政府只是及时响应他们的创建要求,但不下达具体指标,不搞"一刀切",不制定统一标准,不搞行政命令,也不开展评比活动,分类指导,讲求实效。

二、动力机制

实践中,全县以"富"为基础,大力实施粮、油、烟、畜、茶、药、果、蔬"八大产业振兴计划",发展 12 万亩优质稻,7 万亩烤烟,60 万头生猪,10 万亩茶园,1 万亩药材,1 万亩供港澳蔬菜基地,3 万亩红金橘、龙溪桃,用产业使农民致富;兴建 20 平方公里的"一园三区",引进农副产品加工项目,延伸链条,拓宽农民增收渠道;实施"城镇倍增计划",引导农民从事二、三产业,塑造新型农民,增加工资性收入;推进乡村旅游,打造"四在农家"乡村旅游点,发展乡村餐馆和旅馆,增加旅游性收入。

"四在农家"在其创建点中选择开发条件优越乡村作为发展乡村旅游的示范点,积极开展乡村旅游开发的示范与探索,并采取实地参观学习、理论培训等形式予以提升。目前已经初步形成众多的特色文化村,比如桐梓、红花岗等地的"四在农家"乡村创建点中,反映农村经济发展、思想道德和文化环境等方面变化的"文化墙"、"美术街"、"诗词碑"和"格言牌"等,已成为当地文化生活的一道亮丽风景线,形成了特色独具的文化乡村。至今,以黔北民居新村建设为标志的"四在农家"特色文化村不断涌现,如余庆县黄金榜村新建152户黔北新民居,57户农家旅馆、农民餐饮、农产品销售点及4个文化表演队,每逢节假日游客络绎不绝。又如余庆县金橘园、湄潭县龙凤村、仁怀市上坪村、红花岗区文武村、正安县新州镇尹珍大道一条街等各具特色的文化村,为乡村旅游提供了瞬时即用的资源。①

富在农家增收入,是创建活动的根本出发点和原动力。通过产业的调整、科学技术的应用,使余庆农民人均收入从2001年的2146元增至2010年的5012元,高于遵义全市、贵州全省年均增长水平。城乡收入比为2:1,实现了城乡协调发展。富裕起来的农民不仅修建了黔北新民居,他们的生产生活方式也正在告别传统,这是农村生活方式的一场深刻变革。如今,彩电、冰箱、热水器、洗衣机等现代家用电器在农村实现了普及,"煮饭烧水点沼气,茶余饭后扭秧歌,远教网里查信息"已成为农民的生活习惯。2.5万栋黔北民居新型村寨星罗棋布、遍布山乡。

三、投入机制

创新"政府补助、部门帮助、群众自助、社会赞助"的投入机制。如何解决好资金投入问题是推进社会主义新农村建设的关键,只有突破了资金瓶颈,新农村建设才能有序推进。实践中,坚持"多腿走路、多方出力"的原则,不断探索创新"四在农家"创建活动的投入机制,按照"农民出一点、财政拿一点、社会筹一点、包村单位和有关部门帮一点"的思路,构建了"政府补助、部门帮助、群众自助、社会赞助"的投入机制。

"政府补助",就是从财政预算支出一定资金,作为"四在农家"创建活动的投入。县财政每年安排200万元用作贴息贷款。一是原地改造房层的可享受政府贴息贷款一年一万元优惠;二是以建沼气池为主要内容,改厕、改圈、改厨、改房的农户可享受政府贴息贷款一年二万元优惠。对达到"五通三建三改"要求,沼气池配套的农户,县政府另外每户补贴现金5000元。

---

① 王家洪. 以"四在农家"促进乡村旅游发展探析[J]. 商场现代化,2008(34):350-351.

"部门帮助",就是各级各部门根据党委政府的统一规划,从政策、项目、资金上向创建点倾斜,带动和激励农民自主建设家园。同时提倡"社会赞助",就是广泛发动社会力量,支持"四在农家"创建活动。"群众自助",就是农民群众作为投入的主体,直接投入资金和投工投劳。创建中,做到了修路有政府补助水泥,改建住房有建设部门免费设计多套图纸,修建沼气池和改灶有农业部门补助,改水改厕有卫生部门帮助,种大棚蔬菜有农办扶持,乡镇免费举办沼气培训班,"四在农家"真正成为服务"三农"的综合性平台。

表4-1 余庆县2001—2009年"四在农家"创建活动投入资金统计表

年度	创建点个数(个)	农户(户)	人口(人)	受益农户比例(%)	省级财政投入(万元)	市级财政投入(万元)	市部门投入(万元)	县财政投入(万元)	县单位投入(万元)	乡镇财政投入(万元)	农户自筹(万元)	项目投资(万元)
2001	5	456	2052					2.2	0.3		5.2	4
2002	17	1398	6011					24.39	26.22		54.95	58.45
2003	25	2918	13 131					16.4	29.52		85.54	17.62
2004	53	5416	21 664					200	43.75		221.32	890.7
2005	82	5604	22 416			40		310	53.075		805.36	146.72
2006	93	6005	24 020		60	40		360	63.21		4753.62	159.06
2007	74	7095	31 927	58.8	61	26.50		678.34	94.18	174.34	13 492.56	76.4
2008	63	10 344	37 280	58.5	62	26.32		865.3	86.4	22.3	20849	177.7
2009	按调研报告的数据							1000	120		28 000	
合计	412	39 236	158 501	80	177.3	203	52.816	3456.63	516.655	196.64	68 267.55	1530.65
资金总合计:						74 401.24						

说明:2001年至2008年,财政总投入:5386万元,有以"黔北民居"为主的新型村寨125个点,覆盖14 500户,拉动投入5个多亿。2009年其他数据还未出来,农户自筹是大概数

建设社会主义新农村的难题之一就是资金问题。从"四在农家"的实践来看,没有政府扶助是不行的,但光靠政府也是不行的。政府要加大投入,但又不能大包大揽,必须形成以政府为主导、农民为主体、社会各界和部门帮扶的多元化投入机制。在"四在农家"创建活动中,政府财政补助、社会赞助、农民投资投劳,使建设得到了顺利的进行,充分发挥了财政资金"四两拨千斤"的作用,鼓励各部门增加投入,引导农民自主开展农村公益性设施建设。这说明,建立多元化投资机制,是解决社会主义新农村建设资金问题的有效途径。

四、统筹机制

坚持"党政引导、村组自治、部门服务、资源整合"的统筹机制。

"党政引导",就是要求各级党政部门统揽创建活动,积极引导,协调推动,充分尊重农民群众在创建活动中的主体地位,因势利导。加强基层民主政治建设,事关基层广大群众根本利益,对基层物质文明、政治文明和精神文明建设,对全面建设小康社会都具有十分重要的意义。加强基层民主政治建设不但是提高居民生活质量、提高居民整体素质的迫切需要,也是稳定社会、治国安邦的重要举措,是我国城市管理体制改革、加强基层政权建设的重要内容。

"村组自治",就是依靠农村基层组织、村组干部和村民代表,组织发动农民群众自主自愿地开展创建活动,建立健全民主管理制度,有效实施自我管理,推动村组自治和基层民主政治建设。

"部门服务",就是各级党政机关、社会团体和企事业单位带着责任、带着感情、带着点子、带着项目和资金,深入创建点帮扶,为农民提供服务、办实事。

"资源整合"就是在引导、帮扶的过程中,尽可能地将政治、经济、文化等各种资源通过创建项目整合在一起,人财物等捆绑使用,形成合力,发挥最大的效能。在具体工作实践中,坚持规划先行,综合考虑自然条件、经济基础、群众意愿和村组干部状况,制定创建规划,划分不同创建层次和类型。在贫困地区,结合扶贫开发,进行普及型创建,重在更新观念、培育主体精神,初步改善农村环境。在生活基本殷实的地区,结合小康建设,进行小康型创建,重在激励农民群众自力更生、艰苦奋斗,不断向小康迈进。在生活相对富裕的地区,结合社会主义新农村建设,进行宽裕型创建,进一步调整结构、发展产业,追求更加宽裕的生活。坚持因地制宜、量力而行,政府能拿多少财力,百姓有多大能力,就办多大的事。

这种方式将各种资源进行整合,将人、财、物等捆绑使用,形成了合力,推进了余庆县以"四在农家"为载体的社会主义新农村建设有力有序有效地进行。

"四在农家"触动了广大农民求富、求学、求乐、求美的兴奋点,点燃了农民的激情,提高了农民建设社会主义新农村的积极性、主动性和创造性,这无疑是开展"四在农家"活动最重要的原动力,也是社会主义新农村建设持久的力量之源。但是,内因是变化的根据,外因是变化的条件,如果没有外部力量的配合,"四在农家"活动便不可能顺利地向前推进,社会主义新农村建设也不会有希望。因此,必须通过建立一种工作机制将活动的原动力和外部力量有机地结合起来,形成内外合力。实践证明,"党政引导、村组自治、部门服务、资源整合"工作机制是科学可行的。在这一机制下,余庆县各级党政领导既"到位"而又不"越位",既加强了领导,又充分发挥了农民群众的主体作用;同时,紧紧依靠农村基层组织、村组干部和村民,支持他们自主开展活动,不搞强迫命令和"一刀切"。①

五、帮扶机制

强化"领导挂帅、单位包村、城乡互动、优势互补"的帮扶机制。在"四在农家"创建活动中,认真贯彻落实中央"工业反哺农业、城镇支持农村"的方针,不断加大对农村资金反哺、科技反哺、政策支持的力度。县、乡各级领导干部及县、乡两级党政、机关、企事业单位、群众团体,以及省、市驻余有关单位,都明确了帮扶点,从项目、资金、物资上给予帮助。县直各部门除抓好自己的挂帮点外,还从政策、资金、项目和科技上向其他创建点倾斜,农民因此乐意出力,投资、投工一般占总投入的六成以上,经济条件好的高达八成以上。2003年以来,余庆县县委、县政府把县领导、县部门定点挂帮到全县69个村(居),实行挂牌创建,明确责任,划定任务,领导、部门、乡镇和村"四位一体"齐抓,干部群众共建。把10个乡镇分为5大片区,30位县级领导分成5组,每组明确1位余庆县县委领导为第一责任人和5位县领导为责任人,负责对责任区内的"四在农家"创建活动进行统筹安排,实行一组一区的捆绑式帮扶,形成"千斤重担众人挑、人人身上有指标"的创建格局。"四在农家"创建活动从表面上看,带来的是群众生产生活环境的变迁,经济收入的增加,而实质上演绎的是一场社会管理的探索与创新。党的基层组织建设、社会治安综合治理等工作,与"四在农家"创建活动同步推进,同步覆盖。

六、安全机制

良好的社会秩序是农村稳定的保证,余庆县县委全力巩固全国社会治安综合治理先进县成果,坚持在新形势下创新工作思路,形成了"群众来访联接、矛盾纠纷联调、重点人口联管、治安防控联抓、违法犯罪联打、突发事件联处"的"六联"工作机制,在农村出现了"夜不闭户、路不拾遗"的良好治安现象。省委常委、省政法委书记崔亚东在余庆检查平安创建工作时,号召全省要"远学枫桥,近学余庆",大力推广余庆平安创建经验。

---

① 周感华,赖晓玲.建立完善新机制建设文明新农村——遵义市余庆县"四在农家"运行机制启示录[J].中共贵州省委党校学报,2006(6):22-23.

第五节 "四在农家"重大成就

在"四在农家"创建活动中,余庆县县委、县政府坚持从实际出发,充分尊重群众意愿和发挥创造精神,坚持从农民最关心、要求最迫切、受益最直接的事抓起,从群众最积极、干部最主动、条件最具备的村子抓起,理清思路,创新机制,让农民受到生动、现实的教育,得到实实在在的利益。

"四在农家"创建活动顺应了农民"求富、求学、求乐、求美"的强烈愿望,政府引导和帮助农民改造住房,并同村庄整治、改善人居环境相结合,顺应了民意,受到了欢迎。十年来,余庆县财政投入"四在农家"创建活动资金逾6000万元,拉动群众投入超过6亿元。截至2013年,余庆县已建成"四在农家"创建点478个,具有"农民别墅"之称的黔北民居新型村寨177个1.9万余户,受益人口达19万人,占全县农村人口的90%,具有深远的历史意义。

一、"四在农家"的六项经验

(一)理清"主题不变、充实内容、自下而上、逐步推进"的工作思路

"四在农家"创建活动在实践中得到不断充实和发展,其中一条重要的原因就是始终坚持不搞摊派、不下指标,尊重群众自我管理、自我发展的权利,尊重农民的主体地位,始终把农民意愿放在第一位,不违背群众意愿,不搞强迫命令。创建点的选定实行农民"申请扶持,竞争选点"的办法,按照"村民主动申请,村组拟定规划,乡镇集中审批"的程序进行。每个创建点的投资投劳、土地调整、财务管理、关系协调等,都采用民主管理办法运作,实行村务公开、村组自治,依靠群众的力量和智慧开展创建工作。群众因经济困难暂时不愿意参加的,不勉强。由于决策民主,公开透明,群众踊跃参与,活动推进非常顺利。活动开展以来,没有农民群众提反对意见,也没有因此发生一起上访事件和群众纠纷。

(二)践行"三个代表"重要思想,切实解决"三农"问题

"四在农家"是基层干部群众集体智慧的结晶,体现了以人为本,实质是农民创造文明,享受文明。"三个代表"重要思想的本质是立党为公、执政为民。为民的关键是富民,"四在农家"正是体现了执政为民的要求,最根本的是这一活动以解决"三农"问题特别是带动农民增收致富为着力点,从改善农民生产、生活环境,提高农民素质入手,把物质文明和精神文明有机结合起来,在短时间内就让一家一户、一村一寨改变面貌,让农民得到实惠,受到广大群众的真心拥护。"四在农家"创建活动有着极其重要

的现实作用和历史意义,它不仅有效改变了农村的客观世界,而且正在改变着农民的主观世界。推广"四在农家",合民之心、顺民之意,是利民之举,顺应了时代的要求,切合遵义农村实际。

(三)推进农村全面小康建设,走出遵义农村的小康之路

在"四在农家"创建活动中,所有的示范点都把"富在农家增收入"放在第一位,引导农民群众围绕"富"字做文章,积极调整农业产业结构,瞄准市场理思路,找准一条致富的路子。余庆县小腮镇的桥底村民组,坚持"一路三经"(打工增收路和茶经、菜经、糖经)的发展思路;创建点上,公司加农户、支部加协会等致富经验得到有效的推广,"四在农家"活动使农民增收致富的思路更清,路子更宽,速度更快。

(四)宣传思想工作、精神文明建设和基层组织建设

"四在农家"活动坚持以群众的情绪为第一信号,以群众的愿望为第一需求,从整体推进社会主义新农村建设着眼,抓住发展经济、农民增收和提高农民素质的关键环节,打造了新时期新形势下农村宣传思想和精神文明建设的新平台,使工作由虚变实、由软变硬、由弱变强,找到了与经济建设相结合的切入点,用活生生的事实深刻诠释了"三贴近"。同时,实践证明,只要"四在农家"搞得好的地方,农村基层党组织都发挥了很好的先锋模范作用和战斗堡垒作用,战斗力和凝聚力得到进一步增强,党的政策得到很好的贯彻。"四在农家"真正体现了"党委统一领导、党政齐抓共管、部门各负其责、文明委协调指导、群众积极参与"的精神文明建设领导体制和工作机制。

(五)转变干部作风,改善党群、干群关系

在创建活动中,兴起了各级党政机关和干部践行"三个代表"重要思想,为农民办实事、好事的热潮。各级干部到示范点办实事、好事,帮助协调解决实际问题,党政机关的各个部门都能够在"四在农家"创建点上找到自己工作的位置,看到自己工作的影子,党群、干群关系拉近了,群众工作得到了加强和改进。

(六)"四在农家"是构建农村和谐社会的好载体

"四在农家"是农村干部和农民群众的创造,"四在农家"坚持了"以人为本,重在建设"的方针,在创建过程中,特别注重经济社会的协调发展,把建设民主法治、维护公平正义、倡导诚信友爱、激发社会活力、保持安定有序作为重要内容贯穿于创建活动的始终。四年来,群众不仅对"四在农家"没有反对意见,没有一例上访,而且许多地方通过开展创建活动还解决了不少历史遗留的矛盾和问题,"四在农家"促进了人与人的和谐、人与社会的和谐、人与自然的和谐。

"四在农家"不仅让农村老百姓的荷包鼓起来,也让城市资本不断下乡。例如构皮滩镇向阳村的银平山庄的经营者冷东平就是从城里面来的,他也通过"四在农家"经营"农家乐"。山庄是冷东平从布依族农民廖新秀手中租赁来的,收入也有好几万元,截至2012年底,类似的"农家乐"已有几十家的规模。

二、"四在农家"的七大成就

（一）促进全县经济快速发展，人民生活质量提高

"四在农家"使农民年收入增加，生活质量提高。余庆的"四在农家"创建活动，在理论上渐趋成熟，实践上不断取得成功，顺应了群众需求，营造了你追我赶的氛围，实现了农村一年一变样、十年大跨越的变迁。从2001年到2012年，"四在农家"已经走过了十二年的历程。全县共创建了825个村寨，总受益人口达24.5万人，总覆盖率达94%。各乡镇也在这十几年间发生了翻天覆地的变化，人民的日常生活水平、基础设施改造、财政收入等方面都有显著提升。

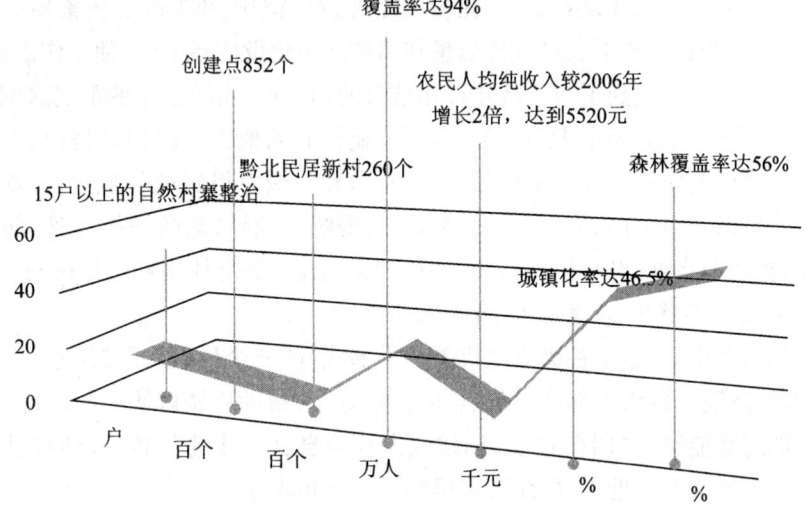

图4-1　余庆县"四在农家"所取得综合成就

自"四在农家"创建以来，余庆县城乡居民收入继续提高。其中，2007年农民人均纯收入3478元，城镇居民人均可支配收入7686元；2008年农民人均纯收入4100元，城镇居民人均可支配收入8316元，增长8.9%；2009年农民人均纯收入4430元；2010年农民人均纯收入5012元；2011年农村居民人均纯收入5268元，比上年增长5.1%，城镇居民人均可支配收入11424元，比上年增长10.8%；2012年，农民人均纯收入6147元，比上年增长16.1%，城镇居民人均可支配收入13114元，比上年增长14.8%。

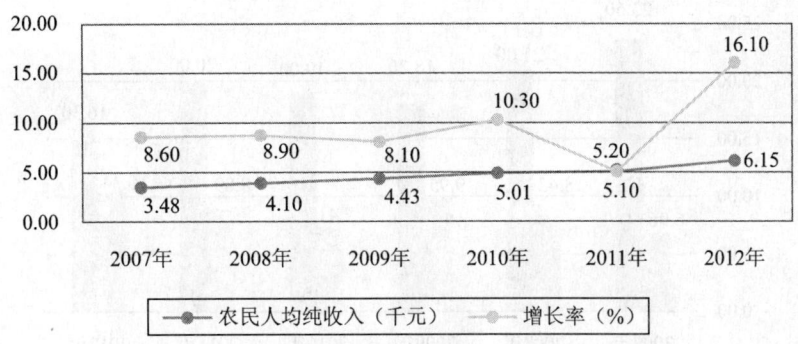

图 4-2 余庆县 2007—2012 年农民人均纯收入与增长率情况
数据来源:2007—2012 年余庆县国民经济和社会发展统计公报

由图 4-3 可以看出近六年来余庆县的农民消费支出稳步增长,生活基本都处于小康水平。其中,2007 年余庆县的恩格尔系数为 43.9%,处于普通小康水平;2008 年农村居民的恩格尔系数为 43.2%;2009 年农民的恩格尔系数为 43.7%;2010 年农民的恩格尔系数为 43.2%;2011 年农民的恩格尔系数为 43.6%,城镇为 38.6%;到 2012 年,余庆县农村居民的恩格尔系数近 42%,城镇为 39.8%,农村达到近六年的最小值,城镇达到富裕的生活标准。

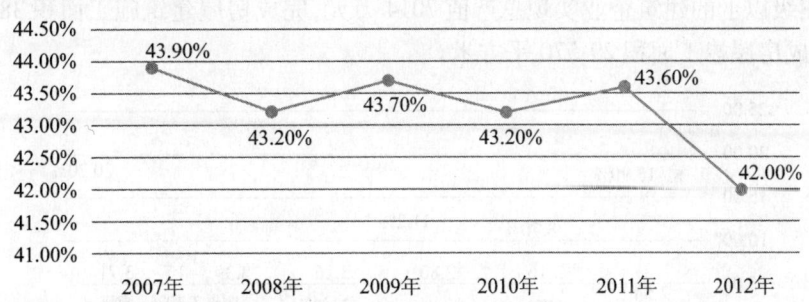

图 4-3 余庆县 2007—2012 年农民食品消费支出占消费总支出的比重情况
数据来源:2007—2012 年余庆县国民经济和社会发展统计公报

余庆县的消费市场近几年都处于繁荣发展阶段。2007 年社会消费品零售总额 69 574 万元,增长率最高,比上年增长 23.6%,分地区看:县以上消费品零售额为 41 668 万元,增长 9.2%,县以下消费品零售额为 27 906 万元,增长 53.9%;2009 年社会消费品零售总额 99 542 万元,比上年增长 18.2%,分地区看:县消费品零售额为 59 725 万元,县以下消费品零售额为 39 817 万元,同比增长均为 18.2%;2012 年社会消费品零售总额达到 103 409 万元,达到最高值,比上年增长 16.3%。按销售地区分:城镇 69 949 万元,增长 16.1%,乡村 33 460 万元,增长 16.8%。

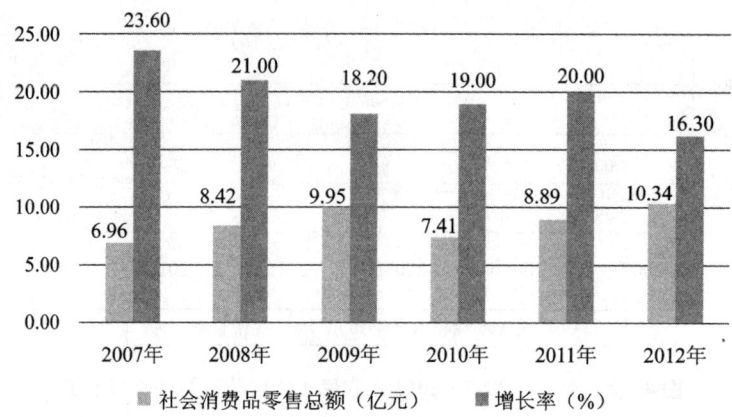

图4-4　2007—2012年余庆县社会消费品零售总额及增长率情况

数据来源:2007—2012年余庆县国民经济和社会发展统计公报

"四在农家"还带动了建筑业发展。创建活动开始至今的十二年间,居民的居住条件改变最大。80%的农户建了新房。在所有公路沿线所见的都是小青瓦白粉墙的黔北民居建筑,几乎见不到土坯房,极少见旧木房。

2012年全年实现建筑业增加值37 101万元,比上年增长20.2%。全县建筑资质等级在三级以上的建筑企业实现总产值7014万元,完成房屋建筑施工面积38 015平方米,完成房屋竣工面积29 570平方米。

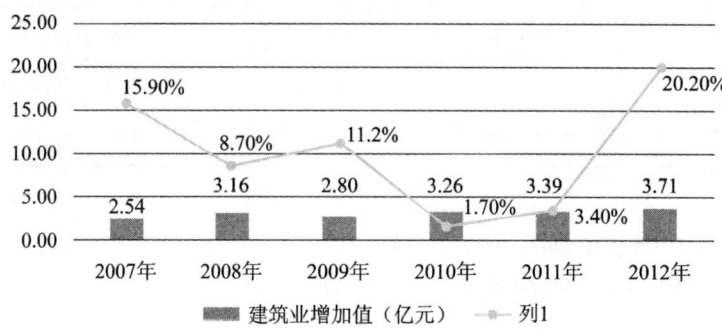

图4-5　2007—2012年余庆县建筑业增加值及增率情况

数据来源:2007—2012年余庆县国民经济和社会发展统计公报

"四在农家"建设期间,交通基础设施建设也继续加强,各个村组通公路,且80%通村路全部硬化油化,公路通行能力不断提高,2007年全县主要公路里程为1066.3公里,其中村道(给养)新增198公里,达445公里。全县营运客车有238辆,营运货车有420辆;至2012年,县域公路通行条件不断改善,新增乡村列养公路151公里;2012

年余庆至凯里高速公路正式动工,县域公路通行条件继续改善。全县主要公路里程1332.00公里,其中乡村给养公路952公里。

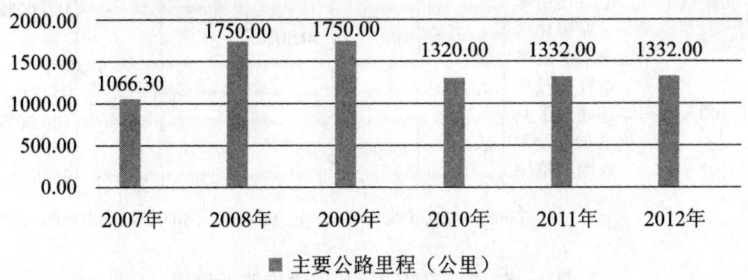

图 4-6　2007—2012 年余庆县主要公路建设情况

数据来源:2007—2012 年余庆县国民经济和社会发展统计公报

2007 年邮政和电信业务总收入为 7 514 万元,比上年增长 27.9%,年末全县电话用户总数为 104 756 户,全县电话普及率为 36 部/百人,比上年新增 10 部/百人。2008 年邮政和电信业务总收入为 7 927 万元,比上年增长 5.5%,全县电话用户总数为 141 632 户,全县电话普及率为 39 部/百人。2009 年邮政和电信业务总收入为 10 582 万元,比上年增长 33.5%,年末全县电话用户总数为 164 589 户,全县电话普及率为 56 部/百人。2010 年邮政和电信业务总收入为 11 009 万元,比上年增长 4.0%,年末全县电话用户总数为 211 149 户,全县电话普及率为 71 部/百人。2011 年邮电通信实现业务总收入 11 797 万元,比上年增长 7.2%。2012 年邮电通信实现业务总收入 13 004 万元,比上年增长 10.2%,年末全县电话用户总数为 209 689 户,全县电话普及率为 70 部/百人。

图 4-7　2007—2012 年余庆县电话用户总数变化情况

数据来源:2007—2012 年余庆县国民经济和社会发展统计公报

农户家家生活设施现代化,彩电、冰箱、洗衣机、电话、手机普及率在 90% 以上。户户通水,通电。农民自编顺口溜:吃水不用抬,烧火不用柴,走路不湿鞋,村寨靓起来,小车进寨来。

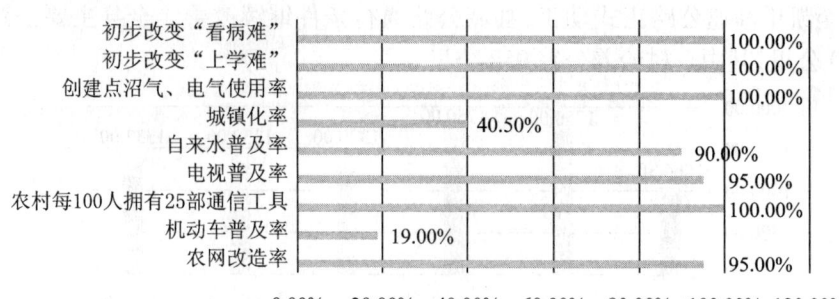

图4-8 "四在农家"基础设施改造情况

数据来源:《2013年"四在农家"实施方案》

此外,县域综合经济能力提升,产业结构调整取得重大进展,培育了支柱产业,确保农民增收致富。如桥底种植苦丁茶致富,罗家寨种烤烟致富,高寨组织建筑队致富,次桑坳依托集镇经商致富,卧龙庄、阳光水岸发展乡村旅游致富。这些创建点农民的人均收入超过全县农民人均收入一倍。

2007年全县实现生产总值188 936万元,按可比价格计算,比上年增长14.2%。其中,第一产业增加值75 495万元,增长9.2%;第二产业增加值43 005万元,增长19.3%;第三产业增加值70 436万元,增长16.9%。产业结构进一步改善,三次产业比重由上年的41.40:21.64:36.96调整为39.96:22.76:37.28。全县人均生产总值为6327元。

2008年全县实现生产总值218 845万元,按可比价格计算,比上年增长11.7%。其中,第一产业增加值72 912万元,增长5.9%;第二产业增加值54 863万元,增长12.3%;第三产业增加值91 070万元,增长16.6%。全县人均生产总值达7302元,突破了人均生产总值1000美元目标,全县经济发展跃上一个新起点。产业结构进一步改善,三次产业比重由上年的39.96:22.76:37.28调整为33.32:25.07:41.61,由"一三二"型调整为"三一二"型。

2009年全县综合经济实力进一步增强。全年实现生产总值243 695万元,按可比价格计算,比上年增长11.2%。其中,第一产业增加值76 185万元,增长5.1%;第二产业增加值61 031万元,增长9.9%;第三产业增加值106 479万元,增长16.8%。全县人均生产总值9266元,增长10.9%。产业结构不断优化,三次产业比重由上年的33.32:25.07:41.61调整为31.26:25.05:43.69。

2010全县实现生产总值287 604万元,比上年增长17.2%。其中,第一产业增加值85 004万元,增长6.6%;第二产业增加值84 723万元,增长44.9%;第三产业增加值117 877万元,增长9.3%。第一产业增加值占国内生产总值的比重为29.55%,第二产业增加值比重为29.46%,第三产业增加值比重为40.99%。全县人均生产总值为 10 902 元,增长 16.8%。

2011 年全县实现生产总值 307 537 万元,比上年增长 5.0%。其中,第一产业增加值 77 664 万元,下降 2.4%;第二产业增加值 86 011 万元,下降 3.7%;第三产业增加值 143 862 万元,增长 16.3%。第一产业增加值占国内生产总值的比重为 25.25%,第二产业增加值比重为 27.97%,第三产业增加值比重为 46.78%。全县人均生产总值为 13 131 元,增长 6.3%。

2012 年全县实现生产总值 365 797 万元,比上年增长 16.2%。其中,第一产业增加值 97 847 万元,增长 10.9%;第二产业增加值 99 993 万元,增长 19.6%;第三产业增加值 167 957 万元,增长 17.2%。第一产业增加值占国内生产总值的比重为 26.75%,第二产业增加值比重为 27.34%,第三产业增加值比重为 45.91%。全县人均生产总值为 15 636 元,增长 16.3%。

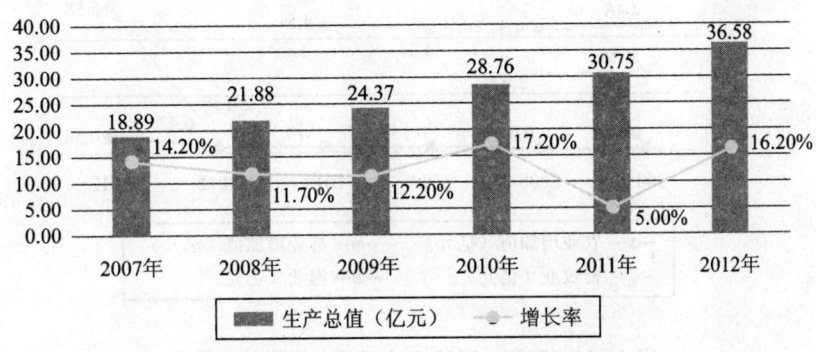

图 4-9　2007—2012 年余庆县生产总值及增速情况

数据来源:2007—2012 年余庆县国民经济和社会发展统计公报

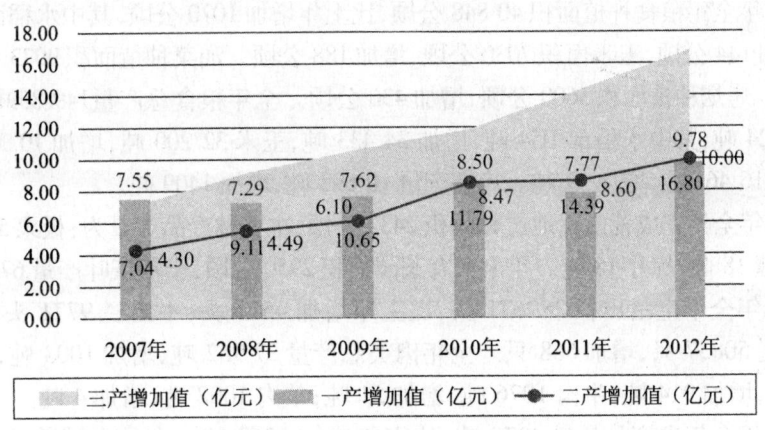

图 4-10　2007—2012 年余庆县一二三产收入增加值情况

数据来源:2007—2012 年余庆县国民经济和社会发展统计公报

自"四在农家"创建以来,余庆县一、二、三产业基本处于稳步发展的阶段。产业结构发生着本质的变化,三产逐渐处于主导地位。

农田水利基础设施持续改善,农业产业结构不断优化。2012年全年实现农林牧渔业总产值164 055万元,比上年增长11.6%。其中:农业产值99 864万元,增长11.8%;林业产值5655万元,增长26.0%;畜牧业产值51 755万元,增长4.1%;渔业产值5416万元,增长171.8%;农林牧渔服务业产值1365万元,增长4.6%。

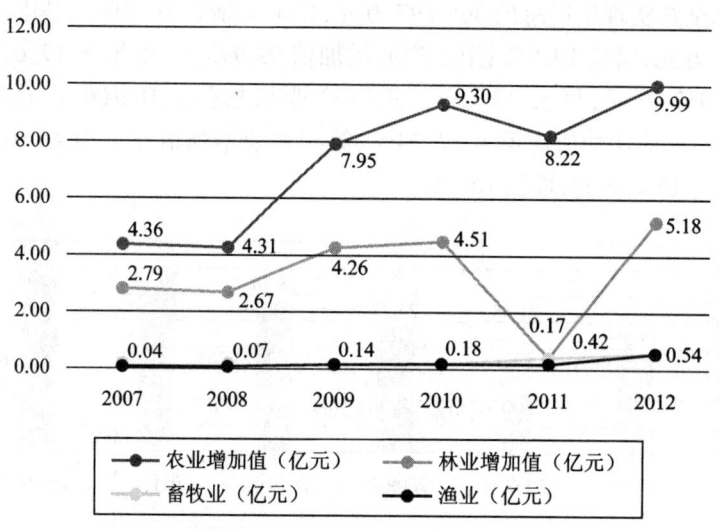

图4-11 2007—2012年余庆县一产增加值情况

数据来源:2007—2012年余庆县国民经济和社会发展统计公报

2012年全年粮食种植面积40 848公顷,比上年增加1070公顷,其中水稻面积11 147公顷,增加144公顷,玉米面积7030公顷,增加188公顷。油菜种植面积9073公顷,减少922公顷。烤烟种植面积5600公顷,增加436公顷。全年粮食总产量149 859吨,比上年增加54 224吨,其中水稻60 054吨,增加34 433吨,玉米32 200吨,增加10 336吨。油菜籽产量16 463吨,增加39吨。烤烟产量10 693吨,增加1409吨。

2012年全年完成荒山荒地造林面积2432公顷,主要林产品产量为:板栗58吨,核桃50吨,花椒18吨,棕片18吨。年末实有茶园面积2950公顷,全年茶叶产量670吨。

2012年全年生猪出栏289671头,比上年增加4511头,牛出栏9771头,增加118头,羊出栏50837只,增加668只。全年肉类总产量27 962吨,增加1003吨,其中猪肉23 727吨,增加914吨;牛肉1076吨,增加51吨;羊肉1008吨,增加4吨。

2012年全年水产品产量4270吨,比上年增加3068吨。全县水域养殖面积4781公顷,其中稻田养殖面积1235公顷。

2012年全县有效灌溉面积11 620公顷,使用沼气户数22 117户。

第四章 "四在农家"实践

"四在农家"创建期工业生产保持较快增长。2007年全年完成工业总产值52 862万元,增长19.45%,其中国有及规模以上工业总产值为32 562万元,增长38.2%。完成工业增加值17 589万元,增长24.7%,其中国有及规模以上工业完成增加值8103万元,增长25.4%。实现工业销售产值46 518万元,产品产销率为88.0%,其中国有及规模以上工业实现销售产值31 013万元,产品产销率为95.2%。

2008年全年完成工业总产值87 920万元,比上年增长66.3%,其中规模以上工业总产值为49 920万元,增长53.3%。完成工业增加值23 296万元,增长17.8%,其中规模以上工业增加值12 900万元,增长24.1%。实现工业销售产值80 787万元,产品产销率为91.9%,其中规模以上工业实现销售产值48 487万元,产品产销率为97.1%。

2009年工业生产从逆境中走出,实现较快增长。构皮滩电站建成发电,扭转了全县工业生产下滑的局面。全年完成工业总产值100 731万元,比上年增长14.6%,完成工业增加值33 016万元,增长40.0%,实现工业销售产值96 550万元,产品产销率为95.9%。

主要工业产品产量为:发电量193 454万度,比上年增长2670.0%;供电量182 751万度,增长522.6%;精制茶104吨,增长6.1%;水泥7.24万吨,下降68.8%;中药饮片1206吨,下降51.4%。

2010年全年完成工业总产值208 071万元,比上年增长106.6%,实现工业增加值52 075万元,增长102.0%。实现工业销售产值207 200万元,产品产销率为99.6%。

2011年全县工业"一园三区"建设有序推进。全年完成工业总产值212 714万元,比上年增长2.2%,实现工业增加值52 100万元,下降3.9%。实现工业销售产值207 650万元,产品产销率为97.6%。

2012年全县工业园区建设有力推进。全年完成工业总产值302 727万元,比上年增长55.1%,实现工业增加值62 892万元,增长19.3%。实现工业销售产值301 276万元,产品产销率为99.5%。

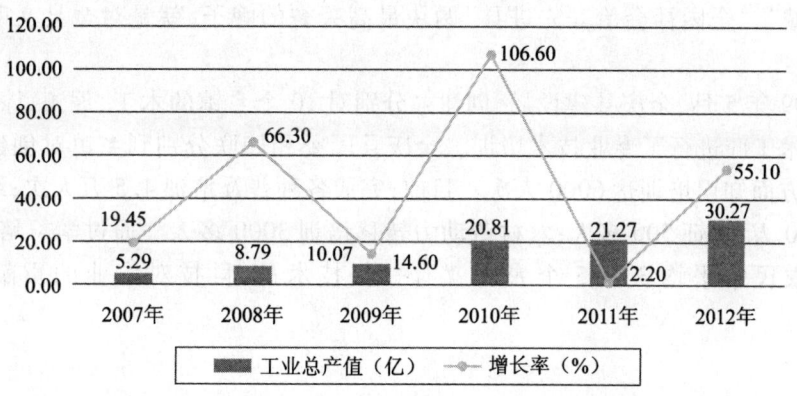

图4-12 2007—2012年余庆县工业总产值及增长率情况

数据来源:2007—2012年余庆县国民经济和社会发展统计公报

"四在农家"创建期间,余庆县对外开放与合作不断加强,尤其从2011年开始,招商引资成效显著。2011年全年招商引进项目306个,合同引资617 858万元,实际利用引资223 233万元。其中引进省外项目93个,合同引资359 912万元,实际利用引资96 652万元。2012年全年招商引进项目218个,其中引进省外项目88个。实际利用引资384 782万元,其中利用省外引资241 895万元。

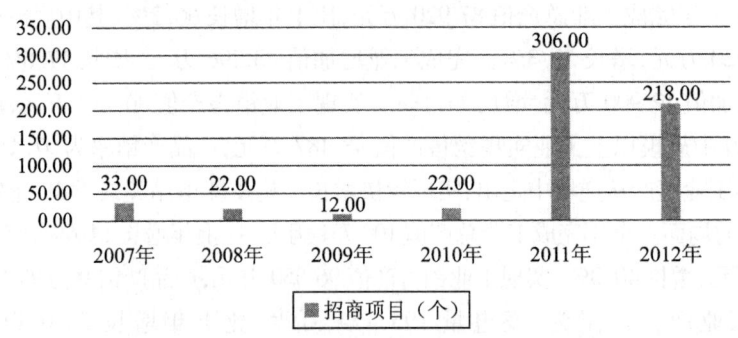

图4-13　2007—2012年余庆县招商引资项目情况

数据来源:2007—2012年余庆县国民经济和社会发展统计公报

(二)农村文明程度普遍提高

农民素质明显提高,农村文明和谐,多数农民成了学习型农民。农民中不再有新文盲,普遍能自觉接受科学种田,全县科学种田率达90%以上。农村乡风文明,尤其殡葬改革在全县农村的顺利实行,说明农民的文明自觉性大大提高。再有就是农民生育观念的转变。全县的计划生育出生率多年来都控制在5以内,成了余庆最有成就的一张名片。可以说,生育观念的转变,计划生育的成就,主要取决于余庆农民文明程度的提升。此外,全县农村长期以来和谐稳定,很少有突出的突发的矛盾纠纷。"全国文明县城"、"全国社会治安先进县"两块最高荣誉的牌子,就是对全县文明和谐的认可。

2009年5月,余庆县建设局、创建办分别对10个乡镇的木工、泥工、漆工、泥水工等技术工匠进行了专业技术培训。余庆县团委和妇联分别到乡镇对创建点群众进行各方面知识培训达6000人次。目前,完成各种普及培训4.5万人次;绿色证书培训950人,颁证500多人;农村劳动力转移培训3000多人。通过学习培训,全县6万多农民中平均3至5个农民就有一位技术员,科技对农业的贡献率达到了60%。

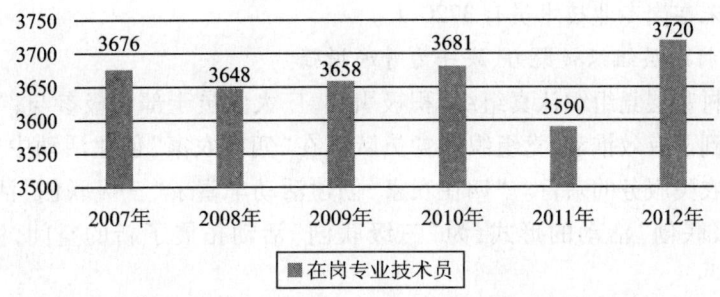

图 4-14　2007—2012 年余庆县在岗专业技术员统计情况

数据来源:2007—2012 年余庆县国民经济和社会发展统计公报

余庆县制定了"人口小县办教育大县,经济弱县办教育强县"的战略目标,大力发展教育事业,使全县教育步入了持续、快速、健康的发展轨道。余庆县 1985 年普及初等教育,1986 年实现基本无盲县,1994 年高标准扫除青壮年文盲,1998 年实现"两基"目标,2001 年顺利通过省政府"两基"复查和"普实"验收。自实现"两基"目标以来,先后荣获贵州省普及义务教育先进县、"两基"攻坚先进县、中小学教师继续教育先进县、中小学现代远程教育先进县、未成年人思想道德建设先进县、中小学课外文体活动示范区、全省教育收费示范县、全国教育纪检监察先进县、全国推进义务教育均衡发展工作先进地区等光荣称号。

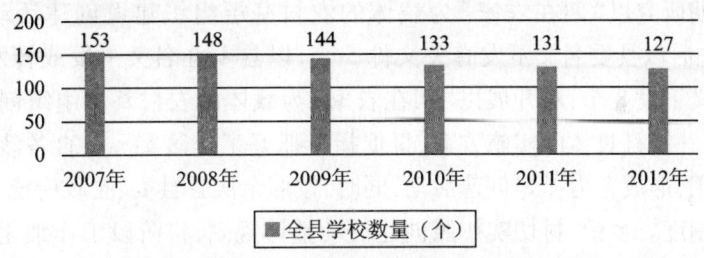

图 4-15　2007—2012 年余庆县学校数量情况

数据来源:2007—2012 年余庆县国民经济和社会发展统计公报

可以看出,"四在农家"期间,教育事业全面发展,2007 年科技工作不断加强,荣获"全国科普示范县"称号。全县年末在岗专业技术员有 3676 人;2008 年科技工作不断加强。全县年末在岗专业技术员有 3648 人,教育事业全面发展。"两基国检"工作顺利通过省级预检,余庆中学升格为省级二类示范高中。全县有各类学校 148 所;2009 年科技工作不断加强,科技运用水平不断提高,教育事业取得新进展,被教育部表彰为"全国推进义务教育均衡发展工作先进地区"。2012 年学校教学及学生食宿条件不断改善,教育事业健康发展。全县有各类学校 127 所,全年专利申请 5 件,专利授权 4

件。全县年末在岗专业技术员有3720人。

(三) 农村基层组织凝聚力、战斗力普遍增强

由于农村基层党组织认真组织，积极引导，广大党员干部积极参与，"四在农家"创建活动得到了有效推动，党组织和党员队伍在"四在农家"创建活动中充分体现了全心全意为农民服务的宗旨。"四在农家"创建活动丰富了"三级联创"活动的内涵，创新了"三级联创"活动的形式，为"三级联创"活动拓展了新的空间，注入了新的内容。

余庆县开展的以"四在农家"为载体的农村党的建设"三级联创"活动，一是围绕"富在农家"，抓住发展经济这个中心，引导农民调整产业结构，拓宽致富门路，切实增加农民收入；二是围绕"学在农家"，抓住提高农民素质这个关键，引导农民群众学习科学文化知识和农村实用技术，切实增强致富本领；三是围绕"乐在农家"，抓住农村精神文明建设这个重要环节，引导农民群众开展多种多样文化娱乐活动，树立良好的文明道德风尚，切实提高思想道德水平；四是围绕"美在农家"，紧紧抓住建设现代化新农村这个重点，引导农民群众改善居住环境，形成健康向上的生活方式，切实使农民群众享受到现代文明的成果。

具体来说，重点抓了以下四个方面工作：

一是加强对创建活动的组织领导。坚持将创建活动作为党委的"一号工程"来抓，全面落实工作责任制，建立了定期研究党建工作、领导干部联系点、部门挂帮等制度。县委定期研究以"四在农家"为载体的农村基层组织建设创建活动有关问题，2001年来，先后以县委名义下发有关文件5个，以县委办名义下发或转发7个，以县委组织部名义下发8个，对开展以"四在农家"为载体的农村基层组织创建活动进行部署和规划，并制订具体的实施方案，督促指导抓好工作落实。县直各涉农部门充分发挥职能作用，形成合力抓好创建活动，同时，按照余庆县县委、县政府统一安排，建立了定点帮扶制度。乡镇、村切实按照创建活动整体规划，将阶段工作细化，倒排工期，列出清单，制成图表，标明进度，张贴在醒目位置，随时对照检查，具体抓好工作落实。针对存在问题，采取召开季度专题研究会、现场观摩、交流经验等办法，分析问题，制定整改措施。

二是夯实创建活动基础。为了确保创建活动取得实效，余庆县从基础入手，结合撤区并村改革，优化基层组织设置和班子结构，改善工作环境和条件。包括：(1)精简机构，选派年轻优秀干部到村工作。从2001年开始，撤销了45个管理区，将171个行政村合并为66个，减少农村干部734名，选派了369名年轻优秀的国家干部到村工作。(2)采取切实有力措施，不断改善乡镇、村班子结构。乡镇班子成员平均年龄36.2岁，大专以上学历的占94.2%，全县10个乡镇均配齐了非党干部、少数民族干部和妇女干部。村"两委"班子成员平均年龄38.6岁，大专以上学历的占62%。(3)增

加农村干部报酬,改善村级干部工作生活条件。每年筹资100余万元,采取增加固定工资、工龄工资、绩效工资、生活补助等方式,使农村干部每月报酬增加到400元(一般每村3~4名)。为每个村配备1名炊事员,每年由县财政预算15.8万元,解决食堂炊事员的工资问题。给每个村干部每天伙食补助0.5元(一般每村12~14名)。根据不同情况,村民小组组长每月也有100元左右的补助。(4)加强村级组织阵地建设。投入资金200余万元,修建了16幢村级办公楼,目前,全县实现了村村有办公场所的目标。有的村民小组组长主动腾出自己的房间,用作村民小组的小型活动室或会议室。(5)开通了远程教育接收站。按照"统一领导、统一规划、统一采购,分级施工、分级管理"的"三统两分"原则,投资208万元,开通了20个光纤连接的远程接收站,为开展创建活动打下了良好的基础。

三是发挥典型示范带动作用。余庆县坚持以"四在农家"为载体,树立一批有群众基础、有推广价值、有时代特征的基层组织建设先进典型,发挥辐射带动效应,推动创建活动开展。近年来,全县共投入资金1100余万元,投劳10万余个,培育了110个各具特色、优势互补的示范点,做到每村有一个以上的示范点。

突出特色。积极探索文明新风型、经济小康型、绿色庭院型、生态家园型、城郊服务型、产业经济型等示范点建设模式。结合基础条件、群众素质、经济状况、示范效应等因素,科学规划选点,注重"一点一特",力争做到"一村(点)一品",统筹考虑自然和人文特点,统筹考虑产业发展潜力和发展方向,统筹考虑现代文明和民族特色以及建筑品位和人居环境等因素,精心设计,精心打造,努力展现现代新农村的特殊韵味和风格。

规范内容。坚持统筹安排,逐项落实"富、学、乐、美"的各项创建指标,使创建活动的内容都得到涵盖和体现,切实解决好增收致富的问题、基础设施改善的问题、学习现代科学文化知识和农村适用技术问题、享受现代文明成果问题、开展积极健康的群众性文化娱乐活动问题等。结合改厕、改房、硬化路面等,加大农村村容村貌建设力度,努力建设人与自然和谐发展的人居环境。

政策支持。按照"多予、少取、放活"的原则,从宅基地、税收、建设资金、发展项目和便民措施等方面为创建活动提供优惠政策。对在规划区修建房屋的农户,由金融部门负责提供贷款,由县财政贴息;对涉及创建活动产生的税费,从最优惠的角度给予减免;全县产业发展、基础设施和科技试验的项目和资金向示范点倾斜,实行捆绑投入,提升创建质量。近年来,县财政挤出100万元建立了创建专项基金,在示范点实施科技试验项目15个,向示范点倾斜苦丁茶种植、稻田养鱼、畜牧品改、改水改厕等项目86个,注入资金1100余万元。

充分发挥党员干部的作用。在创建活动中,党员干部带头进行产业结构调整,带头学文化学科技,带头开展文化娱乐活动,带头改房、改厕、改水、修路等,充分发挥先锋模范作用,起到了较好的示范效应。围绕优先落实项目、优先解决资金、优先提供信息、优先搞好营销的"四优先"原则,支持能人党员兴办了95个产业示范基地和12个经济实体,形成了"公司+基地+能人党员+农户"、"经济实体+能人党员+农户"等发展模式,促进产业结构优化升级。

四是加强对创建活动的考核督查。认真落实工作责任制,层层签订了创建工作责任状,将乡镇、县直部门和村的责任、目标和工作"捆绑"在一起,责任相连,落实到具体的人。将年度乡镇农村基层组织建设目标任务分解量化,年底进行百分制考核。采取随机抽查、交叉检查、年底考核、定期通报等方式,促使各乡镇、村和挂帮部门形成上下联动、齐抓共管、共创共建的工作格局。近年来,余庆县委对99个创建活动先进单位和60个达标示范点进行了表彰奖励。对在检查和考核中处于末位的乡镇提出限期整改要求,对乡镇党委书记和分管副书记进行诫勉谈话。整改期满仍不合格的,对乡镇党委书记、分管副书记及相关责任人给予组织处理。末位整建制的推行,营造了各级党组织"比学赶超抓创建"的良好氛围,有效地激活了农村党建工作。

(四)基层民主建设夯实,农民民主意识增强

在创建中强化村民自主、村民自治、村民自管、一事一议,改变了千百年来"民可使由之,不可使知之"的愚民政策。有史以来在农村第一次"海选"村官,村民对村里的发展以及其他大事小务有了知情权、决策权、参与权,有效行使了人民当家做主的权利。这期间,余庆先后获得"全国村民自治模范县"、"全国村务公开民主管理示范县"、"全国农村社区建设实验县"等殊荣。

2011年,余庆县敖溪镇政府镇长一职出现空缺时采取的就是公推提名方式。凡具备大专以上文化程度、在副科级领导岗位上工作满2年、年龄37周岁以下、有3年以上乡镇工作经历或在乡镇领导班子中任职1年以上条件的党员干部,只要身体健康均可报名备选。要最后当上敖溪镇镇长,必须"过五关斩六将"。报名人员参加笔试以1∶4的比例确定候选人初步人选,敖溪镇党员群众按照1∶3的比例民主推荐考察对象,在全面考察的基础上再按1∶2的比例确定人选交县委常委会面试,面试中县委常委会按1∶1的比例确定1名正式候选人,最后还要由敖溪镇召开人代会无记名投票选举。

余庆县根据实际情况一直在探索干部人事制度改革,2004年12月12日,余庆县的61个行政村和6个居民委员会的20多万选民,通过"海选"的方式,选出了自己的当家人,开创贵州省村级换届海选的先例。紧接着,余庆县进行了村党支部书记的"海选",县直机关副科级领导干部公开招考,余庆中学副校长、白泥中学校长公推直选,"80后"村支部书记差额提名、差额推荐、差额考察、差额面试,媒体跟踪监督公开选拔乡镇副科级领导干部等干部任用制度的改革,充分激活了基层领导干部的活力。

从村官海选到镇长人选公推提名,余庆在干部人事制度改革中探索了近七年。增

加透明度,让组织和群众一起选拔领导干部,不仅揭开科级领导干部提拔任用的神秘面纱,让一批有能力想干事能干事的优秀人才脱颖而出,也为余庆县"增比、进位、突破"的实践营造了良好的人才成长和使用环境。

(五)改善了农村的人居环境

余庆县紧紧围绕构建和谐生态村寨这一主题,结合"整脏治乱"专项行动,抓好村寨"绿化、美化、亮化"活动。积极引导农户在房前屋后栽花种树,培植茶叶、经果、药材等,实现庭院经济发展与环境绿化美化的有机结合,从而促进了创建点的绿化美化;加强环境保护,严禁乱砍滥伐,结合实际,大力发展农村沼气,抓好以沼气建设为龙头的农业循环经济建设。在心灵美方面,广泛开展"告别陈规陋习"活动,以刹住迷信风、婚丧喜庆大操大办的浪费风、影响社会稳定的赌博风为重点,大力开展移风易俗活动,积极推进农村殡葬改革,倡导科学健康、积极向上的生活方式。在广大农村形成了良好的尊老爱幼、团结互助、睦邻友好的淳朴民风。打造出了三色余庆,即:

绿色——余庆县森林覆盖率54.69%,在遵义市范围内仅次于赤水市。从小腮镇到龙溪镇20多公里的公路两边,古木参天,浓荫覆盖,让人心旷神怡。县境内有一片保存完好的原始森林,就是关兴镇老林河原始森林景区,系乌江支流,水清见底,四周林木幽深。余庆日照充足,雨量充沛,土质肥沃,无污染,是贵州省生态农业示范县,农产品资源丰富,是"中国小叶苦丁茶之乡"。有优质烟基地8万亩,小叶苦丁茶、红金橘、无公害蔬菜、"大凉山"牌优质香米、龙家臭豆腐、大乌江泡辣椒等特色农产品,正成为推动农村经济增长、促进农民增收的支柱产业。

红色——70多年前,红军长征曾经三过余庆,至今余庆农村还流传着不少红军的故事,留存在村民家中的红军标语还保留完好。

银色——滚滚乌江有69公里,流经余庆县6个乡镇。乌江峡谷被称为"山水画廊"。因为构皮滩水电站的建设,形成了一个巨大的淡水湖——飞龙湖,库容量是国家级风景名胜区红枫湖的10倍,水域面积是红枫湖的2倍,约有12个西湖的面积。

由图4-16可见,余庆县县城城区环境空气质量良好,常年保持国家二级质量标准,近几年部分指标达到了国家一级空气质量标准。其中,2007年可吸入颗粒物年均浓度为0.078mg/标立方米,达到国家二级标准;二氧化硫年均浓度为0.031mg/标立方米,达到国家二级标准;二氧化氮年均浓度为0.012mg/标立方米,达到国家一级标准。县城饮用水源和乡镇集中式供水水质状况良好,各项指标均未超标,水质达标率均为100%。县城区噪声污染控制效果明显,声环境质量均未超标,平均等效声级昼间为54.5dB(A),交通干线平均等效声级为68.6dB(A)。

至2012年,可吸入颗粒物年均浓度为0.063mg/标立方米,达到国家二级标准;二氧化硫年均浓度为0.027mg/标立方米,达到国家二级标准;二氧化氮年均浓度为0.035mg/标立方米,达到国家一级标准。县城饮用水源和乡镇集中式供水水质状况良好,水质监测达标率均为100%。县城区噪声污染控制效果明显,县城区平均等效声级昼间为54.2dB(A),县城区交通干线平均等效声级为67.6dB(A),声环境质量均未超标。

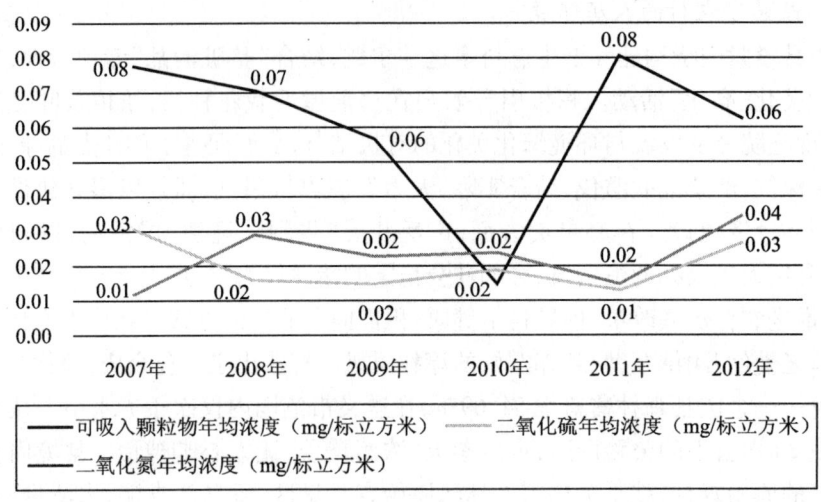

图4-16　2007—2012年余庆县空气质量情况
数据来源:2007—2012年余庆县国民经济和社会发展统计公报

(六)加强了农村爱国主义教育

"四在农家"创建活动,以引导农民增收致富为前提,以一家一户得实惠为根本,做农民想做的、帮农民急需的、干有益农民的,改善了农民的生产生活环境,提高了农民的生活质量,引导农民过上现代文明生活,让农民得到了真正的实惠。各级党组织结合开展"服务型党组织"创建,用实际行动把全心全意为人民服务的宗旨写在了黔北大地上,使广大农民群众真正感受到伟大祖国好、共产党好、社会主义好和改革开放好。农民群众发自肺腑唱出的《十谢共产党》《十颂共产党》等民谣,生动地表达了爱党、爱国、爱家乡的深厚情感。

花灯传唱谢党恩

一谢共产党,翻身把你想,以前我们做牛马,现在人人把家当;
二谢共产党,吃饭把你想,以前忍饥又挨饿,现在温饱奔小康;
三谢共产党,穿衣把你想,以前穿的蓑草衣,现在毛料新时装;
四谢共产党,住房把你想,以前住的茅草屋,现在砖瓦新楼房;
五谢共产党,走路把你想,以前走的羊肠道,现在道路宽又广;
六谢共产党,照明把你想,以前照的桐油灯,现在电灯亮堂堂;
七谢共产党,上学把你想,以前一堆大老粗,现在两基一扫光;

八谢共产党,看病把你想,以前有病无钱医,现在医药能报账;

九谢共产党,致富把你想,以前种粮要上税,现在免税还补偿;

十谢共产党,养老把你想,以前抚儿来防老,现在丢心政府养,党的恩情永不忘,誓把忠心献给党,紧紧跟着党中央,幸福日子万年长!

(七)提升了农民的精神文明建设水平

主要体现在:从培育新型农民出发,大力发展农村职业教育和技能培训,提高农民的就业能力、职业转换能力和创业能力,让农民掌握2~3门农业适用技术。全县获"绿色证书"人数每年递增10%以上,科技对农业的贡献率达到50%。优先发展农村义务教育和高中教育,自筹资金5000万元完成职业中学整体搬迁,率先在全省基本普及高中阶段教育,毛入学率达87%,升学率达96%,获得了"全国推进义务教育均衡发展工作先进地区"等称号。

全县针对文化设施落后、文化阵地匮乏的问题,积极搭建群众文化生活平台,实施广播电视"村村通"工程、图书室、村务公开栏、体育运动场所等文体基础设施建设,不断巩固农村文化阵地。各创建点充分利用各种节庆、民族传统节日、农闲时间,经常开展农畜产品比赛、农民体育竞赛、"四在农家"文艺调演和知识竞赛等活动,极大地丰富了农民群众精神生活。

2007年,余庆县全民健身运动广泛开展,举行了全县第一届农民科技体育文化周农民体育竞赛,形式多样的群众性体育健身和竞赛活动竞相进行。2008年,竞技体育水平不断提高,实现了余庆人参加奥运会零的突破,余庆男子龙舟队获全省首届农运会龙舟赛第一名,形式多样的群众性体育健身和竞赛活动广泛开展。2009年体育设施不断完善,全民健身和群众体育活动广泛开展。建成了县体育馆,成功举办了庆祝建国60周年系列活动、"余庆县第四届龙舟赛暨飞龙湖命名发布仪式"和第二届"五心教育杯"城区干部职工篮球赛等活动。2010年文体事业蓬勃发展。成功举办了8月12日"温馨余庆激情乌江"大型演唱会和遵义市篮球锦标赛、余庆县第三届"五心教育杯"职工篮球赛等活动。2011年,各种形式多样的群众性体育竞赛和健身活动广泛开展。承办了渝黔毗邻区县门球友好协作赛,先后举办春季长跑比赛、第四届"五心教育职工篮球赛"等。

余庆既美化环境,又塑造美的心灵。在"四在农家"创建活动中,全县还在广大农村广泛开展"把忠心献给祖国,把孝心献给父母,把爱心献给社会,把诚心献给他人,把信心留给自己"的"五心"教育活动,营造了美满和谐的人际关系,继承光大了淳朴民风,弘扬了传统美德。

在松烟镇觉林村一个仅有300人的偏僻小山寨,就有8个博士,9个硕士,50多个本科生,被誉为"博士寨"。2007年,在大乌江镇李香园创建点上,10余位年轻媳妇,集体为婆婆洗脚、修剪指甲、梳头等,让老人们无不流下了幸福的泪水,深深地感动了在场村民。2008年初,百年难遇的雪凝灾害发生后,龙家小学举行了"灾区向灾区伸援手"的主题活动,全校学生通过"中华红十字基金会"向全国其他重灾区捐款,在社会上引起强烈反响,受到《中国少年报》的专访。2008年,四川"5·12"汶川特大地震发生后,全县干部群众和中小学生立即行动起来,以"送温暖、献爱心"的行动支援抗震救灾,积极奉献爱心,伸出援助之手,向灾区捐款200多万元,党员交纳特殊党费20余万元,生动体现了灾难无情人有情、一方有难八方援的助人美德。"五心教育"与"四在农家"的完美结合,培育出一朵朵精神文明之花,悄悄绽放在广大农村。

农民是建设社会主义新农村的主体。农民素质的高低决定了农村社会发展的速度和质量,是农村全面建设小康社会的本质和核心。实现农业和农村现代化,建设社会主义新农村,必须培养有文化、懂技术、会经营的高素质的新型农民。教育是提高人口素质的最直接、最有效的途径。[①]

新农村建设是当前中国现代化进程中的重要任务。广大农民是直接受益者,也是直接建设主体。然而,新农村建设是一个复杂的、多方位的、长期的系统工程,不能仅仅依靠农村本身孤军奋战,它还必须有组织的正确引导、政府的大力扶持。通过"四在农家"六大机制的成功可以看出,在新农村建设中,仍然需要政府及公共行政人员充分发挥积极的引导作用。因此,政府应该积极应对环境变化带来的挑战,及时转变职能,以适应新农村建设的要求。[②]

三、"四在农家"的国内外影响力

发端于余庆的"四在农家"被称为中国西部地区农民创造文明、享受文明而掀起的一场革命,在全省乃至全国的新农村建设工作中产生了很大的影响。

"四在农家"从余庆起源,在全市、全省甚至在全国的一些地方推广,成了全市、全省乃至全国的"四在农家"。余庆是"四在农家"的发源地,已被载入历史史册。余庆的"四在农家"成了余庆一张举足轻重的光彩夺目的名片。

春江水暖,遍地阳光。正当余庆"四在农家"创建活动全面开展之时,中共中央作出了全面开展社会主义新农村建设的决定,将"四在农家"创建活动推向了时代的潮头。

(一)"四在农家"从余庆县走向遵义市

2002年,遵义市委决定在全市农村广泛开展"四在农家"示范试点创建活动。

2003年7月,省文明委在余庆县召开全省农村精神文明创建活动现场会,全面推

---

① 遵义市委宣传部.关于在全市农村广泛开展"四在农家"创建活动的实施意见的报告[R].2001.
② 彭正海.基层政府在新农村建设中的角色定位思考——以遵义市"四在农家"为例[J].中国 MPA 专业学位设置十周年纪念大会暨第七届全国 MPA 论坛论文集,2011:268-278.

行"四在农家"活动经验。

2004年,遵义市委、市政府决定在全市14个县(市、区)广泛开展"四在农家"创建活动,市、县财政每年投入"四在农家"创建经费4000万元,拉动农民和社会投入2亿元。截至2006年6月,遵义全市已完成创建点2500多个,覆盖228个乡镇、1300个村,有28万余农户、100多万人口受益,占全市农村人口总数的25%左右。遵义市"四在农家"创建目标是,力争到2010年全市农村以自然村寨为单位,覆盖面达80%,受惠农民达85%。

(二)"四在农家"从遵义市走向贵州省

2005年12月12日至15日,时任中央政治局常委李长春同志在贵州省考察。12月15日,李长春同志在听取省委、省政府工作汇报后,对遵义市"四在农家"创建活动给予充分肯定和高度评价。他指出,贵州结合自己的实际,把"四在农家"作为建设社会主义新农村的一个抓手,这项工作做得很好。以"四在农家"为主题的农村精神文明建设,把农村的经济、文化、社会建设有机结合起来,取得了很好的效果。

(三)"四在农家"成为全国关注焦点

2005年12月,新华社记者走进遵义市8个县(区、市)的20多个乡镇,对遵义市"四在农家"创建活动进行了长达半个多月的深入、细致的采访。采访结束后,新华社记者以《"富学乐美":黔北新农村建设的创举》为题,撰写了长达4000多字的文章,对遵义市2001年以来在全市广大农村开展的"四在农家"创建活动,作了全面、深入的报道。

2006年中宣部、中央文明办把"四在农家"作为新农村建设的开篇之作重点推出。人民日报、新华社、中央电视台等11家主流媒体,将"四在农家"创建活动作为建设社会主义新农村宣传的开篇之作和重大典型,进行了高规格、大密度的集中宣传报道,认为"余庆'四在农家'模式在很多地方适用,值得推广,这是对社会主义新农村建设的创造性探索,做出了很大贡献。"在全国引起了强烈反响。

余庆县委书记先后5次受中央组织部的安排,走上了中央党校、国家行政学院、上海浦东干部学院、香港中文大学的讲台;杨兴友还被聘为贵州省委党校客座教授,多次到省委、遵义市委党校宣讲"四在农家"的经验与做法。

2006年2月上旬,中央电视台在《新闻联播》节目中,以遵义市的"四在农家"创建活动作为"建设社会主义新农村"这个新栏目的开篇,连续三集报道了遵义市"四在农家"创建活动的经验。中央电视台《焦点访谈》栏目也专门制作播出了一期反映遵义市"四在农家"创建活动经验的节目。

2006年8月18日,由中央党校《理论视野》杂志社主办的"四在农家"理论研讨会在余庆召开,全国上百名专家和理论工作者一致认为:"四在农家"是一项综合性的实践活动,又是一个系统的社会工程,还作出了"四在农家"是破解"三农"难题的途径、是西部农村小康之路的论断。

2007年5月,省委书记石宗源致信遵义市委、市政府和余庆县委、县政府,高度评价余庆县"四在农家"创建经验,勉励遵义市委、市政府,余庆县委、县政府在推进社会主义新农村建设中出典型,走前列,做表率,不断开创经济社会发展新局面。

2007年11月27日,全国德育教材编写组在余庆举行新闻发布会,《四在农家——余庆》一文入编全国德育教材。"四在农家"创建活动进入中学生课堂。同年,贵州日报副总编张兴到余庆采访时,被余庆美丽祥和的农村面貌所感染,在采访车上即兴写下了一首诗:"黔北民居是开在田畴的野花,'富学乐美'泼洒成灿烂的图画;山里的人向中国撒下一颗种子,天南海北的人争说余庆'四在农家'。"

2009年9月7日全国农村精神文明建设工作经验交流会在遵义召开,刘云山指出"四在农家"具有示范意义,他说这次会议在贵州召开,实际上是一次现场经验交流会。遵义适应农村经济社会发展的新形势和农民群众的新期盼,从2001年开始,组织开展"富在农家、学在农家、乐在农家、美在农家"创建活动,深受农民群众欢迎。贵州省委、省政府十分重视这一经验,及时在全省大力推广,通过几年的努力,"四在农家"活动内容越来越丰富,覆盖越来越广泛,群众参与积极性越来越高,有力促进了农村环境面貌的改善。"四在农家"活动紧贴实际、具体实在、可学易学,具有很强的示范意义和推广价值。希望各地积极学习借鉴,结合各自实际创造新的经验,推动农村精神文明建设不断取得新的进展。

2011年2月12日至13日,中央电视台《焦点访谈》栏目组深入余庆县报道,采访报道了"四在农家"给当地人带来的幸福生活,制作了题为《富、学、乐、美在山寨》的节目。

(四)"四在农家"在全国推广

据不完全统计,先后有33个省区市的1500多个代表团5万多人来余庆参观、考察、学习。现在,发端于余庆的"四在农家"已成为贵州农业农村工作的一张名片,余庆也因此成为国内样板县,在全国产生了广泛的影响。"四在农家"已成为影响力较大的全国新农村建设模式之一,给周边县镇也带来了翻天覆地的变化。

1. 威宁县——"四在农家"创建带来山乡巨变

威宁县,全称威宁彝族回族苗族自治县,是贵州省面积最大的民族自治县,属毕节市辖县。位于省境西北部,北、西、南三面与云南省毗连。面积6295平方公里,人口约1 263 816人;其中彝、回、苗等少数民族占总人口24.3%。

2010年以来,威宁开展"四在农家"创建活动,为全县找到了一条农民增收、农业增效、农村发展的道路,有效改变了村容村貌,改善了人居环境,增加了农民收入,加快了脱贫步伐,提高了文明程度,逐步满足农民群众"求富、求学、求乐、求美"的美好愿望,创造了"四在农家"的威宁样板。以"四有五通三改三建"为突破口,实现了乡乡通油路、村村通公路和一半以上的村通油路;解决了66万余人的农村饮水安全问题,部分乡镇昔日"出门爬山、走路靠攀,望江止渴、吃水靠天"的困境有效得到改善;农村电网即将改造完毕,实现了城乡同网同价,结束了偏远农户无电的历史。改造危房76 868户,建设"四在农家"70 837户,许多群众告别了破廊倒壁的危旧房,住上了宽敞明亮的新居。生态文明建设取得成效,森林覆盖率从34.6%提高到40.2%。

2. 正安县——"四在农家"扮靓新农村

正安县位于遵义市东北中位地带,是贵州襟联重庆的前沿,县城北距重庆220公里,南距遵义140公里、贵阳295公里,是渝南、黔北经济文化的重要交汇区域,古有"黔北门户"之称。全县辖19乡镇,152个村(社区、居委会),59万人,国土面积2595平方公里。由于自然、历史和现实的原因,是一个一产薄弱,二产贫弱,三产低弱,财政脆弱,城镇化水平极弱的新时期国家级扶贫开发重点县。一直在贫困线上突围的国家级重点扶贫开发县正安县,是一个典型的不沿边、不沿海的内陆山区农业县。如何尽快摆脱贫困、加快发展,正安县委"一班人"经过反复论证,最终选择了走生态经济建设之路,响亮地提出"一步跨越三十年,实现农村沼气化"。投入资金达1.4亿元,每年以1.5万口左右的速度推进,全县沼气池现近6万口,到"十一五"期末建成8万口,基本实现沼气化县。并通过以建设沼气池为抓手,以"四在农家"创建为载体,推进社会主义新农村建设,形成了农村生态文明建设的"正安模式"。

3. 凤冈县——"四在农家"生态文明绘就山乡和谐景

凤冈县位于贵州东北部,周边与思南、湄潭、务川等七县接壤,距省会贵阳250公里,距名城遵义110公里,是遵义的东大门,326国道和即将建设的杭瑞(杭州—瑞丽)高速公路横贯县境。走进遵义市"四在农家"、贵州省一百个新农村示范点之一的"中国富锌富硒有机茶之乡"凤冈县的田坝村,十多年前是全县最干硗、农民主要靠救济过日子的村庄,成为凤冈县40多万人口中典型贫困的代名词。

2009年来,凤冈县把"四在农家"创建活动与新农村建设有机结合起来,采取争取资金、部门帮扶和群众集资投工投劳等多种形式,在全县创建"四在农家"示范点130多个和一个百里新农村建设示范带。农村卫生环境得到逐步改善,农业产业结构调整步伐加快,农民生产生活水平不断提高。

4. 桐梓县——"四在农家"美境 乡村旅游富民

桐梓县,位于贵州省北部,属革命老区遵义市市辖县,与重庆市接壤,素称"黔北门户"、"川黔锁钥"。国土总面积3202平方公里,

2002年开展"四在农家"创建以来,建成了旅游型、果蔬型、养殖型、庭院型示范点410个,建设"黔北民居"3000余户,硬化水泥连户路980公里,进村路350公里,建沼气池3.8万口,累计创建10.6万户,占全县总户数13.5万户的78.5%。大力发展外向型乡村旅游,形成了集"住农家屋、吃农家饭、品农家菜、干农家活、购农家货、享农

家乐"为一体,极具黔北特色的乡村旅游格局。经过几年滚动发展,截至2012年底,全县已成功打造乡村旅游点12个,乡村旅馆358家,床位数达10 811张,旅游从业人员达5.4万人。每到盛夏酷暑时节,重庆、遵义、贵阳等周边地区的游客或结伴相邀、或组团、或自驾车到桐梓观光避暑、休闲度假,领略大娄山的无限魅力。2009年,桐梓被世界旅游组织列为"世界旅游观测点"。2010年,桐梓被评为"全国休闲农业与乡村旅游示范县",其358家乡村旅馆共接待游客140万人(天),旅游综合收入6.6亿元,全县农民人均收入2339元。"四在农家"正引领桐梓县走向全面小康和共同富裕。

(五)"四在农家"从余庆县走向世界

2009年8月,国家外文局专程前来采访余庆县"四在农家"创建,并译成英文介绍到国外。

"四在农家"成功破解了中国典型山区农业县的"三农"问题,已作为中国"三农"问题内源式解决方案典型案例,成为全世界关注的一种典型模式。

第五章 "旅居农家"创意

第一节 旅居农家的定义与内涵

一、旅居农家的定义

基于"四在农家"的发展基础,面向崇尚田园生活、梦想回归自然的市场人群,以"农耕体验、乡土怀旧"为特征,以余庆全域核心资源特征为创意渊源,以"全方位设施配置、聚合式村落布局、酒店式统一管理"为发展模式,以环境、住宅、农田的有机结合为空间理念,构建余庆迈向全域化旅游、全民化旅游、全行业旅游,塑造"全景余庆"的着力点,最终推动余庆走向"民居客旅、主客共享"的新型村寨旅游目的地。

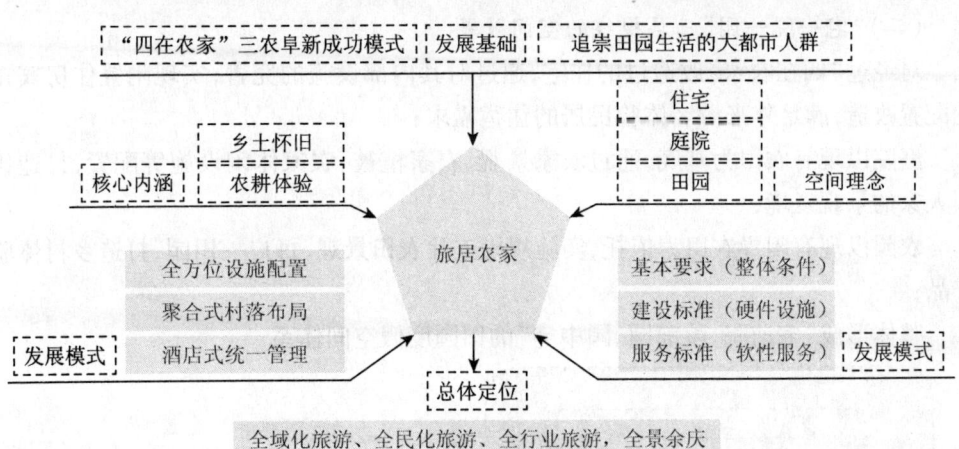

图5-1 余庆"旅居农家"创新模式

二、旅居农家的内涵

(一)"点—线—面"三位一体的产品结构

根据村庄情况,实施"大中小"三个规模体系,形成"旅游村庄、旅游景区、旅游度假区"三大类型,通过县级道路、村级道路合理设计游线,实施三大类型的有效串联,配置集信息服务、标志服务、环卫服务、政策服务等全方位、全覆盖的服务体系,构建"点—线—面"有机组合的产品结构。

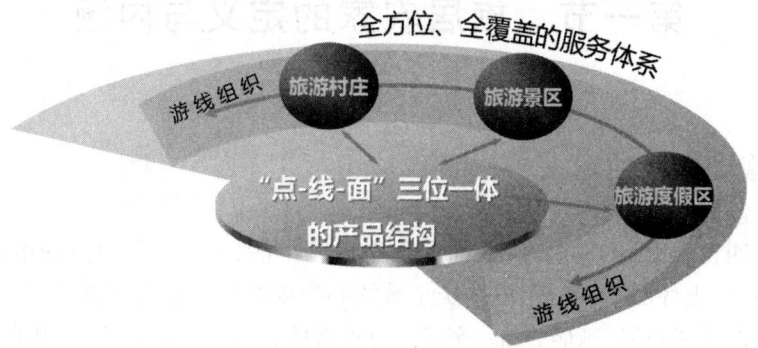

图 5-2 旅居农家"三位一体"产品结构图

(二)"宅—院—园"三层视线的空间效果

对经过"四在农家"改造过的住宅,通过对其内部设施的完善,实现闲置住房宾馆化配置改造,满足外来游客体验民居的住宿需求;

庭院以现有农田为基底,通过农家景观、农家植被、农家休闲设施等配置,打造田园人家的景观意境;

农园以现有闲置农田为依托,实施规模连片农田景观,每户一田园,打造乡村体验产品;

整体形成"宅前院、院前园、园中宅"的田园度假空间体系。

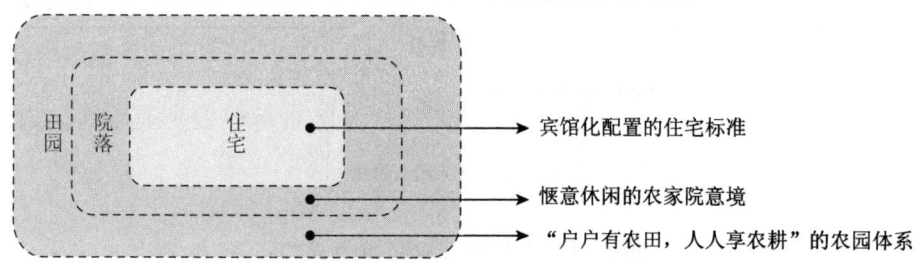

图 5-3 旅居农家"三层实现"空间示意图

(三)"闲置房屋、闲置农田、闲置劳力"三闲价值的再度利用

将闲置住房实施宾馆化改造,服务游客。

将闲置农田连片集中规划,形成农耕体验园区。

将有意愿向旅游服务转型和目前有剩余劳力、剩余劳动时间的农户提升为旅游服务者。

最大限度地挖掘农民闲置资源,增加农民收入,打造"同耕、同住、同食"的"主客共享"格局。

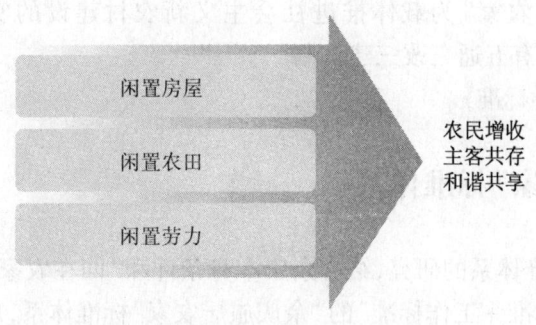

图5-4 旅居农家"三闲利用"理念图

第二节 旅居农家标准与规划方案

一、标准制定依据

旅居农家的建设标准体系参考了国家层面、地方层面和行业标准,涉及了住宅类标准、居住类标准、旅游标准、养老养生标准、四在农家标准、生态标准等,主要包括:

(1)《住宅设计规范》住房和城乡建设部 GB50096—2011 修编,2012 年 8 月 1 日起实施;

(2)《健康住宅建设技术要点》国家住宅与居住环境中心,2001 年出版,2002 年和 2004 年进行修编;

(3)《建筑气候区划标准》(中华人民共和国建设部、国家技术监督局联合发布,GB50178—93,1994 年 2 月 1 日实施);

(4)《城市居住区规划设计规范》建设部 GB50180—93 修编,2002 年 4 月 1 日起施行;

(5)《重庆宜居社区建设导则》2009年4月21日出台;
(6)《国家AAA级旅游景区评定评分标准》;
(7)《国家AAAA级旅游景区评定评分标准》;
(8)《国家AAAAA级旅游景区评定评分标准》;
(9)《乡村旅游度假村评价标准》;
(10)《旅游度假区等级评定强制性指标》;
(11)《"四在农家"黔西北民居建设通用图集标准》;
(12)《以"四在农家"为载体推进社会主义新农村建设的实施意见》(余党发[2009]4号——"四有五通三改三建三制");
(13)《生态工学标准》。

二、"旅居农家"标准体系

通过对以上标准体系的研究,结合余庆本身条件和"四在农家"的发展条件,拟定"基本要求+建设标准+工作标准"的"余庆旅居农家"标准体系,从整体条件、硬件设施、软性服务三方面,全面划定"旅居农家"的指导内容。

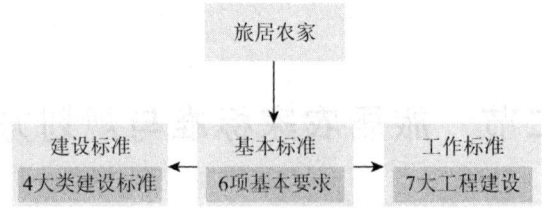

图5-5 旅居农家标准体系图

(一)六项基本要求
(1)"旅居农家"根据村庄规模分为"旅游村庄、旅游景区、旅游度假区";
(2)采取酒店管理和景区管理模式;
(3)各"旅居农家"点具备2种以上余庆特色农家活动体验(包括:农耕、采摘、民俗体验等);
(4)具备四季旅游接待的能力;
(5)本地居民与外来游客利益比例分配合理;
(6)各种设施的卫生与安全符合相应国家标准,包括GB9663、GB9664、DB510100/T004—2004、DB510100/T005—2004、DB510100/T006—2005等。

(二)建设标准

1. 住宅:10 项系统标准

"旅居农家"住宅将在现有住宅的基础上,实施建设改造,满足居民自身居住和外来游客旅游居住的双重功能,具体包含 10 项指标,如表 5-1 所示:

表 5-1 "旅居农家"住宅建设标准

住宅面积			以现有住宅面积为基础
住宅层高			2~3 层
套内空间	卧室(净高2.8m)	闲置房屋形成双人卧室和单人卧室	卧室之间不应穿越,卧室应有直接采光、自然通风
	厨房(净高2.4m)	一个(5m²/个)	1)厨房应有直接采光、自然通风,并宜布置在套内近入口处 2)厨房应设置洗涤池、案台、炉灶及排油烟机等设施或预留位置,按炊事操作流程排列,操作面净长不应小于 2.10 m 3)单排布置设备的厨房,其操作台最小宽度为 0.5m,考虑操作人下蹲打开柜门、抽屉所需的空间或另一人从操作人身后通过的极限距离,要求最小净宽为 1.5m;双排布置设备的厨房其两排设备的净距不应小于 0.90m 4)排水横管下表面与楼面、地面净距不应低于 1.90m,且不得影响门、窗扇开启
	卫生间(净高2.4m)	3 个(3m²/个)	1)配置便器、洗浴器(浴缸或喷淋)、洗面器 2)无前室的卫生间的门不应直接开向起居室(厅)或厨房 3)卫生间不应直接布置在下层住户的卧室、起居室(厅)和厨房的上层。可布置在本套内的卧室、起居室(厅)和厨房的上层,并均应有防水、隔声和便于检修的措施 4)套内应设置洗衣机的位置 5)排水横管下表面与楼面、地面净距不应低于 1.90m,且不得影响门、窗扇开启
套内空间	阳台	1 个/2 层层高 2 个/3 层层高	1)阳台栏杆设计应防儿童攀登,栏杆的垂直杆件间净距不应大于 0.11m,放置花盆处必须采取防坠落措施 2)栏杆净高不应低于 1.05m 3)顶层阳台应设雨罩 4)阳台、雨罩均应做有组织排水;雨罩应做防水,阳台宜做防水

续表

住宅面积		以现有住宅面积为基础
住宅层高		2~3层
套内空间	过道	1）套内入口过道净宽为1.3m 2）通往卧室、起居室（厅）的过道净宽为1.2m 3）通往厨房、卫生间、贮藏室的过道净宽为1m，过道在拐弯处的尺寸应便于搬运家具
	楼梯	1）一边临空楼梯，净宽为0.8m；两侧有墙时，净宽为1m 2）套内楼梯的踏步宽度为0.25m，高度0.2m，扇形踏步转角距扶手边0.25m处，宽度0.25m
	窗户	1）外窗窗台距楼面、地面的高度低于0.90m时，应有防护设施，窗外有阳台或平台时可不受此限制。窗台的净高度或防护栏杆的高度均应从可踏面起算，保证净高0.90m 2）外窗和阳台门，下沿低于2m且紧邻走廊或公用屋面的窗和门，应采取防卫措施 3）面临走廊或凹口的窗，应避免视线干扰。向走廊开启的窗扇不应妨碍交通
套内空间	门洞	1）公用外门洞宽度1.2m，洞口高度2.00m 2）户（套）门洞宽度0.90m，洞口高度2.00m 3）起居室（厅）门洞口宽度0.90m，洞口高度2.00m 4）卧室门洞口宽度0.90m，洞口高度2.00m 5）厨房门洞口宽度0.80m，洞口高度2.00m 6）卫生间门洞口宽度0.70m，洞口高度2.00m 7）阳台门（单扇）洞口宽度0.70m，洞口高度2.00m 8）口两侧地面有高低差时，以高地面为起算高度
公共部分	出入口	公共出入口位于阳台、外廊及开敞楼梯平台的下部时，应采取设置雨罩等防止物体坠落伤人的安全措施
室内环境	保温、隔热	住宅应保证室内基本的热环境质量，采取冬季保温和夏季隔热、防热以及节约采暖和空调能耗的措施
住宅风貌		建筑以黔东北民居为整体风貌，内部装潢、设施均凸显田园、生态、乡村气息，整体体现质朴感
建筑色彩		以目前"四在农家"红白主色、黑白主色、蓝白主色为参考，"旅居农家"点采用统一色调

续表

住宅面积	以现有住宅面积为基础	
住宅层高	2~3层	
建筑外立面	以余庆当地民俗故事为元素,描绘"文化墙",每户描绘一个故事节点,一个"旅居农家"点述说一个主题故事	
室内设备	空调	1)卧室及起居室(厅)各配置一台空调 2)室内温度保持:夏季制冷24~28℃,冬季采暖18~22℃
	数字电视	起居室(厅)及兼起居室(厅)的卧室各设置一台数字电视
	燃气灶	每个厨房设施一个燃气灶
	热水器	1层及2层卫生间设置2处热水器
	网络	每户配置无线网络,服务整个住宅
住宅功能分布	1)一层为包括厨房、卫生间、农户卧室 2)二层为包括游客卧室、卫生间等	

2.庭院:6项系统指标

"旅居农家"庭院将在现有宅前农田设施的基础上,实施建设改造,使之符合"旅居"消费标准,具体指标如下表所示:

表5-2 "旅居农家"庭院建设标准

庭院	利用现有宅前农田实施改造	
庭院植被	乔木	每户种植1~2棵果树,选用具有余庆特色的柿树、枣树、桃树、梨树、金橘等,景观性好,也增加经济效益
	草坪	庭院桌椅、亭子周边撒草种子,突出自然生长氛围,过脚踝后进行修剪
庭院设施	桌椅/亭子	桌椅/亭子采用木质结构,桌椅设置4~6人座
	院墙	采用竹子或灌木丛实施天然分割,灌木丛高度0.6m~1.2m
庭院小品	设置具有农家特色与余庆特色的庭院小品,如锄头、水缸、风车、稻草人等	
照明系统	采用高效光源、高效灯具和低损耗镇流器等附件,并采取其他节能措施,在自然采光的区域设定时或光电控制	
庭院路面	采用鹅卵石铺装	道路宽度为0.3m
出入口	要保持较宽的间距,为的是在人进出建筑物时可以有个缓冲地方,并可在门口设置车辆临时停放点,以保障道路的正常交通	

3. 田园:5 项系统指标

"旅居农家"田园建设改造,将按照每户配置 0.5~2 亩的游客耕种农园的标准,实施田园小品、田园道路、农作物品种及服务设施进行系统改造,具体建设标准如下表。

表 5-3 "旅居农家"田园建设标准

田园面积	每户配置 0.5~2 亩的游客耕种农园
田园小品	1)每个农园配置一处农田景观小品,如:稻草人、农作物造型解说牌、牛雕塑等
	2)田园小品应设置在不影响农耕操作的场地,同时起到较好的景观点缀
农作物选择	每片农园,选择 1~2 种余庆本地蔬菜实施种植
田园道路	1)采用砂石路面,道路宽度 0.5m
	2)各个农园以道路为天然界限实施分割
服务设施	1)每个"旅居农家"点配置一个农园总服务室,具备咨询、有机作物肥料售卖等功能
	2)每个"旅居农家"点配置一个农具房,具备农具存放、蔬菜存放等功能

4. 休闲设施:4 项系统指标

"旅居农家"休闲设施的建设,主要包括文化体系建设、商业体系建设、服务体系建设和健康体系建设等四个方面,具体建设标准如下表。

表 5-4 "旅居农家"休闲设施指标

文化体系	每个"旅居农家"点配置 1 个休闲广场,每月组织一次民俗文化表演(如高矮人舞、敖溪龙二花灯、采茶歌舞等),每周放一次露天电影
	每个"旅居农家"点配置 1 个 KTV
	每个"旅居农家"点配置 1 条文化走廊
	每个"旅居农家"点配置 1 处相应的文化教室
商业体系	每个"旅居农家"点配置 1 个农特超市
	每个"旅居农家"点配置 1 个美食广场
服务体系	每个"旅居农家"点设置一处提供接送、结算、停车、投诉、咨询等功能的场所
	每个"旅居农家"点参考酒店管理模式,拟定农户服务标准
健康体系	每个"旅居农家"点配置 3 项日常运动场所(篮球场、乒乓球场、羽毛球场)
	每个"旅居农家"点配置 1 个简单的养生项目(如:鹅卵石健康步道)

(三)工作标准:7大工程

"旅居农家"工作标准主要包含信息管理、引导标志、推广宣传、培训评选、环卫服务、医疗服务、安全救护等7个方面,具体建设标准如表5-5。

表5-5 "旅居农家"工作标准

信息管理		建立信息管理中心,游客通过信息管理中心实施查询、预订、结算 信息管理中实施农户接待分配
引导标识		1)每个"旅居农家"点配套组团全景图,全景图要正确标出住宅面积、套内空间设置情况、居住价格、农田配置情况、庭院特色、休闲设施位置、医疗点位置、咨询投诉救援电话等信息 2)每个"旅居农家"点入口处设置组团导览图,标明现在位置及行走路线 3)配置特色标志介绍牌,主要介绍"旅居农家"住宅、庭院、农园特征,介绍牌设计注重农耕文化的体现,可采用菜叶状、茶叶状等,介绍牌采取中英文对照
推广宣传	网络宣传	1)设计余庆"旅居农家"网站,有独立域名且有中英文对照网址 2)依托知名综合网站或权威旅游专业网站实施推广,如:百度、携程、去哪儿等 3)建设数字虚拟平台,实施"旅居农家"各组团游览
	电视宣传	拍摄余庆"旅居农家"专题片,在中央电视台、贵州电视台实施推广
	报刊宣传	起草余庆"旅居农家"专项报道,依托知名报刊,如:中国旅游报、贵州知名报刊等实施推广
培训评选	农户培训	每个"旅居农家"点成立一处农户培训中心,每个季度定期举办一次旅游接待培训 培训内容包括:常规农家料理制作、接待用语、卫生清洁、"旅居农家"基本概况介绍、医疗救援措施、价格标准
	评选标准	1)每位游客临走时完成一份服务评价问卷,问卷内容包括: 环境卫生情况、农家餐饮情况、接待用语情况、农户热情度情况、居住安静度情况、价格收费情况等 2)评价问卷采取打分制 好评为5分,中评为3分,差评为0分 3)评选以一个季度为单位,名列前3位的农户,颁发"5星级旅居农户"旗帜,并给予500~1000元不等的奖励

续表

环卫服务	1）无乱堆、乱放、乱建现象 2）农家无污水、污物 3）道路沿线每200m设置一处垃圾桶，垃圾桶采用不锈钢仿木工艺，造型突出田园、生态特征 4）道路沿线每1km设置一处公厕。公厕以木质结构为主，注重与农田景观融合
医疗服务	1）每个"旅居农家"点设置一处医疗点，配置至少2名专职医护人员 2）医疗点配置日常药物、担架、简易包扎设备等
安全救护	每个"旅居农家"点设置一处安全保护机构，有健全的安全保护制度。配置3~5名安保人员

三、"旅居农家"规划方案

（一）"宅—院—园"规划方案

以提升本地居民日常生活品质和满足外来游客休闲度假需求的"旅居"双重标准对住宅、庭院、田园进行规划，提升住宅居住功能，强化庭院娱乐、休闲、餐饮、聚会的功能，增强田园景观效果、农耕体验和农业生产功能，如下图所示：

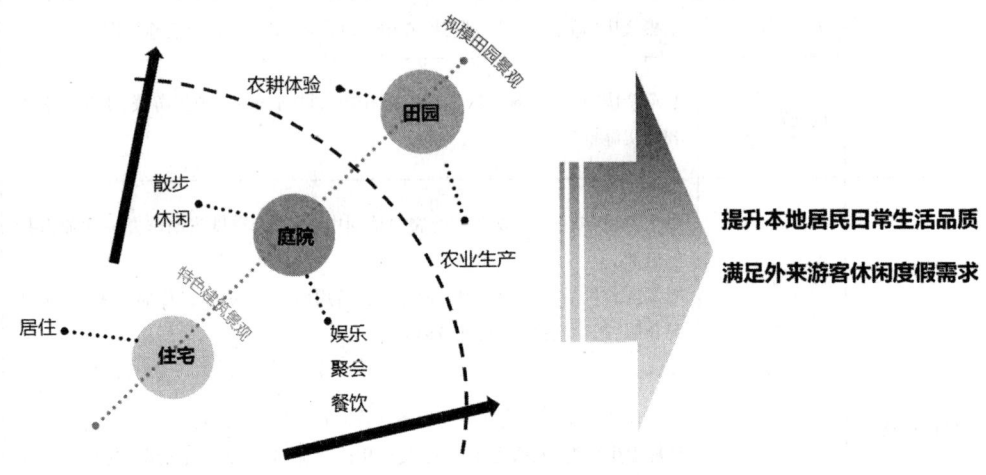

图5-6 "旅居农家""宅—院—园"规划理念图

1."住宅"方案——"十全十美"

（1）内部设施十全。

①家庭安全监控。在住宅的公共部分安装小型监控设备，并提供24小时安全监

控,确保游客与居民生活的安全性。

②WIFI覆盖。每户"旅居农家"都保障WIFI的免费覆盖,主要服务于外来游客。

③电视。外来游客居住的房屋内保证可以收到当地、国内、旅游信息以及部分国际频道。

④电话。开通游客拨打遵义市内电话免费的电话服务、提供航班查询、电话号码查询、定时叫醒等功能。

⑤空调。游客房间配置一部空调。

⑥柜子。游客的房间配有一个衣橱。

⑦床。提供单人、双人以及家庭型床位标准。

⑧窗户。在游客房间安装大的玻璃窗户,并且尽量保证最好的视野范围。

⑨茶几。放置一些具有余庆特色的小摆件。

⑩燃气灶。厨房采用燃气,可供居民与游客同时使用。

(2)外部环境十美。

①山美。选择依山而居的农家,且周围山形优美,植被丰富。

②水美。选择靠近水岸的农户,其中,既可以是水域宽广型的水面环境,也可以是小桥流水型的环境。

③村庄美。村宅布局层层错落,具有较好的村庄结构。

④道路美。拥有游客可进入性强、"旅居农家"点串联性高的道路。同时道路沿线风光迤逦,得以展示余庆风貌。

⑤田园美。拥有层层梯田的田园景观,且种植有油菜、茶叶等景观效果较好的农作物。

⑥生活美。保存着当农民的生活氛围,在生活习惯上有明显的乡村风格,主要表现在语言、餐饮、服饰、生活节奏等方面。

⑦风情美。拥有余庆特色的传统民俗风情,如会唱花灯、跳钱杆舞、高矮人舞、民间故事传说等。

⑧劳动美。农户还保留着一些特色农作习惯与历史农耕设施,例如烤烟房、制茶工艺、怀旧农耕景观等。

⑨文明美。拥有一定文明接待能力,满足游客引导、介绍等需求。拥有良好的卫生环境。

⑩饮食美。拥有厨艺较高的民间厨师和具有特色的当地美食。

2."庭院"方案——"八项呼应"

(1)一株庭院树(可选树种)。可选种植苹果树、桃树、樱桃树、枣树、石榴树、梨树等。

(2)一个果蔬架(可选果蔬)。可选葡萄架、西红柿架、丝瓜架、南瓜架等。

（3）一个植被墙（可选植物）。可选种植爬山虎、常春藤、金银花、牵牛花、凌霄等。

（4）一个茅草亭。每户建设一个可容纳 4~5 人的简易茅草屋，为游客和住户提供喝茶、聊天、纳凉与发呆的空间。

（5）一个秋千。材质上可采用铁质、木质以及简易轮胎等多种形式，同时配置些花草，营造花园意境。

（6）一个烧烤炉。为游客与居民提供日常烧烤娱乐的场地。

（7）一个吊床。吊床选择放在有高大树木与花草环境好的地方。

（8）一套桌椅。采用竹藤、木质、石质等生态材料的桌椅。

3."田园"方案——"六音齐响"

（1）一田一路埂。采用自然田埂分割田园的方式，分块出租给游客田园耕作体验。

（2）一田一围墙。使用竹、木头、石材等原生态材料作为每块田地的围墙。

（3）一田一标志。将可出租的田园编号和署名，与每户"旅居农家"相对应，便于共同管理。

（4）一套田园小品。

一是摆放水车、稻草人等小品类型再造田园气氛；

二是摆放一些人物、农具等农耕雕塑，营造农民劳作时的场景；

三是随意放置一些动物小品，给在田园体验与观赏散步的游客一些温馨的惊喜。

（5）一间农具房。每块出租田园配套一间农具房，既便于游客使用，又兼具景观小品功能。

（6）一个公共厕所。一定距离内建设一个简易的生态公共厕所，多采用石头、木质、竹等材料。

（二）"综合配套设施"规划方案

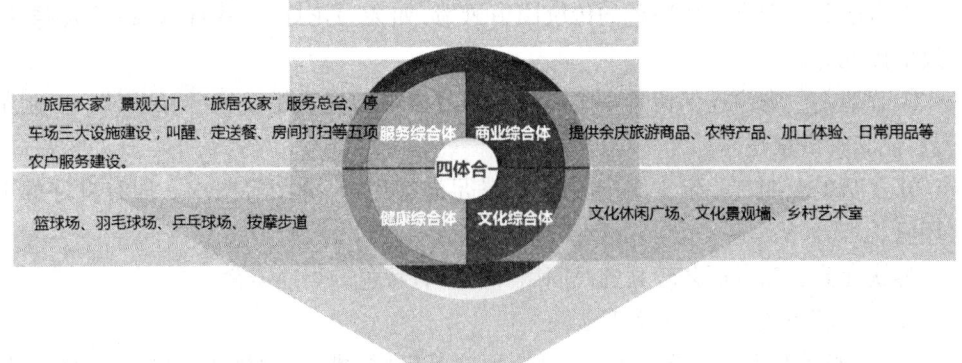

"旅居农家"全方位服务配套设施

图 5-7 旅居农家服务配套设施规划理念图

1. 服务综合体——三大设施建设

(1)"旅居农家"景观大门。每个"旅居农家"点设一个入口,采用生态、简洁的风格,具备引导与景观功能。

(2)"旅居农家"服务中心。每个旅居农家店设一个服务中心,根据信息管理中心的分配,提供:

①为无车游客提供接送服务;

②农家引导服务;

③结算服务;

④机票(车票)代订服务;

⑤咨询、投诉等服务。

(3)生态停车场。每个"旅居农家"点配置一个生态停车场,为自驾车游客提供停放车辆的场地。

2. 服务综合体——五项农户服务

(1)一房一挂牌。每个住客房间挂"请勿打扰"和"请即打扫"牌,根据挂牌情况实行服务。

(2)一日一更换。每个住客房间用具及卫生间用具一日一更换。

(3)一日一打扫。每个住客房间每日进行卫生打扫。

(4)一早一叫醒。根据客户指定需要,提供叫醒服务。

(5)时时点送餐。统一设计和制作各"旅居农家"点的农家菜谱,根据住户需要,农户提供现做和点餐服务。

3. 商业综合体

(1)农特产品销售区。销售本地特色农产品。

(2)农特产品加工区。特色农产品加工现场,游客可以参观,也可参与其中。

(3)日常用品销售区。主要销售针对游客旅游过程中所需要的日常用品,如洗发水、毛巾、牙刷、牙膏、矿泉水、雨伞、啤酒等。

(4)美食广场。可以为游客提供现场点餐、炒菜、烧烤等服务的美食广场。

4. 健康综合体

(1)室外篮球场。国际标准化的室外篮球场地。

(2)按摩步道。采用天然鹅卵石铺就的按摩步行道。

(3)室外羽毛球场。建设一个标准化的羽毛球场。

(4)室外乒乓球场。建设1-2个标准化的室外乒乓球场地。

5. 文化综合体

（1）文化休闲广场。主要提供电影放映、文艺演出、民间活动等功能。

（2）文化景观墙。描绘余庆人文、风景、历史故事等，可配置植被，形成小型景观。

（3）乡村艺术室。可设置画室、书法室、舞蹈室、民间艺术室、录歌室等，同时兼具展览与体验功能。

第三节 旅居农家的保障机制

一、实施计划

（一）遵循原则

"旅居农家"是余庆县全面建设新农村的新型载体，结合余庆县实际，把握余庆县"旅居农家"有效建设的推进原则。

1. 分期实施原则

"旅居农家"涉及余庆县26万多农业人口的生活方式转型、农业与综合产业的联动发展、全景余庆的全面建设，不是某个单一行业、单一产品的打造。因此，在推进过程中，要遵循"结合实际、分期实施、有序推进"的原则，根据余庆县实际情况、民生情况、经济基础、融资情况、人力情况等要素，科学合理地制订旅居农家的实施方案。各阶段、各步骤任务明确，且根据情况的变动及时调整实施内容，与时代变更、市场变更、需求变更紧密结合。

2. "政府引导，农民主导"原则

"旅居农家"是"四在农家"的延伸和升级，"四在农家"已形成"政府投入为引导，农户自筹投入为主体"的投入结构，拥有优越的群众基础。"旅居农家"要继续秉承余庆这一群众优势，做好政府引导工作，调动农民参与"旅居农家"的积极性。

3. "示范效应"原则

先期启动第一批"旅居农家"示范点建设，通过示范点建设产生实际效应，激发更多农民参与"旅居农家"建设，同时通过评选机制的建设，使户户争创优秀，自觉提升服务品质。

（二）实施步骤

秉承以上"旅居农家"推进原则，分三阶段实施。

1. 第一阶段:2013年(前期筹备)

第一,重点推进"旅居农家"动员工作,完成有意愿进行"旅居农家"建设的农户统计,从中进行筛选,拟定第一批"旅居农家"示范点名单。

示范点筛选应侧重:①"四在农家"发展情况较好,已具备接待游客经验的农户优先选择;②具备30户以上进行"旅居农家"建设的村落优先选择;③交通可进入性较好的区域优先选择;④生态、田园环境优越的区域优先选择。筛选后,拟定名单,及时向确定村民组公布。

第二,颁布"旅居农家"建设标准、评选标准、奖励标准、培训计划。

公布第一批示范点名单后,向确定建设"旅居农家"农户通告建设标准、评选标准和奖励标准。制定每个季度一次的"旅居农家"培训计划,从餐饮服务、接待用语、卫生环境、医疗救援、价格体系标准、"旅居农家"介绍等方面实施培训。

第三,出台旅居农家扶持政策。

基于"四在农家"的扶持政策,研究国内其他区域"三农"经济发展的政策措施,拟定"旅居农家"政策体系,形成专项文件,对外公布。

第四,完成"旅居农家"网站建设。

构建"旅居农家"中英文对照网站,网站包括宣传功能、介绍功能、预订功能、结算功能、虚拟数字游览功能。并借助去哪儿、携程、中国旅游网、中国自驾车旅游联盟网等知名网站实施推广。

第五,建立"旅居农家"建设领导小组,负责研究在旅居农家的建设工作过程中的重大问题,总结建设工作经验,协调旅居农家建设工作的重大事项。坚持和完善"村组自治、党政引导、部门服务、资源整合"的运行机制,"政府补助、部门帮助、社会赞助、群众自助"的投入机制。

2. 第二阶段:2014—2015年(深入推广)

第一,根据旅居农家建设标准,全面建成第一批"旅居农家"共800户,10个示范点建设,初步形成余庆"旅居农家"品牌。

第二,完善网站,加大网络宣传力度。

第三,拍摄"余庆旅居农家"专题片,借助中央电视台、贵州卫视、重庆卫视、四川卫视、旅游卫视等相关媒体实施推广。推进余庆与四川、重庆"乡村旅游战略合作",约定每年三地互游的游客规模。进入"余庆旅居农家"全面营销推广期。

3. 第三阶段:2016—2020年(全面实施)

在第一批示范点基础上,根据市场需求的变化,完善"旅居农家"标准、相关扶持政策等,完成全县"旅居农家"建设工程,实现全景余庆的目标。

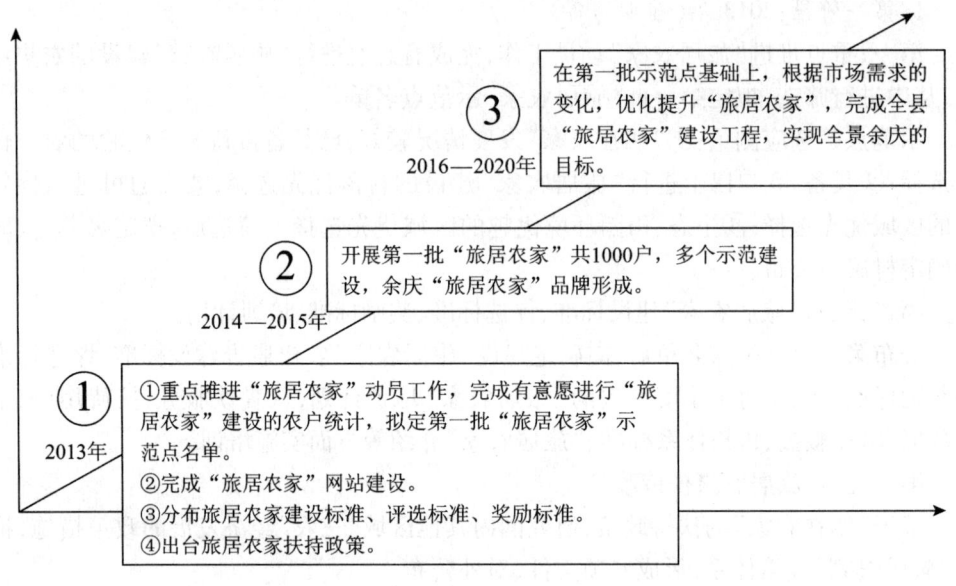

图 5-8 "旅居农家"实施计划安排

二、实施方式

(一)余庆"四在农家"实施方式——"公司+协会+基地+农户"

在 2006 年 7 月 6 日遵义市委二届十次全体会议审议通过的《关于以"四在农家"为载体扎实推进社会主义新农村的建设意见》中明确提出:

"突出重点,发挥优势,引导农民调整产业结构。本着'利益共享、风险共担'的原则,由市县财政、企业、农户共同筹资,逐步在烤烟、竹业、畜牧业、药业、茶叶、蔬菜(辣椒)和优质米产业发展中建立风险资金。"

"培育壮大龙头企业。完善'公司+协会+基地+农户'的管理模式,大力发展'订单农业'。支持龙头企业通过建立风险基金、最低收购保护价、利润返还等方式与农户建立紧密的利益联结机制。"

"大力培育农村合作经济组织和专业协会,加强农村流通体系建设。以提高农民的组织化程度为目标,在有一定产业基础的地方,依靠种养业能手、专业大户,引导农民按照自愿、民主的原则,组建专业合作经济组织和产业协会。选好协会会长,进一步明确协会职责,健全管理制度和运行机制,充分发挥其助农增收的作用。积极发展农村商品流通,建立完善农村流通综合服务体系,改善农村消费环境,活跃农村市场。"

"通过'公司+企业+基地+农户'的方式推进农业产业化,增加农民收入。"

(二)国内农业产业化经营模式比较研究

1."龙头企业+基地+农户"模式

以经济实力较强的农业生产资料生产和供应企业或农产品的加工和销售企业为龙头,对某一农产品试行系列化生产经营,带动农产或相关的生产企业发展优势产业和重点产品,联结生产基地和农户,形成紧密程度不同的产加销一体化经营模式。

优点:企业为农民承担市场风险和管理风险;这种模式有效地改变了过去企业与农户利益直接对立的状况。建立了利益共享、风险共担的利益分配机制;企业与农户在资金、土地、劳动力和技术市场生产要素上实现了优势互补,企业负责技术、资本密集、风险大的部分,劳动密集和风险小的部分交由农户负责,既发挥了大规模经营的优越性,又弥补了农业小生产在经营环节上的缺陷,调动了农户生产的积极性。

缺点:市场需求度决定了企业对农作物的收购量,一定程度上,受市场波动因素影响加大;企业为了自身利益,尽量降低收购成本,农户利益很难提高。

2.市场+农户

专业的批发市场、专业农产品流通市场通过契约与农户达成契约关系,实施产销一体化经营。

优点:形成农产品的集散地,加快了农产品流通速度,减少了农产品流通环节,降低了交易费用。

缺点:专业市场对设施配套、体系建设、专业人才配置要求较高,目前整体发展情况并不理想。

3.合作社

合作社经营组织是由农户创办,对外是盈利性实体,相对于农户是利益共同体,合作社经营组织所得利益,在社员间实施分配。合作社不改变家庭经营制度,农户可以资金、技术、土地、劳动等自愿入股,农业产业风险由合作社集体共同承担的一种模式。

优点:真正将农户和经营组织的利益绑定在一起,农产品销量好,价格高,则返给农户的利润就高,农产品销量少,价格低,则返给农户的利润就少;不改变家庭经营制度,资源入股的方式,也较为容易实现与农户的合作。

缺点:由于是以农户为主体的经营组织,往往农业产业专业化程度不高,市场风险应对力不强。

4.中介组织(农产联)+企业+农户

主要指行业协会,通过契约与农户达成合作关系,提供产前、产中、产后服务。

优点:信息渠道畅通,便于信息沟通;便于协调上级、县市政府之间的关系;方便合作开发,"农产联"在市场、产品、人才和生产企业等方面进行合作开发,以进一步提高企业素质、人才素质和产品质量,更高效地开发国内国际市场。

缺点:行业协会的性质,组织较为松散,利益分配机制尚不完善。

（三）余庆"旅居农家"实施方式建议

鉴于以上模式研究，结合"旅居农家"建设以带动农民致富为根本目标的立意，统筹余庆县农民在"四在农家"建设中的积极性，建议余庆"旅居农家"采取"专业合作社＋企业＋农户"模式实施推进：

每个"旅居农家"组团成立一个专业合作社。合作社坚持自愿进出的原则，农户以土地、劳动、资金等入股，根据入股比例实施相应的利润分配。合作社对外作为经营主体，对农户而言，是利益的共同体，风险由个人承担转为合作社社员共同分担。

专业合作社与广告公司、重点客源市场旅行社（重庆、四川）、协会、投资集团等进行合作，由这些企业或机构出资实施旅居农家改造。

企业或机构实施"旅居农家"全面改造，参与农户经营收益分成，除农户经营部分外，多出的改造产品由企业或机构经营。

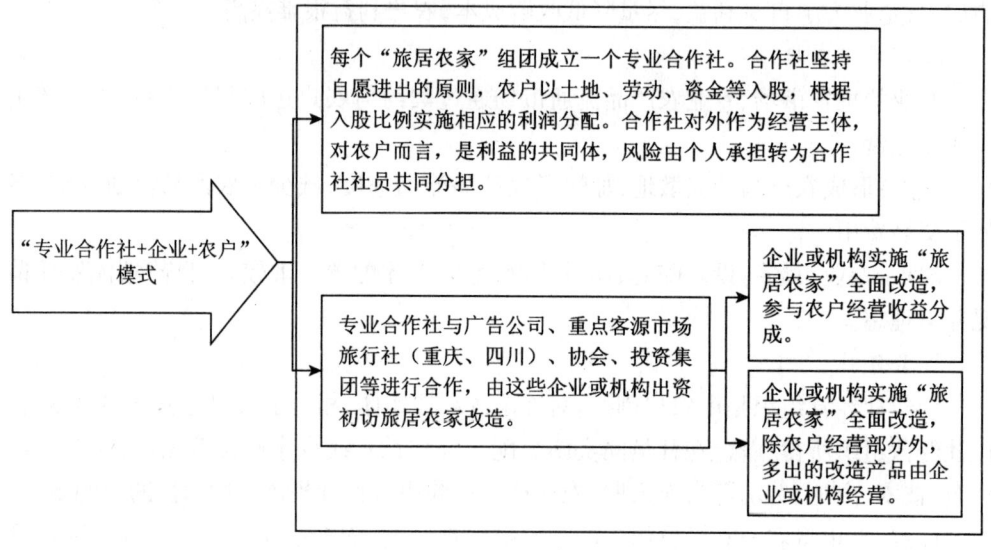

图5-9 "旅居农家"实施计划安排

三、扶持政策

（一）现行"四在农家"扶持政策研究

目前，余庆"四在农家"的扶持政策主要为县财政每年拨款1000万元，主要用于公共环境建设、产业培育建设、农民技能素质培训、乡镇和部门的工作奖励等。其中，100万用于各种协会开展活动或奖励；200万用作贴息贷款，主要为原地改造房屋的贴息贷款和农村新建沼气池的贴息贷款等，如图5-10所示。

第五章 "旅居农家"创意

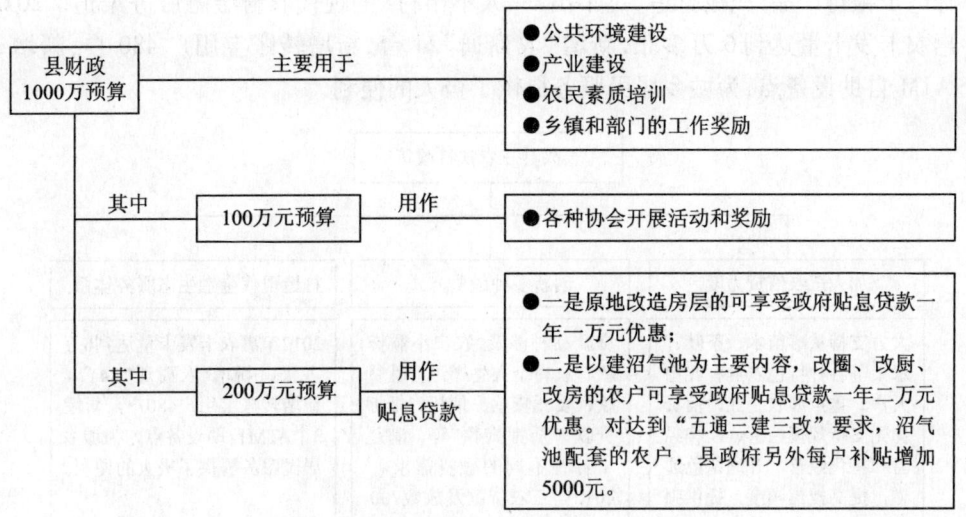

图 5-10　现行"四在农家"扶持政策

(二)国内"三农"经济发展相关政策研究

1. 浙江省长兴县

长兴县位于浙江省最北端,曾获全国综合实力百强县、全国基本竞争力百强县、全国卫生城市、全国文化先进县、全国科技创新先进县等荣誉,其在"三农"经济的扶持政策主要有以下三个方面:

(1)加大三农信贷力度。大力支持从事苗木、茶叶、水果等各种特色农业种养殖大户、重点涉农企业,信贷优先支持规模经营、品牌经营和特色经营,开通绿色通道,提高授信额度,提供强力资金保障,促进农业产业提档升级和结构优化。截至2012年10月,各种涉农贷款企业已达到128家,发放贷款超过28亿元,发放"三农"贷款1.2亿元[①]。

(2)创新多种融资方式。灵活运用各种融资工具解决融资需求,开展"三农"贷款竞赛服务活动,从制度上约束、政策上激励、队伍上健全,加强产品创新考核力度,增强三农信贷客户经理配备,有效加快各种信贷投放速度。其贷款品种涉及"农户小额贷款、农村个人生产经营性贷款、委托贷款、信托、抵押贷款、质押贷款"等,满足了农业生产中各种不同的融资需求。2012年三农贷款发放数700多户,发放金额比2011年同期增长3000多万元。

(3)打造现代金融生态服务体系。构建现代金融服务体系,健全服务网络,推广

---

① 长兴县农业银行:支持三农经济发展　推进惠农政策落实[N].长兴新闻网,2012-11-16.

各种电子银行产品,积极打造"足不出户、人不出村"的现代农村金融服务渠道。2012年惠农卡发卡量达到 6 万多张,新增"农商通"24 台,新增转账宝用户 480 户,新增 3 个 ATM 自助设备点,为城乡居民服务提供了极大的便利。

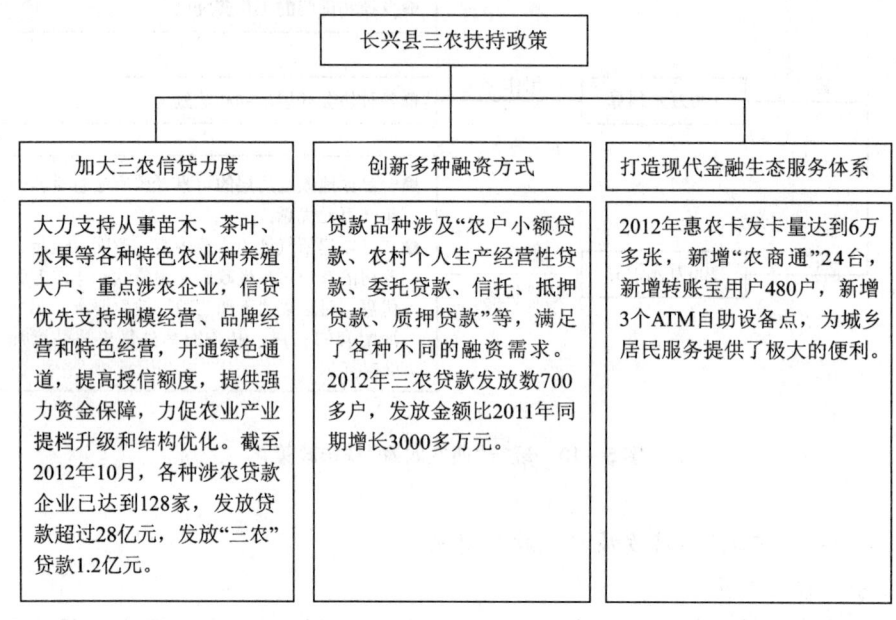

图 5-11　长兴县"三农"扶持政策体系

2. 河南省济源市

济源市位于河南省西北部,为省直辖县级行政单位,其在"三农"经济方面的扶持政策主要有六个方面:

(1) 扶持农业产业基地。

➢ 安排 1000 万元专项资金,对日光温室和塑料大棚蔬菜建设进行奖补;

➢ 安排 300 万元专项资金,用于 2009 年烟草生产扶持;

➢ 安排 753.5 万元专项资金,用于薄皮核桃产业基地建设奖补;

➢ 安排 1500 万元专项资金,对 2009 年发展的生态养殖和规模化场(区)建设进行扶持;

➢ 安排 200 万元专项资金,对 2009 年新发展的集中连片在 100 亩以上的生产方进行补助;

➢ 安排 100 万元,用于万亩农业综合开发和粮食高产创建;

➢ 安排 650 万元专项资金,用于农业农村示范区建设。

(2)支持农业化龙头企业。

安排3000万元专项资金,对2009年符合条件(含招商引资)的国家级、省级、市级龙头企业进行重点扶持。对投资规模在1000万元以上的市级龙头企业、2000万元以上的省级龙头企业、3000万元以上的国家级龙头企业,按投资规模大小、带动农户多少分别给予10万~80万元、50万~200万元、100万~500万元以上不同额度的奖补。对国家级、省级、市级龙头企业作出突出贡献的给予表彰奖励。

(3)完善农业社会化服务体系。

➢ 安排100万元专项资金,用于无公害农产品产地等认证工作。

➢ 安排50万元专项资金,对以土地银行为主体的专业合作社进行奖补。

➢ 安排400万元专项资金,重点用于玉米大型收获机械、秸秆还田机械、保护性耕作机械、青贮机械等配套机械的购置补贴和农机专业合作社(含农机大院)的扶持。

➢ 安排400万元专项资金,用于集体林权制度改革补助。

➢ 安排200万元专项资金,用于阳光工程、雨露计划和农村劳动力技能培训工作。

(4)加快农业基础设施建设。

➢ 安排1000万元专项资金,用于垃圾处理、自来水、煤气、道路等项目建设,按所建项目多少、大小进行奖补。

➢ 安排3400万元专项资金,用于农村道路网络建设奖补。

➢ 安排1011万元专项资金,用于2009年饮水工程的补助。

➢ 安排600万元专项资金,用于沼气池建设。

➢ 安排300万元专项资金,对节水型社会建设的水质监测系统和地下水质监测分析化验主要核心设备购置进行补助。

➢ 安排850万元专项资金,用于农畜产品质量检测中心建设配套。

(5)多举措推进新农村建设。

➢ 安排134万元专项资金,对增收上台阶增幅大、效果明显的村(居)、镇、街道进行表彰奖励。

➢ 安排1560万元专项资金,对50个生态文明示范村和11个生态文明示范带进行奖补。

➢ 安排100万元专项资金,用于对创建成为生态文明示范镇、街道的奖励。

➢ 安排500万元专项资金,对达到百村富民工程建设标准的村镇进行适当奖补,重点对垃圾处理长效机制建设进行奖补。

(6)建立健全农村公共服务体系。

➢ 安排234万元专项资金,用于"万村千乡市场工程"和家电下乡等活动的补助。

> 安排531万元专项资金,用于农村卫生事业发展。
> 安排278.9万元专项资金,用于2009年农村文化中心建设和送戏下乡活动补助。
> 安排1560.1万元专项资金,用于农村教育事业发展奖补。

(三)余庆旅居农家扶持政策创新

在现有"四在农家"的扶持政策基础上,参考国内其他区域对"三农"经济的扶持政策,结合余庆县经济发展水平,制定余庆"旅居农家"扶持政策如下:

(1)"住宅、庭院、田园"建设,政府采取以奖代补、贴息贷款的方式扶持。

(2)政府出资建设"旅居农家"信息服务中心,强化游客咨询、预订、结算系统,由信息服务中心对农户实施"客户"统一分配。

(3)安排一定资金,用于"旅居农家"农户培训和奖励。

(4)安排一定资金,对"旅居农家"垃圾处理、自来水、煤气、道路、饮水工程等项目建设实施补贴。

(5)与省市农行达成协议,在"旅居农家"村落设置"农商通"、ATM机设备,每个村落2~3台,实施便民服务。

(6)安排一定资金,作为除工资外的奖金,每月分发给专业合作社中专业技术人员、专业培训人员。

(7)制定"旅居农家"服务人才吸引政策,从服务人员家庭安置、子女就业等方面给予优越的待遇。

四、招商措施

(一)招商方式研究

1. 直接招商

是指政府不通过代理机构进行的直接面向招商对象的招商工作,主要包括会场招商、直接走访招商、广告招商、人际关系招商等一些传统招商方式。

2. 委托招商

招商的所有事项均可以外包给代理公司,由代理公司编制土地规划和项目策划、策划投资盈利模型、产业组合策略、招商项目包装、招商项目推广、招商会邀约与执行、招商签单与追款等所有招商环节。

3. 联合招商

由政府、运营商和顾问公司三方合作。政府实施政策吸引和秩序维护,运营商以自身企业信誉拉来兴趣伙伴,建立盈利模式,由顾问公司组织规划并对招商流程实施指导,共同成立招商部,实现三方联合招商的模式构建。

联合招商方式则集合了直接招商和委托招商的六种方式,更具有可操作性。

(二)三大招商策略

建议采取"政府+顾问公司"联合招商的方式。其中,顾问公司就市场研判、市场定位、市场前景等提出基本可靠的分析,供政府参考,同时利用长期积累的客户资源,向政府推荐合适的企业进驻。政府在顾问公司的协助下,拟定招商政策、确定重点招商区域、选择符合本地实际的企业。政府及顾问公司具体合作流程如下:

1.邀请相关咨询顾问公司协助进行旅居项目的招商测算和市场调研

这个过程需要进行三方面的工作。首先,对市场条件成熟度的调查。项目初期,对项目拟选择地区的市场条件进行初步分析判断。这一步的进行是对项目所在行业宏观角度的考察。其次,对项目位置的发展前景调查。旅居项目的招商位置选择问题对于旅居项目招商项目的成功与否是决定性的。最后,对旅居招商项目的发展规模调查判断。在完成旅居招商项目选址工作后,需要针对旅居招商项目地址进行市场前景及发展规模的预测。

2.成立招商项目组织,专项负责"旅居农家"招商工作

在顾问公司的协助下,进行招商手册的制定、招商政策的起草、招商策略的研究、企业进驻标准拟定等工作。

3.锁定重点招商区域,定期举行招商会

邀请顾问公司一同前往重点招商区域,如成渝城市群,黔中经济圈等,对"旅居农家"方案及概念进行现场宣讲,就相关疑难问题实施解答,实施定向招商。

第六章 "旅居产品"创新

旅游产品是旅游开发的最终结果,也是直接面向旅游者的旅游对象物,旅居产品是适应旅居时代旅居消费需求的新型旅游产品类型,是旅居目的地构成的最重要的因素,也是推动"旅居农家"形成规模的驱动力。旅居产品的创新开发须建立在旅游资源、客源市场分析、定位的基础上,进而进行策划、设计、加工、包装并推向市场。

第一节 产品开发基础

一、旅游资源分析

(一)旅游资源概述

旅游资源是旅游产品开发的基础,旅游资源的生成环境影响着旅游资源的开发强度和产品开发方式。余庆县位于黔中腹地,云贵高原东北部,贵州省东北部,遵义市东南部,境内河流纵横,沟壑密布,自然资源与人文资源相得益彰,是未经开发利用的一大资源宝库。

1. 旅游资源生成的自然环境

(1)地质地貌。

余庆地处贵州高原的东部,乌江中下游,乌江自西向东呈弧形横贯县境中部,将全县分为江北和江南两部分,全县大多数地区海拔在 600~800 米之间,境内山峦起伏,沟谷幽深,地形复杂。西部、东南部和东北部多山地,北部、中南部多丘陵,中部为乌江河谷地。地形起伏的总趋势是:以县境中部的新场、凉风、坪场、木叶顶一线东北至西南走向的山脉为分界线,该线以西、以北地势偏高,以东、以南地势偏低;西北部地区,海拔多在 850 米以上,尤其是关兴镇、构皮滩镇的部分地区,海拔高度在 1200 米以上,只有乌江沿岸河谷地,海拔高度才较低,在 400 至 800 米之间;东南部地区,海拔多在 850 米以下,自中部龙溪一带向东南部逐渐下降到余庆盆地的 500 至 600 米,多低山地形,仅在余庆盆地的外围,有海拔较高的山。位于盆地东部的新寨村与施秉县交界处的大冲山南峰,海拔 1386 米,是全县最高峰。境内具有山地、盆地、丘陵、河谷等多种地貌类型,山地占62.1%,丘陵占34.0%,盆地及河谷坝子占3.9%。全县500亩以上坝子29个。尽管盆地河坝面积占全县总面积的比例不大,但由于地势低平,土层较厚,土壤肥沃,加之灌溉水源便利,成为余庆农业生产的宝地,粮油的主要产区。

(2)气候气象。

余庆县地处亚热带湿润地区,属于亚热带季风气候,年降水量比较丰富,大部分地区年降水量在1100mm以上。县内降水量有随海拔增高而增多、北多南少的趋势,受季风影响,余庆县境内降水量的季节分配不均,就大多数地方而言,降水量主要集中在4~10月,但又以夏季降水量为最多。四季较分明,冬无严寒,夏无酷暑,雨热同季,适游期长。

(3)河流湖泊。

余庆县处在亚热带湿润地区,降水丰富,境内河流广布。主河道长度在10千米以上的中小河流有20条,流域面积小于20平方千米的小河有47条,河道总长1059.9千米。由于山高谷深,落差大,沿岸风景奇特,全年径流总量达7.79亿立方米,人均水能源量3300多立方米,超过全国人均水资源量(2600立方米),属于水资源丰富的地区。这些河流不仅蕴藏着丰富的水能资源,也蕴藏着丰富的旅游资源。

(4)土壤植被。

植物资源丰富,有森林、牧草、药用植物、野生经济作物和珍稀植物5类。在植物资源方面,从亚热带到暖温带的植物在余庆几乎都有生长。全县森林面积134万亩,覆盖率达55%,森林资源丰富。

(5)生物资源。

目前,余庆森林覆盖率达55%,动植物资源较为丰富。动物资源中有饲养性的畜禽40余种,野生动物200余种,列为国家保护的珍稀动物20种;植物资源中,有树种82科360种。用材树种有柏树、松树、樟树等,木本油料树种有油桐、油茶等,特种经济树种有漆树、杜仲、棕树等,珍稀树种有红豆杉、银杏等,观赏性较强的树种有红栌、藤竹等。

(6)矿藏资源。

余庆境内有煤、铁、黄铁矿、含钾页岩、重晶石、雄黄、硅砂、汞、铅、钒、石膏、陶土、电石灰岩、水泥灰岩、高镁白云岩、砂石类等矿产资源。高钙石灰岩可采量数十亿吨,陶土矿储量400万吨,钒矿12万吨。这三大矿品位高,开采条件好,极具开发价值。

2.旅游资源生成的人文环境

(1)社会经济。

余庆是典型的山区农业县,长期以来受自然环境、交通条件等因素制约,经济增长缓慢。进入21世纪以来,在历届领导班子的领导下,余庆经济进入了快速发展期,特别是自2000年"四在农家"在余庆的全面实施,使得余庆乡村经济快速发展,城乡差距逐渐减小,经济结构不断优化。"十一五"时期,全县 GDP 年均增长 13.2%,初步实现了总体小康,并进入了工业化初期和城镇化加速期。近几年,余庆县围绕加快转变经济发展方式主线,突出提速赶超、转型跨越主基调,落实"三个三",即:深入实施工业强县、城镇化带动、农业产业化"三大战略",突出文化旅游活县、城乡统筹发展、社会管理创新"三大重点",实现余庆在遵义东部开发战略中率先崛起、争创省列经济强县、打造中国西部最靓丽的新农村"三大目标"。2012 年全年实现生产总值 365 797 万元,比上年增长 16.2%,人均生产总值为 15636 元,增长 16.3%,"三产"比例为 26.75:27.34:45.91。

余庆县及周边地区经济持续增长,为旅游发展提供了良好的经济基础,居民的出游能力、旅游开发的投资能力和市场开拓的力度进一步提高,将促进旅游业快速发展。

(2)历史文化。

余庆历史悠久,文化底蕴较为深厚,始建于明万历二十九年(1602 年),已拥有 400 余年的建县史,其前身为建于西晋初的万寿县。

余庆是土司文化聚集地之一,余庆范围内的土司,不是从元代起,土司官也不是当地少数民族的头人,而是朝廷从中原地区(今河南、山西、江苏、山东等地)派来到余庆的。余庆境内的"余庆司"、"白泥司"是唐朝僖宗皇帝乾符三年(876 年)设置的。明万历二十九年(1601 年)拆"余庆"、"白泥"土司合建余庆县治。至此,"余庆司"历时 725 年,至今 1135 年。

余庆拥有光荣而灿烂的红色文化。第二次国内革命战争时期,中国工农红军曾先后三次经过余庆。解放战争时期及建国初剿匪时期,解放军与盘踞余庆之敌展开了浴血奋战,"四进三出"余庆县城,最终夺取了革命胜利。红军、解放军在余庆进行艰苦卓绝斗争,创建光辉业绩,留下了大量的革命文物、遗址、遗迹,它教育、鼓舞和激励人们在新的革命道路上奋勇前进。

余庆悠久的历史还孕育了独具特色的他山文化,他山摩崖石刻,省级文物保护单位,位于松烟镇松烟村蒲村村民组,距松烟集镇约 2 公里,已发现的共有十八处,分别是:"翠屏"、"他山"、"石帆峰"、"云房"、"九面峰"、"梅仓"、"梅囤"、"梅舟"、"洞天"、"霹雳崖"、"藏书峡"、"回岚穴"、"米丈"、"断烟"、"石浪"、"钱开少放歌处 永历丁酉春题"、"云归处"、"应接不暇"。这些石刻,是明崇祯时大学士、南明永历朝左都御史掌院事(正二品)钱邦芑所刻。

文化是旅游的灵魂,是旅游产品永葆活力的源泉。余庆特有的多元文化形成了独特的人文魅力和地域色彩,是增强旅游产品吸引力和竞争力的重要因素,也是旅游持久的生命力动力引擎。

(二)旅游资源统计

通过实地勘查,根据中华人民共和国国家标准《旅游资源分类、调查与评价》

(GB/T18972—2003),对余庆县旅游资源进行分类统计。经实地勘察、研究、论证,共普查出可开发利用旅游资源单体170个,其中地文景观类单体13个,水域风光类单体21个,生物景观类单体4个,天象与气候景观类单体3个,遗址遗迹类单体4个,建筑与设施类单体39个,旅游商品类单体33个,人文活动类单体53个。(见表6-1)

表6-1 余庆县旅游资源分类统计

主类	亚类	代码	基本类型	资源单体
A 地文景观	AA 综合自然旅游地	AAA	山丘型旅游地	神仙岭、八龙山、横担山、狮子山、中华山、大冲山
		AAB	谷地型旅游地	大鹏河、竹瓦寨、浪水湾
	AC 地质地貌过程形迹	ACG	峡谷段落	构皮滩峡谷
		ACL	岩石洞与洞穴	朝阳洞、白泥镇乾隆洞
	AE 岛礁	AEA	岛区	孤岛(34个孤岛,其中大乌江镇2个、敖溪镇8个、花山苗族乡9个、龙家镇7个,构皮滩镇8个)
B 水域风光	BA 河段	BAA	观光游憩河段	乌江、赵溪河、仙锋河、绿塘河、敖溪河、老林河
	BB 天然湖泊与池沼	BBA	观光游憩湖区	飞龙湖、团结湖、方竹湖、芝州水库、高寨水库、桥边水库、卫星水库、跃进水库、群益水库、八大水库、九大水库、李家寨水库、晏家坝水库
		BBB	沼泽与湿地	飞龙湖湿地
	BD 泉	BDB	地热与温泉	芝州温泉
C 生物景观	CA 树木	CAA	林地	乌江沿岸原始森林生态群落、平挑原始森林
	CD 野生动物栖息地	CDA	水生动物栖息地	乌江水域
		CDB	陆地动物栖息地	平挑原始森林

续表

主类	亚类	代码	基本类型	资源单体
D 天象与气候景观	DB 天气与气候现象	DBB	避暑气候地	白羊佬、浪水湾、木屋寨
E 遗址遗迹	EB 社会经济文化活动遗址遗迹	EBB	军事遗址与古战场	石家洞、迥龙场强渡乌江遗址、龙家万丈坑
		EBC	废弃寺庙	元天寺
F 建筑与设施	FA 综合人文旅游地	FAB	康体游乐休闲度假地	木屋寨、仙峰河度假基地
		FAC	宗教与祭祀活动场所	小腮玉笋寺、朝阳洞
		FAE	文化活动场所	水口民族风情园
		FAF	建设工程与生产地	红渡梯田
		FAH	动植物展示地	花山苗族乡小叶苦丁茶、绿茶种植基地、白茶种植地、龙溪苹果桃基地、观音岩茶场、狮子山茶场、葛藤坳千亩桃园
	FC 景观建筑与附属型建筑	FCA	佛塔	文峰塔
		FCB	塔形建筑物	字库塔
		FCG	摩崖字画	他山石刻、星宿岩石刻
		FCH	碑碣(林)	星宿岩碑林
	FD 居住地与社区	FDA	传统与乡土建筑	敖溪土司建筑遗存、三合苗家寨
		FDB	特色街巷	敖溪土司风情街
		FDC	特色社区	白沙水乡(烤烟特色社区)
		FDH	特色市场	黔中果蔬检测批发交易中心
	FE 归葬地	FEB	墓(群)	诰命夫人墓、镇北将军墓
	FF 交通建筑	FFA	桥	万善桥、功果桥、翠仙桥
		FFC	港口渡口与码头	马落渡渡口、平江渡口、绿塘河渡口、大棚河渡口、毛家寨渡口、滑石滩渡口、官坟渡口、沙湾渡口
	FG 水工建筑	FGA	水库观光游憩区段	构皮滩水库
		FGD	堤坝段落	构皮滩大坝
		FGF	提水设施	构皮滩船闸

续表

主类	亚类	代码	基本类型	资源单体
G 旅游商品	GA 地方旅游商品	GAA	菜品饮食	乌江鱼、麻糖、麻饼、花山黑面条、花山蜂蜜、坛子菜、血豆腐、"虫"菜、腊肉、香肠、血灌粑、蛋制品
		GAB	农林畜产品及制品	狮山绿茶、"狮达牌"、"雨贞牌"小叶苦丁茶、"河江"牌绿茶、"康富乐"鲜刺梨汁、"大凉山"牌珍米、官仓贡米
		GAC	水产品及制品	乌江鱼
		GAD	中草药材及制品	金银花、五倍子、白芍、天麻、太子参、杜仲、吴茱萸
		GAE	传统手工产品与工艺品	鞋垫、线耳鞋、麻耳鞋、泥人、根雕、竹工艺品
H 人文活动	HA 人事记录	HAB	事件	1934年8月红六军团冲出包围圈、1934年12月红军强渡乌江、1935年1月突破敌人的封锁线进入其他革命区域
	HB 艺术	HBB	文学艺术作品	《转经轮》
	HC 民间习俗	HCA	地方风俗与民间礼仪	苗族风俗
		HCB	民间节庆	除夕、春节、元宵节、清明节、端阳节、中元节、中秋节、重阳节、苗族芦笙节、苗族姊妹节、苗族四月八、曲族年节
		HCC	民间演艺	高矮人舞、传统花灯、新花灯、川剧、快板、狮子灯、龙灯、傩戏、阳戏、川戏、灯戏、踩高跷、扎故事、滑旱船、扭秧歌、打腰鼓、打陀螺、苗族民歌、苗家儿女情歌、待客敬酒歌、苗族芦笙舞、苗族竹竿舞、钱杆舞
		HCD	民间健身活动与赛事	农民体育、职工体育、学校体育等，棋牌类竞赛、田径类、球类、休闲类比赛
		HCF	庙会与民间集会	农历六月十九观音庙会，农历五月二十"龙杆会"
		HCG	特色饮食风俗	打糍粑
		HCH	特色服饰	苗族服饰

续表

主类	亚类	代码	基本类型	资源单体
H 人文活动	HD 现代节庆	HDA	旅游节	中国西部茶海（遵义）茶文化节暨余庆首届旅游节
		HDB	文化节	余庆"舞动金秋"乡村文化节
		HDC	商贸农事节	绿丹杯"三八"采茶节
		HDD	体育节	余庆县松烟镇山地自行车邀请赛、中国第一骑游小镇自行车邀请赛

在全国8个主类、31个亚类、155个基本类型旅游资源中，余庆县的旅游资源占8大主类，21个亚类，有52个基本类型，所占百分比分别为100%、67.74%、33.55%。余庆自然旅游资源有4个主类、9个亚类、13个基本类型，在国标4个主类、17个亚类、71个基本类型中类型覆盖率分别为100%、52.94%、18.31%。人文旅游资源有4个主类、12个亚类、63个基本类型，在国标4个主类、14个亚类、64个基本类型中，类型覆盖率分别为100%、85.71%、46.43%。自然资源丰富，人文景观众多，自然与人文相互交融，独特性强。总体而论，主类资源齐全，亚类资源较多，基类资源比重未过半，旅游资源属亚丰沛区。（见表6-2）

表6-2 余庆县分类型旅游资源结构与数量及其比例

系列	资源总量			自然资源总量			人文资源总量		
	国标数量	余庆数目	占全国比例(%)	国标数量	余庆数目	占全国比例(%)	国标数量	余庆数目	占全国比例(%)
主　类	8	8	100	4	4	100	4	4	100
亚　类	31	21	67.74	17	9	52.94	14	12	85.71
基本类型	155	52	33.55	71	13	18.31	84	39	46.43

1. 地文景观类旅游资源丰富

地处云贵高原，乌江流域的地缘优势使得余庆山川秀美、河流纵横，地文景观类旅游资源有5个基本类型，13个资源单体，资源单体虽然较少，但都具有较大的开发利用价值。

2. 水域风光类旅游资源丰富,开发利用价值大

因拥有长江左岸最大支流——乌江的天然优势,乌江两岸多为陡峻峭壁,为深切河谷地带使得余庆水域风光独特,资源单体丰富。经普查,余庆拥有水域风光类4大基本类型,21个资源单体,占国标总量的12.35%,因云贵高原独特的自然地理特点,水域风光与喀斯特地貌交相呼应,成就了全县开发潜力最大的资源类型。

3. 生物景观类资源类型一般,数量相对较少

生物景观资源共3种基本类型,约占全国基本类型的27.27%,资源单体数量为4个,占资源单体总量的2.35%。其独特的自然地理特征,使得水生、陆生生物栖息地具有了显著特点和开发价值,将是避暑休闲、养生度假等旅游产品开发优良基础。

4. 天象与气候景观旅游资源较少

余庆县天象与气候资源较少,拥有1个基本类型,3个资源单体,但余庆舒适的气候条件,将是新时期"旅居"生活的必备条件,开发潜力较大。

5. 遗址遗迹类旅游资源数量多,品位高

余庆虽然历史悠久、底蕴深厚,但由于历史原因,遗址遗迹类资源单体较少,为2个基本类型,4个资源单体。但由于旅游开发起步较晚,目前该类资源保存良好,具有很高的历史文化价值和考古研究价值,属于特有的稀缺资源。

6. 建筑与设施类旅游资源类型丰富

建筑与设施类资源单体较为丰富,拥有19个基本类型,39个资源单体,分别占国标的38.78%,占全县所有资源单体22.94%。由资源普查结果可知,该类资源不仅丰富,还具有较大的开发价值,其中土司建筑遗存、苗家风情、"四在农家"乡村风情等具有规模开发潜力;小叶苦丁茶、绿茶种植基地、白茶种植地、苹果桃基地、狮子山茶场等资源具备开发为休闲、度假等产品的潜力;他山石刻、星宿岩石刻等景观建筑类资源内涵丰富,具备打造文化旅游产品的潜力;构皮滩水库、构皮滩大坝等水工建筑具有垄断性,极具观光游憩价值。

7. 旅游商品类旅游资源数量众多,类型丰富

余庆人杰地灵、物产丰富,造就了丰富的旅游商品类资源,有5个基本类型,33个资源单体,分别占国标的71.43%,占全县所有资源单体19.41%。但目前开发力度不够,创意力度不够。未来随着"旅居农家"方案的实施,余庆旅游商品必定成为增加旅游综合收入,展示余庆独特地方文化的重要资源。

8. 人文活动类旅游资源类型较多

余庆人文底蕴深厚,氛围浓郁,人物、事件、风俗、艺术类资源非常丰富,人文活动类资源单体数量占据了所有资源类型中的最大的部分,拥有13个基本类型,占国标的81.25%;53个资源单体,占全县所有资源单体31.18%。该类资源类型是增强旅游产品核心竞争力,增加余庆旅游目的地核心吸引力的重要资源,具有较高的开发价值。

表6-3 余庆县旅游资源基本类型及其比例构成

亚类	基本类型			资源普查单体	
	全国标准数量	余庆县	占全国%	单体数	占单体总数%
A 地文景观	37	5	13.51	13	7.65
B 水域风光	16	4	25.00	21	12.35
C 生物景观	11	3	27.27	4	2.35
D 天象与气候景观	8	1	12.50	3	1.76
E 遗址遗迹	12	2	16.67	4	2.35
F 建筑与设施	49	19	38.78	39	22.94
G 旅游商品	7	5	71.43	33	19.41
H 人文活动	16	13	81.25	53	31.18
合计	155	52	—	170	100.00

(三)旅游资源特点

1. 空间分布呈现"一带两翼"、"大聚集、小分散"的特点

余庆乌江横贯而过的独特地理特点,使得余庆旅游资源分布呈现出"一带两翼"的特点,以乌江为脉络形成资源地带性的集聚效应,以乌江为纽带将余庆资源分为江北、江南两翼的空间布局特征,加上各乡镇各具特色,经济发展较为均衡,旅游资源发育和分布上呈现"大集聚、小分散"的地域分布特征。从整体上看,除乌江流域资源较为丰富之外,各乡镇资源单体分布相对均衡,旅游产品开发条件差异较小,具备打造"一镇一品"的资源基础。

2. 人文资源呈现多元化、叠加性、独特性、丰富度高的特点

余庆县人文资源数量众多、类型丰富、品质较高、独具特色,资源丰度和类型在贵州"文化千岛省"中占据重要的地位。总体上人文资源主要以贵州省与余庆县的母亲河——乌江为依托,相对集中地分布在沿江一带。从古至今,形成了余庆独具地域特色的多元文化以及同域土地上不同历史时期的文化叠加和文物遗存,土司文化、红色文化、他山文化、宗教文化、水利文化、"四在农家"文化都在这片土地上璀璨绽放,这类文化资源品质较高,内涵丰富,吸引力强,极具开发潜力。

3. 自然资源呈现集中度高、类型多样、开发潜力巨大的特点

泱泱乌江、巍巍高原,造就了余庆独特而类型丰富的自然资源基础,山岳、峡谷、喀斯特地貌、原始森林等资源沿江分布,集中度较高,在旅居时代,这类资源成为休闲度假、夏季避暑、自驾露营、主题度假、养生养老等旅游产品开发的优势基础。

4.资源整体组合度高、复合性强

余庆旅游资源整体上呈现出：自然资源之间组合、人文资源之间组合、自然与人文组合、物质与非物质组合度较高的特点，各种资源交相呼应，成就了复合性较强的资源库。

（1）自然资源组合：自然旅游资源涵盖了4大主类，9个亚类及13个基本类型，拥有山岳、河流、水库、动植物展示地等一批独具自然风光特色的资源类型，集山水精华于一身，汇聚了高原、河谷、低山缓坡、喀斯特地貌、湖泊、林木等主要成景要素，其呈现出沿江分布的特点，组合性极为明显。

（2）人文资源组合：人文旅游资源单体涵盖了4大主类、12个亚类及39个基本类型。就资源类型而言，既有遗址遗迹类和建筑设施类，又有旅游商品和人文活动类；就历史延续而言，具有涵盖了建县以来直至近代新中国建设形成历史脉络内的历史文化遗迹，又有现代社会主义新农村建设成就的资源；就文化内涵而言，既有丰富多彩的多民族文化、风俗，又有数代相传的民间故事，还有大量名人骚客的诗词散文、书法碑刻。人文旅游资源组合不论从资源类型，还是从历史延续，或是从文化内涵而言，都表现出良好的组合优势。

（3）自然与人文资源组合：乌江作为余庆的母亲河，既孕育了独特壮观的自然资源，又孕育了底蕴深厚的人文资源，以乌江为纽带，人文和自然从古至今水乳相融，其资源呈现出很好的组合特点。

（4）物质性与非物质性资源组合：自然旅游资源、建筑、遗址和文物等有形客观实体形成的物质性旅游资源，和人物、事件、艺术和民间习俗等构成的非物质性旅游资源，在余庆呈现出相互依存、相互融合的特点。土司建筑文化与土司文化时期形成的非物质文化融为一体；红色文化遗存与红色精神一脉相承；苗族物质文化与苗乡风情习俗难以分离；加上其他各类文化之间相互辉映，它们共同构成了余庆组合度极高的资源特点。

二、旅游资源评价

（一）旅游资源分级评价

根据《旅游资源分类、调查与评价》（GB/T18972—2003）国家标准对余庆的旅游资源进行评价，此种评价仅限于旅游资源自身的价值，不含开发条件评价。综合评价系统包含资源要素价值、资源影响力和附加值三大评价体系，其中资源要素价值包括观赏游憩使用价值、历史文化科学艺术价值、珍稀奇特程度、规模丰度和几率、完整性五个评价因子，资源影响力包括知名度和影响力、适游期或使用范围两个评价因子，附加值包括环境保护与环境安全评价因子，每个评价因子包含五级赋分等级。具体的旅

游资源综合评价系统如下图所示。

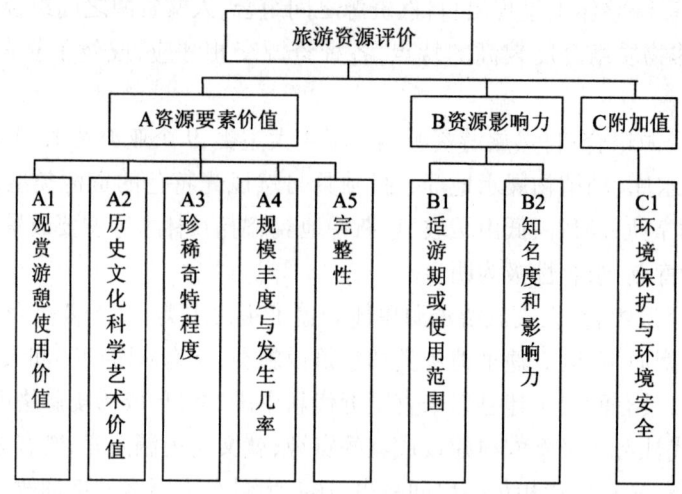

图6-1 旅游资源共有因子综合评价系统

依据国标评价系统,通过多方专家、学者对余庆县具有代表性的旅游景点及资源进行分项打分,可以初步得出余庆县主要旅游资源开发条件及潜力的排序,得出所评价资源的最终分数值,得分多少基本能够反映该项资源的开发潜力大小。

表6-4 旅游资源等级表

等级	评价总分值	形象概述
五级	≥90	特品级旅游资源,在国内占有很高地位,国外占有优先位置。
四级	75~89	优良级旅游资源,在国内占有重要地位,国外占有一定位置。
三级	60~74	优良级旅游资源,在国内占有重要地位。
二级	45~59	普通级旅游资源,在省区内占有重要地位。
一级	30~44	普通级旅游资源,在地区内占有一定地位,有一定开发利用前景。
未获等级	≤29	目前条件下,不适合开发利用

其中,五级旅游资源称为"特品级旅游资源",是余庆近期应该优先开发与发展的旅游资源;四级、三级旅游资源统称为"优良级旅游资源",是区域旅游发展的优势资源;二级、一级旅游资源统称为"普通级旅游资源",其中也不乏可中远期开发的潜力资源。评价结果如下表(表6-5)所示。

表6-5 余庆县旅游资源等级表

资源品级	等级	旅游资源单体名称	数量
特品级	五级	乌江	1
优良级	四级	构皮滩峡谷、飞龙湖	2
	三级	神仙岭、白泥镇乾隆洞、飞龙湖湿地、老林河、迥龙场强渡乌江遗址、红渡梯田、构皮滩大坝、中国第一骑游小镇自行车邀请赛、浪水湾	9
普通级	二级	平桃原始森林、敖溪河、仙锋河、龙溪苹果桃基地、中国西部茶海（遵义）茶文化节暨余庆首届旅游节、敖溪土司建筑遗存、木屋寨	8
	一级	星宿岩碑林、白沙水乡、小腮玉笏寺、朝阳洞、诰命夫人墓、镇北将军墓、龙家万丈坑、敖溪河	8

注：其他资源单体为未获等级资源单体

经过评价，余庆县近期可开发资源单体28个，占资源单体总量的16.47%，其中五级旅游资源单体1个，四级2个，三级9个，二级8个，一级8个。优良级及以上资源共3个，占资源单体总量的1.76%，普通级共25个，占到14.71%。

（二）旅游资源分类适应性评价

余庆县旅游资源丰富、类型齐全、层次多样、总体旅游功能完备。而由于余庆特殊的地理环境，针对不同的旅游资源类型，对其利用取向进行分析，以综合评价其适宜开发的旅游功能。

1. 地文景观类旅游资源开发适宜性评价

余庆县地文景观以特色鲜明的山水风光为主，具有原始性、朴素性和原真性的审美特质，迎合了人们追求返璞归真、回归自然、寻找自我、释放自我的心态和情怀，具有良好的自然观光功能；原始的自然地貌特征、原始森林等保存良好，又激发了旅游者探求神秘、追求刺激、战胜自我的心理，具有探险猎奇功能、极限拓展训练功能，宜人的气候、绿色植被、洁净的空气，具有康体健身功能、休闲娱乐、避暑度假等功能。

2. 水域风光类旅游资源开发适宜性评价

水域是余庆文化之源，乌江孕育了余庆，水域具有了文化溯源、科学考察等功能；水具有调节自然气候的重要功能，使得其具有了休闲度假、康体养生的重要功能；人类具有亲水、近水的天性，使得水域具备开发亲水休闲、水上娱乐等产品功能；水利建设在此造就了海拔最高的亚洲第一大坝，形成观光游憩、科普教育等功能。同时，以滨水环境为依托，可适当开展野营、摄影采风等灵动型休闲旅游，具有特殊休闲度假功能。

3. 生物景观旅游资源开发适宜性评价

余庆的生物景观中，以原始森林加上特种经济植物为代表的林木资源具有较高的景观美学价值和观光游览功能;在诸多特种经济植物中,苹果桃、茶园、烟草种植等不仅具有较高的观赏价值,还可以为游客提供采摘体验价值,具有休闲体验等功能。从野生动植物保护、生态环保的角度,原始森林及其孕育出的动植物资源,也具有良好的生态环保科普教育功能。但生物景观资源的开发中应适度开发,尤其是原始森林的开发,应避免过度开发带来的负面效应。

4. 天象与气候景观旅游资源开发适宜性评价

余庆天象与气候景观资源较少,主要为避暑气候地,这类资源除了具有为游客提供避暑休闲的功能外,还可以结合舒适宜人的气候、淳朴热情的人文环境和物产丰饶的地域环境,开发养生养老、休闲度假、商务会议等旅游产品。

5. 遗址遗迹类旅游资源开发适宜性评价

余庆的遗址遗迹类赋存较少,但特色鲜明,以土司文化为内涵的遗址资源承载了浓郁的地方文化色彩与精神文化内涵,具有观光游览功能、文化体验功能;从文化遗产角度具有极高的科考价值,具有科考研究、科普教育功能;已经恢复的土司文化街区,具有购物休闲、特色餐饮等旅游功能;而红色革命依存具有爱国主义教育、缅怀先烈等旅游功能。

6. 建筑与设施类旅游资源开发适宜性评价

余庆的建筑与设施类资源类型多样,单体数量相对较多。以县城及个乡镇镇区为核心载体的现代城镇风貌,形成城市游憩空间,集观光游览功能、娱乐购物功能、休闲度假功能、文化体验功能、商务会议功能、科普教育功能于一身;以构皮滩水库为载体的大坝、闸口等资源具备水利观光、科普教育的功能;以土司文化、苗族文化为内涵的特色街区具有观光游憩、休闲购物、餐饮住宿等功能;零星分布的数个庙宇等具有宗教朝拜等功能。

7. 旅游商品类旅游资源开发适宜性评价

余庆县旅游商品类旅游资源种类丰富又具有特色,具有非常好的商贸购物功能,以金银花、五倍子等为代表的中草药资源则具有旅游购物、康体健身功能,以小叶苦丁、绿茶、白茶等为代表的特色农产品具有观赏游憩、采摘体验、品茗消费等旅游功能;富有地域特色的菜品饮食等具有文化体验、休闲餐饮等功能;传统的手工艺品,不仅具有观赏、购物功能,且其加工过程也具有趣味十足的参与体验功能。

8. 人文活动类旅游资源开发适宜性评价

人文活动类旅游资源在余庆禀赋较多,丰富多彩,独具特色,开发潜力巨大。极具特色地方风俗与民间礼仪,具有文化体验功能、娱乐消遣功能、康体健身功能及休闲度假功能;其高矮人舞、传统花灯、川戏、灯戏、踩高跷等特色民间演艺具有观赏游憩、休闲体验等功能;其特色的庙会节庆等节事活动如农历六月十九观音庙会、农历五月二十"龙杆会"、余庆"舞动金秋"乡村文化节等极具参与体验、文化观光等功能。特别是

"中国第一骑游小镇自行车邀请赛"具有文化体验、娱乐消遣及康体健身等功能。

(三)旅游资源开发适应性评价

旅游资源开发适宜性评价主要是从旅游资源开发角度,对旅游资源转化为旅游产品的适宜性所作的综合评价,以确定旅游开发的主体方向、开发强度及开发时序,并为旅游空间布局、旅游产品设计等形成理论指导。

1. 旅游资源综合竞争力评价

余庆的旅游资源种类丰富、品质极高、资源组合度强、复合性高,特色和个性鲜明,景观具有奇特性、多样性及较高的美学观赏价值,内在属性形成极高的历史文化价值、科学考察价值,良好的资源组合形成了极大的开发潜力。特别是在休闲度假时代,其独特的自然山水、人文风情、田园牧歌的资源组合使得旅游资源竞争力强,可使游客从融入自然、多元文化深度体验得到感知自我和精神层面的升华,对游客有高度的吸引力,能够吸引远程、高消费游客,适宜从全国性、国际性角度进行开发。

2. 旅游资源开发可达性及外部关联性评价

旅游资源可达性的强弱,取决于旅游资源赋存区到达旅游客源市场的距离、交通的便捷程度和通道的通畅程度。余庆地处贵州省东北部,长期以来,交通条件不便捷,旅游可进入性较差,是制约其旅游资源开发的瓶颈之一。近几年,随着社会经济条件的不断发展优化,交通条件逐渐改善,省道湄黄线(S204)和久铜线(S305)在县内呈十字交汇,对外可连接湄潭县、遵义县及黄平县;随着余庆至凯里高速及道翁高速的通车,将为余庆连接重庆、四川、黔南、黔东南等区域提供便捷;伴随着乌江的通航及通航能力的不断加强,余庆旅游资源的可达性将进一步加强。

随着贵州全面建设"国家公园省",余庆作为贵州东线绿色旅游经济圈和贵州西线红色旅游经济圈的中心地带的战略意义日益凸显,这些重要的地缘关系为余庆的区域旅游带来了丰富的区域主题游客和专题、分流客源。

3. 旅游资源开发季节性与适游期评价

余庆地处亚热带,属于亚热带季风气候,四季较分明,冬无严寒,夏无酷暑,雨热同季,气候舒适期较长。余庆县境内年均温15~16℃,最冷是一月,大部分地区气温在3~5℃之间,各地间温差不大;最热月是七月,普遍高温,大部分地区平均气温在24~26℃之间。可以看出,余庆属于全年适游区,特别是夏季为周边地区避暑客群的天然场所。

4. 旅游资源开发建设条件评价

旅游资源开发建设条件取决于旅游资源禀赋区国民经济发展基础、政府对旅游产业的支持和重视程度、区域旅游开发投资环境、旅游资源可开发利用程度等因素。随着余庆国民经济的快速跨越式发展,周边地区经济持续增长,为旅游发展提供了良好的经济基础,居民的出游能力、旅游开发的投资能力和市场开拓的力度进一步提高,将促进旅游业快速发展;历届余庆县委县政府重视旅游产业发展,实施了"旅游活县"、"建设大交通,构建大旅游,促进大发展"等一系列促进旅游产业发展的战略,不断优化旅游开发投资环境,将大力促进旅游资源开发;余庆县旅游资源兼得山水与人文之利,开发潜力较大,开发难度较小,易于形成产品。总之,余庆县旅游资源开发建设条件较为成熟。

三、旅游产品开发现状

余庆县旅游起步较晚,旅游产品开发较为滞后,目前建设成型的景区主要有飞龙寨景区、樱桃井水上码头,加之夏季避暑村寨等,从产品类型上主要是水域观光和度假产品,目前山岳观光、节事旅游、文化旅游等产品尚处于探索阶段。

第二节 产品市场分析

一、产品市场概况

(一)国内外旅游市场发展态势

随着社会的发展进步,人们生活条件的改善,以及闲暇时间的不断增加,人们对生活方式内在价值越来越重视。市场化、消费化、技术化、生态化、个性化时代的到来,使旅游已经成为人们生活的基本需求之一。根据旅游消费自身发展的规律,旅游消费将经历一个逐步升级的过程,先后经历观光游(人均收入1000美元起步)、休闲游(人均收入2000~3000美元起步)、度假游(人均收入3000~5000美元起步)三个阶段,而随着旅游消费的不断变革和深入,由此出现了以"旅居"为重要特征的新阶段。

目前,国内外旅游需求趋势均朝着多样化、高质化和个性化方向发展。旅游需求向更为多样化的旅游方式、旅游活动的高质量服务需求发展,对旅游产品的精品、高端需求更加强烈,个性化需求趋势不断增强,追求新奇刺激,热衷探险猎奇,愿意从事参与性较强的旅游活动。此外,文化差异性构成入境游客持久吸引力的重要因素,入境游客多喜好西部地区原生态和纯自然的环境,以及具有独特异地文化色彩、带有地方神秘性的旅游地。

随着我国居民消费由实物消费为主逐渐转向实物消费与服务消费并重的轨道,旅游已成为消费升级的最主要受益行业之一。《十二五规划纲要》中指出旅游业将是产业结构优化升级的战略重点,而正在编制过程中的"国民休闲计划"也将进一步贯彻和落实。目前我国居民的旅游正从观光旅游升级至"休闲体验式"旅游,旅游消费呈现个性化、时尚化趋势,随着旅游的文化内涵愈益丰富,旅游消费水平将不断提高,休闲度假、车族出游和个性化、主题式的专项旅游将日益成为主流。

根据近些年国内外学者有关旅游需求的实践研究表明:国内旅游需求呈现出地点求新(旅游者对新鲜目的地的向往)、旅游求深(旅游倾向主题和深度)、自驾兴盛(中国城镇居民偏好)、行程自主(DIY式的旅游消费)、偏爱刺激(受现代思潮影响的青年旅游者)、休闲求轻(休闲度假健康旅游)、追求高档(舒适型、享受型旅游需求倾向)等新的趋向特点。

(二)余庆县旅游市场现状

余庆地处云贵高原,历来受交通条件等因素制约,旅游业起步较晚。随着县委县政府先后实施"工业强县、农业稳县、旅游活县和城镇带动"战略以及"建设大交通,构建大旅游,促进大发展"战略,旅游业开始逐步发展,旅游市场逐步升温,周边市场通道陆续被打开。2008年以来,旅游接待人数和综合收入均保持着较高的增长速度,年均增长37.31%,旅游综合收入年均增长36.20%,2012年全年接待游客总量达99.66万人次,实现旅游综合收入6.85亿元。

从统计数据来看,大部分游客从遵义方向进入余庆,旅游目的地以"四在农家"和乌江红色旅游为主。余庆县近5年来旅游接待及综合收入情况见表6-6。

表6-6 余庆县2008—2012年旅游接待统计表

年份	年旅游接待总人数（万人次）	接待人数增长率（%）	年旅游收入（万元）	旅游收入增长率（%）
2008	31.9	26.94	21075.00	34.88
2009	39.2	45.50	27200.00	29.50
2010	61.8	57.60	35000.00	28.70
2011	68.17	10.30	38500.00	10.00
2012	99.66	46.20	68500.00	77.90
累计	300.73	—	190275.00	—

资料来源:余庆县旅游产业办公室

因余庆旅游业起步较晚,客源市场规模小而零散分布,加之旅游产业相关部门设置较晚,目前对于现有市场的统计仅限于对总体接待量及旅游综合收入的统计,尚没有针对客源市场空间构成特征,客源市场季节分布特征以及游客行为特征分析(包括停留时间、旅游方式、出游目的、景点偏好、旅游消费)等方面的数据统计和分析。

二、潜在客源市场分析

(一)国内近程潜力旅游市场特征分析

距离和交通条件是影响旅游者出行的最主要因素之一,根据近年来国内学者对中国国内旅游市场的分布和出游规律的研究,中国国内客源市场与距离有很大的关系,通常来说中国城市居民旅游和休憩出游市场随距离增加而逐渐衰减,并呈现出衰减曲线①(吴必虎、唐俊雅等,1997)。由该曲线我们可以得知:80%的出游市场集中在距离城市500公里以内的范围内,而500~1500公里之间的到访率分别降至20%~40%,随着距离的增加,衰减趋势更加明显,1500公里以外的目的地到访率降低至5%~30%。但由于该研究结论得出的时间较早(1997年),随着社会经济发展、交通便捷程度提高及旅游方式的转变,出游市场集中度正逐渐向更为广阔的空间范围扩展。因此,分析国内近程市场,对于余庆县近期旅游市场开发、开拓和巩固具有重要的意义。余庆的国内近距离市场主要集中在:成渝城市群、黔中城市群。

1. 成渝城市群

成渝城市群位于成渝地区,以成渝经济区为依托,以成都和重庆主城为双核,以安岳为成渝之心,以遂宁为成渝北弧中心城市,以内江为成渝南弧中心城市,以成遂渝、成安渝等交通线为纽带,包括四川的成都、德阳、眉山、遂宁、内江、南充、资阳、自贡、广安和重庆主城、涪陵、合川、永川、江津、大足等不同规模等级的城市集合体。

成都是四川省首府,也是成都城市群与成都经济区的核心城市,自古被誉为"天府之国",是中西部地区重要的中心城市之一,是经国务院批准的内陆开放城市。中国西南地区科技中心、商贸中心、金融中心和交通通信枢纽,全国率先建立社会主义市场经济体制试点城市、金融对外开放城市、行政副省级城市。成都距离余庆约600多公里,5~6个小时车程,2012年年底总人口1 404.7万,居民有很强的旅游意识、出游能力和闲暇时间,是重要的客源市场。

重庆,是中央直辖市,典型组团式城市,下辖19区15县4自治县,是五大国家中心城市(北京、重庆、天津、上海、广州)之一,全国综合交通枢纽,长江上游地区经济中心、金融中心和创新中心,及航运、政治、文化、科技、教育、通信中心,是国家重要的现代装备制造业基地,也是国家历史文化名城。2011年国务院批复的《成渝经济区区域规划》把重庆定位为国际大都市(另三个为北京、上海、广州)。位于重庆主城区北部的两江新区中国内陆两个国家级新区之一(另一个为甘肃兰州新区),亦是国家统筹

---

① 吴必虎,唐俊雅,黄安民,赵荣等. 中国城市居民旅游目的地选择行为研究[J]. 地理学报,1997,52(2):97-103.

城乡综合配套改革试验区的先行区、内陆重要的先进制造业和现代服务业基地和内陆地区对外开放的重要门户、科学发展的示范窗口。

重庆市场潜力巨大,是余庆县最重要的客源市场。重庆市人口众多,2012年常住人口达2945万人,人民生活已进入全面小康阶段,中产阶级比例较高,人民休闲意识较强;重庆距离余庆约400余公里,目前交通条件正日益优化。其作为典型的"火炉城市",夏季炎热而漫长,余庆舒适凉爽的气候将吸引大量游客前来休闲度假。

2. 黔中城市群

黔中城市群以贵阳为中心,遵义、安顺、都匀、凯里等为支撑。这一区域是贵阳"外溢"的主要承接地,是通过贵阳增长极带动应当优先发展的区域,是贵州省对外参与国内外经济竞争与合作、对内带动全省区域经济社会加速发展的核心区域。

黔中城市群与余庆地缘相近,文化差异较小,交通较为便捷,将是余庆旅游重要的客源市场。

(二)国内中远程潜力旅游市场特征分析

基于目前余庆旅游资源与国内中东部的差异较大、交通区位的不便性,国内中远程旅游市场对余庆旅游呈现明显的特殊兴趣指向性,同时其出游成本相对较高,国内中远程客源市场以高出游能力、特殊兴趣为主要特征。

因此,国内中远程潜力客源市场具有高收入、高消费、中高等受教育程度、社会地位较高的职业或特殊职业、拥有一定的闲暇时间等特征,具有高端旅游市场特点。休闲度假旅游市场、商务考察旅游市场、主题活动旅游市场以及偏好历史文化、高质旅游的银发市场,都是余庆旅游拥有较大潜力、需要大力开拓的国内中远程潜力旅游市场。

(三)入境潜力旅游市场特征分析

文化差异性对入境旅游者构成极大的吸引力,自然风光、文物古迹、民俗风情及饮食烹饪等旅游资源是入境旅游者的主要兴趣指向。且入境旅游者多喜好新奇事物、追求探险刺激,向往荒凉原始的西部地区和纯自然的环境,对参与性、体验性较强的旅游活动也具有浓厚兴趣。

港澳台地区是我国入境旅游中占有特别重要地位的输出地,余庆呈现巨大差异的旅游资源对其也具有很强的吸引力,日韩作为亚洲重要的客源地,对生态性、文化性等个性化、时尚化旅游呈现出较大的偏好,余庆也具有很大的吸引力。欧美市场作为我国重要的入境客源市场,钟爱乡村、运动、生态旅游以及与文化和历史有关的特殊兴趣旅游,可以通过西部旅游区域联动拓展客源市场面,深度挖掘这部分潜力入境旅游市场。

三、目标市场定位

总体客源市场定位以地理空间为单元,分别将其国内客源市场和入境客源市场划分为三个层次。

(一)总体客源市场定位

1. 国内客源市场定位

(1)核心市场:成渝城市群、长三角城市群、环渤海城市群、珠三角城市群。

核心市场为余庆主要开拓的核心目标市场,其定位为高消费水平、高文化素质的国内中远程高端旅游客源地,主要指国内的经济发达区和文化核心地区。主要包括以京津唐为核心的环渤海地区、以沪宁杭为核心的长江三角洲地区、以穗珠深为核心的珠江三角洲区等东部沿海经济发达地区。

(2)基础市场:黔中城市群及周边城市客源市场。

基础市场主要是以与余庆地缘关系较近的本地和周边为基底,对近程周边客源市场进行辐射,同时也包括这些地区的分流客源市场。主要包括以贵阳为核心黔中经济圈、以西安、天水为核心的关天经济圈,以及到以上城市地区旅游的分流客源,加上余庆本地及周边的城市居民。

(3)机会市场:中原城市群、长江中游城市群及其他国内客源市场。

机会市场主要是指上述市场之外的以郑州为核心的中原城市群、以武(武汉)长(长沙)赣(南昌)为核心的长江中游城市群等,都是重要的机会客源市场。

表6-7 国内客源市场定位

客源市场类型	市场空间定位
核心市场	成渝城市群、长三角城市群、环渤海城市群、珠三角城市群
基础市场	黔中城市群及周边城市客源市场
机会市场	中原城市群、长江中游城市群及其他国内客源市场

2. 入境客源市场定位

(1)核心市场:港澳台市场、日韩市场、欧美市场。

港、澳、台市场是中国最大的入境客源市场,日韩市场是中国最为重要的亚洲客源国,西欧、北美市场则是中国最重要的远程客源国,这些都是在中国入境市场中具有重要战略地位、消费能力强、具有指向性兴趣偏好、发展潜力巨大的客源国。

根据贵州省旅游局统计资料显示,截至2011年底,贵州省入境客源市场中,港澳台市场占入境市场一半以上,其他入境客源市场主要集中于日韩、东南亚、欧美市场,其中日本是最大入境客源国,日美英占据半壁江山。余庆作为贵州新兴的旅游目的地,应采取针对性的营销策略,将港澳台、日韩、欧美作为核心入境客源市场进行培育。

(2)基础市场:东南亚市场。

东南亚市场是距离余庆较近,且有一定程度上的文化渊源的国家,将是余庆境外市场的主体,是具有地缘优势和极大发展潜力的境外客源市场。

(3)机会市场:澳新市场及国外其他市场。

入境客源机会市场主要包括澳新市场等距离中国较近的亚洲客源国,具有特殊兴趣、时尚个性的澳新市场,以及其他境外客源市场。

表6-8 入境客源市场定位

客源市场类型	市场空间定位
核心市场	港澳台市场、日韩市场、欧美市场
基础市场	东南亚市场
机会市场	澳新市场及国外其他市场

(二)人口学因素细分市场定位

区域经济的梯度差异和个人收入的梯度差异,形成不同的旅游需求和旅游偏好。随着生活节奏的加快和竞争的日趋激烈,人们寻求休闲、放松、求知和探索的旅游需求日益增加。在旅游开发的过程中,必然会遇到旅游者兴趣多样化和个性化等问题,因而根据人口学因素细分市场,可以有针对性地开发旅游产品,以满足不同类型的需求。

(1)从性别角度,余庆旅游资源兼具人文与山水特色,对男性和女性的吸引力差异较小,因此男性游客与女性游客比例相近。

(2)从年龄构成角度,中青年市场应是余庆旅游的主要年龄市场,加上余庆优越舒适的自然生态环境,老年市场也将是重要的年龄市场。

(3)从旅游方式角度,自驾游、自助游、散客市场应是余庆旅游的主体市场。

(4)从职业构成角度,余庆本地以机关事业单位工作者为主,其他地方以公务员、白领、学者、艺术家及其他具有较高学历、消费水平和社会地位的游客为主,应该将这些人群作为宣传促销工作的重点。

(5)以消费水平来看,近五年来余庆旅游者的平均花费为以中等、低等消费为主,随着余庆旅游产品体系的日渐成熟,旅游消费结构的日益完善,旅游综合消费水平可望进一步提高,达到国内旅游的中高端层次。

(三)功能客源市场定位

1. 观光游憩客源市场

包括余庆的主流客源,以对乌江风景及人文遗址等原生态自然景观、人文景观的观光游憩为主要目的的旅游者。

2. 生态旅游客源市场

以通过观光乌江风景、人文遗址等原生态自然景观、人文景观、吸收自然和文化知识为取向的旅游者，同时将生态环境保护与公众教育相结合共同促进地方经济社会发展有机结合的旅游活动。

3. 探险旅游客源市场

主要是以峡谷探险、古城探秘、极限挑战等为主要旅游目的的旅游者，包括自驾旅游者、自助旅游者、背包客等。

4. 遗产旅游客源市场

包括主要针对各种自然遗产（喀斯特地貌）、人文遗产（人文遗址）和非物质遗产（民俗风情）的观光、体验为目的的旅游者。

5. 科普科考旅游客源市场

包括以对乌江生态环境进行科学考察研究、对生态环保知识进行科普教育、对构皮滩大坝等水利设施进行考察教育的旅游者。

6. 商务旅游客源市场

主要是指以参加各种商务商贸活动、会议会展为主要目的而进行出游的旅游者。

7. 特殊兴趣客源市场

主要包括各种具有特殊兴趣的旅游者，包括以"骑行"为目的的骑行爱好者，以摄影为主要目的的旅游的摄影爱好者、以徒步登山探险为主要目的的旅游者、以寻找创作灵感的文艺爱好者、以探寻文学及影视场景为目的的文学和影视旅游者、以爱好野营、追求刺激为目的的野营爱好者等。

四、旅游市场预测

（一）游客规模预测

游客的规模影响着旅游产品的供给的规模，进而影响各旅游景区开发与建设的强度与节奏。对游客规模的科学预测，是实现余庆旅游业有序健康、持续稳定发展的前提。

目前，学界对于游客规模预测的方法主要有灰色系统理论模型、神经网络集成模型、多元回归分析等，这些方法对于不同区域旅游客源市场分析与预测，引导旅游产业科学发展具有积极意义。然而对于交通条件滞后，旅游业起步较晚区域，缺乏客源市场基础数据，现有分析方法较难适用。正因为距离和交通条件仍然是影响游客出游的最重要因素，因此，笔者利用交通通道进行预测，则显得较为科学和严谨，笔者从航空通道、高速通道、省道通道、水运通道等四个方面综合分析，分析结果如下：

1. 航空通道

表6-9 贵阳机场游客分析

	2011年游客量	估2013年游客量	客群类型及比例	2011年商务客群量	2011年旅游客群量
贵阳机场	367万人次	500万人次	商务客群40.5% 旅游客群29.74% 探亲访友客群16.2% 其他客群13.56%	148.63万人次	109.15万人次

数据来源:《2011年全国运输机场吞吐量排名表》、飞友网和中国航空运输市场研究所

表6-10 遵义机场游客分析

	每周游客量	年游客量平均吞吐量	估2020游客量	客群类型及比例	2011年商务客群量	2011年旅游客群量
遵义机场	1632人次	5.94万人次	15万人次	商务客群40.5% 旅游客群29.74% 探亲访友客群16.2% 其他客群13.56%	2.40万人次	1.77万人次

数据来源:《2011年全国运输机场吞吐量排名表》、飞友网和中国航空运输市场研究所

目前通过航空通道每年可到达项目地的游客总人数为261.95万人次。其中商务游客达到151.03万人次,旅游游客达到110.92万人次。

2. 高速通道

高速通道承接的是周边省市游客和省内游客。由于目前余庆县内尚未有高速通过,未来规划有两条高速正在准备筹建中。高速数据参照与余庆县同质的周边的镇宁县,镇宁县内有国家"5A"景区的黄果树瀑布,是单纯观光类景区,其突破升级空间小。而余庆县内的飞龙湖景区的目标打造国家"5A"景区,其升级空间大,具有综合功能的旅游度假区。

表6-11 余庆与镇宁县对比分析表

对比项	余庆县		镇宁县	
区域面积(平方公里)	1629.7	拥有飞龙湖景区（高速预建）	1709.42	拥有国家级5A风景区——黄果树瀑布,是贵州第一胜景
总人口(万)	30.3		28.15	
三产比例	25.2:30.0:46.8		15.5:31.0:53.5	

数据来源:汽车之家调查

表6-12 镇胜高速比较分析

高速名称	收费站	收费站日均入口车流量	年总入口车流量	出行目的及比例	每年商务目的的车流量	每年旅游目的商务车流量
镇胜高速	黄果树站	1850辆次	57.67万辆次	商务目的:14.35% 旅游目的:46.60%	26.87万辆次	8.28万辆次

数据来源:汽车之家调查

高速通道中小型客车占到81%,每辆客车平均6人;中大型客车比例占到19%,承载量平均20人。通往黄果树瀑布的商务客群总量为70.7万人次〔(81%×6+19%×20)×8.28×10000=70.7万〕,通往黄果树瀑布的旅游客群总量为232.7万人次〔(81%×6+19%×20)×28.87×10000=232.7万〕。可以计算每年通过黄果树瀑布游客总量为303.4万人次〔(70.7+232.7)×10000=303.4万〕。未来飞龙湖有两条高速预建,可估算出通往项目地的游客总量为606.8万人次(303.4×10000×2=606.8万),其中通往项目地的商务游客数量为141.4万人次(70.7×10000×2=141.4万),旅游游客总量为465.4万人次(232.7×10000×2=465.4万)。

3. 省道通道

有两条省道可到达项目地,分别是省道S204和S305,这也极大地推进了项目地景区能够吸引游客的关键因素。

表6-13 省道通道游客分析

对比项	S204	S305
主要经过的城市	遵义市:湄潭县 余庆县 遵义县 贵阳市:修文县 息烽县 开阳县 黔东南自治州:瓮安县 铜仁地区:石阡县	
可达景区游客总量	40×10000×10×70%=280万人次	

数据来源:中国遵义门户网站

估测可知,周边县市每年可达项目地游客量约280万人次,基本为旅游游客。

4. 水运通道

除以上通道可达到项目地外,乌江水运客流量也为将来项目地潜在的客源通道。据统计估算,2011年乌江干道游客总量达到221.22万人次,其中基本为旅游游客。

5. 游客规模预测与研究小结

经测算,每年到项目地的潜在商务游客总量达292.43万人次,潜在旅游客群总量达1 077.54万人次,总游客数量为1 369.97万人次。未来项目地承接一定量的国际、中远程游客以及大规模的观光客源,因此在后来的项目策划时应考虑其设施与服务的空间配置与指标承载量。

(二)消费结构预测

游客消费结构影响旅游产品结构和旅游消费业态的布局。基于余庆县目前的旅游市场的现状,本文分析的人群主要锁定在重庆市、四川省以及贵州省等西南地区。本案采用网上问卷调查的形式,经过2个月时间调查,取得样本问卷330份,全面甄别问卷后,实际有效的问卷为301份,问卷有效率为91.2%,本次调查涉及不同职业、文化程度和收入阶层,具有较高的覆盖性和代表性。问卷分析结果如下:

1.商务客群的消费结构预测与研究

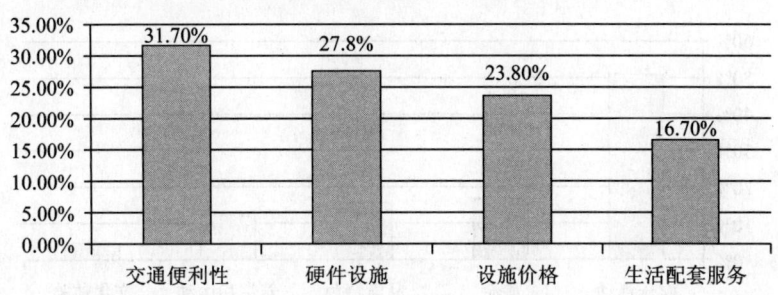

图6-2 商务客群对目的地构成要素注重程度统计

商务客群外出选择目的地时,交通便利性排名为第一;相对作为基本条件的会议中心、会议酒店等硬件设施成为第二考虑因素。

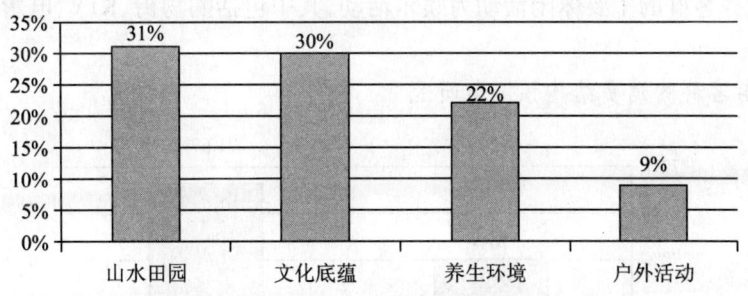

图6-3 商务客群对目的地旅游资源偏好排序前四

目的地的山水田园、文化底蕴、养生环境和户外运动条件是吸引商务客群的四大资源。

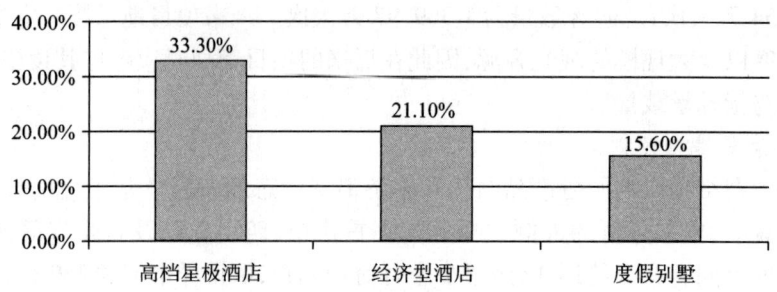

图 6-4　商务客群住宿类型偏好前三

商务客群选择住宿类型偏好具有私密性和高档型特点。

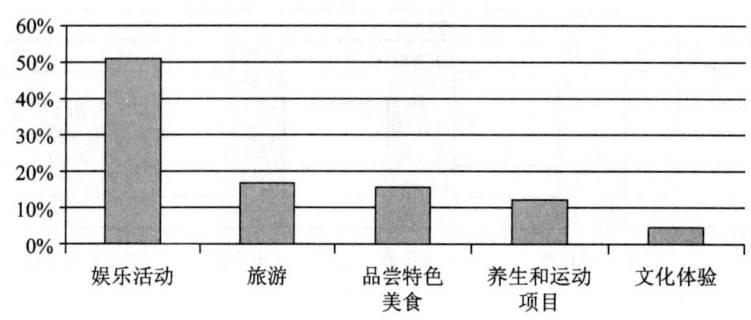

图 6-5　商务客群休闲旅游中休闲活动偏好

商务客群出差中休闲旅游占用出差时间 1/4，单次出差平均用于旅游花费为 2183 元/人。商务客群的主要休闲活动为娱乐活动，其中包括购物街、KTV、电影院、酒吧等业态。

2. 旅游客群的消费结构预测与研究

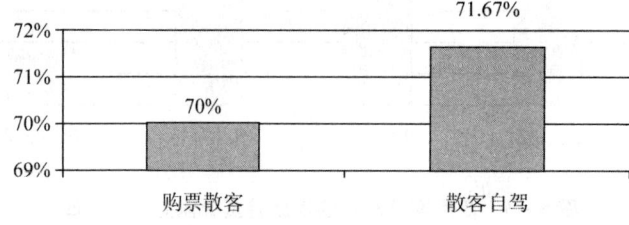

图 6-6　旅游客群出行方式统计

散客化、自驾游的崛起是国内旅游未来发展趋势。据景区购票游客统计，70% 的游客属于散客，而散客中自驾散客也达到了 71.67%。

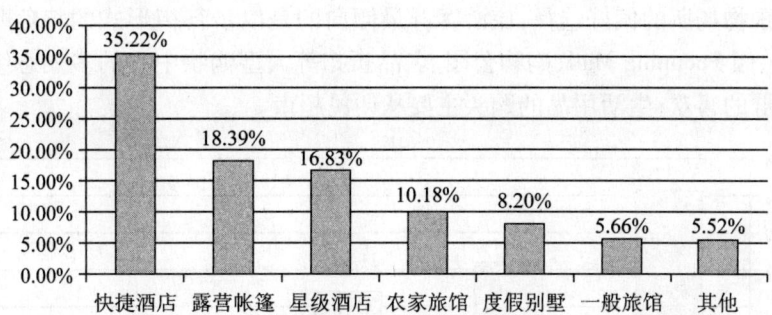

图 6-7 旅游客群对住宿的需求偏好

旅游客群对住宿的需求更加偏好于快捷酒店,占到 35.22%;其次偏好于露营帐篷,占到 18.39%;部分游客也倾向于住宿在星级酒店、农家旅馆、一般旅馆。

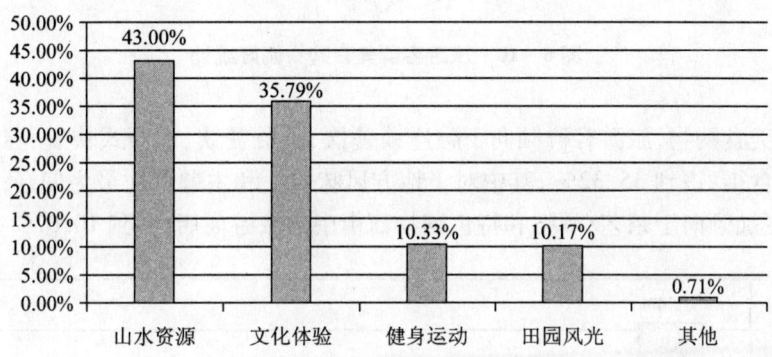

图 6-8 旅游客群对资源的偏好选择

旅游客群对目的地的水岸环境、园林景观、田园风光、森林环境等山水资源依旧是排在第一位,占到 43%;对于宗教祭祀和当地特色文化,以及流行的艺术休闲和影视体验等文化体验也有很大偏好,占到 35.79%;另外对于健身运动及感受田园风光也有一定偏好。

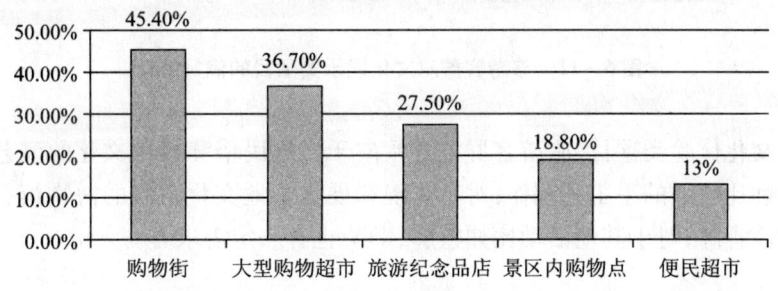

图 6-9 旅游客群对购物场所的偏好

关于购物场所的偏好选择,旅游客群最倾向的是以步行街形式的特色购物街,占到 45.4%;因 Shopping Mall、购物公园、名品折扣等大型购物中心的多业态组合,亦受到旅游客群的喜欢;生活用品的购买主要从便民超市。

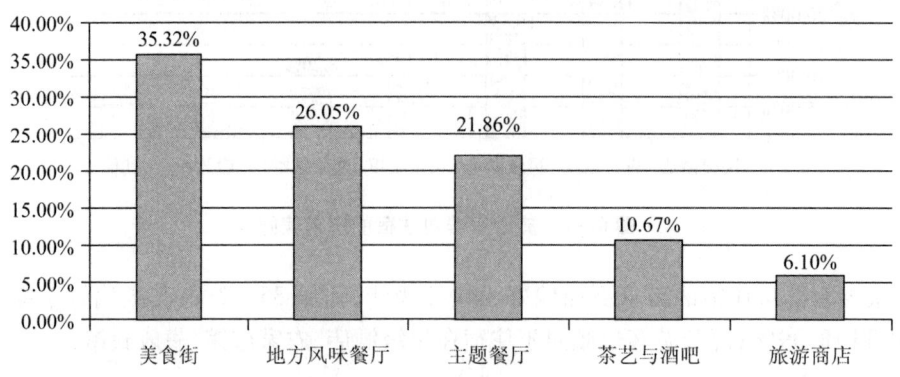

图 6-10　旅游客群美食购物偏好统计

对于美食购物,旅游客群倾向于融连锁餐饮、民俗餐饮、中西式快餐、养生餐馆等类型的美食街,占到 35.32%,其中对于地方风味餐厅和主题餐厅最为偏好;在休闲购物方面,更加倾向于茶艺/酒吧和特色购物商街中的旅游商店,占到 10.67%。

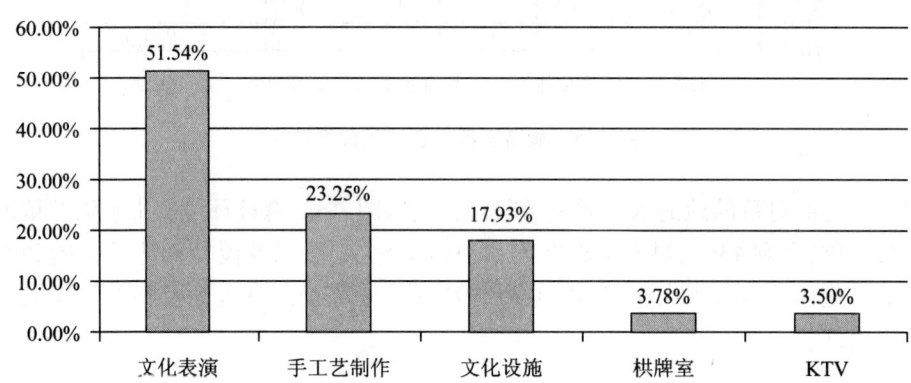

图 6-11　旅游客群对文化娱乐类项目的偏好统计

对于文化体验类项目,旅游客群主要倾向于当地民俗和特色文化的演艺;其次偏好于体验性比较强的手工艺制作;对于体现和展示当地文化内涵的博物馆、文化馆等设施也比较青睐;对于其他活动比如棋牌、KTV 也有一定需求。

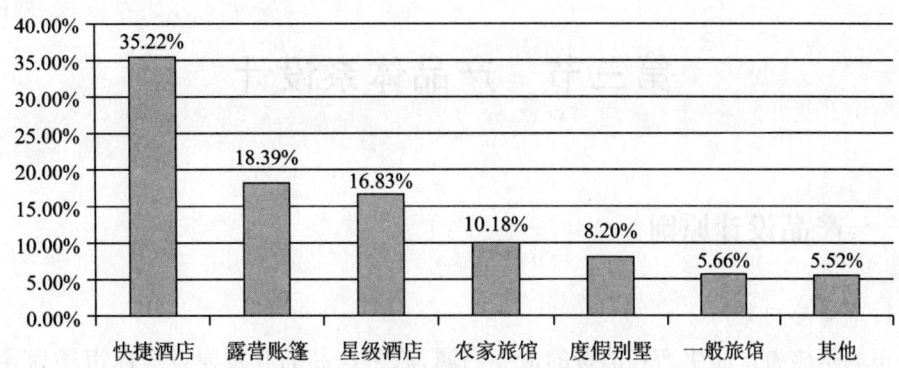

图 6-12 旅游客群对住宿的需求偏好

旅游客群对住宿的需求更加偏好于经济型酒店；其次偏好于露营帐篷；部分游客也倾向于住宿在星级酒店、农家旅馆和度假别墅。

3. 消费结构预测与研究小结

表 6-14 市场综合分析表

市场偏好	偏好内容	旅游类型
旅游资源偏好	山水资源、特色文化、户外运动、养生环境	观光类、休闲度假类
休闲活动偏好	娱乐活动、品尝美食、养生和运动体验及文化体验	观光类、休闲度假类
特色文化偏好	文化演艺、手工艺制作	观光类、休闲度假类
户外运动偏好	山地型运动、航空运动、娱乐性户外运动	休闲度假类
住宿偏好	经济型酒店、度假别墅 露营帐篷、高档星级酒店	休闲度假类
美食购物偏好	美食街、风味餐厅、主题餐厅、酒吧、茶吧	休闲度假类

第三节 产品体系设计

一、产品设计原则

1. 市场导向原则

市场是旅游产品生产和消费的最终归属,旅游产品的开发建设应以市场为导向,充分研究市场需求、地方旅游资源优势及开发条件,开发出适销对路、市场竞争力强、经济效益好、发展前景广阔的旅游产品。并且强调以围绕旅游者的旅游消费心理需求为核心,进行旅游产品整合与提升,不断优化产品开发和市场营销模式,促进旅游产业发展的市场化程度。

2. 差异化原则

差异化是旅游产品的吸引力和独特魅力所在,差异性应贯彻旅游产品开发、优化、营销的整个过程,避免低层次的重复性建设。旅游产品开发过程中,充分挖掘余庆的地域文化精髓和资源价值内涵,提炼出独特的特色旅游产品,并注重整体特色的形成及推广,提升旅游产品品位的竞争力。

3. 产品组合原则

旅游产品的设计要将点串成线,延伸成面,形成高度集成的产品序列,满足不同市场的消费层次需求,开发出不同档次、不同品味相结合的产品体系,以助于旅游消费者在短时间内充分享受高品位、多样化的旅游产品,提高旅游活动的时效性,吸引和扩大客源市场群。

4. 适宜性原则

旅游产品开发应注重适宜性和经济性,从余庆实际情况出发,注重地域特色的挖掘与强化,适时、适度、适量地构建旅游产品服务体系,使旅游产品与旅游消费水平和市场需求相协调,以实现旅游业发展的社会、经济和环境效益综合发展。

5. 主客共享原则

主客共享是旅居产品的重要特征,即旅游产品既能满足外来游客的旅游需求,也能满足本地居民的休闲需求,以主客共享的原则强化旅游产品的公共性,促进余庆本地人民文化生活水平的提高,使旅游发展成为和谐社会构建的推动力。

6. 周期创新原则

旅游规划产品要努力促使旅游景区保存持续引力,延长其发展稳定期,并在其衰落期到来之前,就进行旅游产品的再开发,实现旅游产品的更新换代,以使旅游开发进入一个新的发展阶段,步入良性循环。

二、产品体系设计

根据对余庆全县旅游资源普查、评价的结果,针对客源市场需求态势及潜在客源市场特点,结合旅游产品开发的六大原则,余庆旅游产品体系为三大品牌产品+四大辅助产品,其中三大品牌产品分别为"一水一山一古镇",四大特色产品分别为红色记忆、乡村休闲、凉爽余庆、户外运动,旅游产品体系如下图所示:

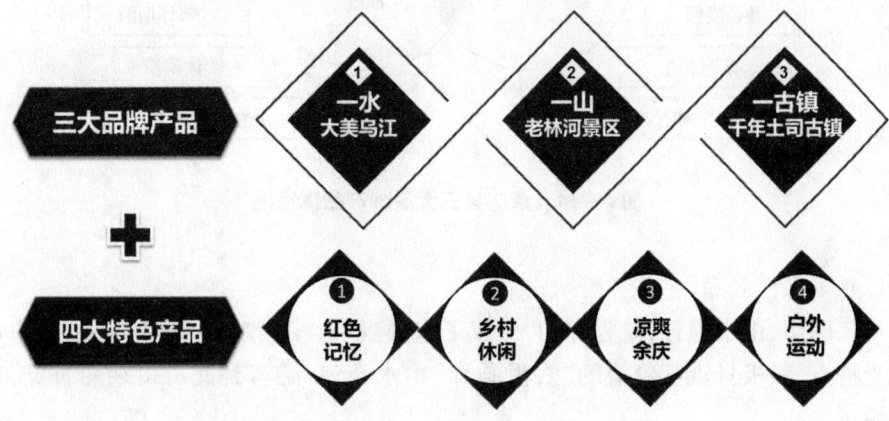

图6-13 余庆县旅居产品体系图

三、品牌旅游产品

全面整合资源,以"大旅游"的战略视角进行产品组合,打造面向市场的具有全国竞争力的"一水一山一古镇"的三大品牌产品,"一水"即大美乌江;"一山"即老林河山岳休闲度假区;"一古镇"即千年土司古镇。

(一)"一水":大美乌江

余庆是乌江穿越境内最长的县,乌江余庆段风景秀丽、气候舒适、生态良好、物产丰富、民俗风情浓郁,文化特色突出,山、林、湖、洞、石相映生辉,雄、奇、峻、险、秀水乳相交融,资源丰富、多样、品质较高。乌江流经花山苗族乡、构皮滩镇、敖溪镇、大乌江镇等四个特色乡镇。

以乌江为纽带,打造融观光游览、科学考察、文化溯源、休闲避暑、康体养生等多种功能为一体的大美乌江产品,构建乌江中游旅游度假区品牌,使得余庆成为世人领略乌江风情的特色旅游目的地,形成乌江风情特色品牌。

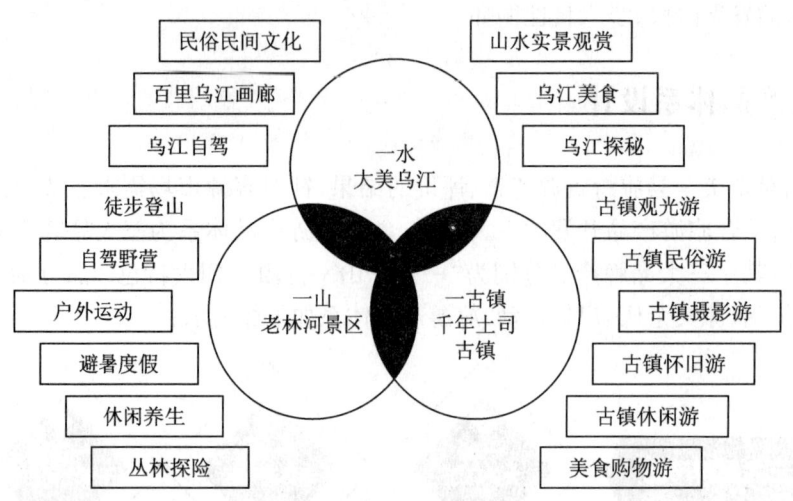

图6-14 余庆县三大品牌产品体系图

1. 百里乌江画廊

乌江两岸,山水俱佳,峡谷深切,形成了水中观峡、峡中观景、湖中观岛、岛中赏湖的观光特点,最极具观赏价值的"百里画廊"山水奇观,游客到此可以乘船游览,也可驾车游玩。

2. 民俗民间文化

乌江流域是个多民族区域,民俗文化更是丰富而独特。以动态民俗展示为核心,注重民俗文化与游客的对话交流,打造一些特色民族村寨、民俗文化生态村,活态展示民歌小调,促进非物质文化遗产的传承和弘扬。

传统技艺:余庆泥塑技艺、藤编等,引导游客参观并参与体验,加大创意研发,吸引民间艺人参与旅游发展,展现民间文化的博大精深,以此促进旅游商品业发展。

民歌小调:余庆民歌小调,一种是自由延伸型,音程自然,旋律平缓,音域不超过8度;另一种是山野风味型,粗犷、高亢、奔放、力度强。如"丝弦调"、"英台调"、"溜溜调"、"虞美人"、"九连环"、"遇娥郎"等曲调。

民间戏剧:余庆民间戏剧较为丰富,有川戏、傩戏、阳戏等,每个剧种均有众多曲目,表演戏班历代传承,结合旅游景区、旅游城镇的打造,展示民间戏剧的魅力,适当开发夜旅游,丰富旅游产品内涵。

民间舞蹈:余庆民间舞蹈极具地域特色,数千年的乌江文化孕育出了钱杆舞、矮人舞、板凳舞等特色舞蹈,这些舞蹈观赏性强、内涵丰富,可引导游客参观体验。

民族风情:余庆花山苗族乡位于乌江余庆段的上游,聚居着苗族、侗族等少数民族,尤以苗族居多,民族风情浓郁,苗乡建筑、苗乡民俗、苗乡美食、苗乡白茶都是吸引游客前往的特色资源,将其挖掘整合,形成特色旅游产品,引导游客参观体验。

3. 山水实景观赏

依托飞龙湖片区的资源特色和交通区位,打造"乌江传奇"实景演艺剧场。以"乌江传奇"为演出主题,按照国内大型山水实景演出的成功模式,融入乌江流域诸多特色文化元素,依托真山真水实景舞台,结合声、光、电、人、景、水幕等现代科技手段,演绎《乌江传奇》大型山水实景演出,全方位多角度地展示余庆特色;同时,也为西南地区演艺比赛、模特大赛、演唱会等举办提供了场地。

《乌江传奇》拟分为五个篇章,分别为:溯源乌江、突破乌江、吉祥乌江、和谐乌江和盛世乌江等,将以时间为线索,演绎乌江流域传奇故事,演出形式上将民族音乐与乌江的自然风光、渔家灯火、民俗风情完美结合。

4. 乌江自驾

乌江两岸陡峻峭壁,多为深切河谷地带,目前交通条件便捷,具备自驾体验乌江风情的良好条件。规划建设沿江风景廊道,游客驾车于此,可以进行观光、休闲游憩、亲水、运动等,获得视觉、嗅觉、感觉、味觉等全方位的自驾体验。

5. 乌江美食

乌江流域特产丰富,各种美食独具特色,乌江沿线美食密布,各具特色,乌江美食较为知名的有:乌江鱼、龙家酶豆腐、樊家狗肉、敖溪豆花、徐家羊肉粉等,其中乌江鱼是一个历史悠久、独具特色的饮食品牌,四季皆宜。著名的美食有"乌江鱼"是用真正的野生鱼(即江中之鲢鱼)精心配料,加以遵义"朝天辣椒",以火锅方式烹制而成,鲜辣味美;羊肉粉是乌江流域又一大特色,遵义羊肉粉制作工艺已被列为国家级非物质文化遗产,徐家羊肉粉是余庆的招牌老店,采用米粉、山羊肉、芫荽、香葱、油辣椒、花椒等原料,其羊肉粉鲜嫩、味香。

另外,可以征集民间其他美食品种,形成特色乌江美食集聚区,针对外来游客绘制出乌江沿线美食地图,引导游客参与美食之旅,并参观和亲自体验特色美食制作,形成乌江旅游的又一大特色。

6. 乌江探秘

整合高山、峡谷、原始森林、地域文化等资源,建设森林公园、民族村寨等一系列景区、景点,打造融户外探险、户外露营、森林探秘、文化溯源等为一体的旅游产品,形成乌江文化探秘、自然探秘的特色旅游。

(二)"一山":老林河山岳度假区

将关兴镇老林河景区规划建设成山岳度假旅游区,对其挖掘内涵,丰富旅游产品和旅游体验,针对大西南区域自驾车市场,建设系列主题营地,打造"观山观水观峡谷"的新型山岳休闲度假景区,成为以吸引大西南区域市场为核心的山岳型旅游目的地景区。

1. 徒步登山

老林河景区兼得山、水、林、泉之精华,集华山之险、峨眉之秀、张家界之奇、九寨沟水之清澈于一身,绝壁雄峙,重峦叠翠,万山碧透,鸟语花香,流水潺潺,诸峰千姿百态,千百年来,人们象形会意,对其命名,且多附有传说故事,可开辟多条有故事、有风景的登山道,徒步登山,览阅盛景,舒畅身心,将是老林河度假的一大特色。

2. 自驾野营

随着自驾游时代的到来,自驾、野营成为旅游的一种时尚。老林河景区地理条件优越,地形、气候、交通、植被等条件好,有多处可开发成自驾一族理想中的自驾露营基地,可开发建设2~3处自驾野营基地,建设具有停车区、露营区、烧烤区、餐饮区、篝火区、娱乐区等全方位自驾野营服务区域。并针对全国数千家自驾车俱乐部、户外运动俱乐部进行营销,引领老林河自驾时代的到来。

3. 户外运动

根据老林河的"山高谷深水澈"的资源特色,规划建设特色户外运动基地,开发滑翔伞、动力伞、低空飞行、山体攀岩、峡谷漂流、峡谷溯溪等户外运动体系,形成户外运动产业集聚区,打造西南地区特色户外运动基地。

4. 避暑度假

老林河森林茂密、空气清新、远离污染、夏季气候凉爽舒适,是天然的避暑度假之地。可适当开辟山下临水区域空地,建设具有亲水娱乐、高端会议、文化体验、康体养生等多种功能于一体的高端避暑休闲度假基地。

5. 休闲养生

老林河独特的自然环境、洁净水质、清新空气,可以开发成多种休闲养生产品:(1)森林养生,以绿色环境、负氧离子、湿润空气和适居温度为基础,开发森林浴、雾浴等养生旅游产品;(2)生态水疗,结合中医按摩和当前流行Spa技术,开发特色生态水疗项目,营造出天然、静谧、优雅、纯净的环境,以达到陶冶情操、修身养性的目的。(3)餐饮养生,结合关兴镇特色美食、富硒富锌生态有机食物,开发出多种养生膳食;(4)茶饮养生,关兴盛产富硒富锌绿茶、小叶苦丁茶等,可以开发出茶道养生项目。

6. 丛林探险

老林河拥有原始森林有六十多平方公里,原始森林与省级著名风景区江界河紧密相连,距江界河大桥22公里,咆哮的乌江水在这里变得温顺,岸边森林茂密,古树参天,大至十人合抱,藤绕枝缠,形成树生树的奇观。景区内动物种类繁多,时有猴群在林中嬉戏,山溪中还经常有国家珍稀动物娃娃鱼出没。可结合其他旅游产品开发"野外生存"、"徒步穿越原始森林"、"发现娃娃鱼项目",打造特色丛林探险产品。

(三)"一古镇":千年土司古镇

依托余庆1200年土司文化的深厚底蕴,突破行政界线,整合敖溪镇、龙家镇、松烟镇等黔北民居资源,进行连片打造,形成万户黔北民居集群,构筑"大土司文化风情古镇"的概念,打造黔北特色古镇长廊,构建具有观光、民俗、摄影、怀旧、遗产、购物等复合式的产品体系,形成独具市场号召力的文化古镇产品。

1. 古镇观光游

土司古镇的古桥、牌坊、碑刻、建筑、石雕、砖雕等,都具有深厚的内涵和久远的故事,加上本地特色的人文风情、土司民俗,将吸引众多游客前来观光游览。

2. 古镇民俗游

土司古镇曾经留下优秀而独特的民俗文化,品茶听戏,规划恢复各种民俗活动场所,各种民俗活动定期纷纷上演,游客既可驻足观赏,也可参与其中。

3. 古镇摄影游

以古镇物质形态为背景,以居民生活方式为内容,开展古镇摄影游,定期设定古镇摄影展,开展最美黔北古镇摄影比赛等活动,并可与专业旅行杂志合作,将优秀作品刊登到《旅行摄影》、《西藏人文地理》、《旅游天地》、《摄影之友》、《旅游新报》、《新旅行》等杂志上,以扩大千年土司古镇的影响力,引导更多游客参与其中。

4. 古镇怀旧游

历史的久远、民风的质朴、河水泱泱、古道斜阳,宁静的古镇每一个角落都透露着历史的痕迹。土司古镇的老故事、老照片、生产生活器具、斑驳的墙体、几棵老树、一曲老戏、流水小桥……穿梭在古镇之中、游荡在河水之间,悠远古朴的情愫油然而生,寻觅记忆中的古镇,文化怀旧成为古镇游的时尚。

5. 古镇休闲游

根据土司古镇规划,建设特色古镇酒吧、茶庄、戏园,游人至此,于古朴宁静的氛围中品茗畅谈,觥筹交错,听曲看戏,别有一番韵味。

6. 美食购物游

拥有悠久历史的古镇,留下很多美食和工艺品,规划建设美食街、购物街,当地最经典美食、最特色的工艺品、土特产品进行开展美食节、购物节,形成独特的旅游产品。

四、特色旅游产品

(一)红色记忆

红色旅游是国家重点发展的旅游产品之一,余庆具有光荣的革命传统,在近代革命斗争中具有重要的历史地位。从这一角度出发,红色记忆旅游产品可以开发成为一种具有全国影响力的产品。红色旅游与生态旅游、文化旅游、休闲运动相结合,以多种教育和参与手段,加强红色旅游产品的体验性,强化红色旅游教育功能。

挖掘本地代表性的红色英雄人物和故事,组织相关旅游线路,集中纪念馆参观、历史教育、观光休闲等多种活动,开发成为专题的体验产品。

1."红色大经典,长征转折地"

余庆是长征途中重要的转折地之一,与遵义会议有着紧密的联系。"红色大经典"主要展示红军、解放军转战余庆时,遗留下的珍贵文物、流传下的感人故事等。游客可参观浏览和纪念凭吊的景点有团结湖红军烈士陵园、革命烈士邹前方故居、茨桑坳解放军陵园、大乌江红军纪念园、大乌江回龙渡遗址、龙家万丈坑红军烈士陵园、松烟解放军烈士陵园、松烟麻窝洞红军烈士殉难处、太平龙塘湾解放军陵园。

2."红色记忆·镜头"

收集整理长征时期的老照片,以多媒体的形式展示《长征》、《飞夺泸定桥》、《强渡乌江》、《雄关漫道》等优秀红色影视作品。

3."红色记忆·歌曲"

长征途中的红军歌曲,有战斗歌、纪律歌、劝降歌、生活歌、会师歌等。这些歌曲在激励红军斗志、消灭瓦解敌人、宣传鼓动群众、扩大红军队伍等方面起到了很重要的作用。征集《长征》、《直到最后一个人》、《凯旋歌》、《再战遵义歌》、《渡金沙江胜利歌》、《吃牛肉歌》、《提高红军纪律歌》、《战斗鼓动歌》、《到陕北去》、《庆祝红军大会合》、《红军长征小调》、《远征曲》、《遵义会议放光辉》、《突破封锁线》、《四渡赤水出奇兵》、《飞越大渡河》等歌曲,在室内或广场播放背景音乐,陈列并出售 CD 唱片、革命歌曲集。可以结合旅游节庆等,开展长征歌曲比赛,引导游客参与体验。

4."红色记忆·人物"

整理红军长征途经余庆时,留下的知名革命人物故事,对其进行主题展示,并定期开展专题纪念活动。

5."红色记忆·故事"

对长征途经余庆所发生的重大历史事件的主题展示和纪念活动,如 1934 年 8 月红六军团冲出敌人的包围圈,顺利会师;1934 年 12 月红军强渡乌江;1935 年 1 月突破敌人的封锁线,成功进入其他革命区域等。

(二) 乡村休闲

以"四在农家"建设典型示范点:二龙庄、阳关水岸、黄金榜、任家湾、坝上、杨柳塘、卧龙庄、飞龙寨、金橘园和赵家沟等一批具有地方特色乡村,结合规划建设中的龙溪镇苹果桃基地、白泥镇果蔬观光基地,将其逐步向"旅居农家"产品转化,形成具有现代农村风貌、高新科技农业园区、乡村生态环境、果蔬采摘和酿酒、林果种植和水产养殖、观光休闲农业、民俗节庆活动等余庆特色乡村休闲旅游。

(三)凉爽余庆

发挥余庆夏季避暑优势和低纬度、亚高原适宜四季旅游的优势,突出与周边"火炉城市"以及其他"热岛城市"的气候差异,打造具山地特色的中国避暑旅游胜地及养生养老基地。以龙家镇仙峰河景区、龙家镇木屋寨、构皮滩镇卧龙山庄、敖溪镇神仙岭度假村、小腮镇养生基地、白泥镇乾隆溶洞等为核心景区,打造内涵丰富的夏季避暑旅游产品,构建凉爽余庆品牌。

(四)户外运动

根据余庆县北部缓坡、中部河流峡谷、南部地势较高的特点,结合民间运动基础较好的特点,开展特色户外休闲运动,将其打造为旅游产品:

1. 松烟镇"乡村骑行"

以打造"中国第一骑游小镇"为目标,整合茶山、湖泊、乡村等资源,开辟乡村耐力赛、茶山山地赛、环湖休闲赛等乡村骑行赛道,并通过3~5年的时间,从单向业余赛事走向综合业余赛事,由此逐年增强其影响力,逐步升级为国际、国家标准赛事,并将赛事活动常态化,由此驱动农、林、茶、文等资源向旅游产品转变,形成全国知名的乡村骑行小镇。

2. 关兴镇"徒步登山"

依托关兴镇老林河景区兼具山、水、林、泉之精华,集华山之险、峨眉之秀、张家界之奇、九寨沟水之清澈于一身的特点,开展徒步登山系列活动,打造特色户外登山基地。

3. 飞龙湖"水上飞行"

结合飞龙湖片区的峡谷开阔的特点,建设浪淘沙运动公园,建设热气球、动力滑翔伞、飞艇、民用轻型飞机、动力三角翼等主题飞行基地,设计飞行培训、飞行表演、飞行竞赛、飞行探险、飞行观光、飞行摄影、空中栈道等娱乐项目,感受惊险刺激外俯览峡谷风光。

4. 大乌江"峡谷运动"

结合大乌江镇具有山、林、峡谷等资源组合优势,拟规划开展峡谷攀岩、峡谷漂流、峡谷溯溪等户外运动体系,形成特色峡谷旅游产品品牌。

五、区域线路产品设计

(一)发现乌江之旅——乌江风情文化游线

乌江既是余庆的母亲河,也是贵州的母亲河,发源于威宁草海,由西向东横贯黔东北后汇入长江。沿江分布着众多奇特的山体、峰丛、怪石、穿洞、飞瀑,形成乌江沿岸七峡六十景,千万年来孕育了深厚的文化古韵,沿着乌江驱船而行,土木吊脚楼、千年古镇、青石老街、古巷旧居等历史文化遗迹处处可见,诗情画意的山水韵味随处可寻。溯源乌江,既是一次自然美景的发现之旅,也是人文风情的感悟之旅。联合乌江沿岸旅游目的地,做大做强"乌江旅游"品牌,将其打造成贵州旅游产品的重要组成。

线路:重庆市—思南县—石阡县—余庆县—毕节市—威宁县。

(二)探秘千年土司古镇——西南古镇文化游线

土司文化是我国历史上的特定时期特定的政治与文化现象,具有浓郁的地域特色和神秘色彩。中国历史悠久,广阔土地上有着很多文化底蕴深厚的古镇。土司古镇作为西南地域特色古镇,与江南水乡古镇、山西古镇、福建古镇等国内典型古镇之间具有很大的差异,其一直保持着神秘的色彩,对国内外市场具有很强的吸引力。

将土司时期的西南各族民风民俗神秘异质文化,进行集中规模展示,组合成中国特色古镇精品线路。

线路:湖南湘西芙蓉镇—余庆县敖溪镇(松烟镇、龙家镇)—毕节彝族土司庄园—云南丽江白沙古镇。

(三)黔茶飘香,品茗自然——贵州茶乡文化之旅

贵州优越的自然生态环境,孕育了中国茶文化中重要而特色的一个板块——黔茶,贵州不仅种茶历史悠久,茶文化积淀深厚,具有鲜明的地域性、民族性和唯一性特征,其高原绿茶、小叶苦丁茶、富锌富硒茶、白茶等越来越受到国内外市场的青睐。以"黔茶飘香"为主题,组合贵州知名的茶乡,进行茶香之旅,静心之旅,心灵之旅,打造特色的"黔茶之旅"精品游线。

线路:道真县—凤冈县—思南县—湄潭县—余庆(关兴镇、花山乡、小腮镇等)—都匀市—毕节市—六盘水市。

(四)长征文化之旅——贵州经典红色精品线路

长征是人类近现代战争史上的奇迹,其奠定了抗日战争和中国革命事业胜利的基础。遵义是长征时期的重要转折地,有着特殊的历史意义。依托遵义会议会址、红军会师地点及回龙渡战斗遗址等红色资源,挖掘长征文化精髓,打造一条国际知名的红色旅游线路。

线路:江西瑞金—江西赣县—广西兴安—广西全州—余庆—遵义—四川安顺场—四川阿坝州—四川懋功。

(五)探源"四在农家"——西南最美乡村之旅

"四在农家"是从余庆发源的中国特色新农村建设运动,随着"四在农家"的推广、普及和深化,目前在贵州省多个地方已经形成连片化、规模化乡村景观,其已经形成以青砖白墙、阁楼斜顶、红柱花窗为特色的"百里乡村画廊",以"探源'四在农家',寻找最美乡村"为主题,打造中国西南精品乡村旅游线路。

线路:余庆县—正安县—凤冈县—桐梓县—威宁县。

（六）凉爽夏日，激情自驾——高原夏日自驾避暑精品线路

贵州所处云贵高原地区具有低纬度、亚高原、气候凉爽及适宜四季旅游的优势，有"爽爽贵州"之称，是周边"热点"城市夏季避暑的重要目的地。迎合周边众多城市进入自驾游时代的自驾需求，将自驾、避暑、养生、度假相结合，打造中国西南特色避暑专题精品线路。

线路：遵义市—余庆（仙峰河、木屋寨、老林河、乾隆洞）—贵阳（青岩古镇、花溪公园、甲秀楼、黔灵公园）—毕节市（织金洞）—安顺市（黄果树大瀑布、陡坡塘瀑布、天星桥、龙宫塘）—黔南州荔波县（大七孔、小七孔、水春河）。

第七章 "旅居经济"创立

第一节 产业发展基础

一、余庆县产业结构现状

对《2011—2012 年余庆县国民经济和社会发展统计公报》的数据进行统计分析得出表 7-1：

表 7-1 余庆县各乡镇生产总值情况表

乡镇	2011 年(万元)				2012 年(万元)				增速(%)			
	生产总值	第一产业	第二产业	第三产业	生产总值	第一产业	第二产业	第三产业	生产总值	第一产业	第二产业	第三产业
白泥镇	60 661	12 051	10 314	38 296	71 822	13 223	16 825	41 774	19.5	4.7	53.1	8.6
小腮镇	9 954	4 224	2 760	2 970	14 029	4 642	3 230	6 157	10.8	4.8	15.8	13.5
龙溪镇	37 086	7 973	13 967	15 146	45 003	9 152	18 085	17 766	17.8	9.7	28.3	16.1
大乌江镇	23 953	8 496	5 868	9 589	26 844	9 503	6 987	10 354	9.6	6.8	17.9	6.9
构皮滩镇	29 558	9 861	5 946	13 751	44 902	10 618	19 353	14 931	52.5	2.6	180.4	7.5
花山乡	12 497	5 329	2 823	4 345	17 833	6 182	3 495	8 156	12.4	11.0	22.6	9.9
敖溪镇	22 279	7 272	4 279	10 728	26 637	8 101	6 030	12 506	19.8	6.4	37.1	16.4
龙家镇	18 181	6 000	3 807	8 374	20 749	6 780	4 637	9 332	12.7	7.9	20.6	10.3
松烟镇	25 404	8 849	4 941	11 614	30 382	10 078	6 825	13 479	18.4	8.8	34.2	16.0
关兴镇	12 930	6 129	3 536	3 265	17 703	6 725	4 156	6 822	9.4	4.7	16.3	7.8
总计	252 503	76 184	58 241	118 078	315 904	85 004	89 623	141 277	1.2	1.1	1.5	1.2

从统计数据看出,余庆全县2012年的综合经济实力较2011年进一步增强。2012年实现了生产总值315 904万元,比上年增长了1.2%。其中,第一产业增加值85 004万元,增长1.1%;第二产业增加值89 623万元,增长1.5%;第三产业增加值141 277万元,增长1.2%。

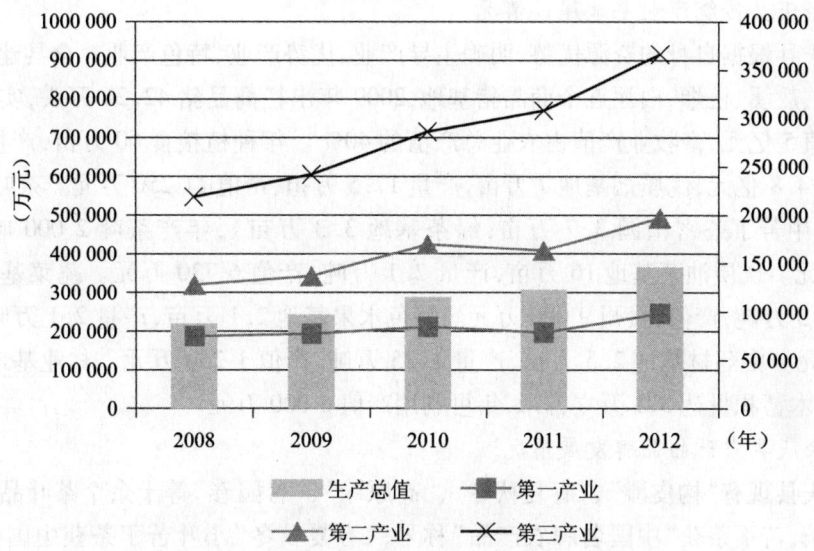

图7-1 余庆县2008—2012年产业产值对比表

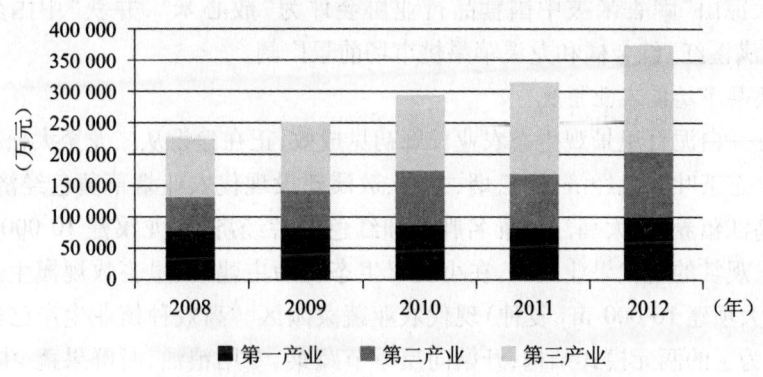

图7-2 余庆县2008—2012年各年产业结构

从图7-1得知,余庆县从2008—2012年生产经济总量稳步增长,2012年涨幅尤为明显,其中第三产业的生产总量较2008年涨幅大。从图7-2余庆2008—2012年各年产业结构中可知,目前,余庆县的产业结构日趋合理,以第三产业为主导,但是在经济总量整体水平低下的背景下,与同等类型的县城相比,生产经济总量以及第三产业生产量仍然偏低。

二、余庆县产业规模现状

(一)余庆县传统农业发展现状

1. 余庆县传统产业基地建设情况

余庆县根据自身的资源优势,明确主导产业、优势产业、特色产业。全县建有构皮滩、龙溪、敖溪、松烟、白泥五个商品猪基地,2009年出栏商品猪42.26万头,实现了畜牧业产值5亿元,畜牧业产值占农业总产值的40%。年种植粮食60万亩,产量20万吨,产值4.8亿元,优质烟基地7万亩,产量17.5万担,产值11 250万元。茶叶基地7万亩(其中苦丁茶密植园3.7万亩,绿茶基地3.3万亩),年产茶叶2 000吨,产值2 000万元。优质油菜基地16万亩,产量2.1万吨,产值6 720万元。蔬菜基地6万亩,产量5万吨,产值,贵州9 000万元。特色水果基地2.1万亩,产量2.1万吨,产值2100万元。中药材基地2.5万亩,产量1.25万吨,产值1 250万元。林业基地50万亩,活立木蓄积量达371万立方米,年可利用产值6 000万元。

2. 余庆县农产品品牌发展情况

余庆县现有"构皮滩"、"春夏秋冬"、"高原绿"、"茗园春"等十余个茶叶品牌。构皮滩绿茶、苦丁茶获"中国名牌农产品"称号;"春夏秋冬"小叶苦丁茶获中国(北京)国际茶业博览会特等奖;黔龙牌吴茱萸获"中国地方特产"称号;烤烟是全国优质烟生产基地;"大凉山"牌香米被中国食品行业协会评为"放心米",并获"中国名牌农产品"称号;"满溪红"红金橘和龙溪苹果桃市场前景广阔。

3. 余庆县多功能农业情况

松烟——白泥百里景观生态农业长廊初见成效,正在建设从二龙至大松有机无公害的十里生态茶叶绿色经济带,松烟、龙家、敖溪建设现代农业烟草黄色经济带,大乌江建生态乌江鱼养殖、大乌江风景名胜区和红色旅游经济带,龙溪建10 000亩高产、高效、生态、观赏的现代果业园区,在小腮以生态林为主建10里畜牧规模生态养殖长廊,在白泥大坝建10 000亩(复种)现代农业蔬菜园区。高效种植业生产已经跳出以粮油、麦烟为主的两元模式结构,开始向反季节蔬菜、专用粮油、时鲜果蔬、中药材、茶叶、饲用牧草、农业观光等多元结构发展。

4. 余庆县农产品市场情况

余庆县有农副产品综合市场和专业市场18个,为农副产品的交易、聚集、发展农副产品加工搭建了平台。粮食加工业在湄黄线上形成了群体规模经营,并逐步向多品种、深加工、外向型发展,并具备了较强的辐射带动功能。全县粮食加工产品和特色蔬菜除销往省内六地、州、市外,还远销四川、重庆、广东等地。粮食加工原料有15万吨,油菜子加工原料有2万吨,畜产品加工原料有4万吨,苦丁茶加工原料有5 000吨,中药材1 000吨。余庆正在成为遵义、铜仁、黔东南、黔南四地州市结合部的农副产品集散地和农副产品加工、销售中心。

5. 余庆县产业链发展情况

全县已有市级龙头企业4家,县级龙头企业5家,不同类型的各类农村专业经济组织68个,拥有资产8 220多万元,会员2 532人,经营范围覆盖全县68 953户,年营业额超过1.505亿元人民币。全县农业订单达12.449万亩。有一定规模的粮油企业已达5家,年加工能力达5万吨以上,年产值达7 500万元;烟叶企业1家,年产值1.8亿元;有一定规模的蔬菜企业5家,年产值1 200万元;茶叶企业15家,总加工能力达2 000吨,年产值4 000万元。有一定规模的中药材企业6家,年产值1 250万元。

传统农业产业发展的制约因素:

(1)产业发展的基础设施脆弱,防灾、减灾能力不强;"坡耕地"比重大,机械化水平较低,劳动效益不高。

(2)农产品交易、仓储、物流等设施不全,流通不畅。

(3)农业比较效益低,人才外流严重,农业结构调整速度缓慢,农业组织化程度低,造成农业产业竞争力不强。

(4)农业产业保障体系不健全,市场风险大;农产品加工企业数量不多,且受生产设备简陋、技术落后等因素的影响,品种单一,质量不稳定,包装不标准,带动农民增收能力有限。

(5)受市场影响,企业与农民的订单诚信度不高,缺乏利益联结机制,履约率低,产销脱节;缺少市场竞争力强的知名品牌,市场开拓不力。

(6)扶持政策欠完善,支持优势产业发展专项资金不足,政策性金融支持力度不够,产业政策性保险制度不完善,产业风险分担机制未完全建立,政府引导、农民主体、多方参与的特色产业发展长效机制尚未形成,从而影响农业产业化的进一步发展。

所以,综合余庆县传统农业产业发展情况及其发展的制约因素,传统产业的转型升级迫在眉睫。

(二)特色工业发展现状——烟花爆竹产业

余庆县已建成的烟花爆竹产品、原材料生产企业共有2家。余庆正茂烟花爆竹有限责任公司总投资3 200万元,设计产值达3 000万元,是贵州省生产规模较大的烟花爆竹生产企业。天龙引火线有限责任公司总投资2 000万元,年产值可达3 000万元,是遵义市唯一一家引火线生产企业。正在建设的余庆县黔雄烟花材料有限责任公司,是全省唯一一家获批建设的军工销生产企业,总投资2 000万元,建成后将为烟花爆竹生产企业提供重要的原材料军工销。

产业链缺失、市场竞争力弱是当前余庆县烟花爆竹产业发展的突出问题,特别体现在企业人才、技术力量匮乏,具有工厂化现代管理理念、经验和相关技术技能的人才尤为缺乏,从业人员以农村妇女为主,文化程度普遍不高。基础设施、安全保障、管理制度、诚信建设、科技创新等处于初级阶段,至今未有烟花爆竹行业的"航空母舰",没有形成市场及声誉较好的品牌。

(三)第三产业持续壮大

服务业健康发展,大众生活质量得到提高。进一步加强了市场体系建设,余庆全县十个乡镇均完成了农贸市场建设,新建了松烟禽蛋交易市场、龙溪工业品批发市场、白泥果蔬市场、白泥牲畜市场等专业市场。引进建成较大综合超市7家、建成配送中心1家,已培育42家农产品流通合作社,逐步建立了以乡镇为重点、村级为基础的农村现代市场流通网络。

餐饮业市场活跃。经余庆政府积极引导餐饮业调整经营思路和提高服务水平,以鹏程宾馆、丽豪酒店、农家乐和小吃一条街及夜市等不同档次、风格多样、价位合理的餐饮格局初步形成,截至2010年,餐饮业实现零售额3.76亿元,成为城乡居民消费的一大亮点。

房地产业发展形势良好。积极引进一批有实力的房地产商,加快了商品房开发和旧城改造的步伐,锦锈华庭、金景苑等一批小区相继建成,促进了房地产的健康、快速发展。到2010年,全县新建商品房面积累计达37万平方米,城镇人均住房面积达26平方米,农村人均住房面积达32平方米。

金融业运行稳健。"十一五"以来,各金融机构紧紧围绕重点项目、重点行业、重点企业、重点产品,拓展金融服务领域,全力服务烤烟生产、工业集聚区建设、新农村和城镇建设,加大对重点产业、农业产业化龙头企业和招商引资企业的扶持力度;重点加强对就业、助学等涉及民生的信贷支持,加大"三农"信贷投入。2010年各项存款余额达29.3亿元,各项贷款余额达20.1亿元。

信息化服务业快速发展。改扩建了一批移动、联通基站,扩大了网络的覆盖面,"三网融合"进程加快。完成了天鹅山、箐口、八龙山等基站建设及扩容,完成了十个乡镇的宽带设备安装,实现了每个乡镇都能用上宽带网络。新建松烟邮政支局房,配备了邮政传递设备,更新了网点设备,邮政通信能力进一步提高,邮政业务总量年均增长17.3%。全县电话普及率达39部/百人,有线电视用户达21890户。

旅游业健康发展。单独设立了县旅游机构,建立了1家旅游接待中心,以"四在农家"品牌注册了旅游公司,申报评定了龙家黄金榜全国农业旅游示范点,大乌江AA级国家风景名胜区已申报。2012年,全县共接待游客99.66万人次,实现旅游综合收入6.85亿元。

(四)余庆县产业发展存在的问题

1. 以交通、水利等为主的基础设施仍不能满足城乡经济建设和社会发展的需求

虽然目前全县已实现以镇为中心的县内"一纵三横六连线三循环"公路骨架网,但由于缺少与省内外经济联系的高速公路通道,县内的水、陆交通等主干线等级和通

达能力也需要提升,尤其是与贵阳、遵义、铜仁、凯里连接的国道和省道需要提升与改造,路网布局急需进一步完善和优化。同时,全县工程性缺水问题仍然十分突出,远不能满足农村农田水利建设和农村饮水安全的发展需要。目前,全县经济发展所需水资源仍然紧缺,水库建设、病险水库治理任务繁重,城乡电力、信息等基础设施亟待加强。

2. 经济总量小、人均水平低,综合竞争力需要提高

2010年,余庆县生产总值28.76亿元,在遵义市14个区县中列居第9位,在全省居第50位,生产总值占遵义市生产总值的比重为3.16%;全社会投资总额30亿元,为遵义市的5.44%。

3. 企业规模小,产业链短,工业综合实力弱

余庆县规模以上企业仅有7户,除构皮滩水电站外,其余企业总体规模小,产业链短,缺乏知名的企业和品牌。工业园区建设仍处于起步阶段,招商引资工作急需加强。

4. 经济社会发展所需的人才资源明显不足

余庆县有在岗专业技术人员3 648人,而其中教师就占2 380人,工业技术人员仅有363人。人才缺乏,懂经济、懂市场、会管理的人才不多。全社会市场经济意识、创新意识和科技意识需要强化。

三、余庆县产业发展的方向

县域经济产业发展方向的确定,都是源于对已有产业基础、产业资源优势及产业发展潜力的认知。本次规划我们突破传统"一二三"产提升发展的思维路径,紧密结合余庆县产业发展的现状,挖掘极具余庆代表力、激发全县经济能量的特色潜力产业,以此为抓手和推动点,打开余庆产业发展新局面。

最终我们根据四个基本判定原则,推导出余庆县未来产业的发展方向:

已经具备一定的产业规模,具备迅速提升的基础;

产业关联度高,易于带动相关产业联动发展的原则;

极具余庆特色的,易于形成余庆标志的原则;

易于形成可供人们消费的产品的原则。

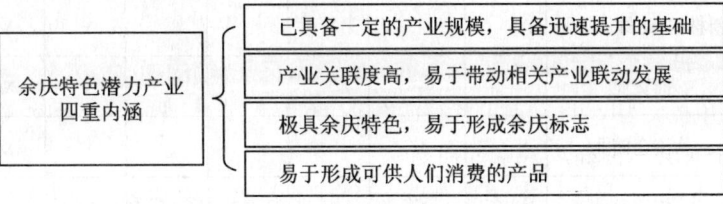

图7-3 余庆县特色潜力产业内涵图

从表7-2统计可知,第一产业中含有七小类产业,其中粮油产业分布在松烟、龙家、龙溪3个镇;烤烟产业分布于松烟、大乌江、关兴、龙家、龙溪5个镇;茶产业分布于松烟、大乌江、小腮、关兴、龙家、龙溪这6个镇;经果林产业分布于松烟、大乌江、白泥、小腮、龙家、龙溪6个镇;蔬菜业分布于白泥、龙家、龙溪3个镇;中药产业分布于龙家、龙溪3个镇;畜牧业分布于白泥、小腮、龙家、龙溪4个镇。第二产业中包含三小类产业,其中农特产品加工业分布于白泥、龙家、龙溪三个镇;挖掘业分布于龙家、龙溪两个镇;新材料/建材加工业分布于白泥、龙家、龙溪三个镇。第三产业中包含三小类产业,其中商贸业主要集中在龙家、龙溪两个镇;仓储物流业分布于大乌江、龙家、龙溪三个镇;旅游业则分布较广,在松烟、大乌江、白泥、关兴、龙家、龙溪这六个镇具有分布。

根据现产业分布现状,且根据各产业规模情况、产业的关联度、产业的可塑性、产业的辐射力,以及余庆特色这五大判定因子最终筛选出余庆未来着重发展的几大产业。

表7-2 余庆县现有重点产业及分布情况

产业类型(13种)		松烟镇	大乌江镇	白泥镇	小腮镇	关兴镇	龙家镇	龙溪镇	计数(镇)
第一产业 (7种)	粮油产业	√					√	√	3
	烤烟产业	√	√			√	√	√	5
	茶产业	√	√		√	√	√	√	6
	经果林产业	√	√	√	√		√	√	6
	蔬菜产业			√			√	√	3
	中药产业						√	√	2
	畜牧业			√	√		√	√	4
第二产业 (3种)	农特产品加工业			√			√	√	3
	采掘业						√	√	2
	新材料/建材加工业			√			√	√	3
第三产业 (3种)	商贸业						√	√	2
	物流仓储业		√				√	√	3
	旅游业	√	√	√		√	√	√	6

注:敖溪镇、构皮滩镇、花山乡暂无资料。

表7-3 现有重点产业多角度评判表

产业名称	判定因子				
	产业现规模情况	产业的关联度	产品可塑性	产业辐射力	余庆特色
粮油产业	年种植面积 60万亩	种植业、加工业、商贸业、物流业	粮食交易市场	—	凉山、官仓大米
	年产量 20万吨				
	年产值 4.8亿元				
烤烟产业	年种植面积 7万亩	种植业、加工业、商贸业、物流业	烤烟加工基地、烤烟交易市场	—	—
	年产量 17.5万担				
	年产值 1125万元				
茶产业	年种植面积 7万亩：苦丁茶密植园3.7万亩，绿茶基地3.3万亩	植业、加工业、商贸业、物流业、旅游业、文化产业	茶交易市场、茶庄、茶艺表演、茶海观光	辐射全国	余庆县小叶苦丁茶传统工艺茶艺列入世界非遗 小叶苦丁——余庆县是小叶苦丁之乡 构皮滩绿茶——获"中国名牌农产品"称号
	年产量 2 000吨				
	年产值 2 000万元				
特色农产品产业（果蔬产业）	蔬菜基地6万亩，产量5万吨，产值9000万元	种植业、加工业、商贸业、物流业、旅游业	农特产品交易市场、农特产品加工基地、体验农业、农庄	辐射贵州省内各地、四川、重庆、广东	"满溪红"红金橘 龙溪苹果桃（目前品牌不够成熟，但市场前景广阔）
	特色水果基地2.1万亩，产量2.1万吨，产值2100万元				
	中药材基地2.5万亩，产量1.25万吨，产值1250万元				

续表

产业名称	判定因子				
	产业现规模情况	产业的关联度	产品可塑性	产业辐射力	余庆特色
商贸业	龙家镇、龙溪镇、白泥镇	种植业、加工业、物流业、旅游业	农产品交易市场（余庆现有农副产品综合市场和专业市场18个）、商贸城	余庆县正在成为遵义、铜仁、黔东南、黔南四地州市结合部的农副产品集散地和农副产品加工、销售中心	—
物流仓储业	龙家镇、龙溪镇、大乌江镇	商贸业	—	辐射全国	—
旅游业	已有的"四在农家"现成为全国标杆工程，各乡镇具备相对完善的配套设施，具有很好的乡村旅游基础	可拉动种植业、加工业、商贸业、文化产业等多个产业	观光农业、农家乐、茶庄、体验农业、休闲度假村	目前辐射重庆、四川等较近地区，形成品牌、知名度后可辐射全国	打破行政壁垒，整合各乡镇资源，进行包装，形成余庆特色
文化创意产业	红色文化、土司文化、苗族文化、他山文化、花灯戏、高矮人舞等省级非遗	旅游业、茶产业、演艺业、文化传媒业等	文化演出、文化产业园、民俗体验基地	全国	乌江红色文化、花灯戏、高矮人舞等省级非遗等

表7-4 余庆县特色潜力产业评定表

产业名称	判定因子				
	产业现规模情况	产业关联度	产品可塑性	产业辐射力	余庆特色
粮油产业	☆☆☆	☆	☆	☆	☆☆
烤烟产业	☆☆☆	☆	☆☆	☆☆☆	☆
茶产业	☆☆	☆☆	☆☆	☆☆	☆☆☆
特色农产品产业(果蔬产业)	☆☆	☆☆	☆☆	☆☆	☆☆
商贸业	☆☆	☆☆	☆☆☆	☆☆☆	—
物流仓储业	☆☆	☆	☆	☆☆☆	—
旅游业	☆☆	☆☆	☆☆☆	☆☆☆	☆☆☆
文化创意产业	☆	☆☆	☆☆☆	—	☆☆☆

注：☆不具优势，☆☆优势不明显，☆☆☆优势明显

根据以上分析，判定得出余庆县着重发展的产业有烤烟、茶、果蔬三个传统产业，旅游、商贸、文化三个创新产业。

最终得出以旅游产业为先导和引擎，驱动传统产业升级、创意产业落地。将旅游业确定为全县经济发展的龙头产业，将旅游业放在优先发展的战略地位，工业、农业、服务业均按照旅游标准进行发展和转型。通过大力发展旅游业，引领经济转型和发展方式转变，带动余庆县走上全面、协调、可持续的发展道路。

第二节 产业发展战略

一、旅游引领

旅游引领战略即以旅游业为发展引擎，引领综合产业经济协调共融发展，引领传统产业升级，引领新兴产业落地。旅游不仅仅是国民经济的一个产业，而是将其作为一种发展方式、一种发展模式、一种经济理念、一种产业标准，引领余庆县国民经济与社会发展的整体跨越和全面繁荣。旅游引领主要表现在以下几个方面：

1.旅游引领发展模式转变

通过"旅居"农家方案的实施，旅游景区体系的建设，旅游产品体系的打造，构建以满足人类新兴休闲健康消费需求为导向的绿色发展、健康发展、乐活发展、休闲发

展、幸福发展的余庆县新经济模式。

2. 旅游引领产业结构调整

通过深度融合与创新驱动,加快传统产业升级改造,创意新型产业落地,形成一个结构优化、技术先进、辐射力强、卓越持续、附加值高、吸纳就业能力强的全县经济现代产业体系。

3. 旅游引领全县资源配置

以发展旅游产业为根本,集中全县的资源,打包各行业政策,大力扶持旅游业的发展,以便形成集中规模优势,带动其他产业发展。

4. 旅游引领城乡统筹发展

发挥旅游在促进统筹城乡改革中的先导作用,加快乡村基础设施建设、提高乡村旅游公共服务水平,带动城乡一体化的发展和整体环境的优化。

5. 旅游引领文化体系建设

改变传统文化形态,挖掘沉睡文化,激活历史文化,创意时尚文化,贯穿消费文化,推动形成一种新的文化形态。通过旅游业的发展,实现产业结构优化升级、促进就业、改善民生、弘扬文化、保护生态等发展目标,发挥旅游业在经济、社会、文化、生态建设发展中的作用,将旅游业培养成为余庆县经济发展的主导驱动力。

二、融合发展

产业融合作为一种经济现象是指为适应产业增长而发生的产业边界的收缩或消失[1]。产业融合最先出现在信息产业领域,此后蔓延至金融业、物流业、传媒业、服务业等其他领域[2]。各产业之间更加密切的融合催生新型产业结构,以关注民生、关注幸福为导向的旅游业与相关产业的融合成为新的发展热点之一。在构建和谐社会的进程中,国家转变经济增长方式、扩大内需、调整产业结构、增加就业机会、安置农村剩余劳动力等一系列政策措施,为旅游业与相关产业融合提供了强有力的政策支持和广阔的历史舞台[3]。旅游业在产业融合之大浪潮带动下,已经显露出了跨界发展的迹象,表现为新型业态的不断涌现以及新型产业功能的逐步显现,如工业旅游、农业观光游、文化创意、会展旅游、医疗旅游、教育旅游、商务旅游等新业态的出现,以及旅游景区兼具影视文化基地、文化创意产业园,养老、养生借助医疗产业与旅游产业得到快速发展等。

余庆县产业发展过程中,应通过发展农业、体育产业、会议会展、文化娱乐、房地产

---

[1] Greenstein S., Khanna T. Competing in the age of digital convergence[J]. Boston,1997:201-226.
[2] 杨颖. 产业融合:旅游业发展趋势的新视角[J]. 旅游科学,2008,22(4):6-10.
[3] 徐文雄. 旅游发展与产业融合"四化"[J]. 旅游学刊,2011,26(4):11.

业、商贸零售业、农业加工业等产业向旅游业注入多种消费功能,实现产业之间的互融,产业耦合作用下形成多种旅游业态、旅游产品①,既能够带动旅游的综合消费,又能够提升传统产业的附加值、延伸产业链条、拓展产业空间,真正实现产业之间的互融与共荣。

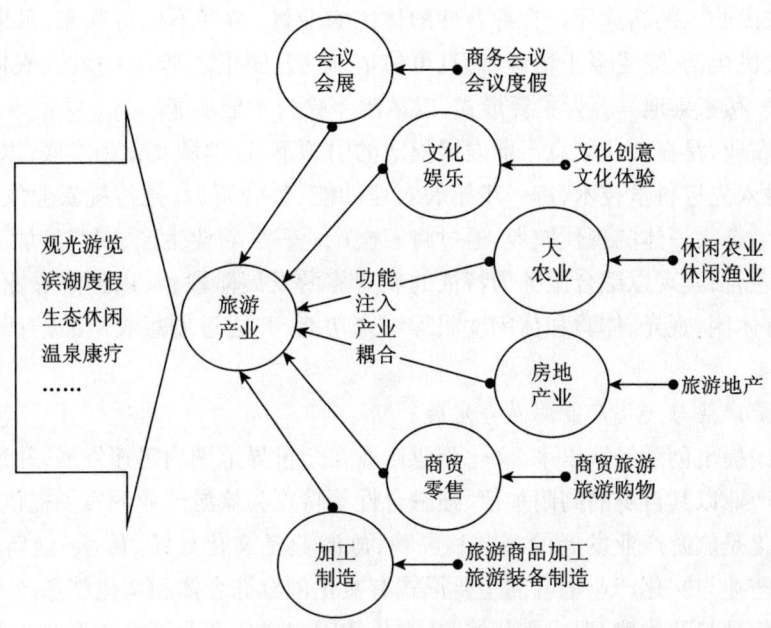

图7-4 产业融合发展示意图

1. 旅游产业与农业融合发展

是指通过挖掘农业资源的旅游游憩价值,使丰富农业相关的旅游吸引物,旅游活动的范围由此扩展到了物质生产部门,旅游服务向农业部门的延伸,使农业从满足人们生存需要扩展到满足人们发展与享受的需要,使农业劳动生产率得以提高②。并使得农业更具自然保育及人文建设等多元功能,成为创造优质旅居生活环境的产业。

通过旅游产业与农业产业的融合,可以发展观光农业、休闲农业、创意农业等产业业态③。其中,观光农业是指以农业生产为核心依托,利用特色农业、景观农业、设施农业等原生性农业景观价值开发出以观光游览为主要功能的农业旅游活动;并辅以各种赏花节事活动如苹果桃节、桃花节、油菜花节等,以此吸引游客前来观光、品尝、购

---

① 许豫宏,张雪梅,贾伟."新沂旅游产业园区"与中国旅游产业经济未来[M].北京:旅游教育出版社,2011:52-55.
② 张文健,陈琳.产业融合框架下的农业旅游新内涵与新形态[J].旅游论坛,2009,02(5):704-708,716.
③ 王德刚.农业旅游代际特征与盈利模式研究[J].旅游科学,2013,27(1):76-83.

物,从而获得相应的收益。其主要做法是通过引进优质蔬菜、绿色食品、高产瓜果、观赏花卉作物,组建成农业观光园、采摘水果园、农俗观光园及果蔬品尝中心等。

休闲农业,是通过农业与旅游业的融合发展实现的以休闲、观光、采摘和农耕体验为主要特征的农业旅游形式,是深度开发农业资源潜力,调整农业结构,改善农业环境,增加农民收入的新途径。在综合性的休闲农业区,游客不仅可观光、采果、体验农作、了解农民生活、享受乡土情趣,而且可住宿、度假、游乐。其以采摘园、农耕体验园、租赁农场(私家菜地)等为主要形式,以休闲体验为主导功能。

创意农业,是在文化创意产业发展模式的引领下,以地域文化为本底,以创意创造为手段,融入先进科学技术,进一步拓展农业功能、整合资源,把传统农业发展为融生产、生活、生态为一体的现代农业,通过将三次产业——农业生产、农产品加工、旅游服务的高度融合,实现以综合服务为特征的农业旅游发展阶段;其以创意农业园为主要形式,具有休闲、观光、体验和休闲度假等综合功能,并通过创意农产品的销售获得高附加值。

2.旅游产业与文化产业的融合发展

自英国提出创意经济以来,文化创意产业在全世界范围内迅速发展,并形成浪潮。文化创意产业以其自身的高附加值、强融合性等特点为旅游产业的发展提供了新的增值点。文化是旅游产业发展的基础和灵魂,旅游业是文化延续、传承、创新的重要载体。旅游产业与文化产业融合的主要形式有文化创意综合体和文化创意产业园区,前者强调文化项目的构建,形成文化体验、文化休闲与文化商业等综合消费业态,并聚合创意产业、会展商务、综合商业、居住物业等形成泛文化产业体系,推动文化产业、现代服务业的集聚式发展;后者强调以文化产品输出为核心,联动形成融生产、交易、休闲、居住为一体的多功能园区,并形成生产—发行—消费"产供销"一体的文化产业链,推动泛文化产业的集聚式发展。

余庆县文化底蕴深厚,具备与旅游产业融合发展的先天条件。在促进文化与旅游产业融合过程中,首先应全面梳理余庆的文化旅游资源,如红色文化、乌江文化、土司文化、"四在农家"文化、苗族文化、他山文化等,依据文化的特征属性制定出产业融合发展的战略规划。并通过科学的市场研究,定位文化旅游产业发展的客源市场,明确发展目标和各阶段的发展任务,以市场需求引领文化与旅游产业融合发展;二是创新产品的开发手段,通过研究旅游者的生活习惯、文化特点和需求喜好,选准文化旅游产品开发的市场定位,将文化资源融入到旅游项目的开发过程中,把优势资源转化为受消费者喜爱的优质产品[①];三是强化管理体制创新,科学、公平、高效的运营机制是产业发展的重要推动力,余庆县政府应引导成立专门的旅游文化产业领导小组,以便指

---

① 张海燕,王忠云.旅游产业与文化产业融合发展研究[J].资源开发与市场,2010,26(4):322-326.

导好两大产业的行政管理工作,发挥其在领导和协调现有文化旅游资源所属的文化局、宗教局、各级行政及企业等主管单位的工作协调联动,制定共同发展大文化、大旅游、大繁荣的战略目标,并加强宏观指导和监管力度等方面的作用。

3. 旅游产业与体育产业的融合发展

随着经济社会的发展,人们消费观念的转变,对于文明健康和高质量生活方式的追求日益升级,体育旅游已成为全社会新的消费热点,体育与旅游产业融合发展的态势日益显现。

余庆县体育与旅游产业融合过程中,首先,可以结合资源特征,修建一系列休闲体育旅游基地,以此逐渐聚集人气,打造品牌,如松烟镇骑行基地、敖溪镇低空飞行基地等;其次,结合各镇特色,发展特色体育旅游镇,如依托松烟镇缓坡地形,开展特色自行车旅游,将骑行转换为松烟的生活方式,引领体育旅游发展,结合关兴镇老林河景区峡谷地形及水资源丰富的优势,开展漂流、登山、攀岩、高空滑索、探险等受到游客的广泛追捧的体育旅游项目。再次,可以依托"松烟中国第一骑游小镇"的品牌效应,深度挖掘各镇特色,发展"一镇一品"景观赛事和富有特色的精品赛事,使得体育赛事与旅游产业相融相长,各镇的体育项目之间可以互补联动,做大余庆体育旅游品牌;最后,由于体育旅游的风险系数较高,在产业融合过程中,应强化安全管理,制定安全管理制度,配备安全警示标志,制定严格活动参与流程,并积极引进专业人员进行指导,提高了活动的知识性、专业性和趣味性。同时加强对体育旅游市场的监管,研究制定行之有效的管理办法,促进体育旅游融合的健康发展。

三、产业集聚

产业集聚是指同一产业在某个特定地理区域内高度集中,产业资本要素在空间范围内不断汇聚的一个过程。经济全球化的今天,市场竞争已从企业竞争走向产业集群竞争,产业集群通过协同效应显现出的竞争优势,日益显现强大力量,成为区域参与竞争的骨干力量。产业集群以三种主要形式凝聚竞争力:一是增加集群内企业或产业的生产力;二是增强创新能力;三是刺激新企业发育成长,扩大产业集群。

余庆在产业培育过程中,应促进区域联动、资源整合、要素聚集,为产业聚集发展提供支撑。

1. 统筹优化生产力布局

迈克尔·波特(Michael E. Porter)认为旅游业是集群效应最明显、最适合集群化发展的行业之一,建议国家应把旅游企业集群作为重点培植对象[1]。余庆应加强宏观

---

[1] Michael E. Porter. Clusters and the New Economics of Competition[J]. Harvard Business Review,1998,(11): 77-90.

调控、合理配置资源、强化旅游业集群发展,并促进经济社会协调发展。打破行政区划的界限,放眼于打造旅居产业经济高地、遵义市经济发展的重要增长区、体制机制创新的实验区,高起点地进行产业经济板块的规划。一是联动发展乌江旅游经济带,与推进旅居城镇化相统一,既充分利用城镇的基础设施、人才、资金、技术优势,以城镇为依托,发展壮大产业集群,又从关联度更大、布局分工更加合理、整体竞争优势更强的产业带发展要求出发,在更大范围、更高层次上规划建设与产业带相配套的小城镇,强化贵州东线绿色旅游经济圈和乌江旅游经济带的壮大。

2. 整合产业园区,打造产业功能区

园区是加快产业集聚的载体和平台,按照"旅游产业园区"的发展模式[①],从区域经济一体化、空间布局扩容和功能提升出发,整合产业园区。一是坚持规模化。明确产业园区定位,以大项目和增量投入带动园区整合。北部围绕土司古镇、形成旅游产业园区,引导配套产业围绕主导产业集聚。南部围绕旅游商贸产业园区,引导小商品集聚,商贸物流业的发展。

3. 把产业链做成产业集群发展的主脉

一是把大项目做成大产业。围绕"一水一山一古镇",按照休闲旅游的需求,整合产业链。二是变大企业规模拉动为产业带动。重视在产业集群中发展,与产业价值链的中小企业建立紧密联系,在招商引资、技术创新和市场营销中发挥骨干作用,推动产业集群的形成。着力解决大企业核心技术"空化"问题,以技术的提升促进产业价值链的延伸,把品牌企业变成品牌产业。三是强化产业内部联系。提高交易效率,政府应研究政策,促进专业化分工和产业配套。实行积极的财税、金融政策,促进产业集聚。

4. 创新产业集聚的体制和机制环境

良好的内部和外部环境,是产业集群的保障。要从理顺体制、健全制度入手,营造产业集中的氛围。塑造区域文化,促进企业相互合作、互动发展。采取俱乐部、联谊会和行业协会等形式,扩大企业交流,促进信息、知识等转移扩散。引导企业通过"集聚—学习—竞争—创新",实现自我提升。建立企业间的互动关系,促进低成本型产业集群向创新型产业集群升级。

四、产业创新

产业创新是针对传统产业发展提出的全新的发展思路,产业创新的核心是观念和思想的创新。当然,创新的内涵十分丰富,不仅包括产品的创新、技术的创新、市场的

---

① 许豫宏,张雪梅,贾伟."新沂旅游产业园区"与中国旅游产业经济未来[M].北京:旅游教育出版社,2011.

创新和要素的创新,也包括组织方式和组织技术的创新。

产业创新是一个"社会—经济—技术"过程,而不只是一个简单的由资本、劳动和技术推动的过程,它是以创新环境为基础的,以公共和私有部门以及机构组成的创新网络为平台,通过网络内的互动学习和空间集聚进行的,实现产业在产品、工艺、管理、组织等方面的创新并引起结构的变化的过程,是由参与产业活动的各个主体共同完成的创新过程[1]。从产业创新的具体形态来看,大致可分为三种形式:一是从无到有的过程,创造全新的产业体系,这种产业的创新实际上是一种产业革命;二是现有产业的替代和升级,这种产业的创新通常是技术的进步的结果;三是现有产业在一定区域范围内的集聚,形成集聚效应和规模经济[2]。

对于余庆的产业发展而言,产业创新战略表现为传统产业提升、创新产业落地两个方面,并由此而形成各个产业在空间范围内的集聚发展,进而形成规模经济引领产业升级。

1. 传统产业提升

传统产业是指起步较早,主要采用传统技术和方式进行生产和服务的产业。传统产业是余庆经济增长的重要动力,是解决居民就业、实现社会和谐稳定的基石,也是余庆经济转型升级的重要基础,传统产业的稳定健康发展对于促进余庆经济平稳较快发展和产业结构调整具有重要意义。根据前文对于余庆县产业发展现状的研究,余庆传统产业主要有粮油产业、烤烟产业、茶产业、特色农产品产业(果蔬产业)等四个产业领域。

继续发挥传统产业在增加经济总量,增加居民收入方面的积极作用,积极整合国家各行业政策,以科技创新为动力,增强传统产业的核心竞争力,以产业提升振兴为纽带,推进传统产业集群发展,突出重点产业带动,以特色产业园区为依托,如烤烟产业园区、富硒富锌茶产业园区等。有效提升效益空间。引导传统产业走上创新型、效益型、集约型、生态型发展道路。

2. 创新产业落地

创新产业也指新兴产业,是指随着社会经济的发展,交通条件的改善,科学技术的进步,目前在余庆尚处孕育阶段,或者未来可以在余庆落地生根具有很强的产业发展潜力和前景的产业,其不仅符合国家行业扶持方向,同时大多具有低能耗、高科技、低污染、社会效益高等特点,符合资源节约和环境友好两型社会的要求,其对于余庆县经济转型和产业升级起着发动机和引擎的作用,是余庆产业经济领域新的增长极。

根据对余庆现有产业基础的研究,结合余庆县未来交通区位条件,以及贵州省、遵

---

[1] 秦兴方.县域产业创新的机理与路径——以扬州市邗江区为例[J].扬州大学学报(人文社会科学版),2006,10(3):3-8.

[2] 陆国庆.产业创新:超越传统创新理论的新范式[J].哈尔滨市委党校学报,2003(1):11-14.

义市有关产业结构调整的发展战略,确定余庆创新产业主要有旅游产业、商贸业、文化产业等三个产业系统。其中,旅游产业将依据"旅居农家"的实施、"旅居产品"体系的构建,形成"全景余庆"的旅游产业体系;商贸业将依托龙溪镇、龙家镇、关兴镇、白泥镇等镇的区位优势就商贸基础,打造黔东北商贸物流中心;文化产业将依托余庆县深厚的文化底蕴基础,全国文化先进县,贵州省文化创意产业示范县,并促进文化、旅游、体育、商贸、农业等多元产业间的融合发展。

第三节 传统产业提升

一、烤烟产业

1. 产业基础

烤烟业是余庆县的重要支柱产业,也是农民创收的最主要来源。2011年,余庆县烤烟生产创下新高,收购烟叶20万担,上中等烟率达97.6%,担均价1 107元,居贵州省第一。截至2012年年底,全县烤烟种植面积达6 000公顷(9万亩)。同时,余庆县运用现代农业理念发展烤烟生产,从零星散户种植向规模化、专业化、标准化、科技化方向迈进。

(1) 规模化。

余庆县种植烤烟的历史悠久,连续多年走在全市前列,但零星散户种植收益不明显。为了把烤烟生产这块"蛋糕"做大,余庆县走可持续的现代农业发展之路。截至2009年,余庆县争取资金近亿元,加大烟区的基础设施建设,改善群众的生产环境,实施构皮滩镇、松烟镇、敖溪镇、花山苗族乡等重点烟区烟水配套管网工程和机耕道建设工程。目前,部分村组可以用三轮车、板车到烟地采摘烟叶,生产环境好,种植烤烟的农民积极性高,烤烟生产的规模大。

(2) 标准化。

在注重规模的同时,烤烟生产的标准也没有滞后。其标准化主要指六方面:一是烤烟品种标准,烤烟品种是通过烟草部门批准使用的烤烟品种;二是烤烟育苗标准,烤烟育苗统一采用大棚漂浮育苗,也是目前最先进的育苗方法之一;三是烤烟栽培管理措施标准,烤烟栽培行距和株距标准按照县烟草部门的要求和技术进行栽培;四是烤烟栽培用水标准,烤烟栽种季节,烟水配套管网保证了对烤烟的灌溉;五是烤烟栽培施肥量控制标准,化肥的施用由烟草部门指定专用复合肥;六是烟叶的分级扎把标准,余庆县推行烟叶预检,烟叶预检人员进村入户,指导帮助烟农进行初步分级扎把,并和烟农明确约定售烟时间、地点、数量及等级范围。

(3)科技化。

余庆县在加大烟区基础设施建设的同时,提高烤烟种植的科技含量,苗床率先推行防虫网,70%实施地膜覆盖,烟苗实施定根水带药移栽,坡土施用农家肥。

(4)专业化。

2010年,余庆县争取资金5 000多万元在重点烟区实施烟水配套管网工程,从而改善烟区的生产条件,结束烟农挑水浇烟的历史。还投入巨资在重点烟区修建新型密集式烘房,提高烟农的生产效率。

2. 发展目标

落实县委县政府"稳烟"战略,推进余庆县从烤烟重点县、烤烟大县向烤烟强县迈进。提高亩产量和上等烟草比例,进一步提高了烟农种烟的积极性,稳定增加全县农民的收入。到2020年,全县种植烟草30万亩(2万公顷),年收购烟草100万担,上中等烟草率98%,上等烟草率达85%,担均价突破1 500元,年烟草收入达15亿元。

全国优质烤烟基地

全国烤烟生产强县

烟草收入强县

3. 发展思路

通过一系列政府主导工程,逐年增加烟草种植面积,优化烟叶等级结构,推广优良新品种种植,对于老化的烟草种植地采取翻耕起垄、测土培肥等措施,确保优质烟叶产量。深化与湖南中烟等品牌企业合作,推动烤烟技术科技化、标准化的进程。

4. 发展布局

烟草向重点镇布局:向松烟、大乌江镇、龙家、关兴等镇集中。

5. 政策扶持

购肥贴息贷款。对每年新增烟草种植地,由县烟草办实行统一购肥,并向烟农提供6个月的购肥贴息贷款。

种苗扶持工程。新增烤烟种植地,种苗由烟草办专业队伍实行统一育苗,烟农按每盘5元提苗,对种植新品种的交售烟叶时每100斤补贴50元,对按要求优化烟叶等级结构的每亩补贴150元。

鼓励推广种烟新技术。对于2013年1月1日前翻耕晒垄耕作的每亩补贴50元,2013年4月1日前翻耕起垄的每亩补贴20元。

建立烤烟风险保障机制。病虫害防治期间由烟草办免费提供2次防治药品,对因严重灾害造成绝收的每亩补贴600元。

建立烟草基础设施建设管护制度。每年从烟叶税中提取1.5%作为烟叶基础设施建设管护资金,并设立50万元的烟叶基础设施建设基金改善烟区基础设施;国土、水利、林业部门对烟叶工场及烤房建设收费实行行政事业性收费全免和服务性收费减半制度,电力部门对密集型烤房用电按农业用电价格收取。

培育烤烟龙头企业。培育 3~5 家余庆县烤烟龙头企业,形成"龙头企业+合作组织+农户"产业化经营机制,由此带动种烟专业大户的形成;并对一次性建设 20 座以上烤房群的大户或公司,由政府协调农发银行给予每座烤房 1 万元贴息贷款,烤房的炉膛、风机、自控设备、发电机等主要设备维修由烟基办向省市争取专项资金。

二、茶产业

1. 发展基础

余庆县现有茶园 5 200 万公顷,其中苦丁茶 2 400 万公顷,绿茶 2 800 万公顷,分布在全县九镇一乡,规模茶场 18 个,其中 33 公顷以上的茶场有 6 个,13~33 公顷的茶场有 12 个,有机茶园 7 公顷,有机茶转换认证 50 公顷,无公害茶园 1 380 公顷。2010 年,全县茶叶产量达 1 200 吨,产值 8 000 万元。

➤ 余庆县茶产业发展历程

余庆县绿茶产业从 20 世纪 80 年代初小面积试种,经过多年的发展,现拥有基地 2.1 万亩,效益明显,经济效益逐年增加,带动了地方经济的发展。小叶苦丁茶从 1994 年开始试制样品,小规模生产精品投放市场,收到了很好的效果。1998 年 5 月由贵州省农业厅、遵义市农业局、遵义市茶叶学会组织茶叶专家组,就余庆小叶苦丁茶产业建设发展进行了专项考察,根据考察组的意见,结合余庆县的实际情况,县委、县政府决定将余庆小叶苦丁茶的发展列入全县经济发展 3122 工程;同年 7 月余庆县组织参加了上海"首届狮达牌小叶苦丁茶沪上研讨推广会",狮达牌小叶苦丁茶得到上海市各界传媒广泛宣传,也得到上海广大消费者的认可;同年 9 月,余庆县 2 万亩小叶苦丁茶基地建设及产品加工项目,由县政府组织,通过了省、市专家参加的专家论证;同年 10 月,余庆县高产优质小叶苦丁茶基地建设及系列产品加工项目,呈报贵州省绿产办,并通过了由市政府组织的专家听证会,得到了与会专家的一致好评。在总结多年实践经验的基础上,2002 年年底,县委、县政府把余庆小叶苦丁茶的发展列为全县解决"三农"问题的支柱产业重点发展。余庆县委、县政府确定将茶叶作为支柱产业和后续财源建设来抓之后,先后出台了《关于加快推进农业产业化经营的意见》《县人民政府关于加快茶叶产业化建设的实施意见》《关于招商引资优惠政策的若干规定》《县人民政府关于印发余庆县农业产业化小额信用贷款财政贴息方案的通知》等政策和措施。以巩固现有茶园,加快新茶园的建设步伐,更新加工机具,实施无公害农产品发展战略。

➢ 茶产业品牌发展

余庆县积极打造"中国小叶苦丁茶之乡"、"全国小叶苦丁茶示范基地县"和"余庆小叶苦丁茶原产地域产品保护"三块牌子,使之成为全国小叶苦丁茶的一个闪光点。同时通过"贵州省无公害苦丁茶、绿茶产地认证"和"小叶苦丁茶产地产品认定"。目前,全县已有"春夏秋冬"、"山绿丹"、"大乌江"、"构皮滩"、"茗园春"、"富源春"等十余个苦丁茶和绿茶品牌,产品在全国拥有较高知名度和市场占有率,深受消费者喜爱。并参加各种茶文化评比,获得不少殊荣。

➢ 现有政策措施

设立县级茶业发展专项资金。从2012年起,县财政预算茶业发展资金400万元,今后逐年增加预算的投入,重点用于企业奖励扶持、基地发展、茶文化建设、品牌推介、标准化建设、贷款贴息、技术培训和考核评比等方面。资金使用由县农牧局提供资金使用方案,县财政局、县审计局要加强资金的监督管理,确保县级茶业发展专项资金发挥最大效益。

整合涉农基础设施建设资金。整合农业、发改、扶贫、农发、水利、交通、农电改造、退耕还林、石漠化治理、农机具补贴等项目资金每年在2 000万元以上,用于茶区基础设施建设和生产加工设备的购置。

引导社会资金参与茶业发展。采取企业、农民自筹或贷款以及招商引资的方式,引导社会资金参与茶产业发展,积极营造宽松的投资环境,发挥民间社会资金的拉动作用。凡在余庆县投资茶叶生产、加工、销售的企业,前三年上缴税收中的地方留存部分,采取以奖代补的方式全额返还。

2. 发展思路

➢ 围绕四大茶叶系列,推动茶业产业化集群发展

围绕小叶苦丁、苗乡白茶、高原绿茶、富硒生态茶四大系列,推动系列茶产业的集群建设,形成规模优势。

➢ 培育龙头企业,延伸产业链条

通过整合组建、招商引资等方式,集中扶持5~10家具有生产、管理、研发、营销能力的茶叶生产龙头企业。引导和支持有发展前景和较大市场潜力的中小企业发展,形成大中小相结合的茶叶企业群体。对茶叶企业申请的农业产业化、中小企业发展、乡镇企业发展等项目资金,主管部门要优先考虑。对确定的重点龙头企业和规模较大、效益较好、品牌知名度较高的龙头企业,从自身、信贷、用地、税收等方面给予扶持。同时,利用余庆县丰富的茶叶资源和茶叶无污染、内质好等优势,开发超微茶粉、茶饮料、茶多酚、茶食品、医药、保健品、化工等多元化茶叶产品,延伸茶叶产业链,提高茶叶资源综合利用效益。

> 加强市场和营销体系的建设,创设余庆县知名茶叶品牌

在加强市场建设方面,主要加快县外主要消费市场的对接,鼓励龙头企业、农民经纪人到县外开办余庆茶叶专卖店、专卖柜和专销区等茶叶销售窗口。加强信息服务网络等无形市场的建设,及时收集和发布茶叶相关信息。在强化市场营销方面,主要由政府主导、企业参与,进一步宣传余庆县深厚的茶文化、优良的茶叶品质和发展茶叶生产的产业优势。采取"政府搭台,企业唱戏"的形式,通过举办采茶节、茶艺表演、茶产品展销会、茶文化节、茶文化研讨会等茶事学术交流活动,定期组织茶叶企业到茶叶主销区举办大型推介活动,提高余庆县茶叶的知名度。建立和完善以专业市场为主,超市专柜、专业店、定点送货上门等为辅的灵活多样的营销网络。

> 加快茶叶多产业融合进程,推动产业联动发展

通过在县城、景区、农家建立一系列主题茶楼、茶馆、茶庄,形成特色茶文化街区、基地、村落,全面展示传统采茶、炒茶、制茶、品茶工艺,挖掘和创意茶特色餐饮,促进茶叶生产与文化、休闲、美食、娱乐等多产业融合,形成产业联动效应。

> 广泛开展茶文化节事活动,全面提升余庆茶业的品牌力

大力开展小叶苦丁茶健康文化节、苗乡白茶文化节、富硒生态茶文化节、高原绿茶文化节等节事活动,形成茶文化对外交流的窗口,以节事活动聚合人气、提升品牌力。

> 稳抓茶叶质量,确保茶产业健康、持续地发展

抓好茶叶卫生保证体系、茶叶生产与质量标准体系、茶叶信息体系三大体系建设,逐步提升有机茶、绿色无公害茶的比例,提高茶叶品质与档次,确保消费者安全,及时掌握产销动态,使茶叶生产逐步走上标准化轨道,并健康、稳步、持续地发展。

3. 发展目标

> 总体目标

重点发展小叶苦丁茶、高山绿茶、富锌富硒茶、苗乡白茶四大茶叶系列,推动茶叶产业集群式发展,促进茶叶种植与多产业联动、融合,通过建立茶叶质量标准体系、茶叶经营标准体系等,引导茶产业走向高效、生态、可持续地发展,将余庆县打造为:

中国名茶之乡
全国茶产业创新发展示范区

> 经济目标

通过产业创新发展模式,逐步增加四大系列茶叶的种植面积,形成集聚发展,培育龙头企业;逐年增加有机茶的比例,增加茶叶深加工的能力,降低原料茶叶的销售比例,在县城、景区、农家布局品牌茶楼,逐年增加茶叶产值及其对国内生产总值的贡献度,具体指标如下:

表7-5 茶产业经济指标

指标名称 年份	茶叶种植面积(万亩)				有机茶比例(%)	原料茶叶销售比例(%)	年加工茶叶能力(万吨)	茶叶年产值(亿元)	占国内生产总值比重(%)	品牌茶楼、茶庄数(含县城、景区、农庄)	龙头企业(省级重点企业及以上)	知名品牌数(省级著名商标及以上)
	小叶苦丁	苗乡白茶	高原绿茶	富硒茶								
2015	10	5	10	5	40	60	1.5	6	9.7	50	10	10
	\multicolumn{4}{30}									
2020	12	8	15	15	80	30	2	15	10.6	100	20	20
	50											
年均增长率(%)	10.76				—	—	5.92	13.40	1.79	14.87	14.87	14.87

4. 产业布局——"一心四板块"

一心：茶文化交流中心

依托县城的影响力,大力发展茶艺馆、茶庄、专卖店、专营店等,建设茶文化一条街,5年内,每年建设1~2家品牌茶楼。

四板块：

➢ 中西北部绿茶产业板块

打造"松烟、龙家、敖溪","大乌江镇、构皮滩镇"两大绿茶发展集群。

➢ 关兴富硒茶产业板块

建设以富硒富锌茶为品牌的产业区,深化茶叶加工、茶产品深加工、茶产品研发功能。

➢ 花山苗乡白茶产业板块

依托花山优良的土壤、气候资源,在现有基础上扩大白茶的种植面积和规模,改建老茶园,修建新茶园,走向标准化密植茶园,规划"改造+新建",总规模达到5万亩。

➢ 南部小叶苦丁茶产业板块

以小腮为核心,联动龙溪、白泥等两镇,大力发展小叶苦丁种植,嫁接健康、文化等产业,走向融合发展。

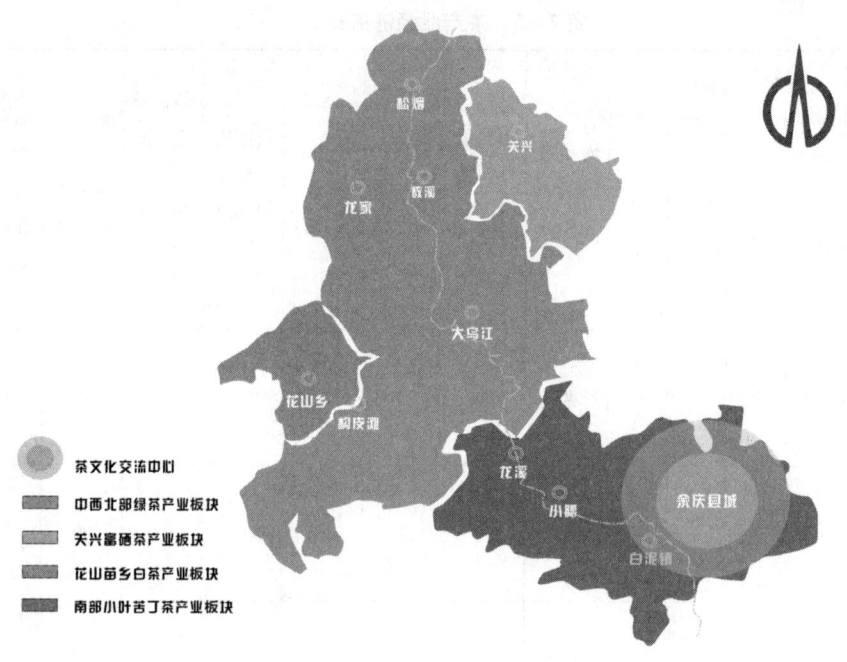

图7-5 茶产业布局图

5. 政策扶持

规模茶园建设。整合农、林、水、技术改造、以工代赈、科技等各部门项目资金,每年投入一定比例的资金,作为茶产业发展专项资金,一部分作为当年茶产业发展的专项经费,一部分作为滚动资金和为龙头企业贷款提供担保、贴息,并积极协调商业银行和农村信用社对重点产茶区、茶叶龙头企业给予贷款支持。

扶持龙头企业及知名品牌建设。对于获得省级农业产业化经营龙头茶企业给予资金奖励,获得国家级农业产业化经营龙头茶企业的,奖励10万元,获得省级著名商标企业的,一次性奖励5万元,获得国家驰名商标企业的,一次性奖励10万元。

扶持茶产业园区的建设。政府扶持新建茶产业园的基础设施建设适当费用,并扶持关兴茶树繁育中心研发费用;对于通过ISO9000认证的产业园,一次性奖励10万元,对于通过有机认证的产业园,一次性奖励10万元,对于通过无公害绿色认证的产业园,一次性奖励5万元。

千家茶楼工程,扶持茶楼、茶馆、茶庄等新兴业态。鼓励在余庆县内及县外县级以上城市开设余庆品牌茶艺馆,凡新开面积达100平方米以上,主打余庆茶招牌,经营余庆四大系列茶,宣传余庆茶文化的个体商户,对于前100家,一次性奖励2万元,前500家,一次性奖励1万元,前1 000家,一次性奖励5 000元。

三、果蔬产业

1. 发展基础

➢ 水果产业发展基本现状

基地建设初具规模。截至2013年,全县各类果树种植面积达8.08万亩,结果园面积3.65万亩,产量5万吨,产值1.25亿元。主要品种为柑橘1.5万亩,梨0.9万亩,桃2.78万亩,李0.8万亩,核桃2万亩,葡萄0.1万亩。

分布区域:柑橘主要分布在明星、下里、上里、满溪、红军、万里、光明等村及乌江河谷地带;梨主要分布在明星、满溪、关兴、胜利、友礼等村;李主要分布在红军、芝州、关塘、乌江等村;桃类主要分布在龙溪镇、白泥镇、构皮滩镇、大乌江镇等;葡萄和枇杷主要分布在白泥镇;板栗主要分布在龙溪、关兴、松烟等镇。

主要销售市场:主要销往贵阳、重庆、周边县、市及广东、广西等地。

产地产品认证:获无公害水果产地认证8.25万亩、农业部认证的无公害水果产品认证桃、西瓜、梨。

存在的问题主要表现在:有关果业发展的政策法规和管理体制需要进一步配套与完善,产业发展宏观规划、指导意见变化快,连续性差;造林重栽植,轻管理,品种杂乱,质量亟待提高;低效益果园较多,产品单产和优质果品率低;果树优良品种引进、繁殖以及新技术推广应用滞后;特色果业投入有限,果品加工产业化程度低;龙头企业发展较慢,产品流通和社会化服务体系不完善等。

产品加工(加工厂、龙头企业)、市场占有率等方面的基本现状。全县有果树合作社16个,拥有会员900余人。尚无大的企业来投资,品牌效应不明显,抵抗自然和市场风险的能力较低,产品价格不很稳定。

➢ 蔬菜产业发展基本现状

基地建设初具规模。蔬菜产业自1985年的0.23万亩菜地,间、混、套作0.345万亩,总产1.75万吨,经过26年的探索与努力,全县已逐步形成一条业主经营、据订单种植、板块发展的产业模式。到2012年,全县各类蔬菜总面积已达16.4万亩,产量24.925万吨,产值2.719亿元。其中早熟蔬菜面积0.56万亩,产量1.12万吨,产值2 800万元;干辣椒6万亩,产量0.045万吨,产值6 750万元;夏秋蔬菜3.84万亩,产量5.76万吨,产值8 640万元,冬春蔬菜6万亩,产量18万吨,产值9 000万元。

蔬菜市场基本稳固。随着人们生活水平的不断提高,绿色环保已成为人们生活消费的时尚追求,蔬菜作为一种绿色、健康的生活必需品,市场需求不断增加,市场前景广阔,发展潜力巨大。通过多年的努力,全县已建立稳固的蔬菜销售渠道和销售网点,蔬菜市场基本稳固。

存在的问题主要表现在:蔬菜产业成为增加农民收入的支柱产业,但从目前来看,实现蔬菜产业持续、健康地发展还面临不少困难和问题,主要表现在:蔬菜种植面积不稳定,基础设施建设薄弱,抵御自然灾害的能力不强;设施蔬菜规模小,建设标准不高;保供应急储备体系尚未建立,区域、品种和季节性短缺依然存在;绿色通道不畅,流通费用过高;科技创新和应用能力不强,标准化生产水平不高,确保产品质量安全的压力加大;管理体系不健全,政策措施不强,扶持投入较小等。

2. 发展思路

(1)强化果蔬基地建设。

推动果蔬产业集中度和组织化程度,建设以桃、柑橘、梨、李、葡萄五大树种为主的水果基地,白泥大坝、小腮镇和大乌江镇早熟蔬菜基地,以标准化基地建设,推动水果产业的组织化程度和集中度,形成特色品牌与核心竞争力。

(2)以健康果蔬理念,强化果蔬产业的源头可溯性,做可持续果蔬产业。

继续优化果蔬品种结构,逐年增加有机、无公害果蔬认证,通过果蔬协会等组织,加强产前、产中和产后环节的衔接与监管,做到安全的源头可溯性。

(3)扶持建设大型企业,以企业带动产业链的完善。

在水果主产区扶持建立大型果品综合加工厂,实行产加销一体化的联合组织和产业化经营,开拓市场,深化加工,延伸产业链,提高果品产业整体效益。

(4)推动果蔬交易平台建设,培育大市场。

在现有黔北果蔬交易市场的基础上,通过大型、中型果蔬批发交易市场,果蔬冷链物流系统的建设,打造黔北果蔬交易平台,培育大市场,建设黔北特色果蔬生产县。

(5)强化果蔬产业与其他产业的融合,走果蔬文旅一体化融合发展的道路。

通过观光、休闲旅游的融入,加强果蔬产业与相关产业的融合,强化果蔬生产基地的景观化、休闲化、度假化配套设施建设,以商贸、文化、旅游、节事等产业等促进果蔬产业活力的形成。

3. 发展目标

➢ 总体目标

立足资源优势,改良传统品种,培育壮大主导品种,引进和开发新品种,加大种植结构调整力度,按照村村有特色、户户有产品的发展方向,走产业化、专业化经营之路,形成一村一品、多业并举的格局,逐步建成独具特色的专业镇、专业村,建成黔北地区极具特色的果蔬中心。

黔北果蔬产业强县
黔北果蔬特色县

➢ 经济目标

通过新的产业发展模式,围绕总体目标,创建特色水果蔬菜产业基地,逐步完善产

业链,提高产业对国内生产总值的贡献值,具体指标如下:

表7-6 余庆县果蔬产业经济指标

指标名称 年份	特色果蔬产业基地(个)	果蔬种植面积(万亩)	果蔬产业增加值(亿元)	果蔬产业对国内生产总值贡献值(%)	果蔬产业从业人员(万人)	大型果蔬加工企业(个)
2015	1	5	2	3.24	1.5	1
2020	3	8	6	4.26	3.5	2
年均增长率(%)	24.57	9.86	24.57	5.63	18.47	14.87

4.产业布局——"一心两副五基地"

一心:白泥镇果蔬集散发展中心

依托白泥镇作为县城所在地的优势,依托已有的黔中果蔬检测批发交易中心,新建果蔬种植基地、果蔬苗木基地、建设果蔬商贸集散中心。

两副:敖溪镇果蔬集散副中心和龙溪镇果蔬集散副中心

指依托敖溪镇、龙溪镇优越的区位条件,分别分期建设气调保鲜库,建设相关配套的采干、采脯、采浆和浓缩的纯果汁生产线,建成保鲜、物流、储存、深加工于一体的两大集散副中心。

五基地:

➢ 关兴富锌富硒绿色果蔬种植基地:依托关兴镇富锌富硒的自然条件,大力发展富锌富硒特色果蔬产业,走与周边地区差异化发展的道路,使富锌富硒茶、果、米相互融合发展。

➢ 龙溪苹果、桃种植基地:依托龙溪镇现有的2.1万亩苹果桃种植基地,通过标准化示范基地的建设,加工、储存、销售体系的建设,并促进其与观光、休闲之间的融合。

➢ 敖溪辣椒种植加工基地:在敖溪建设辣椒种植加工基地,主要品种为遵辣1号、线椒、韩国辣椒,加工基地辐射构皮滩镇、敖溪镇、松烟镇、关兴镇等其他镇的辣椒加工。吸引国内著名品牌辣椒加工企业入驻。

➢ 龙家夏秋蔬菜种植基地:依托龙家海拔800~900米的坝区,建设主要品种为菜辣椒、西红柿、茄子、豇豆、花菜、西葫芦、黄瓜、白菜、结球甘蓝、葫芦瓜、莴笋等。

➢ 小腮食用菌种植基地:利用小腮镇的地形和地貌条件,建设年产10万斤的标准化、生态化食用菌种植基地,主要种植香菇、平菇、草菇、金针菇、猴头、灵芝、木耳等品种。

5.政策扶持

（1）设立余庆县蔬菜产业专项发展基金,促进基础设施建设。

每年安排蔬菜产业专项发展基金200万元,主要用于设施蔬菜生产基地的棚室建设补贴,每新建一栋塑料大棚,县上扶持1 000元,新建一座日光温室,县上扶持1万元。对100亩以上的蔬菜生产基地、大型超市和批发市场购置蔬菜速测仪器等设备给予补助。对于2 000亩以上的果园基地、果品加工厂给予补助。

（2）支持果蔬品牌建设,促进绿色无公害果蔬业的发展。

支持果蔬品牌的创建。对无公害果蔬、绿色食品果蔬、有机果蔬农产品、果蔬农产品地理标志获证单位,除省、市奖励外,再分别奖励;对首次获得国家、省级名牌农产品、著名品牌的,分别给予重奖。

（3）支持果蔬品牌建设,促进绿色无公害果蔬业发展。

对果农、菜农提供技术支持。县政府每年聘请蔬菜技术专家对蔬菜生产基地无偿提供技术指导和生产服务、免费举办技术培训班;为果农、菜农设置大型技术宣传栏,及时向农民提供水果、蔬菜方面的政策、技术、市场信息。

（4）支持果蔬产业保险业发展,确保果蔬产业的抗风险能力。

县政府协调保险公司,对农户参加设施蔬菜生产的自然灾害保险给予一定数额的补贴,帮助菜农消减灾害风险。

第四节　创新产业落地

一、旅游产业

1.发展基础

目前,余庆县的旅游资源与周边旅游资源相比,余庆旅游资源除了人文历史资源外,自然景观资源与周边地区的同质性较强,旅游地竞争力不够;景区(点)知名度较低,拳头旅游产品少,且处于初级开发状态;对城市商务、文化型旅游产品开发的重视程度不够,旅游产业结构不尽合理;旅游整体形象不够鲜明,旅游市场影响力有待增强;旅游开发组织化程度有待提高,旅游发展环境需进一步优化,旅游体制改革相对滞后。

目前,余庆县旅游业的发展主要存在以下问题:

➢ 旅游发展总体滞后,发展方式较粗放

在中国正在成为世界旅游大国的背景下,与全国、全省比较,余庆县的旅游发展仍然处于较低的起步阶段,旅游产业发展规模小、水平低、市场竞争力不强,旅游发展比其他地区落后,制约旅游发展的因素多,不适应旅游市场化、社会化和产业化发展的需要,旅游资源优势尚未得到有效的发挥,旅游产品体系和综合服务体系建设总体滞后,尚未形成在国内有较大影响的品牌和形象,旅游资源的开发利用水平不高,低水平开发,粗放型经营,分散型管理,单一化服务等问题比较突出。

➢ 基础设施,特别是交通基础设施不适应旅游业发展的需要,区域旅游交通可进入条件差,交通是旅游发展的基础条件,规划中经余庆县的高速公路尚未建成,外部交通目前尚未得到改善,区域交通总体比较落后,旅游线路尚未形成,旅游车站缺乏,严重制约余庆县旅游的加快发展和周边旅游资源的开发。

➢ 产品开发水平低,旅游配套设施不完善

余庆县旅游资源优势突出,但由于投入不足,旅游产品建设相对滞后。"四在农家"在全国著名,但"四在农家"旅游仍未形成著名品牌,大多数旅游产品,特别是以飞龙湖、大乌江风景区为代表的旅游资源还处于初步开发状态。低水平的开发导致优势不能成为旅游精品,缺乏高水平、高档次和具有国际、国内影响力的拳头产品,缺乏整体品牌和形象。旅游资源整合不够,景区景点建设分散,发展重点不突出。多数旅游景区的游客服务中心,标志标牌,垃圾卫生设施,停车场等基础设施和配套服务设施十分薄弱,公共性的旅游基础服务设施和产品配套不全。

➢ 旅游发展投入不足,旅游人才缺乏

余庆县由于旅游市场主体发展不充分,缺乏旅游建设多渠道投资,近年虽有较大投入,但距旅游投入的需求量,总体不足的问题十分突出,也是制约区域旅游发展的主要因素。

余庆县旅游发展滞后,导致旅游人才缺乏的问题比较突出,人才总量小,特别是专业的企业管理人员和服务人员缺乏;一方面是旅游人才引进和留住人才困难;另一方面是尚未建立起旅游人才和从业人员培训服务体系。

2.发展战略

➢ 政府主导,市场运作战略

余庆县的旅游发展,尤其是构建"生态旅游基地、'四在农家'乡村旅游基地、休闲度假基地、特种旅游基地",要把政府主导放在重要位置,充分发挥政府部门的行政手段和协调能力,在推动旅游业发展的重要环节上发挥主导作用。同时,应坚持以市场为导向,充分发挥市场配置资源的基础性作用,全面推进市场化运作模式,加快投资多元化步伐,促进旅游业的市场化、社会化和产业化的发展。

➢ 精品带动,产业聚集战略

以引进大项目为突破重点,实现余庆县旅游业的跨越式发展。加快把旅游资源优势转化为产业优势和经济优势,找准突破口,高起点规划建设。选择飞龙湖、大乌江、老林河景区等重点项目集中投入,加快形成有竞争力的特色旅游产业体系,带动区域经济发展。同时,建设以旅游业为主导,以核心景区和吸引物为龙头,服务要素配套,生态环境良好,基础设施完善的旅游产业聚集区。加强区域整体互动与协作,把旅游业发展与相关产业发展、基础设施和生态建设、社会发展、扶贫开发等有机结合起来,采取政府主持、引导、调控下的一体化联合开发,组成一体化旅游线路、一体化经营管理、一体化经营促销,努力形成全县旅游协调发展的新局面。

➤ 低碳环保,绿色健康战略

以良好的生态环境为发展的基础,走低碳、清洁、绿色健康的旅游发展路径。坚持以保护环境为发展前提,以生态环境优化为根本原则,保护生态环境氛围,提高环境质量,正确处理保护和开发之间的关系,科学、合理地利用生态环境资源,培育绿色观念,推行绿色开发,生产绿色产品,开展绿色经营,实现可持续发展。强化低碳环保,绿色健康"原生态、大自然、活文化、真生活"战略,以培育旅游业为支柱产业。

3. 发展思路

➤ 以区域一体化的发展理念进行全县资源整合,实现资源利用价值最大化的战略

创新"全域化"发展理念,以区域一体化的视角,进行余庆全县范围内的资源整合,突破镇域行政壁垒,形成大产业体系,大旅游产品,大景区建设,最终形成旅游产业大市场。例如,针对黔北民居资源,余庆县可以突破行政界线,整合敖溪、松烟、龙家镇内所有民居资源,进行连片打造,形成组合优势和规模效应。而对于县域其他产业资源,将一一梳理,进行整合打包,重磅出击,形成强大的市场号召力。

➤ 大项目驱动旅游产业发展战略

围绕建设"一水一山一古镇"三大品牌旅游产品,建设"一湖一山一古镇"三大精品旅游项目:

一湖,飞龙湖景区。以浪水湾片区项目建设为引擎,驱动飞龙湖大坝、飞龙寨、红军渡、乌江画廊等四大景区体系的构建,实现飞龙湖走向山水观光、休闲度假、避暑养生、民俗体验、运动飞行等产品体系的旅游目的地景区。其中浪水湾片区现已完成规划设计,正在走建设招投标程序,预计于近期即可开工建设,2013年计划投资1.8亿元,打造景前服务港、猕猴半岛等两大项目集群,预计于10月份正式营业,实现当年开工,当年营业。

一山,老林河山岳休闲度假景区。规划建设老林河景区,对其挖掘内涵,丰富旅游产品和旅游体验,针对大西南区域自驾车市场,建设系列主题营地,打造观山观水观峡谷的新型山岳休闲度假景区,成为以吸引大西南区域市场为核心的山岳型旅游目的地景区。

一古镇,土司文化古镇。依托1 200年土司文化的深厚底蕴,突破行政界线,整合敖溪、龙家、松烟镇等黔北民居资源,进行连片打造,形成万户黔北民居集群,构筑"大

土司文化风情古镇"的概念,打造黔北特色古镇长廊,将形成独具市场号召力的文化古镇产品。

通过以上三大核心旅游项目的重拳出击,将推动余庆县快速进入旅游目的地的时代。

➢ 推动"一镇一品一企"的特色化发展战略

以"一镇一品一企"发展模式,以"九镇一乡"的行政基础,确定每个镇的发展特色与路径,形成余庆县十大产业基地,使各镇在差异化的发展过程中,相互联动,共融共强。

松烟镇——乡村骑行旅游休闲基地

结合"2013年中国大西南自行车运动挑战赛",以自行车赛事为引爆点,以自行车巡游活动为驱动力,将松烟镇打造成为"中国第一骑游小镇"。通过赛事的驱动,将单项业余赛事升级为综合业余赛事,将农、林、茶、湖等资源向旅游产品转型。通过建设公路速度赛、茶山山地赛、环湖休闲赛、农家耐力赛、场地娱乐赛等休闲赛事永久性活动场地,以及自行车慢性系统,自行车标志系统,并倡导全民自行车运动,将赛事逐渐常态化,全面营造"骑游第一小镇"的氛围,以此推动松烟镇休闲产业体系的构建。

敖溪镇——柏林村商务会议度假基地

依托敖溪优越的交通区位优势,整合柏林村十余万亩林地、飞龙湖水库水域、低山缓坡的地貌条件,建设设施完备、功能齐全、格调高雅的具有会议度假酒店、企业会馆、度假公寓、低密度度假物业等多种物业形态融为一体,满足商务会议、生态观光、文化娱乐、休闲度假等多种功能于一体的,辐射大西南高端商务会议市场的商务休闲度假基地。

龙家镇——仙峰河亲水欢乐体验基地

利用道翁高速在龙家镇留有出入口,以及正在建设中的可以连通龙家、敖溪的樱花大道等交通优势,积极整合仙峰河水质纯净及瀑布等自然资源,依托正在建设的仙峰商务会所及周边已经形成的度假农家的条件,打造一个融水上漂流、户外水上冲浪、水上游憩等为一体的亲水欢乐世界,成为贵州本地及重庆、四川、湖南等地游客亲水体验、夏季避暑的休闲度假体验基地。

关兴镇——狮山茶海高端品茗基地

依托关兴镇狮子山茶场已经形成的万亩茶园的基础,通过品牌包装及市场运作,放大茶场作为高端绿茶、富锌、富硒、有机等品牌效应,建设高品质的休闲茶庄、茶主题餐饮、茶主题度假酒店等,满足高端品茗市场需求的高端品茗基地。

大乌江镇——红色记忆与梯田怀旧基地

依托红军长征强渡乌江遗址,红军长征纪念园,万亩红栌、红渡村等红色文化资源,整合红渡梯田景观资源,打造具有延续革命传统、传承红色记忆功能的红色旅游基地,以及怀旧农耕、传统农耕体验基地。

花山苗族乡——苗乡风情体验基地

利用花山苗族乡作为少数民俗乡的优势,承接道翁高速在花山苗族乡留有出入口的交通优势,通过挖掘、整理、传承、演绎苗乡民俗文化资源,整合飞龙寨等已有的资源基础,通过住吊脚楼、吃苗家饭、赏苗族歌舞、听苗族芦笙声、体验苗民俗等形式,构建苗乡风情体验的产业体系,打造独具民俗风情的旅游休闲度假基地。

构皮滩镇——乡村避暑休闲生活基地

依托构皮滩水电站的水库资源,以及构皮滩镇已有的"四在农家"民居的基础,积极拓展重庆、四川等地夏季避暑市场,通过逐步增加避暑休闲业态,成为大西南地区居民与乡村田园中满足夏季避暑度假需求的基地。

龙溪镇——现代商贸物流基地

积极利用龙溪镇独特的区位优势,现有的204省道和305省道的交通条件,以及现有的三大产业园区所形成的产业优势,依托2013年开工建设的商贸城,规划建设物流仓储基地,以及各级批发贸易市场,通过扶持大型物流企业,引导新型业态,将其打造成龙溪周边乡镇农产品物流仓储、批发零售、商贸洽谈、物质交易的区域物流中心。

小腮镇——生态健康养生基地

依托小腮镇森林覆盖率较高、野生小叶苦丁茶面积较大,生态环境优雅舒适的特点,以及小腮镇桥下镇长寿老人较多的特点,建设设施完备、格调高雅、品位独特的浓郁田园风情,构建茶养生、饮食养生、森林养生、运动养生等为一体山林生态健康养生基地。

白泥镇——休闲农庄及乡村旅游体验基地

利用白泥镇与余庆县城的紧密关系,综合考虑城镇发展与县城功能的配套之间的关系,提升和完善正在形成的5 000亩休闲农庄,使其成为满足余庆城镇居民及周边城镇居民农业观光、采摘体验、餐饮娱乐的乡村旅游体验基地。

以"旅居农家"推动乡村旅游发展。依托"四在农家"的优势基础,推动"旅居农家"建设,并依此提升乡村旅游的吸引力、接待能力和服务水平。

4. 发展目标

➢ 总体目标

以"旅居农家"建设为契机,通过重点景区建设,品牌产品打造,逐步构建和壮大全县旅游产业体系,将旅游业发展成为余庆县的战略性支柱产业、第三产业的龙头产业,以旅游带动生态建设、城乡建设、人文环境建设。并将余庆打造成:

中国旅游强县

大西南区域重要旅游目的地

"旅居农家"示范县

➢ 经济目标

通过新产业体系的构建和发展,通过对"吃、住、行、游、购、娱"等产业要素的培育,逐年增加 A 级景区的数量、星级酒店的数量、规模旅行社及大型综合旅游企业的数量,实现到 2020 年底,旅游总人次突破 300 万,旅游总收入达 25 亿元,占国内生产总值 17% 的比重。具体指标如下:

表 7-7　余庆县旅游产业经济指标

指标名称 年份	游客接待量 (万人次)	旅游综合 收入(亿元)	占国内生产 总值的比重 (%)	国家"4A"级 景区	星级酒店 (三星及 以上)	规模旅行社 (个)	旅游龙头 企业(个)
2015	100	5	8	1	10	5	5
2020	300	25	17	4	30	10	10
年均增长率(%)	24.57	37.97	16.27	31.95	24.57	14.87	14.87

➢ 文化目标

通过旅游与文化的结合发展和相互推动,在旅游发展中实现余庆县本地历史文化、资源的开发转化等,形成文化品牌,创造文化效益的目标。同时,通过旅游发展,促进文化遗产保护,形成良性的发展与保护模式,使非遗得到更好的保护和开发。

➢ 社会目标

通过发展旅游,从整体上促进人与社会、人与自然的关系,推动余庆县的可持续发展。将旅游景区建设与产品的开发,与建设社会主义新农村和解决"三农"问题紧密结合起来,推动农副产业的发展。随着旅游规模的扩大,旅游景区、宾馆饭店、车船公司等企业必然产生新的工作岗位,提供更多的就业机会。通过智力开发,提高农民的素质,增强农民的市场进入能力和商业经营能力。以增加农民收入为重点,通过发展旅游商品、旅游服务等手段,增加农民的收入。到 2015 年,接待床位达到 1.2 万张,其中星级酒店床位 6 000 张,旅游直接就业 1 万人左右,带动社会就业机会 3 万~5 万人。

5.产业布局——"一主两副三龙头九大旅游区"

一主:县城综合游憩中心

两副:

➢ 江北敖溪旅游集散镇
➢ 江南龙溪旅游集散镇

三龙头:飞龙湖旅游区、老林河风景区、土司文化古镇九大旅游区：
➢ 李家寨湖生态旅游区
➢ 狮山茶场生态观光旅游区
➢ 红渡村红色遗址旅游区
➢ 大乌江航道观光旅游区
➢ 柏林村国际商务度假区
➢ 花山飞龙寨休闲度假区
➢ 花山苗族民俗风情旅游区
➢ 小腮玉笋山宗教景区
➢ 白泥镇乾隆溶洞旅游区

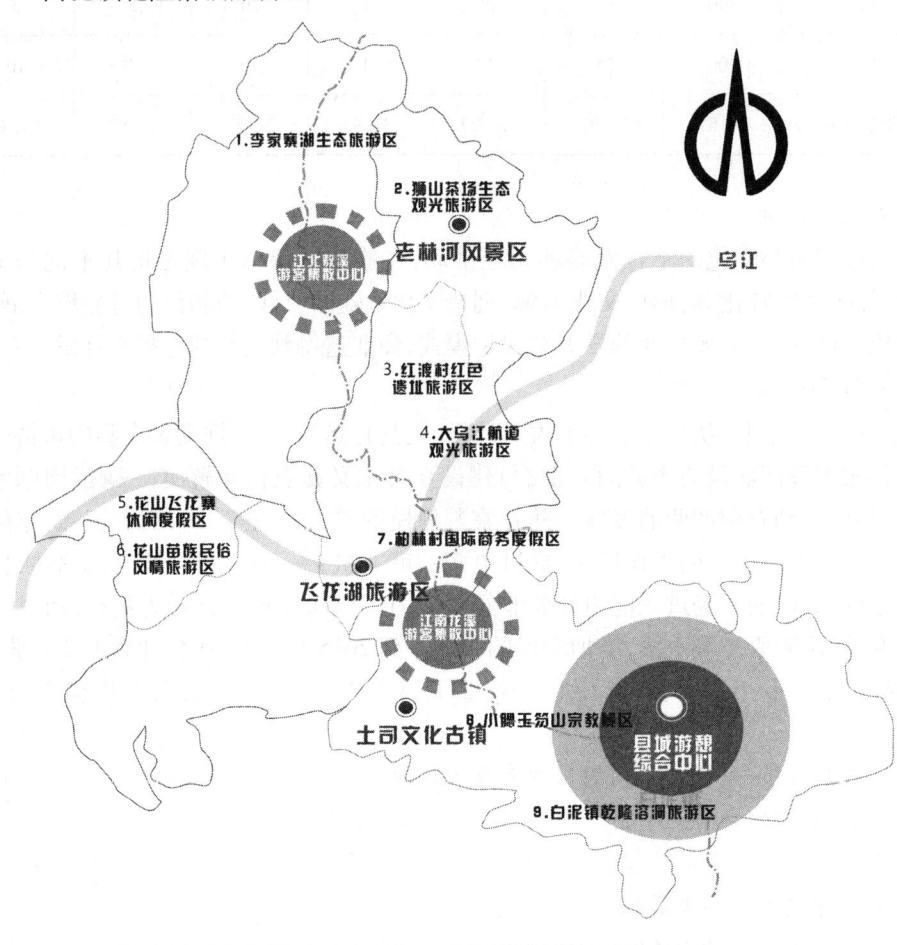

图7-6 旅游产业布局图

6. 政策扶持

推动旅游基础设施建设。修建县城——龙溪镇旅游快速通道,宽度为50米,远期连接至大乌江镇;建设连通敖溪—关兴、敖溪—松烟、敖溪—龙家旅游快速干道,远期与大乌江镇对接,全面提升旅游交通体系。

政府主导项目包装,进行大招商。对十大重点景区,由政府主导完成总体规划或概念性规划,对外进行招商,并给予税费、土地、行政事业性收费等方面的优惠政策。

启动"百万"工程。县政府通过申请贵州省旅游专项资金、财政拨款、银行贷款等方式,扶持新开发景区内基础设施工程建设。

对从事旅游接待的农户,政府免费进行培训。政府认定"旅居农家"的标准和试验农家,政府免费为从事旅游接待的农户进行培训。

二、商贸业

1. 发展思路

➢ 提升商贸流通业

加快县城、龙溪商贸中心的建设,抓好余庆县龙溪粮油交易市场、余庆县松烟茶叶批发市场、余庆县集镇茶青交易市场和余庆县龙溪果蔬批发市场等专业市场的建设。大力开拓农村市场,完善县、乡商品流通体系,形成以批发市场为骨干,乡镇小型市场和商业零售网点为基础,布局合理、品种齐全的商品市场网络体系。全面拓展连锁经营。保持超市行业连锁经营的快速发展,加快百货、家居、建材、汽车、服饰、化妆品、餐饮等行业的连锁发展,使连锁经营成为商贸业的主导性业态。继续做好各种类型购物中心的规划设计、功能定位、招商引资、市场培育工作,引导这个新兴业态健康、有序地发展,适应和满足一站式消费的发展潮流。通过开展"百城万店无假货"活动,创造文明、有序的市场秩序和服务环境,加强商贸企业的诚信建设和业务培训,不断增强企业自律意识,提升服务水准。

➢ 加快发展现代物流业

充分利用今后乌江航道与高速公路水陆并存的交通优势,以及余庆县的特色产业等优势,重点依托白泥镇、龙溪镇、大乌江镇及北部重点城镇客货运站场和港口码头,以及交通干道,加快构建布局合理、配置高效、功能较为完善的物流网络。继续加强乌江航运码头的建设,构建和完善乌江港区物流中心,使之成为余庆县发展现代物流业的重要平台。加快龙溪物流园区和江北货运物流中心的建设,加快中心城镇综合性物流、配送中心的建设。建设仓房维修及龙溪直属库改扩建项目,规划建设敖溪、松烟等地特色农产品和专业性物流仓储基地。围绕建设龙溪产业聚集区,大力发展工业物流。努力构建点、线、面相结合,结构合理、设施配套、运输高效的物流网络。积极鼓励第三方物流和快递业等新兴物流产业的发展。积极引进和培育专业物流企业,提高物流企业的技术装备和信息化水平,增强物流服务能力。

2. 发展目标

➢ 总体目标

通过3~5年的建设,初步建成布局合理、结构优化、功能完善、管理规范、服务优质、人才齐备的商贸服务业体系,将余庆县建设成为辐射周边城镇,影响周边省市的区域商贸物流中心;远期建设以现代运输业为基石,以信息技术为支撑,以现代制造业和商业为重点,融系统化、信息化、仓储现代化为一体的综合性产业,将余庆建成:

黔东北商贸中心
现代化商贸物流产业示范县

➢ 经济目标

通过新产业体系的构建和发展,逐年培育大型商品流通企业,增加商贸流通业从业人员数量,全面提升社会消费品的零售总额,增加商贸流通业对国内生产总值的贡献值,具体指标如下:

表7-8 商贸业经济指标

指标名称 年份	社会消费品零售总额(亿元)	商品流通业增加值(亿元)	商贸流通业对国内生产总值贡献值(%)	商贸流通业从业人员(万人)	大型商品流通企业(家)
2015	20	6	9.7~10.0	2	8
2020	50	16	11.1~12.0	5	15
年均增长率(%)	20.11	21.67	3.71	20.11	13.40

3. 产业布局——"一核两镇七市多点"

➢ 一核:县城商旅产业核。建设服务于本地居民日常商贸、外来游客休闲度假的核心商旅集聚区。

➢ 两镇:龙溪商贸镇、敖溪商贸镇。依托龙溪重庆商贸城、龙溪农副产品市场、龙溪镇物流园,规划建设敖溪镇物流园。建成辐射周边县城的现代化商贸镇。

➢ 七市:建设七大专业批发市场。分别为龙家农副产品批发市场、松烟农副产品批发市场、关兴富硒农产品批发市场、白泥果蔬批发市场、大乌江特色农产品批发市场、花山苗乡综合批发市场、构皮滩综合批发市场。

➢ 多点:结合七大市场,建设一系列超市、便利店、菜市场和农资供应等网点。

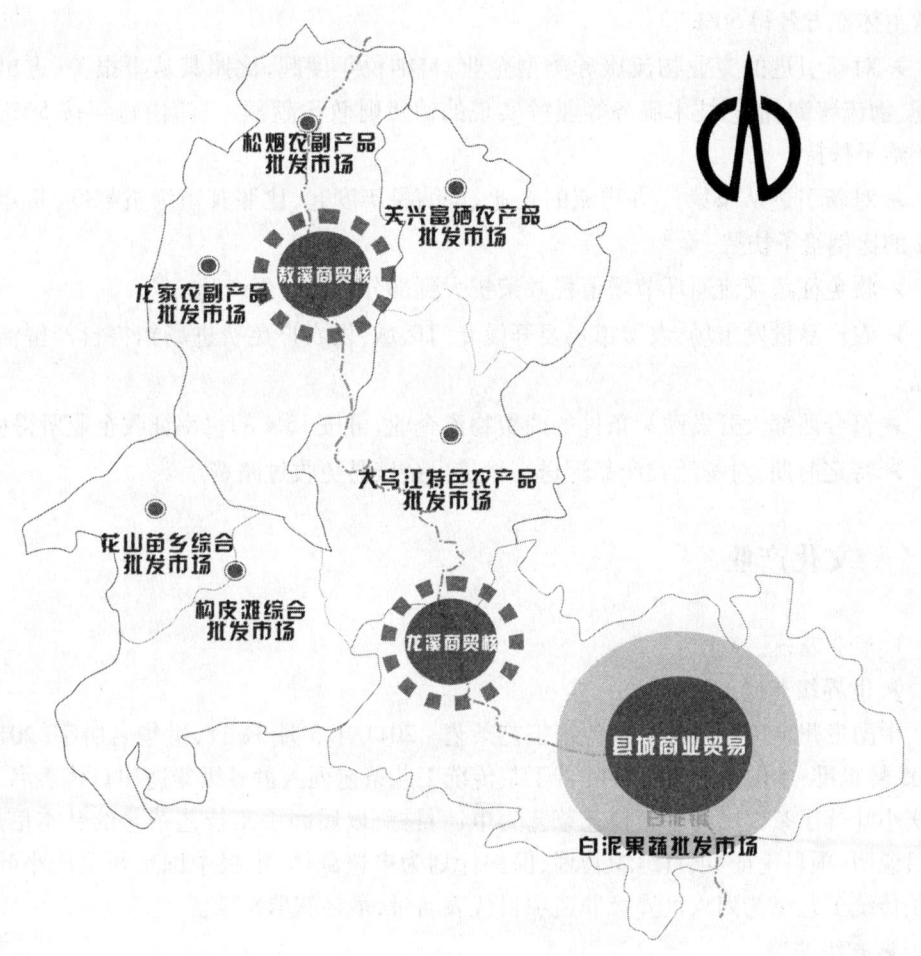

图7-7 商贸产业布局图

4. 政策扶持

➤ 由政府担保,银行金融机构建立适合商贸物流企业的信用评级制度,增加信贷规模。

➤ 对各类农产品生产、流通企业建设配送中心所购置机械设备及建设信息化系统,按不超过投资额的50%给予财政贴息。

➤ 对农民专业合作社、农业生产企业、农产品第三方物流企业建设100吨以上的冷冻冷藏库,每100吨容量补贴10万元;对批发市场、超市新建500吨以上的冷冻冷藏库,每500吨容量补贴20万元。

➤ 对经认定的新建自持商业设施1万平方米及以上大型商业综合体,在其开业年度,根据其总投资及贡献度,给予最高不超过20万元的一次性开业奖励,持有者和运营主体双方各得50%。

➢ 对新引进的专业物流服务类型企业,自纳税年度起,比照其从事报关、进出口代理、物流咨询、信息技术服务等业务实现的镇级财政贡献额,三年内每年按50%的比例给予扶持。

➢ 对新引进从事第三方物流的企业,自纳税年度起,比照其镇级贡献度,每年按50%的比例给予扶持。

➢ 将免征蔬菜流通环节增值税政策扩大到部分鲜活肉蛋产品。

➢ 农产品批发市场、农贸市场要开设专门区域,供农户免费进场销售自产鲜活农产品。

➢ 符合西部大开发政策条件的商贸物流企业,可按15%的税率征收企业所得税。

➢ 特定时期,对鲜活农产品配送车辆进出余庆县免收过路费。

三、文化产业

1. 产业基础

➢ 世界级非遗

中国贵州余庆小叶苦丁茶传统工艺茶艺。2011年3月31日,世华名协字〔2011〕第05号批准:中国贵州余庆小叶苦丁茶传统工艺茶艺列入世界级非遗项目代表名录。余庆小叶苦丁茶以民间手工技艺茶艺为申遗目标,以民间手工技艺茶艺的基本信息、项目说明、项目论证、项目组织管理、保护计划为申遗载体,申报中国贵州余庆小叶苦丁茶传统工艺茶艺列入世界级非遗项目代表名录,最终获取殊荣。

➢ 省级非遗

花灯戏。2006年5月20日,花灯戏经国务院批准,被列入第一批国家级非遗名录。花灯戏是广泛流行于汉族中的一种戏曲艺术形式。其显著特征是手不离扇、帕,载歌载舞,唱与做紧密结合。花灯戏源于民间花灯歌舞,剧本人物少,情节比较简单,唱词和道白,通俗易懂,唱腔都是吸收民歌小调的特点,欢快明朗,表演动作活泼风趣,歌舞味很浓,多以表现生活的小喜剧见长,充满了乡土的芬芳。

黔北打闹歌。黔北打闹歌是流传在贵州省余庆县民间的一种劳动歌谣。根据劳动地点不同分为两种,一种是薅苞谷草时所唱,又叫薅草歌或薅草闹;另一种是薅秧时所唱,又叫薅秧歌或薅秧闹。余庆县位于贵州遵义市南部,与石阡、黄平、瓮安、湄潭、施秉、凤冈相连,是遵义、铜仁、黔东南、黔南四地州边沿结合部。有汉、苗等21个民族。余庆自公元1601年始建县,已有四百多年历史,黔北打闹歌在余庆建县前的土司时代已有记载,歌词中有"孟子遇见梁惠王,手提鸣锣开歌场"句,有可能其田土较多的庄户人家,因薅秧薅苞谷草的时间较紧,便雇请大批农民薅草;其时节正值暑季,人易困倦懒惰,主人便请歌师背锣挂鼓,边打边唱,群众可随声和唱,用以鼓干劲、监督偷工者和监督质量,以此形成打闹歌。

矮人舞。余庆县矮人舞主要分布在余庆县乌江以北地区的敖溪镇及周边村镇。矮人舞独舞由矮人单独表演,群舞由矮人与竹竿人、扁担人共同表演。矮人舞的形象设计来自民间,生活气息浓厚,舞蹈表演风趣、活泼,歌曲旋律幽默诙谐,歌词、表演反映出群众对美好生活的向往和追求,对于进一步了解和研究当地的民情风俗、历史、社会发展具有较大的作用。现主要传承人有:毛锦彬、周龙敖等。

余庆龙灯。龙灯也叫"龙舞"。身长20米左右,直径60~70厘米,内用铁丝做成圆形,安上灯泡或蜡烛,外用纱布包裹涂色而成。舞龙者由数十人组成。其中一人在前用绣球斗龙,其余全部举龙,表演"二龙戏珠"、"双龙出水"、"火龙腾飞"、"蟠龙闹海"等动作。龙灯是汉族和部分少数民族节日的传统灯彩。相传龙是吉祥的象征,因此民间每逢春节、元宵节、灯会、庙会及丰收年,都举行舞龙灯的活动。一般用竹、木、纸、布扎成,节数不等,均为单数。其形象按颜色不同,可分为"火龙"、"青龙"、"白龙"、"黄龙",每节内能燃烧烛的称"龙灯"。

➢ 余庆红色文化

1934年10月初,红六军团作为中央红军长征先遣队西征过此,一百余名红军烈士血染乌江两岸,永生于青山绿水间;1934年12月末至1935年1月初,中央红军一、九军团长征经过余庆,冲破国民党的"乌江防线",打开了红军北上遵义的右翼通道;1936年1月,红二、六军团在有力地策应中央红军长征北上后,回师余庆,摧毁了国民党设在龙溪一带的反动势力。

余庆县遍布红军足迹。红军烈士的鲜血浸染并滋润着乌江两岸的土地。余庆因此成为革命老区,成为中国100个红色经典旅游景区之一。

2. 发展思路

➢ 挖掘区域特色,塑造余庆六大区域文化品牌

坚持发掘、利用区域特色文化资源和打造地域文化品牌相结合,深入挖掘余庆人文历史及生态文化资源,全力打造"四在农家文化、土司文化、红色文化、苗乡文化、茶文化、他山文化"六大系列品牌,以品牌促进产业的发展。

➢ 发展五大优势潜力行业,强化产业核心竞争力

重点发展文化产品生产及销售、文化休闲娱乐、文化创意设计、文化艺术服务、文化信息传输五大类极具潜力的优势行业,推动具有战略性、引导性项目的开发建设,引领产业集中,增强产业核心竞争力。

➢ 以大项目带动和推动文化产业集群发展

整合、挖掘文化资源,包装大项目,以文化创意产业园区建设推动产业优化布局,积极推进重点项目的建设,引领文化产业集群的发展。

> 推动产业融合,促进"文农旅商茶"一体化发展

推动文化产业与旅游产业、商贸业、特色农业、茶产业等产业之间的相互融合,强化文化创意与城镇建设、农业生产、休闲度假、家居服饰等行业的融合,以文化增添各产业的竞争力,以产业激活文化活力,推动余庆文化产业大繁荣、大发展。

3. 发展目标

> 总体目标

建立文化产品特色鲜明、产业链条完整、市场要素繁荣的文化产业体系,建成地域特色鲜明、品牌优势明显、布局结构合理、人才技术雄厚、市场占有率高、社会影响力大的文化产业格局,将文化产业建成国民经济新的增长点和支柱产业。通过8年时间,完成由文化资源大县向文化产业强县的转变。将余庆县建成:

全国文化先进县

贵州省文化创意产业示范县

> 经济目标

通过新产业体系的构建和发展,围绕六大系列文化品牌,打造五大产业园区,大大提高文化产业模式及其对国内生产总值的贡献值,增加文化产业就业人员,具体指标如下:

表7-9 文化产业经济指标

年份 指标名称	省级文化产业示范基地(个)	文化产业增加值(亿元)	文化产业对国内生产总值贡献值(%)	文化产业从业人员(万人)	大型文化企业(个)
2015	1	4	6.5	1.5	5
2020	2	12	8.5	3.5	10
年均增长率(%)	14.87	24.57	5.51	18.47	14.87

4. 产业布局——"一心五园多点"

> 一心:以县城为核心的文化产业中心圈,重点发展现代传媒、演出演艺和创意文化产业。

> 五园:大乌江镇乌江文化创意产业园、敖溪土司文化创意产业园、花山苗乡风情文化产业园、龙溪文化创意产业园、松烟他山文化产业园。

> 多点:在松烟镇、关兴镇、龙家镇、构皮滩镇、小腮镇等各镇建设骑行文化、民俗文化创意体验区。

第七章 "旅居经济"创立

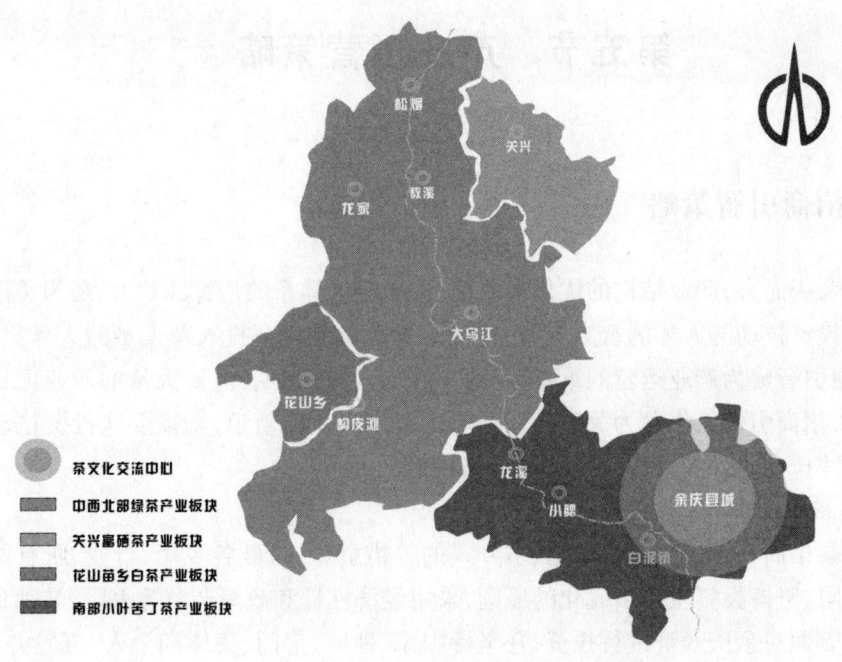

图7-8 文化产业布局图

5. 政策扶持

(1)加大资金支持,拓宽融资渠道。

设立余庆县文化产业发展基金,自2013年起,每年安排相应文化创意产业发展专项资金,采取贷款贴息、项目补贴、政府重点采购、后期赎买和后期奖励等方式,对符合政府重点支持方向的文化创意产品、服务和项目予以扶持。

(2)鼓励文化产业集群发展。

大力扶持和鼓励文化产业集群式发展,对于五大园区采取面向市场招商,五大园区建设成功后,政府一次性给予资金、土地等扶持奖励。

(3)鼓励自主创新,支持创意研发。

对企业独立投资和创作获得国家级、省级以上政府奖项的原创文化作品,授予优秀作者的称号,并给予一定的资金奖励;设立县专利申请资助资金,支持文化创意企业申请专利的费用;设立数字著作权登记中心,鼓励文化创意企业登记著作权,对属于本县文化创意产业发展重点领域的作品的著作权登记,政府给予资助。

第五节　产业运营策略

一、招商引智策略

对于余庆而言,产业结构的优化与调整、旅居经济体系的培育和壮大,最为关键的是项目的投资拉动与人才的智力支持,这就要求大量的资金投入及大量的人才集聚。因此,招商引智成为产业运营的重要保障。在产业转型初期,需要大量的产业项目支撑和驱动,招商引资工作尤为关键。在产业发展走入快速轨道,则需要从投资拉动逐渐走向人才拉动,从"招商引资"走向"招商引智"。

(一)招商策略

余庆县招商工作应确立多渠道、多方式的筹措资金,打破各乡镇、行业、所有制等之间的界限,坚持投资主体多元化的原则,采用经济杠杆和政策调节等手段,鼓励和支持社会各方面对余庆经济进行投资,并坚持国家、地区、部门、集体和个人"五轮并驱"的方针,逐步建立起符合市场经济规律的风险共担、利益共享的产业投入机制,尽快地形成财政资金、社会资金多元投入的新格局。

在战略层面。实施融资渠道多样化战略,通过三大融资路径,满足余庆产业体系构建过程中的融资需求。首先,必须坚定不移地发展非信贷融资渠道,逐渐改变融资结构,不再把压力全部集中在银行信贷系统;其次,大力发展债券市场是关键,这个途径对于余庆来说,还有很大空间。债券市场的利用将大大降低余庆产业培育融资成本;最后,对低微市场收益、高社会效益的公益性项目采取财政信用兜底模式,用地方政府土地出让金、中央财政转移支付等财政资金发展公益性项目。具体而言,可以让地方政府用土地出让金、营业税、增值税等税金作为投入,通过稳定社会效益预期引导产业经济发展。

在策略层面。实施"2013—2015余庆招商年"策略,通过五大招商措施,推动余庆招商工作卓有成效地进行。第一,产业招商。通过整合资源,包装大项目策略,发挥产业优势吸引大投资。以产业发展的比较优势为主要依托,借助余庆比较优势和合理的产业定位,围绕旅居产业的主导产品及其上下游产品,引进高端产品生产技术,拉长技术链,营造主导产业,引进终端产品制造企业,形成完整产业链,并形成产业集聚,进一步提高招商引资的竞争力;第二,亲情招商。余庆县各部门、各乡镇搞好余庆籍在外人士调查摸底,建立健全的在外人员档案,通过和他们建立联系,激发他们关爱家乡的热情,调动他们为家乡建设投资投智的积极性。鼓励他们在积累雄厚的资金后带着浓浓的乡情,带着项目、资金、技术和上下游产业纷纷回到家乡发展;第三,"联姻"招商。即通过与发达地区县城建立"兄弟"县城,或者典型资源与其他县市资源确定"孪生"、"兄弟"等关系,例如寻找飞龙湖的"孪生湖"、"兄弟湖"等策略进行招商;第四,专业招商。与行业内最具招商经验的咨询公司进行合作,有针对性寻找具备资金实力、资源整理能力、产业培育能力、市场开拓能力、运营管理能力的运营公司来余庆进行投资开发,最大限度地避免找"外行"投资商而造成的资源、机遇的浪费;第五,重点招商。对于相对独立、预期投资效益较高、商业性较强的特色景区景点,旅游接地服务设施(比如宾馆酒店、各类疗养健身中心、度假村等),娱乐、运动、探险等项目(大型景区可分为若干单位子项目),宜重点推出,直接招商引资,以独资、合资或合作方式开发经营,招商对象重点针对国内外大型旅游企业、饭店集团和一些多元化投资经营、非专业性生产经营的有实力的上市股份制企业、国外财团等[①];对于可通过收费等方式实现长期稳定收益的旅游基础设施项目(比如客货流量较大的旅游公路、旅游商务码头等)和一些专业性大型企业,并可考虑以 BOT 等方式合作开发。

(二)引智策略

旅居经济的发展与崛起,终究离不开产业经济、旅游管理等领域的人才的智力保障,"引智"是余庆经济发展方式转变,旅居经济走向持续健康发展的重要一环。

1. 研究产业需求寻找人才

深入研究旅居产业经济发展对人才总量、结构、布局的深层次影响,对人才的社会总需求进行科学的预测,确定人才专业需求、人才规模需求、人才结构需求,并及时制定前瞻性、指导性的人才引进、培养规划,统筹谋划以高层次和高技能人才为重点的各类人才队伍建设,使人才引进和培养同产业经济发展目标相协调。

2. 创新政策体系引进人才

建立优秀人才多元化评价体系,摒弃"文凭+职称"的传统思维,对人才的引用重实绩、重能力,坚持人才"以用为本",积极为各类人才干事创业、实现价值提供机会和条件。鼓励创新,扶持用人单位设立技术研发中心等人才创新平台,对认定为国家级、省级行业技术开发中心的,政府分别给予相应的奖励;对于申请并获批国家"3A"、"4A"、"5A"旅游景区、国家级休闲农庄等领域具有突出贡献的人才,给予相应的奖励。

3. 整合多元力量培育人才

拓展投入多元化的渠道,切实整合政府、用人单位、社会和人才自身的力量,努力打造多层面、立体化、广覆盖的人才引进和培养体系。实施"人才素质提升工程",鼓励各行业人才积极参加进修培训,推进人才资源潜力的挖掘。对取得职业资格证书的,政府每人补贴一定比例的培训费用;对纳入年度培训计划的,列入县级财政预算。

---

① 许豫宏,王晓娜. 靖宇蓝图与中国县域未来[M]. 北京:旅游教育出版社,2010:121-126.

真正形成"政府抓推动、企业担责任、社会共参与、人才尽义务"的"四位一体"的人才引进和培养格局。

4. 发挥产业优势留住人才

注重以载体、项目、产业留住人才。紧紧依托旅游产业园区、旅游度假区、休闲农庄、重点旅游景区、产业经济园区及其他重大项目,采取"项目+产业+人才"的培养方式,引进具有创业精神的领军人才,引进具有创新团队的项目,将人才与项目、产业紧密结合,通过推动旅游产业集群的发展,进而创造出更多的人才需求,做到"产业引才、产业聚才、产业用才、产业留才"。

二、品牌培育策略

品牌是人们对客观事物的一种评价和认知,是一种信任和支持。21世纪是品牌的世纪,品牌已成为一种社会稀有资源,是市场竞争的核心,对企业而言,是市场认知和营销推广的招牌;对城市而言,是凝聚力和辐射力的集中体现;对于县域而言,是产业经济发展的加速器和助推器。

余庆的产业经济存在着品牌企业少、品牌产业结构轻、带动能力弱、发展动力不足、政策和环境障碍等问题,品牌经济尚未形成。为提升余庆县域经济竞争力,实现可持续发展,必须快速振兴余庆的品牌产业与品牌经济,推进余庆品牌企业向品牌经济,再由品牌经济向品牌县域的跨越。

(一)树立"旅居余庆"城市品牌

城市品牌直接体现城市经营者的水平和城市可持续发展的程度,不仅是城市核心竞争力的外在表现,更是一种城市经营哲学[①]。城市品牌作为城市的一种无形资产,是城市经济社会发展的基础,是对内创造城市凝聚力,对外创造城市辐射力和内化优质结构的核心要素,是促进城市发展的积极力量和有效方式[②]。塑造个性鲜明的城市品牌将有助于丰富城市内涵、展现城市特点、增强城市魅力,增强城市居民的凝聚力和认同感,吸引优秀人才,有助于获取外部支持,如财政投入、政策计划、重大主题活动等,塑造城市品牌已成为各城市可持续发展的关键。

"旅居"之于余庆,既是余庆创新的经济发展模式,也是城市的内涵和个性,将成为余庆特有的生活方式。利用"旅居农家"的战略抓手,大力推进旅居产品体系,旅居产业经济建设,促进"旅居余庆"的品牌形成,加大宣传力度,创新营销手段,通过举办各种节庆活动,包括自行车挑战赛、旅居文化节、户外运动节等,精心包装、提升余庆县的知名度和美誉度,不断提高"旅居余庆"的整合力、辐射力和感召力。

---

① 张燚,张锐. 城市品牌论[J]. 管理学报,2006,3(4):468–476.
② 方丽. 城市品牌要素研究及实证分析[D]. 西南交通大学,2005:21.

(二)确立品牌经济体系

品牌经济是形成县域经济核心竞争力、调整产业结构、转变经济增长方式的有力推手。余庆县产业经济的快速发展,离不开品牌经济的培育与确立。根据余庆产业经济发展战略,应从品牌农业、品牌旅游业、品牌文化业等三个方面着力推进。

1. 品牌农业

设立余庆县品牌管理机构,界定品牌管理职能,完善品牌管理流程;实施产品质量认证,开展全面质量管理,保证产品质量,利用品牌增加农产品的含金量;进行技术创新,如农产品深加工技术等;开展质量跟踪,提高售后服务质量,提高消费者满意度,尤其是加强商标、专利、网络域名等的法律保护。培育"小叶苦丁"、"高山绿茶"、"富硒富锌茶"、"苗乡白茶"等四大茶叶品牌,培育一系列"富硒富锌米"、"生态粳米"、"苹果桃"等农特产品品牌。按照前文产业体系规划中的措施,对获得省级、国家级著名品牌的企业或个人给予相应的奖励。

2. 品牌旅游业

依托"旅居农家"工程,大力推进"一水一山一古镇"品牌产品体系的推进,进而推动红色记忆、乡村休闲、凉爽余庆、户外运动等品牌旅游产品的形成,确立余庆旅游业在区域旅游格局的地位。

3. 品牌文化业

依托千年土司古镇,大力发展土司文化,千年土司文化古镇——西南古镇文化精品游线的大力推广,确立余庆土司文化品牌;通过红色旅游产品打造,贵州经典红色旅游线路,确立长征红色文化品牌;依托飞龙湖、飞龙寨、构皮滩大坝等旅游景区景点,发展乌江文化品牌;依托花山苗族苗乡风情体验基地的建设,凝聚苗乡文化品牌。

三、政府服务策略

政府能够对社会公共资源做出权威性分配,能够对社会公共事务做出权威性决定,县域产业经济的发展离不开政府的主导作用。余庆县属于产业经济后发地区,在构建旅居产业体系过程中,更应该强化政府的主导和服务功能,并根据产业发展规律,转变政府职能,建设服务型政府。

(一)构建市场营销网络

以社会营销观念、顾客满意营销观念、服务营销观念、竞争观念、关系营销观念、绿色营销观念以及城市形象观念等创新营销理念[1],充分利用现代营销方式和手段,大力推广网络营销;鼓励余庆县企业在国内其他地区开设专卖店、奖励企业借助电子商

---

[1] 张义,宋日辉. 浅析城市营销中的政府营销能力[J]. 商业研究,2007(4):65-68.

务平台开展贸易活动。

（二）强化金融服务支撑

县政府推动与中国农业发展银行、国家开发银行的深度合作，不断增加县域产业经济发展的授信额度，为重点产业、重点项目提供金融支持；由县财政出资建立中小企业贷款风险补偿基金；积极探索发行中小企业集合债券；成立产业发展专项基金用于支持文化旅游和红色旅游重点景区的相关基础设施建设。

（三）强化创新能力提升

扶持企业建立企业技术中心、研发中心等，设立余庆科技专项资金，重点支持六大产业重大技术攻关项目；对企业投入先进设备、研发新产品、参与行业标准制定、推行企业精细化管理创新的均给予奖励。

（四）深化产业中介服务

鼓励中介服务机构配合政府部门以市场化运作方式，组织产业信息服务、研发设计、品牌推介、检验检测等方面的活动；对生产性服务业企业给予一定额度的税收等优惠政策；进一步加大对龙溪镇商贸城的扶持力度等。

（五）加大人力资本支撑

聘请国内在旅居产业经济方面具有权威性的专家，成立旅居产业经济专家服务团；打造产业集群创业创新团队，加大企业家、高级管理和技术研发人才培养引进力度。

第八章 "旅居城镇"创建

第一节 新型城镇化国家战略

一、中国城镇化道路

(一) 城镇化概念

城镇化是指农村人口不断向城镇转移,第二、三产业不断向城镇聚集,从而使城镇数量增加,城镇规模扩大的一种历史过程,它主要表现为随着一个国家或地区社会生产力的发展、科学技术的进步以及产业结构的调整,其农村人口居住地点向城镇的迁移和农村劳动力从事职业向城镇二、三产业的转移。城镇化的过程也是各个国家在实现工业化、现代化过程中所经历社会变迁的一种反映。

按照国际城镇化的发展经验,城镇化的发展历程可以大致分为起步、加速和稳定三个阶段:

起步阶段:生产水平尚低,城镇化的速度较缓慢,较长时期才能达到城市人口占总人口的30%左右;

加速阶段:当城镇化超过30%时,进入了快速提升阶段。由于经济实力明显增加,城镇化的速度加快,在不长的时期内,城市人口占总人口的比例就达到60%或60%以上;

稳定阶段:农业现代化的过程已经基本完成,农村的剩余劳动力已基本上转化为城市人口。随着城市中工业的发展和技术的进步,一部分工业人口又转向第三产业。

(二) 中国城镇化历程

中国的城镇化进程比西方晚,从19世纪后半期开始,速度很慢,发展也不平衡,东南部沿海较快,而内地大部分地区仍处于农业社会。新中国成立以来,我国城镇化经历了不平凡的发展历程。从宏观层面,我们可以以1978年改革开放和2012年党的"十八大"为界,将我国城镇化历程大致分为三大阶段。

第一阶段(1949–1978年),为我国城镇化的短暂发展和停滞阶段。这一阶段又可细分为1950－1957年的短暂健康发展时期,1958－1960年的过度城镇化时期,与1961－1978年的城镇化停滞时期。总体而言,在实行改革开放政策以前的相当长一段历史时期,我国的城镇化水平一直比较低,多在20%以下。尽管有许多众所周知的政策因素人为地降低了我国的城镇化水平,但农业现代化水平的低下和现代工业、服务业发展的不足,是直接制约我国城市化发展的重要原因。这一阶段我国城镇化总体处于起步阶段,以萧条、徘徊、低速为特征。

第二阶段(1979－2012年)是我国城市化的迅速推进阶段。呈现出稳步推动和加速多元的特征。这一时期又可以1990年代中期为界进一步分为两个时期。前期是从1980年代初期开始至1990年代中期,政策取向是限制大中城市发展,主张通过发展乡镇企业吸收农业剩余劳动力,农民离土不离乡。一方面,农村改革使农业部门的劳动生产率水平不断提高,农业部门的劳动力不断成为剩余,需要从这一部门流转到其他部门或行业;另一方面,乡镇企业的"异军突起"和城镇工业、服务业的快速发展对吸收更多的劳动力不断地提出新的要求。后期是从1990年代中期开始,我国城镇化进入加速发展阶段。随着市场化改革逐步深入、工业化水平提高,加上外资企业的快速进入,我国的产业结构迅速发生了变化,农业增加值占国内生产总值的比重不断下降,非农产业增加值占整个国内生产总值的比重则不断上升。20世纪90年代末,国家明确提出了城镇化发展的战略,并且自2000年以来,国家安排了49.4亿元资金支持了部分重点小城镇的基础设施建设和产业发展;2001年,城镇化上升为国家战略,2001年发出《关于促进乡镇企业向小城镇集中发展的通知》,并调整乡镇行政区划,开展乡镇撤并工作,使布局分散和重复建设的情况得到改善。特别是自2001年中国加入世贸组织,经济全球化发展进一步显著激发了城镇化的发展动力以东南沿海主导的外向型经济发展和城镇化模式日臻成熟,同时自"十五"计划(2001—2005)开始,城镇化发展持续进入国家战略[①]。

第三阶段(2013年以后)是我国新型城镇化阶段。随着2012年党的"十八大"提出"新型城镇化道路",新型城镇化将作为扩大内需、促进经济增长的持续动力,将是中国长期发展的主旋律。根据联合国发布的《世界城镇化展望(2009年修正版)》报告预计,在未来50年,中国还将增加100个左右500万人以上人口的城市。据相关研究,直到2030－2040年,中国城镇化才会真正达到稳定阶段,届时中国的城镇化水平将达到城镇化稳定期70%~80%的一般水平。这也就是说,在接下去的20－30年,仍然将有数亿人口从乡村走向城市,这对国家社会、经济和环境的各个方面都会产生深远的影响。

---

① 李浩,王婷琳. 新中国城镇化发展的历史分期问题研究[J]. 城市规划学刊,2012(6):4－13.

二、新型城镇化的提出

1984年中共中央第一次提出小城镇发展,党的"十五大"、"十六大"都对小城镇发展提出了要求。胡锦涛同志在党的"十七大"报告中明确指出:走中国特色城镇化道路,按照统筹城乡、布局合理、节约土地、功能完善、以大带小的原则,促进大中小城市和小城镇协调、科学发展[①]。

2012年3月8日,国家"发改委"又公布了第三批全国发展改革试点城镇名单,决定将64个市(区)和369个镇列为第三批全国发展改革试点城镇。这是国家发改委首次将中小城市(城市市区)纳入城镇发展改革试点。此前,国家发展改革委分别于2005年和2008年公布了两批全国发展改革试点小城镇,前两批试点小城镇共计278家。

2012年11月,党的"十八大"报告提出:坚持走中国特色新型工业化、信息化、城镇化、农业现代化道路。加快完善城乡发展一体化体制机制,着力在城乡规划、基础设施、公共服务等方面推进一体化,促进城乡要素平等交换和公共资源均衡配置,形成以工促农、以城带乡、工农互惠、城乡一体的新型工农、城乡关系。党的"十八大"报告明确了推进新型城镇化的战略任务。这是我国在新的历史时期,顺应经济社会发展转型而提出的重要战略。

2012年12月,中央经济工作会议在北京举行。会议提出,2013年要积极稳妥推进城镇化,着力提高城镇化质量。要把生态文明理念和原则全面融入城镇化全过程,走集约、智能、绿色、低碳的新型城镇化道路。

至此,新型城镇化作为国家战略,是未来五到十年,甚至是更长一段时间我们国家发展的主旋律。

三、新型城镇化的内涵特征

(一)新型城镇化的内涵

中国新型城镇化这一战略提出的时间较短,目前官方和学术界尚未对新型城镇化的概念和内涵做出清晰的界定。它负有新的历史使命,既区别于我国以往的城镇化,也区别于世界其他国家的一般城市化。作为区别于以往的城镇化,新型城镇化应是由过去制约外来人口融入城镇,向积极、稳妥地将转移人口市民化转变的过程;是城镇建设和发展由过去的粗放方式向集约化方式转变的过程;是城镇政府公共服务由过去的

---

① 胡锦涛.高举中国特色社会主义伟大旗帜为夺取全面建设小康社会新胜利而奋斗[R].中国共产党第十七次全国代表大会上的报告,2007-10-15.

只面向户籍人口,向覆盖到全部常住人口转变的过程 走新型城镇化道路,最终应使城镇化质量明显提高。并形成大中小城市、小城镇和城市群的科学合理体系。作为区别于世界其他国家的一般城市化,新型城市化应最大限度地避免"城市病"和"农村病"恶化,既不让贫民窟成为社会问题,也不让农村凋敝,要实现城乡一体化发展。

新型城镇化突出的是"新":城乡统筹、城乡一体、产城互动、节约集约、生态宜居、和谐发展,是大中小城市、小城镇、新型农村社区协调发展,互促共进的城镇化。

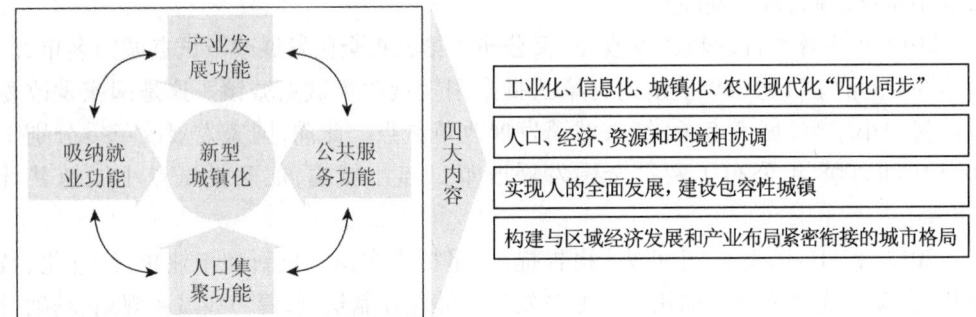

图 8-1 新型城镇化内涵图

新型城镇化是在立足于现阶段我国发展的基本国情的基础之上,总结我国城镇化的发展实践经验,吸取国外一般城市化发展的经验教训,适应新的发展环境和发展需求而提出来的具有中国特色的新型城镇化,它是对传统城镇化模式的改革创新,是城镇化理论与实践在新的社会、经济、世界背景下的一次飞跃。

尽管目前对新城镇化的概念尚无统一的界定,但是不同学者和专家对新城镇化有着相近的认识[1][2]。一般来说,新型城镇化是指在科学发展观的指导下,遵循城镇化的基本规律,以全面提升城镇化质量和水平为目标,坚持以人为本,强调城乡统筹、社会和谐、环境友好、集约发展、规模结构合理的城镇化发展模式。与传统城镇化模式相区别,新型城镇化更加注重城乡统筹,更加注重城镇发展的集约性,更加注重城镇化的社会性,更加注重城镇化的区域性,更加注重城镇化的协调性,更加注重城镇化质量内涵的提升。

综上所述,新型城镇化的内涵主要有以下几个方面:

1. 新型城镇化是与工业化、农业现代化协调发展的城镇化

城镇化是工业化的依托,是农业现代化的支撑,彼此相互联系、相互促进。推进城

---

[1] 杨晓东. 我国新型城镇化发展道路探讨——以陕西省榆林市新型城镇化发展为例[J]. 中国市场,2010(42):21-37.

[2] 张岭峻,笪晓军. 实施新型城镇化战略促进城乡一体化发展——以甘肃省为例[J]. 城乡建设,2010(10):28-30.

镇化,要充分发挥工业化的引领作用、农业现代化的基础作用,实现"三化"有机融合。同时,新型城镇化要从城乡分割的现实出发,注重工业反哺农业、城市支持农村;注重城市公共服务向农村覆盖、城市时代文明向农村扩散,让城镇化的进程成为促进农业增效、农民增收、农村繁荣的过程,以形成城乡互补、共同发展的良好格局。为农业和农村的发展创造更有利的条件,使落后的二元经济结构转变为工业化、城镇化协调推进城市和农村协调发展的一元化现代化结构。

2. 新型城镇化是人口、经济、资源和环境相协调的城镇化

新型城镇化按照"资源节约和环境友好"的要求,依托城镇的资源和环境承载能力聚集产业和人口,努力发展低耗经济、低碳经济、循环经济,节能减排,保护和改善生态环境,按照城市标准,对垃圾、污水、噪声等污染物进行达标处理和控制,增加绿地、林地面积,突出城市生态建设,推动城市与自然、人与城市环境和谐相处,建设生态城市。保障城镇化的质量、效益和福利,实现城镇化的可持续推进。

3. 新型城镇化是人口积聚、"市民化"和公共服务协调发展的城镇化

只有劳动力的非农业化和劳动力的空间转移不是真正意义上的城市化,仅有人口的集聚和产业的优化,而不能让进城农民享有基本的公共服务,没有生活质量的提升、人居环境的改善也称不上高质量的城镇化。要改革城镇人口社会管理制度,逐步建立城乡统一的居住地登记体制,让外来常住人口在医疗、教育、养老、失业救济等方面与城市人口享受平等的权利,赋予外来落户人口以完全的"市民权"。

4. 新型城镇化是大、中、小城市与小城镇协调发展的城镇化

以资源环境承载能力和公共服务功能配套完善为原则,合理控制大城市过度扩张,加快健全中小城市硬件设施和软件服务,注重产业的合理布局与配套集群发展;注重做大做强新型产业,尤其是现代服务业;注重生产凡是和工艺流程创新升级,推动城镇向数字域、信息域、智能域、知识域方向发展,引导人口和产业集中集聚,形成大、中、小城市合理有序发展格局,促使城镇地理空间优化、中心城市与卫星城镇共同繁荣,造就城镇"宜居、宜业、宜游"的环境。

(二)新型城镇化的特征

1. 产业集聚和升级

首先城镇化可促进产业集聚。产业是城镇发展的基石,由于城镇相比农村往往具有资本技术、交通运输、居住条件、人力资源、通信设备等方面的比较优势,大量的劳动力和生产活动不断向城镇聚集,城镇市场规模不断扩大,推动产业结构不断升级。其次推动第三产业快速发展。城镇化发展不仅能够推动以教育、医疗、社保等为主要内容的公共服务发展,也能够推动以商贸、餐饮、旅游等为主要内容的消费型服务业和以金融、保险、物流等为主要内容的生产型服务业的发展,而且这种发展是城镇越大,发展越快。服务业发展越快,新市场扩充的量就越大。

2. 大中小城市和小城镇协调发展

在城市布局上,合理布局城市群和大中小城市,形成既能适应全球化挑战,又能服务农村、农民、农业的城镇化体系网络[①]。包括超大城市和特大城市在内的大城市,是我国参与经济全球化的主要区域,是提高我国世界产业分工体系中地位的承载体。今后需要通过大力发展高技术和知识含量的现代制造业和生产性服务业,着力提升经济的整体素质和产业结构的层次。这既是提高我国国际竞争力的必然要求,也是通过产业升级控制人口过快增长的有效手段。大中城市是我国吸纳农村人口的主要载体,大中城市绝大多数分布在交通干线上,基础设施相对比较完善,产业基础比较雄厚,服务业发展有很大的潜力,随着产业链的延伸和产业配套能力的提高,对劳动力的需求不断扩大。小城市和小城镇是城乡经济发展与交流的桥梁和纽带。随着大城市产业结构的升级和调整,小城市和小城镇应加快劳动密集型加工业和服务业的发展,从而发挥其在大量吸纳农村富余劳动力等方面的重要作用。

3. 城乡关系良性互动

城镇化过程中的城乡统筹就是建立城乡经济良性循环,城市特别是中小城市和小城镇要加快劳动密集型加工工业和服务业的发展,促进其对乡村劳动力的吸纳能力。通过城镇农产品加工企业向农村地区的延伸,加快农业产业化步伐,提高农业生产率,促进农民增收。以新农村建设为依托,改善农村地区生产和生活环境。充分发挥市场机制的基础配置作用和体制创新,完善城乡之间劳动力、土地等生产要素的合理流动。

4. 资源节约、环境友好

宜居土地有限、水资源短缺是我国的基本国情,而中国的城镇化规模将是人类历史上空前的,如果按照传统的城镇化发展模式,将对资源环境形成巨大的压力。在未来中国城镇化发展过程中必须坚持人口、资源、环境之间相协调的原则,集约利用土地、水等资源,切实保护好生态环境和历史文化环境,走可持续发展、集约型城镇化道路,以尽可能低的物质成本消耗和其他自然资源的高效利用,实现城镇化进程中人与自然的和谐。

5. 发展模式因地制宜

从我国各地区发展条件和发展水平差异较大的基本国情出发,根据各地经济社会发展水平、区位特点、资源禀赋和环境基础,实施有区别的城镇化战略及相关政策措施,因地制宜地确定不同的城镇化模式和城镇发展空间形态,确定各地城镇化发展的目标,以此实现对国土空间的高效利用,把城镇化过程与重塑全国经济空间格局的过程有机结合起来。

---

① 仇保兴.国外模式与中国城镇化道路选择[J].人民论坛,2005(6):42-44.

四、新型城镇化的时代意义

城镇化是扩大国内需求、促进经济增长和结构调整的重要引擎,其突出的时代意义主要表现在五个方面。

(一)走新型城镇化道路,是全面建成小康社会的必然要求

新型城镇化是现代化的必然趋势,也是广大农民的普遍愿望,它不仅可以带动巨大的消费和投资需求,创造更多的就业机会,其直接作用还是富裕农民、造福人民。

目前我国已经实现了总体小康,基本上解决了温饱问题,未来十年将是全面建成小康社会的重要阶段。农村只转移劳动力,而不能减少人口,有限的农业农村资源,不足以支撑城乡居民实现均等化的收入,全面小康无从谈起。农村人口大幅度减少了,全面小康建设的难度也就降低了。让更多的人生活在城镇,不但可以让更多人享受城镇文明,尽快过上小康生活,而且也有助于减轻农村小康社会建设的压力,有助于早日实现全面小康。

(二)通过新型城镇化,扩大内部需求,推动经济发展

从改革开放后经济发展的历史来看,中国经济的腾飞是在内部投资和需求不足的情况下,依靠出口和外商直接投资来启动的。改革开放所确定的外向型发展战略,实际起到了引领经济发展和社会变革的重要作用。这些年来,中国经济增长始终依赖于出口和投资,而内需则相对不足。随着经济发展形势的变化,特别是国际金融危机后,国际需求不振,而且中国出口总额排名已是世界第一,持续大幅度增长的可能性不大。单纯依靠外向型经济和投资推动中国经济增长已经不现实。在这种情况下,内部需求不足、产能过剩的矛盾已日益暴露出来,成为当前中国经济必须解决的核心问题。如何扩大内部需求,使经济增长的内生动力更充足,是今后保持我国经济社会较快发展的关键。而城镇化是内需最大的潜力所在,可以为经济发展创造巨大的社会需求,摆脱对出口和投资的过度依赖。从这个意义上说,当前城镇化是经济发展最重要的增长源泉,将在未来经济发展战略中起到支撑和引领作用。推进新型城镇化,将拉动投资和消费,启动中国最大的内需[1][2]。

一是推进新型城镇化,可有效拉动投资需求。城镇化建设能够扩大投资需求,带动城镇住宅、道路、通信、水、电、气、热、环保等市政基础设施建设和教育、医疗、文化、娱乐、社区服务等公共服务设施的投入,直接拉动一系列相关产业的发展。此外,人口的聚集、城镇规模的扩大,还将产生新的社会需求,推动各类服务业发展。据有关统计分析,城镇化能拉动47个大类117个小类的产业发展。

---

[1] 潘峰. 推进新型城镇化是扩大内需的战略选择[J]. 学习月刊,2011(2):6-7.
[2] 楚爱丽. 加快新型城镇化发展进程的若干思考[J]. 农业经济,2011(8):49-53.

二是推进新型城镇化,可加快提升消费需求。一是城镇化可以创造大量就业机会,增加城乡居民收入,提高社会消费水平。一方面,农村剩余劳动力从农村转移到城镇,主要从事二、三产业,收入水平将远高于单纯从事农业的收入;另一方面,农村剩余劳动力的转移为农业规模化经营提供了条件,可以提高农业劳动力的平均收入。同时,城镇人口的增加,生产、消费规模的扩大,也将提高原有城镇居民的收入。城乡居民收入的提高,自然将激发潜在的消费需求。二是农村居民向城镇转移,一方面将扩大城镇消费群体;另一方面也将提升消费层次,有效扩大城镇社会消费规模。农村居民转变为城镇居民,自然地将改变半自给自足的消费状况,增加对衣食住行等各方面的消费需求,同时消费观念的变化也将刺激居民消费的提升。

(三)通过新型城镇化,增强城乡互动,促进共同发展

从我国发展的现实国情来看,长久以来形成的城乡二元结构、"三农"问题是制约我国实现现代化的最大障碍,也是影响城乡协调的突出问题。传统城镇化就城市论城市,加剧了城乡对立,而要从根本上改变城乡分割的发展状况,就必须通过城乡统筹的新型城镇化,打破影响城乡协调发展的体制机制障碍,建立新型城乡关系。

一是通过新型城镇化,打破城乡二元体制。新型城镇化强调城乡关系的协调,要求营造城乡平等的制度环境。国内外的历史经验表明,城市偏向的发展体制会加剧城乡二元结构,不利于经济的持续发展和社会的和谐进步,甚至会导致经济的停滞和社会的动荡。通过推进新型城镇化,才有可能破除城乡二元体制、建立城乡统筹发展的体制机制,真正实现"工业反哺农业、城市支持农村"。

二是通过新型城镇化,促进城乡要素合理流动。新型城镇化强调市场主导与政府引导相结合,促进城乡资源的合理开发,加快资金、劳动力、信息、技术、人才等生产要素自由流动,使城乡经济活动更加合理,形成体系合理的城乡空间结构,实现城乡良性互动和协调发展。

三是通过新型城镇化,实现城乡基本公共服务均等化。新型城镇化要求突破城乡之间投资及管理体制的界线,促进城市基础设施向农村延伸、城市公共服务向农村覆盖、城市现代文明向农村辐射。

(四)通过新型城镇化,转变发展方式,调整经济结构

新型城镇化是经济社会转型的重要内容,是转变经济发展方式的重要体现。与粗放型的传统城镇化相比,新型城镇化要求转变城镇建设和发展模式,在扩大城镇规模的同时,不断提升城镇化的质量和内涵。因此,新型城镇化更加强调集约发展,要求资源高效配置、集约利用,提高土地、水、能源等资源利用效率,减轻城镇建设和经济发展过程中资源、环境的压力,实现节约资源、保护环境的目的。而这必须与产业结构的优化调整同步推进,与农业现代化、新型工业化和现代服务业互为基础、相互促进。没有新型城镇化的指引和支撑,现代农业和服务业就缺乏必要的条件和市场,工业结构的

调整与优化升级也会缺乏必要的推动力。新型城镇化对经济转型、结构调整具有重要的促进作用。

一是新型城镇化的推进,将助推新型工业化的发展。按照城镇化的发展规律,工业化与城镇化是互为支撑、互相促进的。推进新型城镇化,也将促进新型工业化的发展。一方面,新型城镇化要求城市所具备的集约高效、结构合理、设施齐全、功能完善等优势条件,将为新型工业化的发展提供支撑。另一方面,以集约发展为特征的新型城镇化对城市经济发展提出了集约利用资源、保护生态环境的约束性要求,形成工业必须采取集约、高效和环境友好型发展方式的"倒逼机制",推动工业发展的转型和优化升级。

二是新型城镇化的推进,将促进农业现代化的发展。首先,新型城镇化要求加快进城农民的市民化进程,使农村剩余劳动力摆脱对土地的依附,这将有利于农村土地的大规模流转,推动农业的规模化、产业化经营,改变农业生产方式,为农业现代化的推进提供必要条件。其次,新型城镇化有助于产生和释放各类社会需求,加快现代农业生活、生态、旅游、文化功能的开发①,发展与二、三产业融合发展的现代特色高效农业。

(五)通过新型城镇化,破解发展难题,实现协调发展

将推进新型城镇化作为经济社会发展的战略重点,既是新型城镇化内涵和作用使然,也是中国现实发展的需要。首先,新型城镇化涉及经济社会发展的方方面面,当前经济社会的多数热点和难点问题,如"三农"问题、征地拆迁问题、农民工市民化问题、房价问题、城市拥堵和公共服务不足问题等,都与城镇化的发展质量有直接或间接的关系。其次,新型城镇化涉及发展观念的转变和经济社会发展的转型,可以在推进新型城镇化过程中,调整经济社会发展中的各种关系,如城乡关系、工农关系、工业化与城镇化的关系以及经济增长、城镇发展与资源环境的关系等,解决传统城镇化模式中难以克服的各种矛盾和问题。

推进新型城镇化,具有很强的综合效应。从中国的国情和发展任务来看,新型城镇化是解决中国发展所遇到的一系列矛盾的关键。其一,目前中国的城乡差距大、"三农"问题突出。破除城乡二元结构、解决"三农"问题的重任,只有通过以统筹城乡为基本特征的新型城镇化才可能实现。其二,中国人均资源量少,人地关系紧张,粮食安全和农业发展的任务艰巨,必须解决工业化、城镇化与耕地占用和农业生产的矛盾。其根本出路在于集约型的城镇化道路。其三,经济发展的结构性问题突出。产业结构优化升级和现代服务业的发展需要新型城镇化为其提供相应的载体和市场空间,经济发展方式转变、经济增长质量提升需要新型城镇化的推动。

---

① 柳博隽. 以新型城市化引领新农村建设[J]. 浙江经济,2010(14):6.

第二节　旅居城镇化创新模式

一、旅游与城镇化互动关系

（一）旅游业与城镇化之间的动力关系

1. 产业发展互为动力

首先，旅游业对于城镇产业的演进起着积极的作用。旅游业是效益好、附加值高的第三产业，大力发展旅游业能促进产业结构向更加优化的"三、二、一"结构转变。同时，在旅游产品与旅游服务的提供过程中，涉及众多的行业和部门，为旅游业的顺利发展提供必要的支撑。当城镇化发展到一定阶段之后，产业区域空间上的专门化集聚是必然趋势。旅游业作为一项投资回报率高、环境影响力小的新兴朝阳型产业，应当成为一些拥有独特自然、历史文化资源城镇的主导产业，从而促进专业化旅游城镇的形成。而且，旅游业是一个劳动密集型产业，在旅游景区、旅行社、旅游饭店、旅游交通等各方面都需要大量的劳动资源，这样就为当地居民创造了更多的就业机会，就业机会的增加，对于城镇化的进程至关重要。

其次，城镇化对旅游产业的发展起着带动作用。城镇化的过程，是一个城镇人口持续增加、人民生活不断改善、人口素质持续提高的过程。在解决了温饱问题之后，人们的消费之处自然就会更多地流向诸如旅游这类休闲产品倾斜，并且对旅游产品的种类和服务要求有了更大的提升。因此，城镇化进程，为旅游业提供了充足、稳定的客源，成为旅游业发展的重要动力。同时，城镇化的进程伴随着交通的便利和基础配套设施的不断完善，这些都为旅游业的发展提供了良好的物质条件和基础，为旅游业的蓬勃发展提供了保障。

2. 社会环境互为依托

首先，城镇一体化政策给旅游带来了机遇。最近几年，为了适应城镇化进程不断深入的需要，各级地方政府纷纷提出打破原有的行政界线，在联系紧密的区域共同推进城乡融合的政策思路。这些政策的制定，给旅游业的发展带来了难得的机遇。因为，旅游资源的划分，依据的是文化同源性、环境相似性、地理空间相邻性，同行政区域划分并不吻合。城镇一体化政策的制定，能有效的指导和协调区域内的旅游资源开发，形成区域旅游产业集群的综合竞争力，避免出现区域内类似景点的雷同化建设，造成恶性竞争的现象发生。

其次，旅游业发展对于城镇一体化进程有着推动作用。旅游的开发不仅能带动区域经济的发展,更重要的是能加强各地区间的经济联系,消除彼此间的经济落差,为区域经济的融合做准备;同时,基于旅游开发设立的景区管委会,可以为区域行政管理机构的形成提供宝贵的借鉴作用。

综上所述,城镇化建设可以为旅游业的发展提供要素支持、环境支持、智力支持、资本市场的支持、形象传播支持、网络体系支持和现代化的城市管理等方面的系统支持[1]。旅游业为城镇化进程提供了人口聚集的动力,并凝聚了人气;旅游业的发展带来了多种文化冲击,也为城镇化进程打下了思想基础。旅游业的发展提供了更多的就业机会,特别是非农就业岗位,促使居民的居住地点、居住方式、生活方式等均发生了变化,为城镇化的全面协调发展提供了可能;有效的旅游资源开发对城镇相关产业产生连锁反应,进而推动城镇化进程。旅游业的食、行、住、行、游、购、娱等方面的发展将极大地带动在城镇化中起主导作用第三产业的发展;通过发展旅游业,不仅为城镇化建设提供一部分必要的资金,同时,旅游业对外宣传的"绿色名片"作用,也为城镇化建设吸引到更多的外来资金、外来项目。

(二)旅游业与城镇化之间的矛盾

1. 城镇建设与环境保护之间的矛盾

城镇建设是为了改善生存条件,美化生活环境和提高生活质量,而旅游环境保护是为了使旅游资源和生态环境在保持吸引物的原有特征的情况下得到永续利用。城镇化为人类创造了物资文明和人为环境,但同时也在消耗甚至破坏人类赖以生存的自然资源和自然环境。很多城镇的旅游尚处于初级阶段,由于经营者经营理念的落后以及市场要求的畸形,还存在城市建设混乱,随意排污等现象,对旅游地的生态环境造成了一定程度的破坏。

2. 旅游用地与城镇发展用地之间的矛盾

在绝对面积不变的情况下,城镇发展用地增加必然导致旅游用地的减少,反之亦然。在这种情况下,旅游业和城镇建设为了各自的发展不断地拓展自己的空间,从而引发了旅游用地与城镇发展用地之间的矛盾。在总用地构成中,以居住用地和工业用地为主,而园林绿化、道路、市政设施用地比重远低于国家标准。同时,为了创造良好的旅游环境,顺应旅游业档次提高的要求,城镇还将不同程度地提高人均用地指标,最终也将导致全市城镇用地指标的提高,景区被蚕食的现象将越发严重。

3. 景区天然特色与城镇景观特色之间的矛盾

随着景区的城镇化,各种现代建筑大量涌现,城镇景观特色日益突出。由于缺乏科学规划和有效的管理,许多现代建筑紧挨着旅游景观分布,这些新建筑的体量、色调、材料、风格与景区天然特色极不协调,形成视觉污染,人工建筑不断扩张。城市生

---

[1] 杨昌鹏.贵州城镇化水平与旅游业发展关系研究[J].贵州社会科学,2012,265(1):76-79.

活中的各种现代化设施都搬进景区内,已由原来的清幽山谷变成了繁华闹市,卡拉OK、网吧、电游室、烟草专卖楼、金银珠宝店、自由菜市场等应有尽有,这在一定程度上削弱了城镇的景观特色。

二、旅居城镇的概念与内涵

（一）旅居城镇的概念

顺应新型城镇化国家战略方向,以"旅游+宜居"融合发展的理念,引领城镇化发展的新型城镇化路径探索,即以旅游带动下的形成第一产业、第三产业相互融合,现代农业和现代服务互为促进,推动"文、旅、农、体"等多元产业融合发展,并形成旅居产品和消费集聚推动城镇化形成的过程。

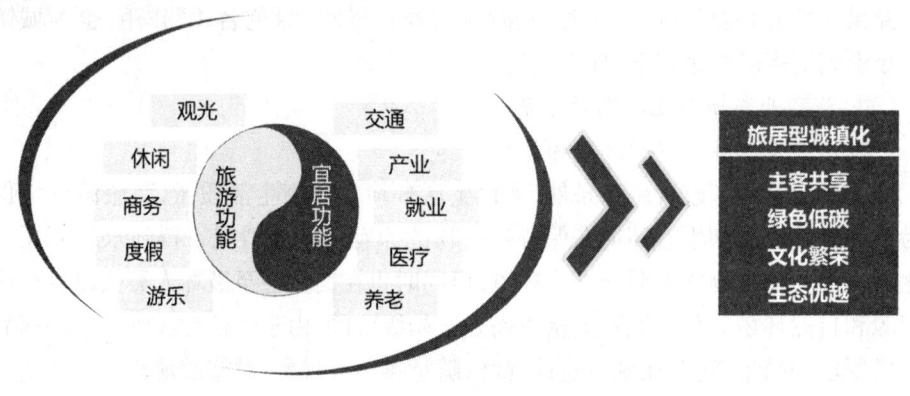

图 8-2　旅居城镇理念示意图

（二）旅居城镇的内涵

旅居城镇,以休闲、商务会议、娱乐、购物、游览观光、度假、疗养、人居等为发展主题,既适合旅游者长期休闲度假,又使当地人们的居住可持续发展的休闲型城镇。笔者认为,旅居城镇是经统一有序科学规划形成可供本地居民安居乐业、外来游客休闲度假的新型城镇化路径,不仅通过旅居经济构建新的产业体系,解决本地居民的就业、生存问题,也同旅居产品体系的建设,吸引外来游客进行观光、休闲、娱乐、购物、商务会议、疗养、度假等活动。旅居城镇是经济和环境和谐共生的,是以生态健康的人居环境、休闲环境、旅游环境、文化环境、商务环境等带动城镇综合经济发展的新型城镇化模式。

1. 旅居城镇是"就地城镇"的城镇化

实现"农民市民化,就地城镇化"是目前有效解决我国"三农"问题的路径,也是我国人多地少、农业人口多、农业效益低、农村底子薄的前提下,推动大中城市优质资源向中小城镇乃至中心村延伸,鼓励农民向中小城镇集聚,多数农民就地创业安居的优选模式,是适合我们国情的新型城镇化道路。

旅游就业具有就业容量大、门槛低、包容性强、关联度大、就业方式灵活等特点,旅游业的就业范围有三个层次:一是旅游核心产业就业人数,目前我国旅游统计中公布的直接就业人数包括旅游住宿、旅行社、景区、旅游车船公司等其他旅游企事业单位的就业人员;二是旅游特征产业就业人数,包括直接为游客服务及与旅游密切相关的餐饮、娱乐、铁路、航空、公路、水运、公共设施服务等13个部门中的旅游就业人数;三是旅游经济就业人数,这个概念最宽泛,是通过旅游经济活动所拉动的直接间接的就业人数。就有关研究表明,旅游业直接增加1个就业岗位,可间接带动9个人就业岗位。

通过发展旅居城镇,构建旅居经济产业体系,可形成旅游景区、旅游度假区、旅行社、旅游饭店等高就业容量的就业岗位,可以提供数量相当的直接就业人数和间接就业岗位,对于吸引外地务工农民返乡从事服务业,具有巨大的推动作用,是实现就地城镇化的可行路径。

2. 旅居城镇是主客共享的城镇化

通过旅居城镇的发展,旅游产业体系的构建,可以让更多的乡村景观、乡村生态、乡村文化得以保护和传承,形成服务于本地居民又可服务于外来游客的,功能更加完善,主题更加突出,其本质是针对市场人群追崇田园生活、山水旅游的时代需求,为远道而来的游客提供旅游产品,让外来游客找到"回家"的感觉并真实体验当地风土人情、风味美食、风景田园,倡导和满足城市居民回归自然、回归乡野、回归自我的生活方式。

3. 旅居城镇是文化繁荣的城镇化

文化是民族的血脉,是人民的精神家园。党的十七届六中全会提出"推动社会主义文化大发展大繁荣"战略目标,正全面建设社会主义文化强国。随后国家文化部、国家旅游局出台《关于促进文化与旅游结合发展的指导意见》,强调高度重视文化与旅游的结合发展,通过打造文化旅游系列活动品牌,打造高品质旅游演艺产品,加强文化旅游产品的市场推广等措施促进文化旅游产业融合发展。

实践表明,大力发展旅游产业,发展旅游演艺、旅游购物、旅游小吃促进旅游地文化发展具有非常重要的作用,旅游是文化传播的窗口,发展旅游业对于本地文化的对外展示和宣传,促进本地居民保护和传承优秀文化传统的积极性。

旅居城镇的发展,将通过旅居产业体系,促进本地优秀文化向旅游产品转换,形成旅游文化品牌,促进物质文化、非物质文化的保护和传承,将形成文化繁荣的新型城镇化局面。

4. 旅居城镇是生态文明的城镇化

生态文明是人类文明发展的一个新的阶段,即工业文明之后的世界伦理社会化的文明形态;生态文明是人类遵循人、自然、社会和谐发展这一客观规律而取得的物质与精神成果的总和;生态文明是以人与自然、人与人、人与社会和谐共生、良性循环、全面发展、持续繁荣为基本宗旨的文化伦理形态。是人类为保护和建设美好生态环境而取得的物质成果、精神成果和制度成果的总和,是贯穿于经济建设、政治建设、文化建设、社会建设全过程和各方面的系统工程,反映了一个社会的文明进步状态。

党的十八大"报告"指出:"要把生态文明建设放在突出地位,融入经济建设、政治建设、文化建设、社会建设各方面和全过程,努力建设美丽中国,实现中华民族永续发展。"旅居城镇的发展将通过旅游景区、旅游度假区、旅游产业园区等旅居产业体系建设,推动生态文明建设,推动城镇绿色发展、循环发展、低碳发展,为祖国大地留住更多绿水青山、田园牧歌的生态环境。

三、旅居城镇的主题模式

旅居城镇在不同地区、不同资源基础、不同发展条件下,会呈现出不同的发展模式,总结起来,有文化创意型、休闲度假型、商业贸易型、农业综合型、体育运动型及养生养老型等六种主题模式,见图8-3。

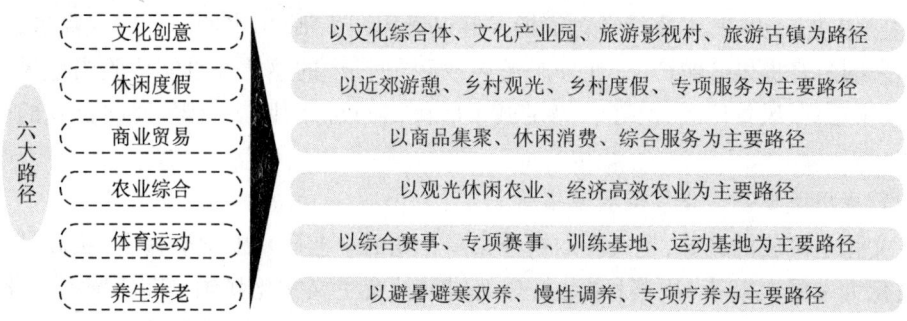

图8-3 旅居城镇的主题模式图

(一)文化创意型模式

通过发展某种或多种文化创意产业,以此激发乡村产业活力,带动乡村资源向文化创意产品转换,并促进相关产业体系形成与发展,实现城镇化的过程,其具体形式主要有文化综合体、文化产业园、影视基地、旅游古镇等路径。

其中文化综合体,是指以乡村特色地域文化为基础,通过文化项目的构建,形成文化体验、文化休闲与文化商业等综合消费业态,并聚合创意产业、会展商务、综合商业、居住物业等形成泛文化产业体系,推动文化产业、现代服务业的集聚式发展,从而推进城镇化的路径。

文化产业园是指以文化生产集聚为基础，以文化产品输出为核心，联动形成集生产、交易、休闲、居住为一体的多功能园区，并形成"生产—发行—消费"的"产供销"一体的文化产业链，推动泛文化产业的集聚式发展，从而推进城镇化的路径。

旅游古镇是指具有悠久历史底蕴，或者古镇遗存遗址的乡村，通过古镇形态的修复和复兴，融合现代旅游服务功能，构建具有观光、民俗、摄影、度假、遗产、购物等复合式的产品体系，从而推动乡村城镇化的路径。

影视基地是指依托乡村特有的自然风光、人文风情或建筑形态，发展以影视拍摄、制作的全过程体验，以及与影视相关的事物为吸引物的旅游影视基地，发展游览、体验、娱乐、居住为一体的影视主题城镇。

（二）休闲度假型模式

是指乡村通过挖掘自身资源优势和发展潜力，通过发展休闲度假旅游，推动传统产业升级、新兴产业崛起，进而推动乡村走向城镇化的路径，其主要模式有近郊游憩模式、乡村观光模式、乡村度假模式、专项服务模式等四种类型。

近郊游憩旅居小镇，是指乡村利用其作为"城郊"的距离优势，挖掘和整合乡村资源，开展短途、短时旅游项目，开发出具有吸引力的旅游产品，通过分流中心城市人群，满足城里人追求自然、放松身心的休闲需求，实现城郊乡村打造新产业、走向城镇化的路径。

乡村观光旅居小镇，是以乡村内部的具有观赏价值的事物为旅游吸引主体，在保持乡村本色的前提下通过资源整合、项目提升、主题点亮等措施，形成特色观光产品体系，满足都市居民观赏、享受、体验功能，并依此推动观光型城镇的形成。

乡村度假型小镇，是以依托原生的环境和"乡村化"的形式，结合农业生产、农村生活，周到服务，打造温泉、海滨、山地等主题鲜明，可供"有钱"、"有闲"的消费者长时间停留的休闲方式的小镇。

专项服务小镇，是指利用独特的乡村风光、乡土特产，建设乡村婚庆基地、会议会展基地，为城市居民提供婚庆服务、宴会服务等相关服务，从而推动乡村城镇化的路径。

（三）商业贸易型模式

依托区位优势和已经形成的商业氛围，发展特色小商品、手工艺品、农副土特产品的区域性集散基地，带动产业链延伸，而形成的小城镇的路径。主要有商贸集聚型、休闲消费型两种路径。

商贸积聚型小镇应当结合已有设施情况、发展急需程度，侧重选择两个或两个以上业态的项目进行改造或新建，通过商贸小镇建设，要合理布局、着力完善相对集中的商贸服务设施，优化产业结构和业态类型，形成具有浓郁地方特色的现代商贸服务街区和商圈。

休闲消费型小镇是指能够为"有钱有闲"的人群提供集旅游、购物、休闲与一体的产品,从而获得身体和精神双重愉悦的消费活动的小镇。

(四)农业综合型模式

农业综合型城镇化,是指依托大力发展农业产业,以农业文化和农村生活文化为核心,形成特色农业产业集聚,推动产业转型,推动乡村城镇化的路径。

观光休闲农业小镇,以乡村农业种植形成的景观、活动,乡村生活方式等为资源载体,满足人们观光、采摘体验、农耕体验、农村生活方式体验、休闲、度假的功能,并推动相关服务业态的形成,从而推动乡村城镇化的过程。

经济农业旅居小镇,是以大面积种植经济植物或经济林为主,形成集经济农业种植、加工、储存、物流为一体的农业小镇,同时可满足人们观光、现场购买、休闲等旅游功能,并推动相关服务业态的形成,从而推动乡村城镇化的过程。

(五)体育运动型模式

是指依托乡村特殊的自然地理条件,打造成运动基地,并通过各种赛事、体育主题活动、体育夏令营、体育会议会展等形式,引领产业转型升级,从而推动城镇化的路径,主要有综合赛实型和运动基地型两种模式。

综合赛事型,是指依托乡村特殊的自然地理条件,整合成可以包含山地自行车、皮划艇、攀岩、越野跑、速降、溯溪、漂流、皮划艇、暗河穿越、滑竿等中的三种以上体育活动,形成综合赛事,依托综合赛事,进行城市营销,引领产业转型升级,从而推动城镇化的路径。

运动基地型,是指乡村可以利用区位条件,资源情况,或者温差大、气候环境特殊,为足球、篮球、排球、网球、沙滩排球、手球、垒球、橄榄球、曲棍球、藤球、游泳、跳水、铁人三项、田径(竞走、长跑)等为主体的多功能。可以通过接待"拓展训练"、夏令营、体育会议、公益拨款等方式获得多元收益,推动相关产业体系的形成,从而推动乡村城镇化。

(六)养生养老型模式

改革开放30年来,人们的生活逐渐步入小康行列,也造就了一大批中产和富裕阶层;与此同时,工作压力大,生活节奏快,更多的人处于"亚健康"状态,养生成为现代社会生活中不可或缺的部分。养生养老的需求与供给的矛盾浮出水面,这既存在总供给不足的总量矛盾,也存在供给结构不合理的结构性矛盾。养生养老服务需求的数量与质量要求都在与日俱增,而集住、养、医疗、康复等功能的综合性房地产项目发展却明显滞后。改革开放与经济的快速发展使我国社会结构、经济结构以及国人的生存、生活方式都发生了一系列的变化。国人的健康意识也在发生着潜移默化的巨大变化。健康的消费需求由简单、单一的医疗治疗型,向疾病预防型、保健型和健康促进型转变。现有的社会经济结构已经促使中国健康消费市场的"消费潮"悄然形成了病患群体、保健群体、健康促进群体、特殊健康消费群体和高端健康消费群体。上述群体释放出巨大的对健康市场的需求,由此催生了养生养老项目的开发。

乡村大多具有优美的风光和优良的生态,通过发展养生养老理疗业、养生养老房产业、养生养老教育培训业、养生养老文化业等产业,从而形成特色养生养老型城镇。

第三节 旅居城镇发展战略

一、产城融合战略

"产城融合"是指产业与城区共同发展,实现产业化与城镇化的"双轮驱动",以产业为保障,驱动城市更新和完善服务配套,以城市为基础,承载产业空间和发展产业经济。

(一)以产促城

旅居是综合性消费行为,以旅游为主导,整合农业、文化、运动、商业、会议、康疗、养生、养老等相关产业所形成的泛旅游产业结构,为城镇化的发展提供了产业基础,而旅游带来的消费,直接推动了城镇化的发展。结合余庆具有旅游资源的优势,适宜打旅游集聚,但是旅游要实现市场转移,除了核心吸引物的开发外,同样需要交通、医疗、安全、行政管理等完善的基础设施及服务配套;余庆县旅游的产业化发展,必须为滞留游客提供大量的休闲项目,从观光型产品升级休闲度假,比如乡村休闲、游乐场、酒吧、餐饮、购物,从而在核心吸引物周边,形成休闲集聚区;旅游者要过夜,就会带来以度假酒店(公寓)、周末休闲的第二居所住宅区、避寒避暑养生养老的度假住宅区(第三居所)等为主的土地开发,另外,还要为余庆旅游从业者提供住宿、为拆迁居民提供安置社区等,由此形成了居住社区的配套开发。可见,旅游产业的发展已经形成了土地开发、基础设施开发、公共配套开发、居住开发,形成旅游产业集聚,旅游产业集聚效应特点表现为需要人口的集中,以形成劳动力人口的集聚和消费市场的发展,引起了资金、劳动等生产要素在城市的空间集聚,促进城镇发展,由此推动了余庆城镇化进程。

(二)以城带产

城镇是旅居相关联产业发展的主要场所载体。旅居产业集聚效应带来的资金、劳动力的集聚,不仅有促进整个区域经济发展的积极作用,也有抑制周边区域经济发展的消极作用。希伯特[①](H. Siebert)在研究集聚效益和劳动力转移的关系时指出,如果

---

① 西蒙.库兹涅兹.现代经济增长:速度、结构与扩展[M].北京:北京经济学院出版社,1985.

中心区域的劳动力流入量超过了容纳能力，就会出现负面影响，造成基础设施供给不足、现存居民生活条件下降，阻碍产业水平发展。劳动力的流入在加强区域的聚集效应时，因中心区域的扩张效应大于边缘地区的收缩效应，将导致区域间收入差距进一步扩大。所以当城镇规模超出其最优水平，公共服务成本会上升。一些城市病会带来集聚不经济，如交通过度拥挤会增加劳动者的通勤时间。

正是由于集聚效益有可能带来这种消极作用，大量劳动力流入产业集中区（余庆县城中心）后就要求相关基础服务设施和城镇化建设加快，产业的集聚有效地降低了经济运行成本，扩大了非农产业和农业产业之间的收入差距，吸引了农业劳动力转向城镇。同时居民与企业收入增加，不仅带动余庆消费增加，也会增加对余庆投资，进一步促进产业发展、产业创新、产业升级。

二、空间集聚战略

（一）强化白泥一核——白泥镇，提升县城人居宜业的聚合功能

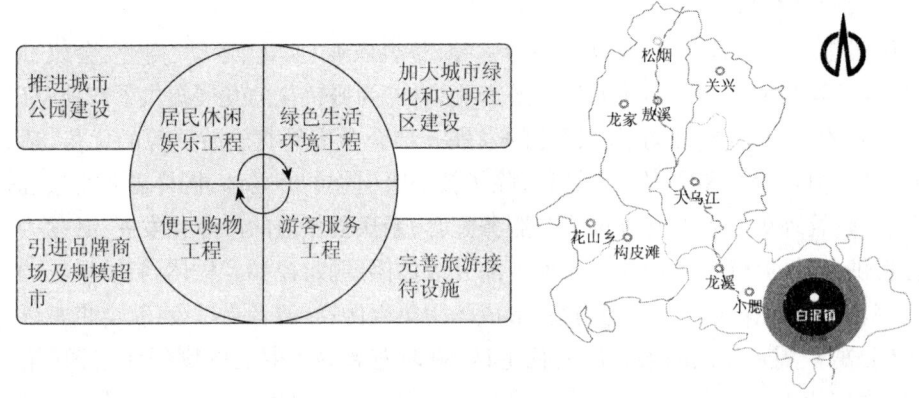

图 8-4　强化一核（白泥镇）战略示意图

1. 居民休闲娱乐工程——推进城市公园建设

以打造景区的标准建设城市公园，成为服务本地居民、吸引外来游客的城市标志场所。

设置喷泉广场：采用声光电技术，选用"大美余庆"系列歌曲设置音乐喷泉，每晚定时开放，吸引人们在此集聚。

余庆 HIGH 街：汇聚余庆小吃街、夜市街、酒吧街于一体，成为旅游服务、居民夜间休闲娱乐的场所。

五星级公厕设施：根据《旅游厕所质量等级的划分与评定》（GB/T 18973），城市公

园公厕采用五星级标准,展示余庆整洁、干净的城市风貌。

公园道路:按照国家 AAAA 级标准建设。

公园绿化:选取余庆代表树种,实施园林绿化。

2. 绿色生活环境工程——加大城市绿化和文明社区建设

城市绿化:加强公共场所、居民社区、城市公园绿化,通过四季树种、四季花卉等提升城市生态形象。

文明社区建设:按照"组织机构健全、基础设施完善;环境整洁优美、绿化美化达标;治安状况良好、社会秩序稳定;邻里关系和睦、社区风尚良好;服务网络健全、群众文化丰富;共建共育,形成合力"文明社区建设六项标准实施打造。政府制定评选标准,每年评选前五位文明社区,给予相应的资金和配套奖励。

3. 便民购物工程——引进品牌商场及规模超市

出台招商专项政策,引进沃尔玛、家乐福、好又多等知名超市品牌,实力商业地产品牌,形成商业集聚。

4. 游客服务工程——完善旅游接待设施

提高三星级及以上酒店数量,建设 1～2 家五星级酒店,完善酒店会议、住宿接待硬件设施,强化员工服务培训。

(二)联动双龙——江南"白小龙"、江北"敖松龙",三大措施推进镇域一体化发展

图 8-5 联动双龙战略示意图

1. 城市公共交通系统建设,构建交通一体化

(1)"点、线、面"路网系统规划。

打造松烟镇、龙家镇和敖溪镇江北交通面和龙溪、小腮镇和白泥镇为江南交通面,以 S204 为主干道,连接江南、江北两交通实现县域交通网一体化。

(2)公共交通系统规划。

政府对公交公司给予必要的扶持,降低企业运营成本;使公交线路布设尽可能沿着主要客流分布方向,同时尽可能减少公交乘客换乘次数;在一些公交盲区开辟新的公交线路,扩大公交有效服务面积。

(3)慢行系统规划。

以斑马线为主,规范行人过街;中心镇区应设置人行道,以保证行人安全及车流运行顺畅;"应进行机非分离",近期非机动车网络整治规划应以画线非机动车道为主,而主干路上的非机动车道在必要时应设置分隔带。

(4)停车、标志系统规划。

加强停车管理,执行建筑物停车配建标准及规范路边停车,总体上满足停车需求;完善城区交通语言设施。

2. 统筹龙头产业,构建产业一体化

(1)江南"白小龙"三镇合一,打造商贸产业集聚区。

依托龙溪镇现有的商贸产业基础,以龙溪镇为核心,通过规模加工园区、物流园区、贸易交流园区建设,强化镇域功能。同时联动白泥镇和小腮镇,白泥镇通过引进大型商业,强化商品展销,小腮镇重点突破加工园区建设,"三镇合一"形成商贸产业集聚区。

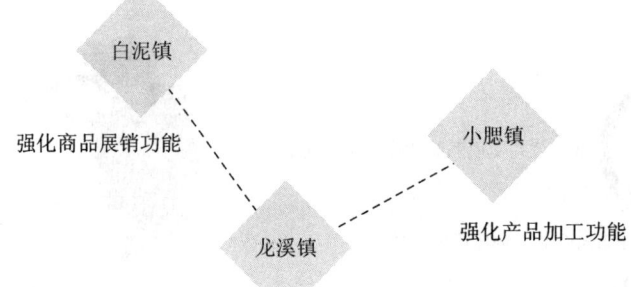

图8-6 江南三镇融合发展战略示意图

(2)江北"敖松龙""产供销"一体化,打造茶产业集聚区。

以松烟镇规模茶园为核心,进一步加大松烟镇茶叶种植规模,形成具有国家影响力茶种植园区建设。同时,融合旅游业,发展茶庄集群。联动敖溪镇和龙家镇,其中龙家镇规划茶深加工园区,强化供给功能;敖溪镇将茶产品与土司文化旅游相结合,打造主题文化茶楼、茶馆、茶产品展销区。三镇互动,形成"产-供-销"一体化的茶产业集聚区。

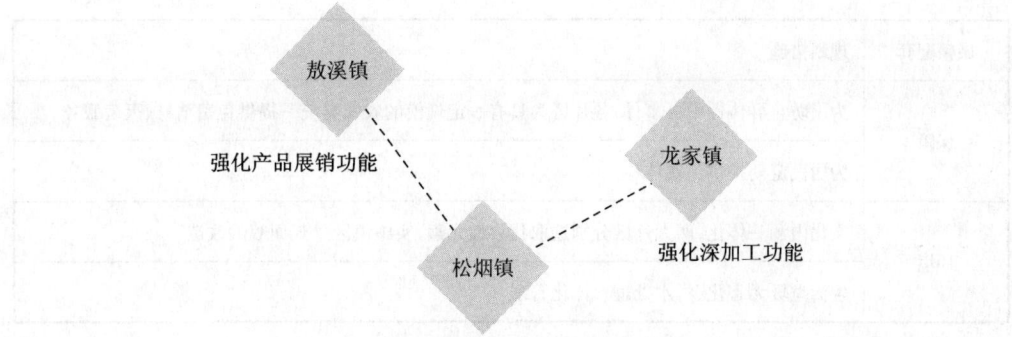

图 8-7　江南三镇融合发展战略示意图

3. 便民生活体现，构建城镇配套一体化

从商业、教育、文化、医疗卫生、体育、就业、保障、环境八大方面，完善城镇的配套服务，实现城镇一体化发展。具体措施如下表：

表 8-1　城镇配套一体化

城镇配套	规划措施
商业	两大片区分别规划建设一处集行政、文化、商业、金融为一体，同时辐射片区三镇的商业集聚区。
教育	各乡镇统一规划文化教育设施的建设，调整中小学布局，方便学生入学。
文化	保留大部分原有的文化设施，统一规划图书馆、博物馆、影剧院、文化站等功能齐全的文化娱乐设施，丰富居民生活，提高城镇品位。
医疗卫生	各区对卫生站进行统一管理，提高卫生站服务能力。
医疗卫生	建立"公立卫生院"，改变过去在乡镇财政"分灶吃饭"体制下乡镇卫生院疲于创收、"向钱看"的经营性，突出乡镇卫生院的"公立"特性，再造其管理体制和运行机制。
体育	一体化加强娱乐、体育、休憩设施的建设，六乡镇分别拥有"二场（两个运动场）、一池（一个游泳池）、一房（一个 健身房）"的基本设施配套。
就业	各乡镇对本地居民的就业培训一体化管理。

续表

城镇配套	规划措施
保障	为了防止群体性中毒事件,各片区为具有一定规模的农家宴统一提供免费消毒、灭菌服务。
	为居民定期提供免费体检。
环境	文化内涵一体化,两大片区分别选取代表性元素,实施镇区景观面貌的改造。
	生活垃圾无害化、污水处理一体化管理。

(三)集聚一区——乌江中游国家级旅游度假区,三大路径塑造中部旅游度假主题

图 8-8　江中度假一体化战略示意图

挖掘关兴镇、大乌江镇、构皮滩镇和花山苗族乡四镇核心元素,实施"观光+度假"功能融合,形成四大主题吸引力。并通过构建一镇一品、升级接待服务、完善统规统管路径,促进四镇核心度假产品服务差异化,功能互补化,集约式打造江中度假一体化的战略。其中,升级整个区域的接待服务水平。具体措施有,对现有区域农家中有意向实施旅游功能转型的农户进行集体培训,农居的改造要根据四镇的主题特色,形成高品质度假庄园,达到总体住宿接待设施总床位数不少于2000张的目标;要依据四镇整体的市场情况、资源分布等考虑规划星级酒店;通过旅居农家、度假庄园、星级酒店的落地,扩大市场细分,提高旅客覆盖率,提供多样的服务体系,引导游客向度假性消费结构转变,进而改变市场结构,实现过夜游客平均停留天数不少于2.5天的目标。

最后,要完善统规统管。即利用多方资源,经过多方论证,统一编制《乌江中游国家级旅游度假区总体规划》,并成立度假区管理委员会,采用统规统管的模式。

（四）打造两道——龙花、松关旅游风景道，实现两镇两区互动发展

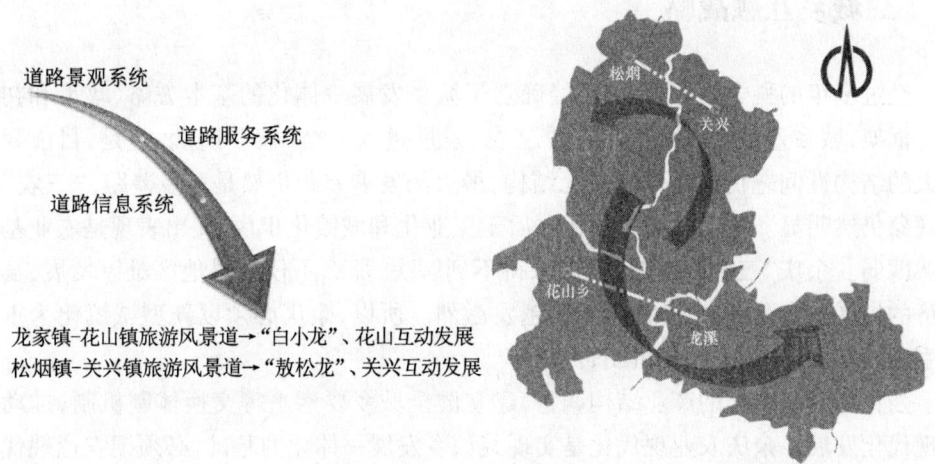

图8-9 风景道一体化战略示意图

它指的是龙溪镇与花山苗族乡、松烟镇与关兴镇的两条风景道建设。其中，龙溪镇到花山苗族乡的旅游风景道建设将促进江南"白小龙"与花山苗族乡的互动发展；松烟镇到关兴镇旅游风景道建设将促进江北"敖松龙"与关兴镇互动发展。在现有连接道路的基础上，通过提炼四个镇的代表性文化、产业元素等，完善其景观、服务、标志三大系统，构建两条集交通功能、旅游服务功能、游览功能、文化展示功能于一体的公路旅游廊道。具体措施包括：

1. 旅游风景景观系统的构建

主要是选取路外景观能够大面积呈现的山体或地段，实施景观打造。"龙花旅游风景道"在建设中要通过种植大量的特色花卉来丰富道路沿线景观。"松关旅游风景道"要以松烟镇、关兴镇茶产业为表现元素，通过群体雕塑来打造沿道路沿线景观风貌。

2. 旅游风景服务系统构建

根据公路线性、自然环境特点等，选择风景较好、视线开阔地段设置，设置观景平台或者观景点。同时每条风景道各设置一处游客中心，提供小型停车场、便利超市、加油点、汽车租赁、汽车维修等服务。

3. 旅游风景信息系统构建

在风景道出入口、观景台、游客中心设置指路标志。同时在观景台、游客中心设置旅游信息服务标志，标明邻近旅游点信息，作为公路指路标志的补充。旅游信息服务标志设计要融合当地自然文化特点元素，使其版面直观、清晰。

三、城乡互融战略

经过多年的科学发展,我国已经确立了城乡发展一体化的基本方略、政策和初步制度框架,城乡差距出现缩小迹象,"三农"发展进入一个"黄金期"。但是,目前我国最大的结构性问题仍然是城乡二元结构,最大的发展差距仍然是城乡差距,"三农"短板现象仍然明显。余庆农业现代化滞后于工业化和城镇化步伐,突出表现是农业基础仍然薄弱。余庆"三农"发展难题如果得不到解决,那么不仅农村地区难以发展,县域经济的发展也会受到制约,社会矛盾越发激烈。所以,余庆必须以新型城镇化为重要抓手,推动城乡发展一体化机制转型。

强化新型城镇化的产业结构调整,建立健全城乡要素平等交换体制机制,推动农业现代化发展。余庆农业现代化是实现其城乡发展一体化的基础,必须把农业现代化置于新型城镇化产业结构中与信息化、工业化同步发展的位置,对城乡产业发展进行一体化规划引导,形成城乡合理分工与相互耦合、资源要素科学配置的产业体系。这就要求发挥工业化、信息化对农业现代化的引领带动作用,严格控制城镇占地规模,严格控制耕地和淡水资源使用,坚持走出一条不以牺牲农业、生态和环境为代价的城市化与农业现代化协调发展的新路子,确保农村经济全面发展。必须以新型城镇化有效带动农村富余劳动力转移就业,为发展农业适度规模经营,推动农业专业化、标准化、规模化、集约化生产创造有利条件。必须在新型城镇化进程中,依托产业集聚区,搭建城乡要素平等交换的载体平台,促进城市资金、技术、信息、人才等现代生产要素向农业领域延伸或向农村有序流动,同时彻底改变传统农村土地、资本、劳动力等生产要素单向流动的发展模式,逐步使农村承包地、宅基地、住房等资源要素平等进入市场进行等价交换、自由流通,为农业适度规模经营提供生产要素市场配置体制机制基础。

推进新型城镇化的整体空间布局,引领新型农村社区建设。城乡规划是城乡发展一体化的前提,必须把新农村建设置于新型城镇化空间布局的重要位置,重点解决乡镇与县镇之间规划结构不一致、资源配置不合理、规划管理不科学等影响城乡发展一体化的整体性问题。在新型城镇化过程中,要稳步推进城乡基础设施一体化,实行一体化的建设标准、管理模式、服务和价格标准,努力构建城乡一体的交通公路网、公交服务网、供水排污网、信息传播网、环卫设施网、电力建设网、供水供气网,发挥基础设施建设对城乡一体化发展的支撑和引领作用。

延伸新型城镇化的公共服务,建立健全余庆乡镇全域公共资源均等配置体制机制,保障广大农民权益。城乡利益分配是城乡发展一体化的本质,必须把保障农民权益置于新型城镇化公共服务体系的首要位置,以基本公共服务均等化妥善处理失衡的城乡关系。逐步将进城农民工纳入城市公共服务范围,不断推动公共服务向农村延伸。健全城乡利益共享分配体系,实行城乡土地和集体资产股份化改革,让农民分享到新型城镇化带来的成果收益。按照公共财政体制要求,加大惠农富农政策力度,着力促进农民增收,让广大农民平等参与现代化进程,共同分享现代化成果。积极推进城乡社会事业一体化,以城乡劳动力充分就业及人人享有社会保障为目标,以新型农村社区为载体,加大农村基础设施建设投入力度,实现城乡居民在教育、就业、医疗和社会保障方面的公平公正。把扩大内需重点转向农村,加快建立扩大农村消费需求长效机制,开拓农村消费市场。

四、特色强镇战略

即以"一镇一品一企"为发展模式,以"九镇一乡"为行政基础,依据旅居城镇的模式与路径对其发展方向进行定位,确定每个镇的发展特色与路径,形成余庆县十大特色旅游镇,使得各镇在差异化发展过程中,相互联动,共融共强。

(一)各镇资源基础

对余庆县各乡镇的镇域特色进行评价,结果如表8-2。

表8-2 余庆县乡镇特色资源及发展方向

乡镇	特色资源	发展方向
敖溪镇	土司文化、古镇文化 位于飞龙湖库区内的柏林村,敖溪河+大乌江+低山缓坡形成湖光山色的自然环境 非物质文化遗产:花灯舞、高矮人舞	挖掘文化元素,打造土司文化古镇 依托柏林村的自然环境,发展休闲度假旅游
关兴镇	狮山茶海 老林河生态旅游资源,已申报省级森林公园项目	充分利用万亩茶园的基础: 一方面依托茶海的自然风光打造摄影基地; 另一方面以农家乐与茶园结合形成茶庄的模式
龙家镇	万丈坑遗址、石佛寺、先锋河	依托万丈坑遗址,挖掘红色文化元素,打造红色纪念馆 充分利用先锋河,策划一系列亲水项目
松烟镇	低山缓坡地势+万亩茶园风光	打造休闲体育运动小镇
乌江镇	红军强渡乌江遗址 连片的梯田景观	依托强渡乌江遗址,可打造红色文化体验基地; 利用连片的梯田景观,挖掘怀旧农耕文化,打造摄影基地

续表

乡镇	特色资源	发展方向
龙溪镇	现有204、305省道的交通条件 现有的三大产业园区所形成的产业优势	建设物流仓储基地以及各级批发贸易市场，打造成龙溪周边乡镇农产品物流仓储、批发零售、物质交易的物流商贸中心
小腮镇	苦丁茶产业 山多、地少、水资源丰富，拥有很好的自然环境 有一长寿村，具有养生的条件	依托现有的资源条件，融合长寿文化与茶文化，打造养生度假产品
白泥镇	与县城关系紧密，具备较完善的城镇配套功能	依托其城镇配套设施，打造成为旅游综合服务中心
构皮滩镇	构皮滩水电站的水库资源＋已有"四在农家"规模基础	发展避暑度假旅游
花山苗族乡	苗族文化	打造苗乡风情基地

（二）各镇特色定位

依托各镇资源优势、区位优势、产业基础，将各镇进行特色定位为：

1. 松烟镇——休闲体育运动小镇

以"中国第一骑游小镇"为品牌，通过公路速度赛、茶山山地赛、环湖休闲赛、农家耐力赛、场地娱乐赛等赛事场地以及自行车慢性系统，建设成融体育会议、骑行夏令营、体育论坛、训练基地等复合性休闲体育产品体系，形成休闲体育运动小镇。

2. 敖溪镇——千年土司文化古镇

敖溪作为余庆土司的政权中心所在地，土司文化遗存丰富，特别是土司时期留下的丰富的非物质文化遗产，通过挖掘这些非物质文化遗产，将有形的土司物质文化修复与无形的非物质文化挖掘相结合，打造独具特色的土司风情旅游街、土司博物馆、土司小镇、土司广场等土司旅游产品体系，打造敖溪镇为千年土司文化古镇。

3. 龙家镇——亲水欢乐度假小镇

依托龙家镇作为道翁高速出入口的交通优势，依托仙峰河亲水度假基地的建设，逐渐丰富亲水娱乐项目，并发展与之相关的亲水娱乐服务业，构建亲水欢乐度假小镇。

4. 关兴镇——乡村观光度假小镇

依托关兴镇狮子山茶场已经形成的万亩茶园的基础，通过品牌包装及市场运作，围绕高端品茗基地建设，进一步发展茶园观光、山岳观光，建设高品质休闲茶庄、茶主题餐饮、茶主题度假酒店等满足高端品茗市场需求的。

5. 大乌江镇——红色文化旅游小镇

依托红军长征强渡乌江遗址，红军长征纪念园，万亩红枦、红渡村等红色文化资源，整合红渡梯田景观资源，大力发展长征红色记忆旅游产品体系，打造红色文化旅游小镇。

6. 花山苗族乡——苗乡风情体验小镇

利用花山苗族乡作为少数民俗乡的优势，通过挖掘、整理、传承、演绎苗乡民俗文化资源，整合飞龙寨等已有的资源基础，通过住吊脚楼、吃苗家饭、赏苗族歌舞、听苗族芦笙声、体验苗民俗等形式构建苗乡风情体验的产业体系，打造独具苗乡民俗的旅游体验风情小镇。

7. 构皮滩镇——乡村避暑度假小镇

依托构皮滩水电站的水库资源，以及构皮滩镇已有的"四在农家"民居的基础，积极拓展重庆、四川等地夏季避暑市场，通过逐步增加避暑休闲业态，成为大西南地区居民与乡村田园中满足夏季避暑度假需求特色小镇。

8. 龙溪镇——现代商贸小镇

积极利用龙溪镇独特的区位优势，通过市场引导形成商品集聚，带动商贸产业集聚。依托周边地区土特产品种植、养殖基地，传统食品、手工艺品的商品集聚地，推动龙溪镇的生产、流通进一步向规模化、专业化、品牌化发展，进一步发挥特色优势，扩大商品的集聚和市场拓宽能力，带动产业链延伸和小城镇发展，形成辐射周边县市的特色商贸小镇。

9. 小腮镇——生态健康养生小镇

依托小腮镇森林覆盖率较高、野生小叶苦丁茶面积较大，生态环境优雅舒适的特点，建设养生服务体系、养生餐饮体系、养生养老综合社区，打造为成渝都市圈、黔中经济圈客源市场高端养生度假的特色小镇。

10. 白泥镇——休闲观光农业小镇

利用白泥镇与余庆县城的紧密关系，依托白泥镇深厚的农业建设基础，发展休闲观光农业，开辟特色果园、菜园、茶园、花圃等，打造游客摘果、拔菜、赏花、采茶，享受田园乐趣等休闲观光产品体系，建设成可以满足余庆城镇居民及周边城镇居民休闲农业旅游需求的特色小镇。

五、梯度发展战略

城镇化是个复杂而系统的工程，其发展应坚持积极稳妥、渐进发展的原则，以循序渐进的方式推动产业发展、人口管理、土地管理、行政管理和财税金融等领域的城镇

化。因此,按照梯度发展战略,将余庆县旅居城镇划分为三个阶段:

（一）以集聚为主的旅居城镇点状布局阶段

旅居城镇发展初期,以县城为旅游集聚中心,以江北敖溪镇、江南龙溪镇为副集聚中心,重点发展飞龙湖景区、飞龙寨景区,初步构建"大美乌江"产品体系,构建县城、敖溪、构皮滩、龙溪等旅游城镇的点状布局。

（二）以扩散为主的旅居城镇组团布局阶段

在点状城镇化布局的基础上,围绕三大品牌旅游产品,扩大十大景区建设,以景区发展驱动城镇化的组团布局,形成江北"千年土司古镇"组团,中部"大美乌江"组团及江南特色商贸组团。

（三）以填充为主的全域旅居城镇布局阶段

在组团城镇化基础上,全面推动余庆走向全域旅游化,"旅居农家"完成全县布局,并完善三大品牌产品、四大特色产品的体系构建,建设全县旅游景区体系,推动旅居城镇体系全面建立。

第四节　旅居城镇保障措施

一、土地运营措施

土地是城镇化的基础,也是农民生存的最后底线。在旅居城镇化过程中,应避免土地城镇化的速度快于人口城镇化。保障农民的土地财产权,分配好土地非农化和城镇化产生的增值收益。构建城乡统一的土地市场,允许农民在国家规划引导下,自主地参与工业化、城市化进程;其次,对必须征为国有的土地,赋予农民谈判权,参照市场价协商补偿标准和补偿方式。

提高农民土地征收补偿标准,降低土地供给垄断。积极推行土地流转制度,使进城的农民成为市民,不再成为"两栖动物",从而不再占有在农村的宅基地和农业建设用地及时复垦整理,使之成为耕地,这一过程中,要加强管理,规范操作,完善土地流转制度[①]。

积极鼓励完成城镇化进程的农民将原承包的土地使用权有偿转让。承包转让金既可作为进城定居、社会保障基金或创业的启动资金,又利于加快土地向种田能手集中,推进农业规模经营,此外,要鼓励农业人口向农村镇适度集中,严格控制分散建房

---

① 许豫宏,崔宴芳. 旅游地产开发概论[M]. 北京:旅游教育出版社,2012:126 – 128.

的宅基地审批;对一些农村新增人口的居住用地主要通过进城农民的宅基地的置换和转让取得。

充分运用地价和土地租税费政策。一是不能实行侵占大量耕地"摊大饼"式的发展模式,而要采取高度内涵式与合理外延式相结合的发展方式,提高城镇闲置用地利用率,使土地使用高度集约化,提高土地单位面积的效益,尽可能减少对耕地的占用。二是节约用地,提高土地使用效率,要扩大土地有偿使用范围,推行招标拍卖供地方式,开征土地空置税和超过一定年限没收土地使用权,并在可能的地块提出土地产出效率考核指标。三是加强土地产权制度建设,严禁在农民用地转为城镇建设用地过程中有关企业对农民利益的侵犯。

二、制度创新策略

旅居城镇作为新型城镇化过程中的一种创新模式,其成功构建,需要大胆创新,破除现行体制机制障碍,为其快速推进提供制度保障。

实施"三规融合"制度。为了提高余庆县新型城镇的进程,为了保证余庆县旅居农家顺利落地,为了实现余庆县集约、高效的县域经济发展,应保障其项目投资合理性、项目目的一致性、项目预算可控性,应实施"三规融合"战略,即国民经济和社会发展规划、城镇总体规划、土地利用总体规划三大规划相融合。政府成立旅居城镇规划部,通过产业办与城乡规划局相互合作,并应聘外部权威专家做技术顾问,形成多方合作模式,实现"三规融合",城镇总体规划的前瞻性应与国民经济或社会发展规划一致,土地利用总体规划应支撑国民经济发展以及城镇总规划。

突破城乡户籍制度差异。逐步增加和不断完善农民的公共服务,让农村户籍逐渐享有与城镇户籍的相同的福利待遇,淡化户口与福利的绝对关系。逐步消除户籍人口与非户籍人口之间的不平等待遇和差距,还原户籍的人口登记功能[①],优先考虑对具有稳定职业、稳定收入及相对固定居所的农民放开城镇户口,不把获得城镇户口与放弃农村土地权利挂钩。

三、完善公共服务

完善就业服务。让城镇居民具有稳定的就业和稳定的收入,是旅居城镇的内在要求。完善就业服务,首先是优化传统产业,让茶产业、果蔬产业、烤烟业能够吸纳更多的居民就业;其次是扩大农民非农就业,大力发展旅居经济、推动旅居农家建设,以此

---

① 韩俊:农民工市民化实质是公共服务均等化[N].经济参考报,2013-02-04.

推动旅游景区、旅游饭店、旅行社等行业的发展,鼓励农民就近转移就业;再次是扶持农民工回乡创业,以创业促就业,推动产业集聚区的产业孵化能力,为创业者提供更多可行性路径;最后应要加大对职业教育和农民技能培训的投入力度,健全农民职业教育和技能培训体系,大幅度提高技术熟练型农民工的比重,以技能促就业,并建立劳动力工资合理增长机制,促进和谐劳资关系。

完善教育制度。"旅居城镇化"应淡化并逐渐取消城乡教育的双轨制,逐步消除校园建设、教学考试、教师编制等领域的城乡差异,试行统一标准;打造高水平的职业教育体系,培养适应经济发展的高端技术人才,以适应"旅居经济"快速发展的人才需要;强化继续教育的发展,对外来务工人员培训、企业的再培训,特别是关键行业及关键岗位的继续教育,如酒店行业从业者、重点景区管理人员等。

完善医疗保障。保障城乡居民平等享有基本医疗卫生和计划生育服务。推广在旅居农庄聚居地指定新型农村合作医疗定点医疗机构的经验;加快乡镇卫生院和社区卫生服务中心,特别是乡镇卫生中心的先进医疗设备如 X 射线、超声等设备的引进;逐步提升城镇医保补助标准的和影像检查等医疗服务水平;逐步扩大基本药物制度实施范围,鼓励医疗机构采用适宜技术和基本药物,避免过度检查和治疗,减轻居民的医药费用负担。

完善基本公共服务的绩效评估机制。从以下三点出发:一是分权和向下游政府转移基本公共服务职责责任。二是合理的人力资源管理。三是教育、卫生部门,扩大运作规模可以提高效率。不断采集有关公共服务的财政支出效率信息也非常重要。定期组织专家对现有的社会组织进行评估定级,按照相关规定,要求达到一定等级的社会组织才有资格承接政府的公共服务项目。

四、强化环境保护

旅居城镇化推进进程中,不可避免会产生诸多环境问题,并对城乡经济发展产生负面效应,余庆旅居城镇模式应避免走"先污染后治理"、"先规模后效益"、"先建设后规划"和"摊大饼式扩张"的发展途径,注重生态服务功能和生态文明建设,将生态文明理念和原则融入城镇化的全过程。

余庆旅居城镇化过程中,可能出现的环境问题有两个方面,第一是人口的聚集所引起的有机物生态循环系统的改变[①]。由于城镇化使得农村人口集聚于城镇,此时城市的环境支持系统尚未完善,城镇的有机排泄物及其他废弃物又不能有效地进入农田生态系统,加重环境承载压力;第二是外来游客的逐渐增多,尤其是度假游客的比例逐

---

① 陈柳钦,卢卉.农村城镇化进程中的环境保护问题探讨[J].当代经济管理,2005,27(3):81-85.

渐升高,导致生产生活垃圾增多而环境无法承载,进而导致生态系统失衡。

因此,在推进余庆"旅居城镇"过程中,应将资源环境因素纳入农村城镇化的社会经济大系统,全面推进产业生态转型。以城镇带农村、工业融农业、公司带农户、生产促生态。在调研资源和市场、机会和风险的前提下策划、规划旅游景区、旅游产业园区、新兴农业产业园区、新型社区和新型城镇点,改善激励机制,促进生态产业发展,严禁高能耗高污染产业进入,对节能低碳产业实施税收补贴或政策扶持;发展生态养殖,促进畜禽粪便资源化。确保养殖废水达标排放,大力推广沼气技术,发展循环型生态农业经济;强化农村城镇化过程中的环境管理,制定环境可持续发展目标,建立严格的审查监督制度,确保旅居农家、旅游景区、旅游度假区建设和运营过程中的生态环境始终保持优良状况。

第九章 旅居政策体系

"旅居"作为旅游业发展和新型城镇化发展的创新模式,由其产生的经济、社会、生态效益巨大而深远,其对提升区域综合经济实力、可持续的综合竞争力具有重要的意义。然而,"旅居农家"的执行、"旅居产品"的构建、"旅居经济"的壮大、"旅居城镇"的推进是一个复杂而庞大的系统工程,其涉及农业、林业、旅游、文化、土地、水利等诸多行业的发展,任何一个环节的滞后,都会影响到"旅居农家"整体的实施效果。而这些行业的发展,都离不开各行业相关部门的政策扶持,如何有效地申报、获得各行业的相关政策扶持,发挥这些政策在"三农"经济发展过程中的最大效益,是"旅居农家"执行过程中尤为重要的工作。为此,梳理"旅居"政策体系,有助于"旅居农家"的快速执行和推进,并为国内其他"三农"地区发展旅居经济,构建旅居城镇提供参考。

第一节 指导性政策、文件

一、党的"十八大"关于"三农"发展的核心内容

解决好农业农村农民问题是全党工作重中之重,城乡发展一体化是解决"三农"问题的根本途径。

要加大统筹城乡发展力度,增强农村发展活力,逐步缩小城乡差距,促进城乡共同繁荣。坚持工业反哺农业、城市支持农村和多予少取放活方针,加大强农惠农富农政策力度,让广大农民平等参与现代化进程、共同分享现代化成果。

加快发展现代农业,增强农业综合生产能力,确保国家粮食安全和重要农产品有效供给。坚持把国家基础设施建设和社会事业发展重点放在农村,深入推进新农村建设和扶贫开发,全面改善农村生产生活条件。

着力促进农民增收,保持农民收入持续较快增长。坚持和完善农村基本经营制度,依法维护农民土地承包经营权、宅基地使用权、集体收益分配权,壮大集体经济实力,发展农民专业合作和股份合作,培育新型经营主体,发展多种形式规模经营,构建集约化、专业化、组织化、社会化相结合的新型农业经营体系。改革征地制度,提高农

民在土地增值收益中的分配比例。

加快完善城乡发展一体化体制机制,着力在城乡规划、基础设施、公共服务等方面推进一体化,促进城乡要素平等交换和公共资源均衡配置,形成以工促农、以城带乡、工农互惠、城乡一体的新型工农、城乡关系。

二、2004—2013年中央一号文件

(一)2004年中央一号文件:《中共中央国务院关于促进农民增加收入若干政策的意见》

内容摘要:集中力量支持粮食主产区发展粮食产业,促进种粮农民增加收入;发展农村二、三产业,拓宽农民增收渠道;改善农民进城就业环境,增加外出务工收入;发挥市场机制作用,搞活农产品流通;加强农村基础设施建设,为农民增收创造条件等。以下是其核心内容:

1. 继续推进农业结构调整,挖掘农业内部增收潜力
- 加快发展农业产业化经营,各级财政要安排支持农业产业化发展的专项资金,较大幅度地增加对龙头企业的投入。
- 加强农业科研和技术推广,积极发挥农业科技示范场、科技园区、龙头企业和农民专业合作组织在农业科技推广中的作用。

2. 发展农村二、三产业,拓宽农民增收渠道
- 推进乡镇企业的改革和调整,重点发展农产品加工业、服务业和劳动密集型企业。
- 大力发展农村个体私营等非公有制经济。要在税收、投融资、资源使用、人才政策等方面对农村个体工商户和私营企业给予支持。

3. 发挥市场机制作用,搞活农产品流通
- 培育农产品营销主体。鼓励发展各类农产品专业合作组织、购销大户和农民经纪人。从2004年起,中央和地方要安排专门资金,支持农民专业合作组织开展信息、技术、培训、质量标准与认证、市场营销等服务。
- 加快发展农产品连锁、超市、配送经营,鼓励有条件的地方将城市农贸市场改建成超市,支持农业龙头企业到城市开办农产品超市,逐步把网络延伸到城市社区。

4. 深化农村改革,为农民增收减负提供体制保障
- 完善土地征用程序和补偿机制,提高补偿标准,改进分配办法,妥善安置失地农民,并为他们提供社会保障。积极探索集体非农建设用地进入市场的途径和办法。
- 继续推进农村税费改革。逐步降低农业税税率,2004年农业税税率总体上降低1个百分点,同时取消除烟叶外的农业特产税。

(二)2005年中央一号文件:《中共中央国务院关于进一步加强农村工作提高农业综合生产能力若干政策的意见》

内容摘要:继续加大"两减免、三补贴"等政策实施力度;切实加强对粮食主产区的支持;建立稳定增长的支农资金渠道;坚决实行最严格的耕地保护制度,切实提高耕地质量;加强农田水利和生态建设,提高农业抗御自然灾害的能力;加快农业科技创新,提高农业科技含量等。以下是其核心内容:

1. 稳定、完善和强化扶持农业发展的政策

• 继续加大"两减免、三补贴"等政策实施力度。减免农业税、取消除烟叶以外的农业特产税,对种粮农民实行直接补贴,对部分地区农民实行良种补贴和农机具购置补贴。

2. 实行最严格的耕地保护制度

• 严格保护耕地。控制非农建设占用耕地,确保基本农田总量不减少、质量不下降、用途不改变,加强集体建设用地和农民宅基地的管理,鼓励农村开展土地整理和村庄整治,提高农村各类用地的利用率。加快推进农村土地征收、征用制度的改革。

• 认真落实农村土地承包政策。承包经营权流转和发展适度规模经营,必须在农户自愿、有偿的前提下依法进行,防止片面追求土地集中。

3. 加强农田水利

• 加快实施以节水改造为中心的大型灌区续建配套。有条件的地区要加快农村水利现代化步伐。水源条件较好的地区要结合重点水利枢纽建设,扩大灌溉面积。抓好地方中型水源、中小河流治理等工程建设。

• 狠抓小型农田水利建设。重点建设田间灌排工程、小型灌区、非灌区抗旱水源工程。

4. 加快农业科技创新,提高农业科技含量

• 加强农业科技创新能力建设。要大幅度增加对农业科研的投入,加快建立以政府为主导、社会力量广泛参与的多元化农业科研投入体系,形成稳定的投入增长机制。

• 加快改革农业技术推广体系。要按照强化公益性职能、放活经营性服务的要求,加大农业技术推广体系的改革力度。

(三)2006年中央一号文件:《中共中央国务院关于推进社会主义新农村建设的若干意见》

内容摘要:推进现代农业建设,强化社会主义新农村建设的产业支撑;加强农村现代流通体系建设;稳定、完善、强化对农业和农民的直接补贴政策;加强农村基础设施建设等。以下是其核心内容:

1. 推进现代农业建设,强化社会主义新农村建设的产业支撑

• 大力提高农业科技创新和转化能力。深入实施农业科技入户工程,扩大重大农业技术推广项目专项补贴规模。鼓励各类农科教机构和社会力量参与多元化的农技推广服务。

- 加强农村现代流通体系建设。积极推进农产品批发市场升级改造,促进入市农产品质量等级化、包装规格化。
- 积极推进农业结构调整。加快建设优势农产品产业带,积极发展特色农业、绿色食品和生态农业,保护农产品知名品牌,培育壮大主导产业。
- 发展农业产业化经营。各级财政要增加扶持农业产业化发展资金,支持龙头企业发展,并可通过龙头企业资助农户参加农业保险。发展大宗农产品期货市场和"订单农业"。

2. 促进农民持续增收,夯实社会主义新农村建设的经济基础

拓宽农民增收渠道。要充分挖掘农业内部增收潜力,按照国内外市场需求,积极发展品质优良、特色明显、附加值高的优势农产品,推进"一村一品",实现增值增效。

(四)2007年中央一号文件:《中共中央国务院关于积极发展现代农业扎实推进社会主义新农村建设的若干意见》

内容摘要:健全农业支持补贴制度;鼓励农民和社会力量投资现代农业;加快发展农村清洁能源;推进农业科技进村入户;积极发展农业机械化;加快农业信息化建设;发展健康养殖业;大力发展特色农业等。以下是其核心内容:

1. 加快农业基础建设,提高现代农业的设施装备水平
- 大力抓好农田水利建设。加大小型农田水利工程建设补助专项资金规模。加大病险水库除险加固力度,加强中小河流治理,改善农村水环境。
- 提高农业可持续发展能力。鼓励发展循环农业、生态农业,有条件的地方可加快发展有机农业。

2. 推进农业科技创新,强化建设现代农业的科技支撑
- 推进农业科技进村入户。继续支持重大农业技术推广,加快实施科技入户工程。着力培育科技大户,发挥对农民的示范带动作用。
- 大力推广资源节约型农业技术。改革农业耕作制度和种植方式,开展免耕栽培技术推广补贴试点,加快普及农作物精量、半精量播种技术。

3. 开发农业多种功能,健全发展现代农业的产业体系
- 大力发展特色农业。特别要重视发展园艺业、特种养殖业和乡村旅游业。通过规划引导、政策支持、示范带动等办法,支持"一村一品"的发展。
- 扶持农业产业化龙头企业发展。通过贴息补助、投资参股和税收优惠等政策,支持农产品加工业的发展。中央和省级财政要专门安排扶持农产品加工的补助资金,支持龙头企业开展技术引进和技术改造。

4. 健全农村市场体系,发展适应现代农业要求的物流产业
- 建设农产品流通设施和发展新型流通业态。采取优惠财税措施,支持农村流通基础设施建设和物流企业发展。支持龙头企业、农民专业合作组织等直接向城市超

市、社区菜市场和便利店配送农产品。

• 积极发展多元化市场流通主体。加快培育农村经纪人、农产品运销专业户和农村各类流通中介组织。

（五）2008年中央一号文件：《中共中央国务院关于切实加强农业基础设施建设进一步促进农业发展农民增收的若干意见》

内容摘要：巩固、完善、强化强农惠农政策；切实抓好"菜篮子"产品生产；着力强化农业科技和服务体系基本支撑；逐步提高农村基本公共服务水平；建立健全农村社会保障体系等。以下是其核心内容：

1. 加快构建强化农业基础的长效机制

• 形成农业增效、农民增收良性互动格局。要通过结构优化增收，继续搞好农产品优势区域布局规划和建设，支持优质农产品生产和特色农业发展，推进农产品精深加工。

• 探索建立促进城乡一体化发展的体制机制。着眼于改变农村落后面貌，加快破除城乡二元体制，努力形成城乡发展规划、产业布局、基础设施、公共服务、劳动就业和社会管理一体化新格局。

2. 切实保障主要农产品基本供给

• 切实抓好"菜篮子"产品生产。积极推动蔬菜等园艺产品的规模化种植。有条件的地方要积极发展设施农业和精细农业。

• 支持农业产业化发展。中央和地方财政要增加农业产业化专项资金，支持龙头企业开展技术研发、节能减排和基地建设等。鼓励农民专业合作社兴办农产品加工企业或参股龙头企业。

3. 着力强化农业科技和服务体系基本支撑

• 加快推进农业科技研发和推广应用。深入实施科技入户工程，加大重大技术推广支持力度，继续探索农业科技成果进村入户的有效机制和办法。

• 积极发展农民专业合作社和农村服务组织。

• 加强农村市场体系建设。建立健全适应现代农业发展要求的大市场、大流通。

4. 逐步提高农村基本公共服务水平

• 逐步提高农村基本公共服务水平。落实农村"五保"供养政策，保障五保供养对象权益。探索建立农村养老保险制度，鼓励各地开展农村社会养老保险试点。

• 大力发展农村公共交通。加大中央和地方财政性资金、国债资金投入力度，继续加强农村公路建设。

（六）2009年中央一号文件：《中共中央国务院关于2009年促进农业稳定发展农民持续增收的若干意见》

内容摘要：较大幅度增加农业补贴；保持农产品价格合理水平；增强农村金融服务能力；支持优势产区集中发展油料等经济作物生产；加强农产品市场体系建设；加强农

产品进出口调控等。以下是其核心内容:

1. 稳定发展农业生产
- 支持优势产区集中发展油料等经济作物生产。积极推进蔬菜、水果、茶叶、花卉等园艺产品设施化生产。
- 加快农业标准化示范区建设,推动龙头企业、农民专业合作社、专业大户等率先实行标准化生产,支持建设绿色和有机农产品生产基地。

2. 强化现代农业物质支撑和服务体系
- 提高中央财政森林生态效益补偿标准,启动草原、湿地、水土保持等生态效益补偿试点。
- 加强农产品市场体系建设。加大力度支持重点产区和集散地农产品批发市场、集贸市场等流通基础设施建设。

3. 稳定完善农村基本经营制度
- 建立健全土地承包经营权流转市场。土地承包经营权流转,不得改变土地集体所有性质,不得改变土地用途,不得损害农民土地承包权益。
- 扶持农民专业合作社和龙头企业发展。加快发展农民专业合作社,开展示范社建设行动。加强合作社人员培训,各级财政给予经费支持。

4. 推进城乡经济社会发展一体化
- 积极扩大农村劳动力就业。充分挖掘农业内部就业潜力,拓展农村非农就业空间,鼓励农民就近就地创业。
- 增强县域经济发展活力。

(七)2010年中央一号文件:《中共中央国务院关于加大统筹城乡发展力度进一步夯实农业农村发展基础的若干意见》

内容摘要:完善农业补贴制度和市场调控机制;积极引导社会资源投向农业、农村;推进菜篮子产品标准化生产;加强农村水、电、路、气、房建设;积极推进林业改革;提高农业对外开放水平等。以下是其核心内容:

1. 提高现代农业装备水平,促进农业发展方式转变
- 推进菜篮子产品标准化生产。实施新一轮菜篮子工程建设,加快园艺作物生产设施化、畜禽水产养殖规模化。加快农产品质量安全监管体系和检验检测体系建设,积极发展无公害农产品、绿色食品、有机农产品。
- 突出抓好水利基础设施建设。继续加强大江大河大湖治理,逐步推进重点中小河流治理。
- 提高农业科技创新和推广能力。扩大基层农技推广体系改革与建设示范县的范围。
- 健全农产品市场体系。发展农业会展经济,支持农产品营销。全面推进双百市

场工程和农超对接,重点扶持农产品生产基地与大型连锁超市、学校及大企业等产销对接,减少流通环节,降低流通成本。

2. 加快改善农村民生,缩小城乡公共事业发展差距

• 因地制宜地发展特色高效农业、林下种养业,挖掘农业内部的就业潜力。推进乡镇企业结构调整和产业升级,扶持发展农产品加工业,积极发展休闲农业、乡村旅游、森林旅游和农村服务业,拓展农村非农就业空间。

3. 协调推进城乡改革,增强农业农村的发展活力

着力提高农业生产经营组织化程度。推动家庭经营向采用先进科技和生产手段的方向转变,推动统一经营向发展农户联合与合作,形成多元化、多层次、多形式经营服务体系的方向转变。

(八)2012年中央一号文件:《中共中央国务院关于加大统筹城乡发展力度进一步夯实农业农村发展基础的若干意见》

1. 加大投入强度和工作力度,持续推动农业稳定发展

• 狠抓"菜篮子"产品供给。大力发展设施农业,继续开展园艺作物标准园、畜禽水产示范场的创建,启动农业标准化整体推进示范县建设。

• 稳定和完善农村土地政策。加强土地承包经营权流转管理和服务,健全土地承包经营纠纷调解、仲裁制度。

2. 改善设施装备条件,不断夯实农业发展物质基础

• 大力推广高效节水灌溉新技术、新设备,扩大设备购置补贴范围和贷款贴息规模,完善节水灌溉设备税收优惠政策。

3. 提高市场流通效率,切实保障农产品稳定均衡供给

• 加强农产品流通设施建设。统筹规划全国农产品流通设施布局,加快完善覆盖城乡的农产品流通网络。

• 创新农产品流通方式。大力发展订单农业,推进生产者与批发市场、农贸市场、超市、宾馆饭店、学校和企业食堂等直接对接,支持生产基地、农民专业合作社在城市社区增加直供直销网点,形成稳定的农产品供求关系。

(九)2013年中央一号文件:《中共中央国务院关于加快发展现代农业 进一步增强农村发展活力的若干意见》

1. 建立重要农产品供给保障机制,努力夯实现代农业物质基础

确保国家粮食安全,保障重要农产品有效供给,始终是发展现代农业的首要任务。必须毫不放松粮食生产,加快构建现代农业产业体系,着力强化农业物质技术支撑。

2. 健全农业支持保护制度,不断加大强农惠农富农政策力度

适应农业进入高投入、高成本、高风险发展时期的客观要求,必须更加自觉、更加坚定地加强对农业的支持保护。要在稳定完善强化行之有效政策基础上,着力构建

"三农"投入稳定增长长效机制,确保总量持续增加、比例稳步提高。

3. 创新农业生产经营体制,稳步提高农民组织化程度

农业生产经营组织创新是推进现代农业建设的核心和基础。要尊重和保障农户生产经营的主体地位,培育和壮大新型农业生产经营组织,充分激发农村生产要素潜能。

4. 构建农业社会化服务新机制,大力培育发展多元服务主体

建设中国特色现代农业,必须建立完善的农业社会化服务体系。要坚持主体多元化、服务专业化、运行市场化的方向,充分发挥公共服务机构作用,加快构建公益性服务与经营性服务相结合、专项服务与综合服务相协调的新型农业社会化服务体系。

5. 改革农村集体产权制度,有效保障农民财产权利

建立归属清晰、权能完整、流转顺畅、保护严格的农村集体产权制度,是激发农业农村发展活力的内在要求。必须健全农村集体经济组织资金资产资源管理制度,依法保障农民的土地承包经营权、宅基地使用权、集体收益分配权。

6. 改进农村公共服务机制,积极推进城乡公共资源均衡配置

按照提高水平、完善机制、逐步并轨的要求,大力推动社会事业发展和基础设施建设向农村倾斜,努力缩小城乡差距,加快实现城乡基本公共服务均等化。

7. 完善乡村治理机制,切实加强以党组织为核心的农村基层组织建设

顺应农村经济社会结构、城乡利益格局、农民思想观念的深刻变化,加强农村基层党建工作,不断推进农村基层民主政治建设,提高农村社会管理科学化水平,建立健全符合国情、规范有序、充满活力的乡村治理机制。

三、土地类指导政策

1.《中华人民共和国土地管理法》(中华人民共和国主席令〔2004〕第28号)

说明:中华人民共和国第十届全国人民代表大会常务委员会第十一次会议于2004年8月28日通过,现自公布之日起施行。

根据《土地管理法》的第二条和第四条规定:
- 国家为了公共利益的需要,可以依法对土地实行征收或者征用并给予补偿。
- 国家编制土地利用总体规划,规定土地用途,将土地分为农用地、建设用地和未利用地。严格限制农用地转为建设用地,控制建设用地总量,对耕地实行特殊保护。

土地所有权和使用权的规定:
- 农村和城市郊区的土地,除由法律规定属于国家所有的以外,属于农民集体所有;宅基地和自留地、自留山,属于农民集体所有。
- 农民集体所有的土地,可以由本集体经济组织以外的单位或者个人承包经营,

从事种植业、林业、畜牧业、渔业生产。发包方和承包方应当订立承包合同,约定双方的权利和义务。土地承包经营的期限由承包合同约定。农民集体所有的土地由本集体经济组织以外的单位或者个人承包经营的,必须经村民会议三分之二以上成员或者三分之二以上村民代表的同意,并报乡(镇)人民政府批准。

2.《国务院关于深化改革严格土地管理的决定》(国发〔2004〕28号)

核心内容:

• 严格执行占用耕地补偿制度。各类非农业建设经批准占用耕地的,建设单位必须补充数量、质量相当的耕地,补充耕地的数量、质量实行按等级折算,防止占多补少、占优补劣。不能自行补充的,必须按照各省、自治区、直辖市的规定缴纳耕地开垦费。耕地开垦费要列入专户管理,不得减免和挪作他用。政府投资的建设项目也必须将补充耕地费用列入工程概算。

• 加强建设项目用地预审管理。凡不符合土地利用总体规划、没有农用地转用计划指标的建设项目,不得通过项目用地预审。发展改革等部门要通过适当方式告知项目单位开展前期工作,项目单位提出用地预审申请后,国土资源部门要依法对建设项目用地进行审查。

• 鼓励农村建设用地整理,城镇建设用地增加要与农村建设用地减少相挂钩。农村集体建设用地,必须符合土地利用总体规划、村庄和集镇规划,并纳入土地利用年度计划,凡占用农用地的,必须依法办理审批手续。

• 严格保护基本农田。符合法定条件,确需改变和占用基本农田的,必须报国务院批准;经批准占用基本农田的,征地补偿按法定最高标准执行;对以缴纳耕地开垦费方式补充耕地的,缴纳标准按当地最高标准执行。

• 妥善安置被征地农民。在城市规划区外,征收农民集体所有土地时,当地人民政府要在本行政区域内为被征地农民留有必要的耕作土地或安排相应的工作岗位;对不具备基本生产生活条件的无地农民,应当异地移民安置。

3.《中华人民共和国土地管理法实施条例》(中华人民共和国国务院令第256号)

说明:1998年12月24日国务院第12次常务会议通过,自1999年1月1日起施行。

核心内容:

• 严格执行占用耕地补偿制度。各类非农业建设经批准占用耕地的,建设单位必须补充数量、质量相当的耕地,补充耕地的数量、质量实行按等级折算,防止占多补少、占优补劣。不能自行补充的,必须按照各省、自治区、直辖市的规定缴纳耕地开垦费。耕地开垦费要列入专户管理,不得减免和挪作他用。政府投资的建设项目也必须将补充耕地费用列入工程概算。

• 加强建设项目用地预审管理。凡不符合土地利用总体规划、没有农用地转用计划指标的建设项目,不得通过项目用地预审。
- 禁止占用基本农田挖渔塘、种树和其他破坏耕作层的活动,禁止以建设"现代农业园区"或者"设施农业"等任何名义,占用基本农田,变相从事房地产开发。
- 完善征地补偿办法。要保证依法足额和及时支付土地补偿费、安置补助费,以及地上附着物和青苗补偿费。
- 妥善安置被征地农民。县级以上地方人民政府应当制定具体办法,使被征地农民的长远生计有保障。对有稳定收益的项目,农民可以经依法批准的建设用地土地使用权入股。在城市规划区外,征收农民集体所有土地时,当地人民政府要在本行政区域内为被征地农民留有必要的耕作土地或安排相应的工作岗位;对不具备基本生产生活条件的无地农民,应当异地移民安置。

4.《中华人民共和国农村土地承包经营纠纷调解仲裁法》(中华人民共和国主席令第十四号)

农村土地承包经营纠纷内容包括:
- 因订立、履行、变更、解除和终止农村土地承包合同发生的纠纷;
- 因农村土地承包经营权转包、出租、互换、转让、入股等流转发生的纠纷;
- 因收回、调整承包地发生的纠纷;
- 因确认农村土地承包经营权发生的纠纷;
- 因侵害农村土地承包经营权发生的纠纷;
- 法律、法规规定的其他农村土地承包经营纠纷。

申请农村土地承包经营纠纷仲裁应当符合下列条件:
- 申请人与纠纷有直接的利害关系;
- 有明确的被申请人;
- 有具体的仲裁请求和事实、理由;
- 属于农村土地承包仲裁委员会的受理范围。

当事人申请仲裁,应当向纠纷涉及的土地所在地的农村土地承包仲裁委员会递交仲裁申请书。仲裁申请书可以邮寄或者委托他人代交。仲裁申请书应当载明申请人和被申请人的基本情况,仲裁请求和所根据的事实、理由,并提供相应的证据和证据来源。

5.《农村宅基地管理办法》

农村村民新建住宅其宅基地面积限额应符合下列标准:
- 乡(镇)所在地,每户面积不得超过166平方米;
- 平原地区的村庄,每户面积不得超过200平方米;占用未利用土地的,可适当放宽,但最多不得超过264平方米;
- 山地丘陵区,村址在平原地上的,每户面积不得超过132平方米;在山坡薄地上的,每户面积不得超过264平方米;

- 本办法实施前已按村庄规划建设的宅基地,每户面积不得超过264平方米。
- 人均占有耕地666平方米以下的村,每户宅基地面积可低于前款规定限额。

农村村民一户只能拥有一处宅基地,有下列情形之一的,由村集体依法收回宅基地使用权:

- 一户超过一处以上的宅基地;
- 经批准新划宅基地后原有的宅基地;
- 户口已迁出本村且已不居住的宅基地;
- 集体供养的五保户腾出的宅基地;
- 其他应当收回的情形。

6.《关于完善征地补偿安置制度的指导意见》

关于征地补偿标准:

- 统一年产值标准的制定。制定该标准可考虑被征收耕地的类型、质量、农民对土地的投入、农产品价格等因素。
- 统一年产值倍数的确定。土地补偿费和安置补助费的统一年产值倍数,应按照保证被征地农民原有生活水平不降低的原则,在法律规定范围内确定;按法定的统一年产值倍数计算的征地补偿安置费用,不能使被征地农民保持原有生活水平,不足以支付因征地而导致无地农民社会保障费用的,经省级人民政府批准应当提高倍数。
- 征地区片综合地价的制定。制定区片综合地价应考虑地类、产值、土地区位、农用地等级、人均耕地数量、土地供求关系、当地经济发展水平和城镇居民最低生活保障水平等因素。
- 土地补偿费的分配。按照土地补偿费主要用于被征地农户的原则,土地补偿费应在农村集体经济组织内部合理分配。具体分配办法由省级人民政府制定。

关于被征地农民的安置途径:

①农业生产安置　　　　②重新择业安置
③入股分红安置　　　　④异地移民安置
⑤其他应当收回的情形

7.《基本农田保护条例》

(1)下列耕地应当划入基本农田保护区,严格管理:

- 经国务院有关主管部门或者县级以上地方人民政府批准确定的粮、棉、油生产基地内的耕地。
- 有良好的水利与水土保持设施的耕地,正在实施改造计划以及可以改造的中、低产田。
- 蔬菜生产基地。
- 农业科研、教学试验田。

根据土地利用总体规划,铁路、公路等交通沿线,城市和村庄、集镇建设用地区周边的耕地,应当优先划入基本农田保护区;需要退耕还林、还牧、还湖的耕地,不应当划入基本农田保护区。

(2)基本农田保护区经依法划定后,任何单位和个人不得改变或者占用。国家能源、交通、水利、军事设施等重点建设项目选址确实无法避开基本农田保护区,需要占用基本农田,涉及农用地转用或者征用土地的,必须经国务院批准。

(3)禁止任何单位和个人在基本农田保护区内建窑、建房、建坟、挖砂、采石、采矿、取土、堆放固体废弃物,或者进行其他破坏基本农田的活动。

(4)禁止任何单位和个人闲置、荒芜基本农田。

(5)基本农田保护责任书应当包括下列内容:
- 基本农田的范围、面积、地块;
- 基本农田的地力等级;
- 保护措施;
- 当事人的权利与义务;
- 奖励与处罚。

8.《村庄和集镇规划建设管理条例》(中华人民共和国国务院令第116号)

村庄、集镇规划的编制,应当遵循下列原则:
- 根据国民经济和社会发展计划,结合当地经济发展的现状和要求,综合部署村庄和集镇的各项建设;
- 处理好近期建设与远景发展、改造与新建的关系,使村庄、集镇的性质和建设的规模、速度、标准,同经济发展和农民生活水平相适应;
- 合理用地,节约用地,各项建设应当相对集中,应当尽量不占用耕地和林地;
- 有利于生产,方便生活,合理安排住宅、乡(镇)村企业、乡(镇)村公共设施和公益事业等的建设布局,促进农村各项事业协调发展,并适当留有发展余地;
- 保护和改善生态环境,防治污染和其他公害,加强绿化和村容镇貌、环境卫生建设。

村庄和集镇规划的制定:
- 村庄、集镇总体规划的主要内容包括:乡级行政区域的村庄、集镇布点,村庄和集镇的位置、性质、规模和发展方向,村庄和集镇的交通、供水、商业、绿化等生产和生活服务设施的配置。集镇建设规划的主要内容包括:住宅、乡(镇)村企业、乡(镇)村公共设施、公益事业等各项建设的用地布局、用地规模,有关的技术经济指标,近期建设工程以及重点地段建设具体安排。

宅基地用地标准:
- 村庄、集镇总体规划和建设规划,须经乡级人民代表大会审查同意,由乡级人民政府报县级人民政府批准。村庄建设规划,须经村民会议讨论同意,由乡级人民政府报县级人民政府批准。

第二节 农业专项政策

一、《全国休闲农业发展"十二五"规划》

发展目标:
- 到2015年,休闲农业成为横跨农村一、二、三产业的新兴产业,成为促进农民就业增收和满足居民休闲需求的民生产业,成为缓解资源约束和保护生态环境的绿色产业,成为发展新型消费业态和扩大内需的支柱产业。
- 产业类型丰富多元。创新农家乐、休闲农庄、农业示范园、农业观光园、民俗文化和农事节庆等模式,新颖性、趣味性、体验性进一步增强。

主要任务:
- 以规划为先导,挖掘文化内涵,注重参与体验,加快创意发展,加大休闲农业资源整合力度,形成集农业生产、农耕体验、文化娱乐、教育展示、生态环保、产品加工销售于一体的多元化休闲农业园区。
- 以休闲度假和参与体验为核心,拓展多元功能,发展功能齐全、环境友好、文化氛围浓郁的休闲农庄。突出传统农耕文化与现代科技的结合,推进现代农业示范园的建设。
- 以自然生态、田园文化、农耕文明为基础,着力创建一批优势产业突出、发展潜力大、带动能力强的全国休闲农业与乡村旅游示范县。

重点工程:
- 示范基地创建工程。通过创新机制、完善标准、优化环境、规范引导,逐步使休闲农业由单一休闲服务向农业生产、农产品加工、现代服务业一体化延伸,形成主题鲜明、特色突出、内涵丰富、产业完备、功能齐全的休闲农业示范基地。

二、《国务院关于印发全国现代农业发展规划(2011—2015年)的通知》(国发〔2012〕4号):

完善现代农业产业体系:
- 积极发展"菜篮子"产品生产。加强蔬菜、水果、肉蛋奶、水产品等产品优势区建设,扩大大、中城市郊区"菜篮子"产品生产基地规模。
- 大力发展农产品加工和流通业。加强主要农产品优势产区加工基地的建设,引导农产品加工业向种养业优势区域和城市郊区集中。发展新型流通业态，推进订单生产和"农超对接"，落实鲜活农产品运输"绿色通道"政策，降低农产品的流通成本。

提高农业产业化和规模化经营水平：

- 推进农业产业化经营跨越式发展。依托农产品加工、物流等各类农业园区，选建一批农业产业化示范基地，推进龙头企业集群发展。鼓励龙头企业采取参股、合作等方式，与农户建立紧密型利益联结关系。
- 强化农民专业合作社组织带动能力。

创建国家现代农业示范区：

加大示范区建设力度。高标准、高起点、高水平创建300个左右国家现代农业示范区。以粮棉油糖、畜禽、水产、蔬菜等大宗农产品及部分地区特色农产品生产为重点，大力促进农业生产经营专业化、标准化、规模化和集约化，努力形成和树立现代农业发展的典型和样板。

三、《2012年农业综合开发新型合作示范项目申报指南》

扶持范围	项目申报方向	政策名称	扶持方式	资金使用范围
种植：果蔬、食用菌；养殖：鹿、绒山羊、蜜蜂等 农产品加工：干果、山野菜等加工	合作社项目（种植基地项目；养殖基地项目；农产品加工项目；产销对接项目；）流通设施项目	《关于印发2012年农业综合开发新型合作社示范项目申报指南的通知》	合作社项目申请资金规模50万~100万；产销对接项目申请资金规模500万~700万元；自筹资金均不得低于财政投入资金。	种植基地项目：设施农业种植基地所需的灌排设施、农用道路、输变电设备及温室大棚，品种改良、种苗繁育设施，质量检测设施，新品种、新技术的引进、示范及培训等，也可少部分用于土地平整。 养殖基地项目：基础设施、疫病防疫设施，废弃物处理及隔离环保设施，质量检测设施，新技术的引进、示范及培训等。 农产品加工项目：生产车间、加工设备及配套的供水、供电、道路设施，质量检验设施，废弃物处理等环保设施，对农户进行培训等。 流通设施项目：农副产品市场信息平台设施，交易场所、仓储、保鲜冷藏设施，产品质量检测设施，卫生防疫与动植物检疫设施，废弃物配套处理设施等。 产销对接项目：除可用于以上四类项目相应建设外，还可适当用于农副产品展示展销中心、农副产品社区网点、农副产品专用运输车辆、安全生产质量追溯系统，销售管理信息系统等。

四、《2012年农业综合开发林业项目申报指南》(财政厅)

扶持范围	项目申报方向	政策名称	扶持方式	资金使用范围
种植：核桃树、板栗树等经济林	林业生态示范项目 名优经济林示范项目	《2012年农业综合开发林业项目申报指南》	林业生态示范项目：单个项目治理面积不低于3 000亩，中央财政资金年度投资规模不低于100万元。 名优经济林示范项目：单个项目中央财政年度投资规模不低于120万元，自筹资金（不含银行贷款）不低于申请财政资金总额。	经济林种植所需排灌、林道、平整土地,输变电等附属设施,种子、种苗购置的补助,以及植苗、抚育、病虫害防治等营造林管理,产品整理、分级、清洗、包装等产后处理,以及初加工所必需的设备等;前期工作和必要的科技推广、农民培训等。

五、《农业科技推广与服务专项资金管理办法》(财农〔2001〕231号)

资金扶持对象：各级各类农业技术推广与服务单位,农业生产经营者,涉农企业、科研院所和大中专院校等。

资金支持范围：

- 农业新品种、新技术和新产品的区域试验、中间试验或生产性试验；
- 国际先进农业技术的引进及其吸收、创新、推广；
- 对农民进行实用技术、政策、法律、法规培训；
- 农业市场和信息服务；
- 农产品质量安全检测和农业转基因生物安全管理；
- 农业资源和环境的监测和保护；
- 农产品、农业投入品、生态环境等农业标准的制(修)订、示范和实施。

资金的支出内容：

(1)试验费　(2)检测费　(3)仪器设备费　(4)劳务费　(5)差旅费
(6)资料信息费　(7)会议费　(8)培训费　(9)技术引进费

六、《国土资源部 农业部关于完善设施农用地管理有关问题的通知》(国土资发〔2010〕155 号)

设施农业用地范围:
①生产设施用地
- 工厂化作物栽培中有钢架结构的玻璃或 PC 板连栋温室用地等;
- 规模化养殖中畜禽舍、畜禽有机物处置等生产设施及绿化隔离带用地;
- 水产养殖池塘、工厂化养殖、水产养殖的生产设施用地;
- 育种育苗场所、简易的生产看护房用地等。

②附属设施用地
- 管理和生活用房用地;
- 仓库用地;
- 硬化晾晒场。

设施农用地管理:
- 生产设施用地和附属设施用地直接用于或者服务于农业生产,按农用地管理。
- 兴建农业设施的,经营者应拟订设施建设方案,并与当地农村集体经济组织签订用地协议。涉及土地承包经营权流转的,应先行依法签订土地流转合同。兴建农业设施占用农用地的,不需办理农用地转用审批手续。

附属设施农用地规模:
- 进行工厂化作物栽培的,附属设施用地规模,原则上控制在项目用地规模的 5% 以内,但最多不超过 10 亩;进行规模化种植的附属设施用地规模,原则上控制在项目用地规模的 3% 以内,但最多不超过 20 亩;
- 严格把握设施农用地范围。在以农业为依托的休闲观光项目以及各类农业园区,涉及建设永久性餐饮、住宿、会议、大型停车场、工厂化农产品加工、中高档展销等的用地,不属于设施农用地范围,按非农建设用地管理。

七、《农村物流服务体系发展专项资金管理办法》(财建〔2009〕228 号)

专项资金的支持范围包括:
- 支持新建和改造农家店、农村综合服务社,加快农村商品配送中心建设,提升商品配送能力;
- 支持大型连锁超市、农产品(10.15%,-0.20%,-1.93%)流通企业与农产品专业合作社对接,在农产品生产基地建设鲜活农产品冷链系统、快速检测系统、配送中心、物流配送体系等项目；
- 支持大型鲜活农产品批发市场对冷链系统、质量安全可追溯系统、安全监控、废弃物处理，以及仓储、分拣包装、加工配送等设施进行升级改造；
- 支持县、乡农贸市场对经营设施进行标准化改造；
- 支持农业生产资料连锁经营，重点培育大型农业生产资料流通企业，加强农业生产资料现代仓储物流设施建设；
- 支持家电下乡、汽车摩托车下乡、农村流通网络升级改造；
- 支持农村物流信息公共服务平台、电子交易平台建设；
- 财政部确定的其他支持方向。

支持方式包括：专项资金采取以奖代补、贷款贴息和财政补助等支持方式。

八、《农业部关于创建国家农业产业化示范基地的意见》

创建农业产业化示范基地的主要任务：
- 推进龙头企业集群集聚，培育壮大区域主导产业。重点支持粮棉油、"菜篮子"产品、特色农产品大型生产、加工、流通企业发展。
- 强化上游产业链建设，带动农业标准化规模化生产。鼓励龙头企业增加基础设施投入，大力发展农产品生产基地建设。
- 提升农业科技创新与应用能力。集成农业产业化示范基地内龙头企业技术人才、实验设备等资源，建立技术研发中心和成果孵化中心，形成科研、开发、推广公共服务平台。
- 完善农产品市场功能，促进现代物流业的发展。支持龙头企业加强储藏、运输和冷链设施的建设，建立类型多样、功能完善、物畅其流的现代物流体系。

创建标准：
- 具有一定发展基础的农产品加工物流园区。
- 龙头企业集群基本形成。园区内有2家以上国家重点龙头企业，5家以上省级重点龙头企业，规模以上龙头企业15家以上。东中西部地区龙头企业集群年销售收入分别达到40亿元、30亿元、20亿元以上。
- 规划编制科学、合理。园区有专门的建设规划，并符合当地经济社会发展、土地利用和农业发展规划的总体要求。
- 加工转化增值能力较强。当地农产品加工业产值与农业产值之比超过2∶1，有专门的研发机构。
- 产业链比较完整。有配套的专业化、规模化原料基地，产加销一体化经营程度比较高。
- 农业组织化程度高。

九、《休闲农庄建设规范》(中华人民共和国农业行业标准)

休闲农庄规模分类:
小型园区(5 h㎡以下)、中型园区(5 h㎡~100 h㎡)、
大型园区(100 h㎡~200 h㎡)、特大型园区(200 h㎡以上)
功能分区:
- 项目组织安排合理,休闲体验主题突出,可参与性项目不低于5项。
- 提供丰富多样的粮食、水果、蔬菜等农副产品的种植、采摘等休闲体验。
- 有家禽、水产养殖饲养基地,提供喂养、垂钓等休闲体验活动项目。
- 与当地地域人文特色相结合的休闲娱乐项目及农事、节事类参与性民俗活动。

餐饮设施:
- 休闲农庄餐饮服务点和布局,应按照游览路线和园区实际条件加以统筹安排,凡是不靠近风景区或民俗村的园区,均宜设置餐饮服务设施。
- 餐饮建筑除供游人进餐外,造型应新颖、独特,与乡村自然环境协调。
- 餐饮建筑设计,应内外空间互相渗透,与园区景观相融合。
- 餐饮建筑的体量和烟筒高度不应破坏原有景观和环境。
- 有传统民俗节日的特色餐饮,如月饼、年糕、元宵、粽子、腊八粥等。
- 使用自产无公害农副产品比例达80%以上,有典型农家菜、时令菜。

十、《2012年农业机械购置补贴实施指导意见》

补贴机具种类:
耕整地机械、种植施肥机械、田间管理机械、收获机械、收获后处理机械、农产品初加工机械、排灌机械、畜牧水产养殖机械、动力机械、农田基本建设机械、设施农业设备和其他机械等12大类46个小类180个品目机具。手扶拖拉机、微耕机仅限在血防区和丘陵山区补贴。以及设施农业的土建部分(指用泥土、砖瓦、砂石料、钢筋混凝土等建筑材料修砌的温室大棚地基、墙体等)。

补贴标准:
中央财政农机购置补贴资金实行定额补贴,即同一种类、同一档次农业机械在省域内实行统一的补贴标准。通用类农机产品补贴额由农业部统一确定,非通用类农机产品补贴额由各省(区、市、兵团、农垦)自行确定,单机补贴限额不超过5万元。

补贴对象:
补贴对象为纳入实施范围并符合补贴条件的农牧渔民、农场(林场)职工、直接从

事农机作业的农业生产经营组织。

十一、《国土资源部关于促进农业稳定发展农民持续增收推动城乡统筹发展的若干意见》(国土资发〔2009〕27号)

切实保护耕地,加快土地确权登记:
- 严格政府耕地保护目标考核和审计,落实耕地保护责任。稳定基本农田的数量和质量,实行永久性保护。积极探索建立基本农田经济补偿机制,调动各方保地养地种粮的积极性。明晰农村土地产权,依法确定集体土地所有权主体。按照急需优先原则,加快推进农村土地确权登记发证工作。依据土地确权登记成果,保障农村集体土地在征收和流转中的权益。

积极开展土地整治,规范集体建设用地流转:
- 搭建促进城乡统筹发展的平台,整合各类土地整治活动和资金。创建衔接运行初筛和激励机制,加大对土地整治的支持力度。实施重大工程和"万村整治"示范工程,发挥土地整治的示范作用。明确土地市场准入条件,规范集体建设用地使用权流转。完善土地资源配置机制,构建城乡统一建设用地市场。制定集体土地收益分配办法,增加农民财产性收入。

严格宅基地管理:
- 科学规划宅基地,促进新农村建设合理布局,抓紧修订现有宅基地使用标准,促进土地集约利用,强化自我约束,探索宅基地集约节约利用新机制,改革完善宅基地审批制度,简化审批手续。

第三节 旅游开发的资金政策

旅游开发过程中,往往伴随着公共产品或准公共产品的开发,并由此而产生相应的社会效益和生态效益。随着旅游经济在国民经济中的地位越来越重要,我国对旅游开发的资金扶持力度越来越大,政府旅游支持性资金的特点是利息低,甚至免利息,偿还期限长,甚至不用偿还。但是要获得这些基金必须符合一定的政策条件。其主要包括六大类:旅游国债、旅游发展基金、旅游发展专项资金、政策性银行贷款、国际金融组织和外国政府贷款、国家扶贫资金。

一、旅游国债资金

近年来,政府加大了对旅游业的支持力度。

➤ 1998年，中央经济工作会议明确提出，要把旅游业作为国民经济新的增长点；

➤ 1999年，中央经济工作会议再次把旅游业作为国家采取有力的政策和扶持措施的产业之一。

➤ 2000年，国家发展计划委员会首次将旅游列入国债项目，由此开始安排国债资金加强旅游基础设施建设，重点支持资源品位较高、发展潜力较大、所依托的主要交通干线建设已基本完成的国家级或省级旅游景区的项目。

➤ 2001年1月，国务院第一次召开了专门研究旅游发展的工作会议，发布了《国务院关于进一步加快旅游业发展的通知》（国发〔2001〕9号文件）。中央政府对旅游景区开发的政策支持力度加大，使旅游行业继续成为社会投资的重点。

➤ 2008年，国家发改委、国家旅游局、人力资源和社会保障部、商务部、财政部、中国人民银行联合发布《关于大力发展旅游业促进就业的指导意见》，《意见》中明确指出，旅游业是国民经济的重要产业，发展旅游业促进就业的四项措施：一是加大财税政策支持；二是加强基础设施建设；三是完善金融支持政策；四是积极提供旅游就业援助。

纳入国债资金范畴的旅游基础设施建设资金，其主要使用方向是：景区与干路间的道路建设和景区内的道路建设、公共供水、供电、垃圾污水处理系统、安全保障设施建设。

1. 旅游国债对项目的要求

要求一：严格控制在规划选定的景点范围内，并符合总体规划要求

国家有关部门对旅游国债项目的筛选非常严格，对项目材料的要求之一，是必须要有经过省级以上发展改革、旅游部门组织有关专家评审通过的旅游景区总体规划，确保国债实施的项目符合总体规划要求，保证旅游景区资源开发的高起点和完整、统一、有序，推动区域联合，引导全国旅游资源开发走上科学、合理、有序、协调的轨道。

要求二：资源品位较高、发展潜力较大的省级以上旅游景区项目

国债资金重点支持资源品位较高、发展潜力较大、所依托的主要交通干线建设已基本完成的国家级或省级旅游景区的项目。重点解决这些旅游景区最为突出的"卡脖子"问题，如景区与交通干线之间的连接道路问题，主要是"断头路"和道路改扩建等。

要求三：以满足基本需要为前提，主要考虑解决景区急需解决的最突出问题

支持性的政策和资金，优先给予那些急需解决旅游基础设施建设的重要旅游景区，通过政策和资金的支持，满足景区基本需要。

要求四：项目具有一定的社会效益和影响力

政府支持性的政策和资金，主要以投资规模较大、具有一定影响力的大型旅游在建项目为支持对象。国家确定的2003年旅游基础设施国债资金重点安排在促进产业结构调整、扩大就业、增加农民收入方面见效明显的景区。

旅游国债的申报工作,基本采取以国家发改委为主、国家旅游局配合的方式,在前期的项目选择上,国家旅游局提供项目清单,国家发改委进行筛选。

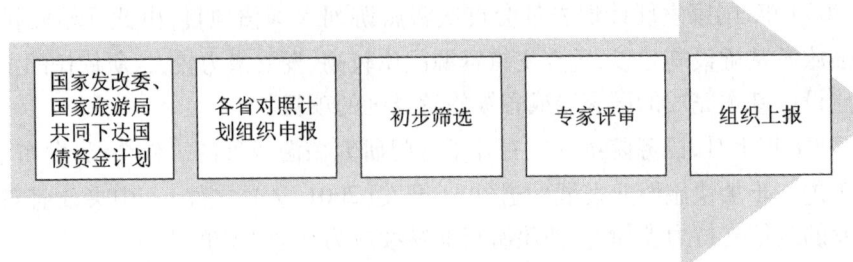

图9－1　旅游国债申报流程图

2. 旅游国债投放的主要方向

中西部旅游发展:
➤ 资源品位较高、发展潜力较大的省级以上旅游项目;
➤ 以满足基本需要为前提,主要解决景区最突出问题;
➤ 项目具有一定社会效益和影响力。

红色旅游项目

为进一步加强红色旅游基础设施的建设,改善红色旅游发展的基础条件,促进红色旅游持续、快速、健康地发展,经国务院批准,国家发改委从2005年新增的国家预算内专项资金中安排7亿元,用于支持红色旅游重点景区的相关基础设施建设。

为配合纪念抗日战争胜利60周年,2005年7月,国家发改委下达了12个与抗战相关的红色旅游景区基础设施建设项目,共安排预算内补助投资2.32亿元。2005年10月,国家发改委下达了第二批红色旅游国债投资,共安排东、中、西部红色旅游经典景区基础设施建设项目36个,其中东部5个,中部10个,西部21个;共安排国债资金4.68亿元,其中东部5 460万元,中部15 270万元,西部26 070万元。

2005年国家发改委安排5 340万元国债资金,用于支持河南省4个红色旅游景区基础设施建设,包括涉县八路军129师司令部旧址、清苑县冉庄地道战遗址、阜平县城南庄晋察冀军区司令部旧址、唐山市丰润区潘家峪惨案纪念馆,4个项目总投资8 900万元,得到国债支持5 340万元,占项目总投资的60%。

2006年,国家发改委下达宁夏2006年红色旅游基础设施中央预算内专项资金(国债)600万元,专项用于西吉县将台堡红军一、二方面军会师纪念碑和盐池县革命烈士纪念馆红色旅游景区基础设施的建设。

2007年,内蒙古自治区上报了呼和浩特市武川县大青山抗日根据地旧址景区基础设施项目,申请2007年红色旅游国债。该项目已列入《全国红色旅游重点景区总体建设方案》,项目总投资1 930万元。

文化旅游项目

对于一些文化旅游项目,尤其是具有较高历史价值的古建、古城镇、古村落、古墓、庙宇等历史遗迹,国家通过投入旅游国债的方式给予了极大的支持,推动对历史文化的保护和挖掘。如商丘古城文化街区保护设施建设项目,总投资4 125万元,国债资金2 475万元。

其他旅游开发项目

旅游国债的投向主要针对资源基础好、开发价值高的旅游景区,尤其是国家级的风景名胜区、自然保护区、国家地质公园等区域。

二、旅游发展基金

1. 基金概况

旅游发展基金属中央财政资金,纳入国家旅游局部门预算统一管理。根据《国务院办公厅转发民航总局、国家计委、财政部关于整顿民航机场代收各种建设基金意见的通知》(国办发〔1995〕57号)的精神,旅游发展基金从乘坐国际和地区航班出境的中外旅客缴纳的机场管理建设费中提取,提取数额为每次每位旅客20元。

旅游发展基金由财政部授权驻各省、自治区、直辖市、计划单列市财政监察专员办事处负责,按月收缴:各缴款机场于每月终了后7天内向财政部驻各地专员办填报《旅游发展基金缴纳申报表》,由专员办审核后再据以填制"一般缴款书",于当月10日前向开户银行缴纳,入中央金库。

旅游发展基金自1991年开始实施,至2006年,国家旅游局共计安排旅游发展基金地方项目开发补助6.89亿元,用于支持地方旅游项目的开发,促进了产业的发展。

2. 支出范围

旅游发展基金根据国家旅游业发展规划,主要用于旅游宣传促销、行业规划发展研究、旅游开发项目补助等支出,少量用于弥补事业经费不足。

➢ 宣传促销费

为开拓国内外旅游市场而进行的宣传促销活动所发生的费用,包括:

• 国内宣传促销费——指在国内举办重大主题促销活动,如旅游展览会、博览会、交易会、展销会、说明会等发生的费用。

• 国外宣传促销费——指为开拓海外旅游市场而组织、参加的旅游展览会、博览会、交易会、展销会、说明会等大型、系列宣传促销活动所发生的费用。

• 境内外广告宣传费——指为宣传我国旅游业整体形象在境内外媒体制作、刊登广告等所支付的费用。

- 旅游宣传品制作费——指为配合开展国内外宣传促销活动而推出的宣传品的制作费用,以及必要设备的购置费用。
- 接待费——指用于接待港、澳、台地区及海外记者、旅行商方面的费用。
- 行业规划发展研究经费。
- 用于研究、制定国家旅游行业发展规划、远景目标方面的费用。
- 旅游事业补助经费。
- 用于弥补国家旅游局行业管理、教育培训和事业单位经费补贴等不足部分的费用。
- 项目开发补助费。
- 重点用于中西部地区。包括旅游景点、景区基础设施及配套设施开发补助费、旅游资源规划开发补助费。

➢ 基金申请

旅游发展基金预算纳入国家旅游局部门预算统一管理。

国家旅游局根据部门预算管理的有关规定和要求,编报旅游发展基金年度预算。

用于旅游项目开发方面的支出,由省级旅游部门会同同级财政部门,根据项目实际需要提出申请,报国家旅游局、财政部,国家旅游局汇总提出分配方案后,报财政部审批。

地方申请旅游项目补贴经费,应编报可行性研究报告。

➢ 旅游发展专项资金

旅游专项资金,即政府部门为了支持和促进旅游事业的快速、持续发展,划拨一定资金,专门用于完善旅游基础设施建设,拓展旅游市场,鼓励开发旅游资源,整治旅游市场秩序,改善旅游发展的基础条件。

根据级别不同,旅游发展专项资金分为国家级、省级、市级、县级等不同级别。其中国家级旅游发展专项资金主要包括:国家红色旅游发展专项基金、国家"十一五"历史文化名城名镇名村专项保护资金、国家文化和自然遗产地保护资金、国家重点珍贵文物征集专项经费。除此以外,各省、自治区、直辖市也都根据各自旅游发展实际情况,设置了各地区的旅游发展专项资金。另外,交通、文物、林业、环保、经贸、水利等都有部门资金或专项资金,可直接或者间接地支持旅游开发项目。

三、国家级旅游发展专项资金

1. 国家红色旅游发展专项基金

相关政策依据:《2004—2010年全国红色旅游发展规划纲要》中指出,发展红色旅游,对于加强革命传统教育、弘扬和培养民族精神,具有重要的现实意义和深远的历史意义。并提出国家要加大投入力度,推进红色旅游的开发工作。

2008年,经党中央、国务院同意,国家发改委、中共中央宣传部、财政部、国家旅游局等14个部门制定并下发了《关于进一步促进红色旅游健康持续发展的意见》。其中强调,我国红色旅游健康、持续发展已具备更加坚实的基础,但也存在一些值得注意的问题,需要进一步深化认识、提升质量、强化宣传、加大投入、健全机制。

红色旅游是一种以政府为主导的、特殊的旅游形式。我国红色旅游资金大多数是由政府拨款扶持的,商业投资较少。

为进一步加强红色旅游基础设施的建设,全面发展红色旅游,经国务院批准,国家发改委从2005年新增的国家预算内专项资金中安排7亿元,用于支持红色旅游重点景区的相关基础设施建设。

2005年7月,国家发改委下达了12个与抗战相关的红色旅游景区基础设施建设项目,共安排预算内补助投资2.32亿元。2005年10月,国家发改委下达了第二批红色旅游国债投资,共安排东、中、西部红色旅游经典景区基础设施建设项目36个。

红色旅游发展专项资金的申请单位须符合以下条件:
- 必须是以革命纪念地、纪念物及其所承载的革命精神为吸引物的景区或景点;
- 必须有经过相关部门组织专家评审通过的红色旅游总体规划;
- 革命教育意义重大;
- 景区有亟待解决的基础设施建设问题。

红色旅游专项资金申报流程:

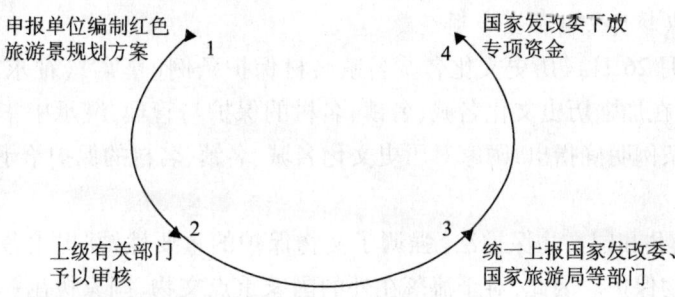

图9-2 红色旅游专项资金申报流程图

2. 国家历史文化名城名镇名村专项保护资金

2007年7月26日,《历史文化名城名镇名村保护条例(草案)(征求意见稿)》发布。

2008年4月22日,国务院总理温家宝签署了中华人民共和国国务院令第524号,《历史文化名城名镇名村保护条例》已经2008年4月2日国务院第3次常务会议通过,自 2008 年 7 月 1 日起施行。这一条例旨在加强历史文化名城、名镇、名村的保护与管理,继承中华民族优秀历史文化遗产。条例明确指出,国家对历史文化名城、名镇、名村的保护给予必要的资金支持。

国家发改委与住房城乡建设部、国家文物局共同完成了《全国"十一五"历史文化名城名镇名村保护设施建设规划》。规划中明确提出,要加大地方各级政府的财政支持力度,每年要列支专款用于历史文化名城(街区、村镇)的保护。

2006 年《中华人民共和国国民经济和社会发展第十一个五年规划纲要》中提到公共文化建设重点工程之一的重大文化自然遗产保护,要求加强世界遗产、国家重点文物保护单位、国家重点风景名胜区、国家历史文化名城(镇、村)等保护和利用设施建设,建设抢救性文物保护设施。

根据《全国"十一五"历史文化名城名镇名村保护设施建设规划》,列入规划的"十一五"期间历史文化街区和历史文化名镇(村)保护基础设施建设和环境整治项目共 178 项,其中历史文化街区保护项目 100 项,历史文化名镇(村)保护项目 78 项,经评估审核,基础设施投资估算为 20.5 亿元,需要中央补助投资为 98 947 万元。

根据级别不同,旅游发展专项资金分为国家级、省级、市级、县级等不同级别。其中国家级旅游发展专项资金主要包括国家红色旅游发展专项基金、国家"十一五"历史文化名城、名镇、名村专项保护资金、国家文化和自然遗产地保护资金、国家重点珍贵文物征集专项经费。除此以外,各省、自治区、直辖市也都根据各自旅游发展实际情况设置了各地区的旅游发展专项资金。另外,交通、文物、林业、环保、经贸、水利等都有部门资金或专项资金,可直接或者间接地支持旅游开发项目。

3. 国家重点珍贵文物征集专项经费

2007 年 7 月 26 日,《历史文化名城名镇名村保护条例(草案)(征求意见稿)》发布,这一条例旨在加强历史文化名城、名镇、名村的保护与管理,继承中华民族优秀历史文化遗产。条例明确指出,国家对历史文化名城、名镇、名村的保护给予必要的资金支持。

《中华人民共和国文物保护法》强调了文物保护的重要性,并提出各级人民政府都应当重视文物保护。因此,对于流落在外的国家重点文物,国家拨出一定经费进行收购和征集。

2002 年新修订的《文物保护法》规定文物行政管理部门可以指定国有文物收藏单位优先购买被拍卖的珍贵文物,购买价格由文物收藏单位的代表与文物的委托人协商确定。

中央财政从 2002 年起设立每年 5 000 万元专项经费用于国家重点珍贵文物征集活动。

在这一经费的支持下,截至 2006 年 5 月,累计实施了 14 个重大征集项目,使用中央财政资金近2亿元,抢救征集了流散于海内外各类珍贵文物204件,以及珍贵皮影文物6万余件,产生了一定的社会影响。

在每年5 000万元的文物征集经费使用上,坚持几条原则:一定要经过权威鉴定,确保真品;要建立科学合理的价格评估体系,做到物有所值;尽量不在拍卖会上买东西。各文物单位要充分利用各方面关系,寻访线索,鼓励捐赠,花少钱买大东西,四两拨千斤;征集重要的、值得国家收藏的文物,或国家馆藏缺门断档的东西,鼓励小件由民间、企业收藏;重点征集海外回流的文物。

文物征集应该有这么几个步骤:第一,确定文物征集对象;第二,由专家对原件进行真伪鉴定和价值价格评估;第三,由文物收购单位报有关部门批准,得到批准后商谈购买,交割资金。

在文物征集的过程中,征集专项经费主要在第三步——文物收购单位向有关部门申报,并在得到许可后,由财政部下拨资金,购买该文物。

4. 省级旅游发展专项资金

在中央的带动下,各省、自治区、直辖市也纷纷将旅游发展作为经济发展的重点,从省级财政拨出一定资金建立旅游发展专项资金,推动各省内的旅游基础设施的建设。

➢ 相关政策依据

《××省旅游发展专项资金使用管理办法》——安徽、浙江、云南、海南、湖南等省针对设立的旅游发展专项资金,都制定相对应的资金使用管理办法。

省级旅游发展总体规划——各个省、自治区、直辖市所制定的旅游发展总体规划,对于本地区旅游发展提出相关要求和发展思路,也为旅游发展专项资金的运用指明方向。

各省国民经济和社会发展"十一五"规划——各个省、自治区、直辖市制定的"十一五"规划中,对旅游发展的方针、政策也是旅游专项资金的政策依据。

申报使用流程:以安徽省为例,安徽省2007年旅游专项资金申报流程:

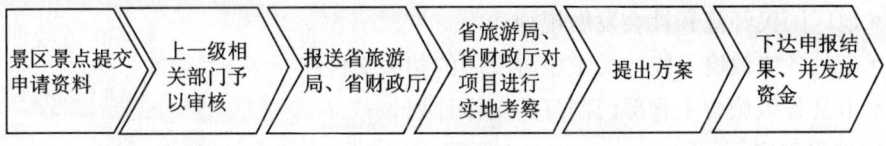

图9-3 旅游专项资金申报流程图

一般来说,申报省级旅游发展专项资金需要附以下相关资料:

项目建议书和可行性研究报告,报告的主要内容应包括:申请旅游产业发展资金的理由、数额、预期目标、经济和社会效益。基本建设项目的立项审批文件;用地、规划定点的批准文件;环保评估报告。自筹资金及地方配套资金的落实证明或承诺证明。贷款贴息项目须提供当地银行评估后初审意见书和匹配投资单位情况的证明。

➢ 资金使用范围

各省旅游发展专项资金一般用于:
- 支持对全省及地方旅游发展具有重要影响的旅游规划的编制;
- 支持重点旅游项目的建设及特色旅游项目的开发;
- 支持有利于资源整合、区域联动,对发挥整体效应有促进作用的旅游基础设施建设;
- 支持旅游信息化建设、旅游人才的培养和旅游院校的建设;
- 支持有特色的重点旅游商品的研发。

5. 市县级旅游发展专项资金

市、县级旅游发展专项资金,来源包括以下几个方面:市县政府部门的财政预算;上级政府和旅游主管部门拨付的专项经费;接受的社会捐赠;其他来源。

设置旅游发展专项资金的市县,主要集中在那些具有高品位旅游资源、旅游发展潜力较大的地区,尤其在今天旅游业已经被提升为国民经济新的增长点,发展旅游成为振兴地方经济的有效途径,各地政府部门也纷纷将工作重点转向旅游开发和建设,不仅积极争取中央和省级旅游发展专项资金,也不断从地方财政拨出一定的资金,设立本地旅游发展专项资金。

市县政府部门,期望通过设立旅游发展专项资金,促进地区旅游经济的发展,加快旅游建设的步伐,把本地建成中国优秀旅游城市、优秀旅游县,打造旅游胜地,以旅游带动地区经济的发展。

➢ 政策依据

市县级旅游专项资金的政策依据包括:
- 本地区旅游发展总体规划;
- 上级旅游发展总体规划;
- 地区国民经济和社会发展规划;
- 市县各级政府下发的关于旅游发展的相关文件;
- 市县各级旅游主管部门制订的工作计划。

➢ 申报程序

一般来说,市级旅游专项资金的申报流程如下:

由市旅游主管部门提出下年度专项资金重点支持的旅游发展项目的指导意见,以引导各地申报项目;在每年的项目申报月,各县(市)区、开发区、市直各部门根据市政府及旅游主管部门的要求,提出使用专项资金的项目计划;申报计划上报旅游主管部门和财政部门审查;经市政府批准后,下达项目立项计划批准书;另预留一部分专项资金,由市旅游主管部门根据市政府发展旅游年度工作安排和临时性工作情况,提出使用意见。

也有些地区的申报流程不同于上述情况,而是首先由旅游项目单位提出资金补助计划,经当地财政部门审核后,上报市旅游局、财政局,审核通过后由市财政局下发资金。

县级旅游专项资金的申报,由旅游项目单位首先提出申请,向县旅游局、财政局报送资金申请报告,经县旅游局、财政局审核,并经县政府同意后,由县财政部门划拨资金。

第四节 基于"旅居政策"的土地运作策略

土地是"三农"经济发展的基石,土地运作是"旅居农家"方案执行过程中必然面临的问题,也是"旅居产品"打造,"旅居经济"构建,"旅居城镇"建设过程中,最为关键的环节。因此,如何基于国家政策体系进行土地运作,影响"旅居农家"实施和推动的进展。

一、四大运作策略

运作的策略按照不同的标准有多种多样,如按照投资商的资金实力、按照旅游项目的不同等。笔者按照土地的一、二级开发来划分共有四种策略,来实现旅游投资的项目运营和投资回报。

(一)旅游投资商介入土地一级开发的两种模式

1. 共建公司共同开发

由旅游投资商单独或者与土地所有者组建项目公司进行一级土地开发,由当地土地储备机构负责实施,并由土地储备机构负责筹措资金、办理规划、项目核准、征地拆迁及大型市政建设等手续并组织实施。而项目公司负责土地开发具体管理工作(主要是土地"六通一平"整理工作),最后项目公司收取管理费。其标准为土地储备开发成本的2%左右。其开发成本主要包括征地、拆迁补偿费及有关税费、收购、收回和置换过程中发生的有关补偿费用、市政基础设施建设有关费用、招标、拍卖和挂牌交易中发生的费用、贷款利息等。旅游投资商按股权比例收益。但在实际操作过程中,项目公司一般会远高于此比例。此种策略比较适用在当前国内比较流行的省级政府组建的专业旅游投资公司。这种政府背景组建的公司具有整合省内旅游资源、提升现有存量资产和旅游招商融资功能,并不完全直接投资某旅游项目。所以,在土地整理阶段能够快速打包并能够迅速回收现金以便快速进入下一项目。并不真正介入项目的直接管理运营。如国内的云南旅游投资有限公司、重庆交通旅游集团、吉林旅游投资有限公司等。

2. 项目公司单独开发

土地储备中心和土地所有者不直接参与土地一级开发工作,只负责与主管部门协商征地、拆迁补偿与安置。项目公司则实施土地开发,包括相关基础设施和"六通一平"工作。项目公司提取不高于土地储备开发成本8%的利润。旅游投资商按股权比例收益。但在实际操作过程中,项目公司一般会远高于此比例。此种策略比较适合习惯做大盘开发、开发旅游项目不多的地产商。但是需要土地开发规模比较大(一般在4000亩)以上,区域较好,一般是东部沿海城市或者内地大城市郊区地带。这种土地的交易费用一般很高。对于土地整理的项目公司来说,其收入是可观的,而且开发周期比较短,能够实现快速回报,一般在一年左右就能够实现资金回流。

(二)旅游投资商介入土地二级开发的两种模式

这种情况需要与土地所有者组成的项目公司根据与土地所有者协议优先条款直接取得二级土地开发权或者根据协议优先条款通过招标取得土地二级开发权。

1. 项目公司独立二级开发

项目公司通过协议出让或者"招拍挂"等方式获取土地并直接项目运营收取收益(包括自身项目建设运营、经营转让、合同租赁、上市融资、项目招商运营)。旅游投资商按股权比例收益。此种策略比较适合具有旅游项目开发经验的专业旅游投资者介入。如华侨城集团和宋城集团。此种策略开发的收益最高,但同时开发周期也比较长。需要强大的项目运营、管理实力。

2. 项目公司负责运营而不参与建设开发

项目公司不参与项目建设开发,而是与土地所有者组建专业旅游投资管理公司参与重点项目的委托管理和经营,省却土地获取的投资过程,旅游投资商按股权比例收益。此种策略对旅游投资商的专业管理能力和强大的营销系统有较高要求。比较适合国内和具有外资背景的专业的旅行代理公司。此类公司有专业的旅游管理经验,但不如前一类公司具有强大的项目运营背景。如中旅、国旅具有强大游客网络系统;携程的强大的"酒店+机票"预定系统和外资背景的酒店集团和度假村集团(如悦榕、凯莱)可以利用其强大的营销网络来实现自己的投资策略。

二、三大运作模式

(一)三种运作模式内涵

1. 社会保障换承包地模式

社会保障换承包地方案是指用社会保障代替土地保障的方案。农民年老进入小城镇定居,拥有稳定的非农收入来源,又自愿出让其原先承包经营的土地和宅基地使用权,可以申报为城镇居民户口,与城镇居民享有同等的社会保障和子女入学政策,并对其购买养老保险、医疗保险等给予适当补助,并纳入城市廉租房范围,实行就业扶持。该种模式的土地流转各区县政府要统一实施征地,统一各补偿政策,统一办理失地农民农转非和养老保险,并对不同年龄阶段的农民实施不同的补贴和社保政策。

2. 宅基地换住房模式(城乡建设用地增减挂钩模式)

"宅基地换住房"方案是指用集中兴建新型农村社区或城镇住房替换农村宅基地的方案。按照土地集中、城市建设用地增加与农村建设用地减少相挂钩的思路,农户将土地承包经营权通过入股、联营、出租或租赁、转包、转让等方式实现集中,农户获得租金、薪金、股金三重收入,同时,农户可以退出其宅基地使用权进入新型农村社区集中居住或进入城镇购买经济适用房或商品房,政府给予旧房拆迁补偿,并将增加的农村宅基地指标置换为城市建设用地,用土地出让金等收益对农民购房进行补贴。

3. 集体经济发展型模式

集体经济发展型方案是指以股份合作制为特征的方案。将集体土地和农民土地承包经营权折价入股,组建股份经济合作组织或公司制企业,对集体资产进行经营,农民可以到合作组织或公司制企业投劳打工,获取租金、薪金、股金三重收入。该模式可以把辖区农民的土地和集体建设用地集中起来,实行集中开发、连片种植,将农村划分为农业生产区、工业开发区和群众商住区,以此实施统一规划和经营。

(二)三种土地流转模式的比较分析

1. 从预期收益的角度看

仅从所耗费的成本来说,集体经济发展型模式比较适合于中国绝大部分地区社会经济发展情况,这主要是因为集体经济发展型模式政府所投入的成本相对于另外两模式来说要小得多,农民所承担的风险也比这两种模式要小得多。

2. 从社会稳定的角度看

如果政府财政支持不到位,则社会保障换承包地模式很容易对社会稳定性造成威胁,农民既没有能力购买住房,也没有政府提供保障性的收入。尤其是在医疗和养老保险金不能到位的情况下,将会造成社会动荡不安。而"宅基地换住房"模式,相对社会保障换承包地模式来说,情况要稍微好些,因为这种模式只是给原有农民进行耕种时可能带来不便,如果土地流转市场比较完善,那么这种模式对社会稳定将不会有多大影响。在集体经济发展模式下,农民一方面可以获取租金、薪金、股金三重收入;另一方面,农民仍然对所承包的土地具有部分收益权和处分权。因此,这种模式相对于政府还没有足够的财政实力时不失为一种可以考虑的模式。当然,众所周知,集体经济发展型模式同样也存在经营风险,股金和薪金都有可能化为泡影,因此,这种模式对社会稳定有一定的隐患。

3. 从城镇化进程角度看

社会保障换承包地模式下,农民可得到城镇居民户口和相对较好社会保障政策照顾,比如农转非优惠政策、子女入学优惠政策和养老保险、医疗保险等。由此可知,此种模式能使农民在城市里安定生活,非常有利于加快城市化进程,而且城市化的稳定性较好,不易出现逆城市化现象。在"宅基地换住房"模式下,不及社会保障换承包地模式发展速度,集体经济发展型模式是三种流转模式相对于另外两种模式来说其城市化速度更为缓慢,因为集体经济发展型模式主要是通过提高农民向城市的转移"能量"来促进城市化发展。一旦集体企业经营不善,城市化也就无法推进。总之在对城市化进程的积极作用方面,"社会保障换承包地"模式大于"宅基地换住房"模式,"宅基地换住房"模式又大于"集体经济发展"模式。

参考文献

[1]陆学艺.中国"三农"问题的由来和发展[J].当代中国史研究,2004,11(3):4-15.

[2]陆学艺."三农"新论:当前中国农业、农村、农民问题研究[M].北京:社会科学文献出版社,2005.

[3]吴敬琏.土地城市化速度比人高一倍,人在城里 还叫农民[N].21世纪经济报道,2013-04-08.

[4]冯继康,李岳云."三农"难题成因:历史嬗变与现实探源[J].中国软科学,2004(9):1-9.

[5]牛若峰.中国的"三农"问题:回顾与反思[J].古今农业,2003(4):1-11.

[6]余朝晖,曹筱春."三农"问题的主要表现、基本成因和根本对策[J].宜春学院学报(社会科学)2004,26(1):36-40,106.

[7]赵凤玉."三农"问题成因探源[J].发展研究,2005,10:41-42.

[8]温铁军,董筱丹,石嫣.中国农业发展方向的转变和政策导向:基于国际比较研究的视角[J].农业问题研究,2010(10):88-94.

[9]闫海旺.当前农村土地流转若干问题[J].太原市委党校学报,2003(4):26-27.

[10]陆岸萍.关注"三农"问题[J].广西经济管理干部学院学报,2001(4):34-37.

[11]九三学社.关于推进面源污染防治的建议[R].2012-03-13.

[12]全国非农建设用地情况基本查清[N].光明日报,1998-01-22.

[13]农业与农村经济三十年辉煌成就——改革开放30年我国经济社会发展成就系列报告之八[N].国家统计局网站,2008-11-07.

[14]27万个建制村通了沥青(水泥)路——我国农村公路建设综述[N].华夏经纬网,2013-05-28.

[15]卫生部:2012年农村居民住院实际报销水平达55%[N].中国新闻网,2012-12-26.

[16]韩俊."十二五"时期"三农"政策基本走向[J].三江论坛,2011,(4):3-6.

[17] 李昌平. 粮食安全问题的化解之道——关于中国农业制度的思考[J]. 探索与争鸣,2011,(5):3-7.

[18] 我国社会保障支出占财政12% 远低于西方国家[N]. 21世纪经济报道,2012-06-15.

[19] 罗伟雄. 实践"三个代表"促进农村发展[N]. 光明日报,2001-03-11.

[20] 王建. 用城市化解决"三农"问题[J]. 上海投资,2001(10):4-7.

[21] 沈越. "三农"问题的根本出路在于城市化[J]. 当代经济研究,2002(2):36-40.

[22] 赵复元. 全面小康建设与"三农"问题综述[J]. 经济研究参考,2004(87):40-45.

[23] 李林杰. 人口城市化:解决三农问题的根本之路[J]. 河北大学学报(哲学社会科学版),2005,30(3):77-81.

[24] 李本军. 三农问题与政府行为[D]. 中国农业科学院,2005.

[25] 吴敬琏. 农村剩余劳动力转移与"三农"问题[J]. 宏观经济研究,2002(6):6-9.

[26] 林毅夫. 解决三农问题的关键在于发展农村教育、转移农村人口[J]. 职业技术教育,2004,(9):33-35.

[27] 顾修迅,郭振宗,胡继连. 统筹城乡发展是解决"三农"问题的关键[J]. 山东社会科学,2004,(6):86-89.

[28] 曾业松. 统筹城乡:解决"三农"问题的必然选择[J]. 人民日报,2004-02-23.

[29] 许经勇. 解决"三农"问题的途径:统筹城乡发展[J]. 南通师范学院学报(哲学社会科学版),2004,(1):40-45.

[30] 赵复元. 全面小康建设与"三农"问题综述[J]. 经济研究参考,2004,(87):40-45.

[31] 陈锡文. 当前农业和农村经济形势与"三农"面临的挑战[J]. 中国农村经济,2010,(1):4-9.

[32] 黄祖辉. 中国"三农"问题解析——理论述评与研究展望[M]. 杭州:浙江大学出版社,2012.

[33] 林光彬. 社会等级制度与"三农"问题[J]. 读书,2002,(2):30-36.

[34] 宫希魁. 中国"三农"问题大透视[J]. 财经问题研究,2003,(2):56-63.

[35] 胡继连,姜东晖. "穷人经济学"与"三农"问题[J]. 山东农业大学学报(社会科学版),2007,(1):1-7.

[36] 岑子彬. 根除农民权利贫困是解决三农问题的关键[J]. 太原师范学院学报

（社会科学版），2009，8（5）：46－48．

[37] 樊胜根，张林秀，张晓波．中国农村公共投资在农村经济增长和反贫困中的作用[J]．华南农业大学学报（社会科学版），2002，（1）：1－13．

[38] 赵复元．建立农村最低生活保障制度的综述[J]．经济研究参考，2005，（55）：40－45．

[39] 徐祥临．中国古代农本思想的现代诠注——兼谈"给农民增收开辟第四条渠道"的智慧源头——兼谈"给农民增收开辟第四条渠道"的智慧源头[J]．江苏行政学院学报，2001，（4）：54－59．

[40] 李培林，田丰．中国新生代农民工：社会态度和行为选择[J]．社会，2011，31（3）：1－23．

[41] 夏丽霞，高君．新生代农民工市民化进程中的社会保障[J]．城市发展研究，2009，16（7）：119－124．

[42] 黄连贵，张照新，张涛．我国农业产业化发展现状、成效及未来发展思路[J]．经济研究参考：2008，（31）：23－33．

[43] 夏春玉，薛建强．农业产业化模式、利益分配与农民收入[J]．财经问题研究，2008，（11）：31－38．

[44] 周批改．二元体制与"三农三化"——关于中国三农发展的宏观思路[J]．湘潭大学社会科学学报，2002，26（4）：57－59．

[45] 郭树清．从国民经济总体上考虑和解决"三农"问题[J]．宏观经济研究，2002（6）：10－13．

[46] 洪银兴，刘志彪等．二农现代化的现代途径[M]．北京：经济科学出版社，2009．

[47] 钱再伦．余庆之名的由来[N]．贵州政协报，2006－03－07．

[48] 邱学宗，陈保健．以"四在农家"创建为载体 推进贵州社会主义新农村建设的进程[A]．改革开放与欠发达地区社会主义新农村建设理论研究[C]，2008：313－320．

[49] 中产阶级下乡[N]．21世纪商业评论，2013－01－22．

[50] 王家洪．以"四在农家"促进乡村旅游发展探析[J]．商场现代化，2008，12：350－351．

[51] 周感华，赖晓玲．建立完善新机制 建设文明新农村——遵义市余庆县"四在农家"运行机制启示录[J]．中共贵州省委党校学报，2006，06：22－23．

[52] 遵义市委宣传部．关于在全市农村广泛开展"四在农家"创建活动的实施意见的报告[R]．2001．

[53] 彭正海．基层政府在新农村建设中的角色定位思考——以遵义市"四在农家"为例[J]．中国MPA专业学位设置十周年纪念大会暨第七届全国MPA论坛论文

集,2011-12-30:268-278.

[54]长兴县农业银行:支持三农经济发展 推进惠农政策落实[N].长兴新闻网,2012-11-16.

[55]吴必虎,唐俊雅,黄安民,赵荣等.中国城市居民旅游目的地选择行为研究[J].地理学报,1997,52(2):97-103.

[56]Greenstein S, Khanna T. Competing in the age of digital convergence[J]. Boston,1997: 201-226.

[57]杨颖.产业融合:旅游业发展趋势的新视角[J].旅游科学,2008,22(4):6-10.

[58]徐文雄.旅游发展与产业融合"四化"[J].旅游学刊,2011,26(4):11.

[59]许豫宏,张雪梅,贾伟."新沂旅游产业园区"与中国旅游产业经济未来[M].北京:旅游教育出版社,2011.

[60]张文健,陈琳.产业融合框架下的农业旅游新内涵与新形态[J].旅游论坛,2009,02(5):704-708,716.

[61]王德刚.农业旅游代际特征与盈利模式研究[J].旅游科学,2013,27(1):76-83.

[62]张海燕,王忠云.旅游产业与文化产业融合发展研究[J].资源开发与市场,2010,26(4):322-326.

[63]Michael E, Porter. Clusters and the New Economics of Competition[J]. Harvard Business Review,1998,(11):77-90.

[64]秦兴方.县域产业创新的机理与路径——以扬州市邗江区为例[J].扬州大学学报(人文社会科学版),2006,10(3):3-8.

[65]陆国庆.产业创新:超越传统创新理论的新范式[J].哈尔滨市委党校学报,2003(1) : 11-14.

[66]许豫宏,王晓娜.靖宇蓝图与中国县域未来[M].北京:旅游教育出版社,2010.

[67]张燚,张锐.城市品牌论[J].管理学报,2006,3(4):468-476.

[68]方丽.城市品牌要素研究及实证分析[D].西南交通大学,2005.

[69]张义,宋日辉.浅析城市营销中的政府营销能力[J].商业研究,2007(4):65-68.

[70]李浩,王婷琳.新中国城镇化发展的历史分期问题研究[J].城市规划学刊,2012(6):4-13.

[71]胡锦涛.高举中国特色社会主义伟大旗帜为夺取全面建设小康社会新胜利而奋斗[R].中国共产党第十七次全国代表大会上的报告,2007-10-15.

[72]杨晓东. 我国新型城镇化发展道路探讨——以陕西省榆林市新型城镇化发展为例[J]. 中国市场,2010(42):21-37.

[73]张岭峻,笪晓军. 实施新型城镇化战略促进城乡一体化发展——以甘肃省为例[J]. 城乡建设,2010(10):28-30.

[74]仇保兴. 国外模式与中国城镇化道路选择[J]. 人民论坛,2005(06)42-44.

[75]潘峰. 推进新型城镇化是扩大内需的战略选择[J]. 学习月刊,2011(2):6-7.

[76]楚爱丽. 加快新型城镇化发展进程的若干思考[J]. 农业经济,2011(8):49-53.

[77]柳博隽. 以新型城市化引领新农村建设[J]. 浙江经济,2010(14):6.

[78]杨昌鹏. 贵州城镇化水平与旅游业发展关系研究[J]. 贵州社会科学,2012,265(1):76-79.

[79]西蒙.库兹涅兹. 现代经济增长:速度、结构与扩展[M]. 北京:北京经济学院出版社,1985.

[80]许豫宏,崔宴芳. 旅游地产开发概论[M]. 北京:旅游教育出版社,2012.

[81]韩俊:农民工市民化实质是公共服务均等化[N]. 经济参考报,2013-02-04.

[82]陈柳钦,卢卉. 农村城镇化进程中的环境保护问题探讨[J]. 当代经济管理,2005,27(3):81-85.

[83]李昌平. 我向总理说实话[M]. 北京:光明日报出版社,2002.

[84]姚永康. 加快转变县域经济发展方式研究[M]. 镇江:江苏大学出版社,2010

[85]徐庆. 中国二元经济演进与工业化战略反思[J]. 清华大学学报,1997(2):38-39.

[86]秦兴方,顾梅,俞晓. 以品牌经济转换县域经济发展方式——邗江区的实践与启示[J]. 扬州大学学报(人文社会科学版),2008,12(1):32-37.

[87]成德宁. 中国经济发展中的"三农"问题[M]. 济南:山东人民出版社,2009.

[88]黄红华. 从"外力拉动"到"双轮驱动"——转型期中国农业农村发展的战略调整与制度创新[J]. 甘肃行政学院学报,2012(4):94-101.

[89]宋洪远,等. 中国新农村建设:政策与实践[M]. 北京:中国农业出版社,2012.

[90]姜长云. 转型发展:中国"三农"新主题[M]. 合肥:安徽人民出版社,2011.

[91]徐元明. 走进"三农"论"三农"[M]. 南京:凤凰出版社,2012.

[92]农业部软科学委员会办公室. 农村改革与统筹城乡发展[M]. 北京:中国财政经济出版社,2010.

[93]温铁军. 三农问题与世纪反思[M]. 北京：三联书店,2005.

[94]温铁军."三农"问题与制度变迁[M]. 北京：中国经济出版社,2009.

[95]张秀生,王伟,胡春娟,陈慧女. 中国县域经济发展[M]. 武汉：中国地质大学出版社,2009.

[96]王军,张蕴萍. 县域经济创新发展研究[M]. 北京：人民出版社,2011.

[97]李苗. 县域城镇化问题研究[M]. 北京：经济科学出版社,2012.

[98]王克忠. 论中国特色城镇化道路[M]. 上海：复旦大学出版社,2009.

[99]曾福生,吴雄周,刘辉. 新农村建设和城镇化协调发展——以湖南省为例[M]. 北京：经济科学出版社,2012.

[100]简新华,何志扬,黄锟. 中国城镇化与特色城镇化道路[M]. 济南：山东人民出版社,2010.

[101]陈先运. 寻求跨越县域经济协调发展研究[M]. 济南：山东大学出版社,2007.

[102]刘翠娥,赵国杰,兰国良. 县域产业集群的形成与发展[M]. 北京：中国财富出版社,2009.

[103]国务院发展研究中心课题组. 中国城镇化前景、战略与政策[M]. 北京：中国发展出版社,2010.

[104]李明. 中国共产党三代领导集体与"三农"[M]. 北京：知识产权出版社,2010.

[105]阎占定. 中国转型发展中的"三农"问题研究[M]. 武汉：湖北人民出版社,2011.

[107]朱宇,祁新华,王国栋,等. 中国的就地城镇化：理论与实证[M]. 北京：科学出版社,2012.

后　记

——旅居：旅游产业与旅游地产的模式跨越

合上这部书稿，心情仍无法平静，心中反复回荡的是有关这个时代最大的动向和一个新时代即将到来的脉搏气息。虽然本书稿只经历约一年的撰写时间，但书稿所富含思想体系的形成过程，却是伴随着笔者进入旅游行业的二十多年以来，主导和参与的国内数千项景区、城市、旅游地产等各类项目，引领和推动产品创意模式和旅游发展模式创新，探索和见证国内旅游思维体系与旅游体验方式变革的历程而逐渐形成并日臻完善。回想此番历程，"旅居"作为时代的大浪潮汹涌而至且萦绕脑海，这也是余庆"旅居农家"模式创意的本源。关于这条"旅居"的线索，其不仅是驱动景区发展模式转变，影响区域旅游理念变革，引领旅游经济模式转型的线索，同时也是旅游市场的需求转型，游客思维模式变革，旅游服务理念升级的线索。梳理这条线索，不仅对于区域旅游产业的发展具有借鉴和指导意义，更具有以旅游产业为引导，驱动区域产业经济发展的战略意义。

为此，笔者想借此"旅居农家"理论体系诞生之际，梳理从观光到"旅游"的时代价值转向，深入揭示旅居时代形成的核心驱动力，进而探讨旅居时代的重要特征，从而构建旅居时代的核心承载力和服务体系，既希望能够借此展示"旅居农家"的思想渊源及演变历程，更希望能够为各级旅游主管部门、旅游开发商、旅游及相关行业从业部门抓住旅居时代的发展机遇，迎接新一轮旅游变革所发起的挑战而提供理论借鉴和实践基础。

一、从观光时代到旅居时代的历程

"旅居"作为一种富有诗意的生活方式，起源于人类社会在物质生活富裕后而产生的对非常住地的探索欲望以及零星的实践行为，随着社会的变革和人们观念的转变，正成为时尚而普遍的生活方式。

人类旅游观念的变革是伴随着时代的变革而不断演变的，梳理数千年来我国旅游发展的历程，大致经历了"观光——观光+休闲——观光+休闲+度假——旅居"四个发展阶段：

(一)观光时代

世界旅游和中国旅游的大部分时间都处在观光时代,这个时代由于旅游刚刚兴起,刚成为一种生活方式得以流行,游客的旅游消费需求层次,对应着单一的旅游产品结构:以观光为主要目的、走马观花式的旅游产品,导致出现具有时代必然性的单一门票经济模式。此时的旅游者被称为观光客。这一时期凸显出三个基本特征：

1. 游客需求层次低

观光旅游时代中旅游者的旅游意识刚刚觉醒,旅游需求处于较低的层次,即希望去更多、更远的地方,游著名的景点,造成旅游以多目的地、长距离的观光为主,休闲度假所占比例较小,且在长距离的观光旅游中,旅行社组织的团队游客占很大部分,散客比例小。这种旅游消费的格局,致使在景区内观光是旅游过程的主要形式。

2. 旅游产品结构单一

在观光旅游的时代背景下,旅游产品结构不合理,旅游产品链尚未建立,旅游产品的开发长期停留在观光旅游产品层次上,休闲度假的产品较少,旅游娱乐、旅游购物不发达,在旅游营业收入中,商品性收入所占比重很小。

3. 游客逗留时间短

由于此阶段游客需求的层次不高,旅游产品开发体系不丰富,致使通常的一个游览过程是游客购买景区门票,然后进入景区内用十几分钟、最多几十分钟的时间走马观花游完一个景点,然后奔向下一个景点,游客逗留时间较短。"上车睡觉、下车拍照、回来啥也不知道"成了这个时代旅游的基本特征。这种对景区内项目参与少、旅游舒适度要求低、导致景区赢利模式较为单一,即"门票经济",不重视内部硬件和管理服务软件水平的提升,不重视新项目的引进,而是简单地通过提高门票价格来提高景区的收入和利润。

(二)观光+休闲时代

随着旅游消费的深入,游客的多元化旅游消费需求,游客不仅仅再满足走马观花式的旅游,使单一的旅游产品结构调整为多元化的产品结构:融合观光、休闲、娱乐、购物等多种功能的多元化旅游产品开始出现,对应着多元化的产业经济模式。在景区型观光性旅游基础上为游客提供多元化的产品,主要是基于延长游客的逗留时间、增加综合性收益,具有一定的功能性特性和被动停留意愿,此时的旅游者主要被称为过夜客,更偏向于客人的角度。这一时期,观光和休闲这两种旅游形式开始并存,休闲的方式和内容逐渐成为吸引游客的重要吸引物。

(三)观光+休闲+度假时代

随着生活水平的不断提高,人们的综合收益随着国民经济增长的速度而相对提升,并逐步由温饱生活走向有钱有闲的消费阶段,进而希望得到一种休闲地的品质化综合体验和日常化生活方式,必然要求旅游产业进入到休闲度假产品的开发时代,国内旅游也由观光游览为主导逐步向追求舒适、享乐型的休闲度假为主导的旅游方式转变。其典型特征之一是"环城市游憩度假带"的逐步形成和扩散,特别是在大都市(或都市圈)周边形成密集的以服务都市(圈)居民周末或节假日休闲度假为主要目的的度假区、度假公寓、度假木屋群和度假别墅等产品形态的出现;第二居所、第三居所开始进入中产阶层或富裕阶层的视野。其二是随着交通条件的不断改善,中远距离的度假活动开始逐步兴起。其三是产品结构转型,现有产品的结构过剩与不足,表现在大众观光产品供给远大于需求,而休闲、度假等产品类型则需求旺盛、供给不足。这一时期,观光、休闲、度假等旅游产品共融发展。

(四)旅居时代

旅居时代,人们在大部分时间里,可以随时作为游客身份而存在,旅游活动与日常活动不再有明显的区分界限,旅游、休闲、度假可以随时转化;旅游活动的场所也不再是传统意义上的景区,而是融入人们日常活动的空间中,旅游地呈现泛时空性、同质性、无场所性等特征。这一时期,农庄、田园、山水、人文等资源均是旅游的构成要素,无景区化成为最显著的特点。人们由过去对差异化旅游目的地和新奇体验的追求,转换成人们在熟悉的日常空间里,通过个人不同的主观感受和体验,形成的对吸引物新的理解和感受。这就要求我们将特定区域范围内的旅游资源、旅游要素整体化,化零为整,聚焦出击,使区域幻化成为一个和谐统一的旅游吸引物,"景非景,游非游",将景致与生活完美结合,寓景于生活,是旅居时代的最显著特点。

二、旅居时代的三重驱动力

休闲时代和高铁时代的到来,改变着人们的生活方式,引发人们更高层次的旅游消费需求。针对游客的需求"旅+居",依托优越的自然风光及文化内涵,涵盖旅游综合服务和城市公共服务体系,构建多元、齐全、全方位、一站式高端配套的主客共享的旅居创意旅游模式。因游客的"旅居"需求,此时的旅游者不再只是观光客、过夜客,而成为了旅居客,是主人与客人的合体。在休闲时代和高铁时代,以及游客的更高层次消费需求背景下,旅居这种全新的居住方式、生活方式,已开始为越来越多的人所认同。

1. 休闲时代让享受成为可能

经历了30多年的高速发展,在今天的中国,"快"已经不是唯一的标准。"快慢相间、动静相宜"里有更深的意境。"进退自如,忧乐两宜"也成为一些人的人生哲学。按照业界的标准,人均GDP达到3000美元以上,旅游产业就将进入一个升级阶段,由观光式旅游迈向休闲度假式旅游。而我国早已跨过休闲时代的门槛。这种趋势,在富庶的江浙地区体现得尤为明显。以人均GDP居全国首位的浙江省为例,20年前的统计数据表明,观光客人占旅游总体的76%,现在观光客的比重降到17%,纯粹走马观花式的客人越来越少,相当一部分人出游的目的是休闲、度假。

休闲不只是经济发展阶段的要求,更是公众权利的体现。现代休闲早已不是文人、士大夫的专利,也不再是"隐逸"的代名词。而更多地展示为一种"慢生活、深呼吸、发发呆"的健康生活方式。它直接体现为人们的幸福指数。相应地,也对休闲产品的多样化提出了更丰富的要求。休闲旅游不能一味地追求奢侈、高端,而应是多层次的。既可以有五星级酒店,更要有农家乐式的民居。

"休闲已经成为一种刚性需求",2010年,全国人均出游率是1.5人次,而20世纪90年代初,人均出游率还不到0.5人次,也就是说当时平均每两个人一年里才出游一次,现在是平均1个人出游1.5次。按这个速度发展,到2015年人均出游率将达到人均2人次,算上非旅游性质的休闲,休闲的人数会更多。虽然说离人人休闲可能还有相当的距离,但总体上进入了一种全民休闲的时代。

全民休闲时代的到来,促使出现了"5+2"、"11+1"的全新生活方式,即周一至周五和一年中的11个月,住在市区住宅,便于上班、工作;周末和1个月来到郊区住宅,以求过着休闲生活,同时对环境和配套设施的要求更高。

2. 高铁时代使世界近在咫尺

高铁是国家推动区域交通格局转变的重大战略,将成为一种改变我们寻常人生活方式的推动力。

高铁时代的到来使城市的发展模式会被"推倒重来",必须从单个城市的孤立发展模式走向多个城市联动的、共赢发展的新时代;使"三小时经济圈"、"五小时交通圈"和"一小时生活圈"逐渐成为现实;使昔日长途游变成"短线游",短线游因高铁相当"同城游";更使旅居生活圈发展壮大成为越来越多人选择的主流、时尚新生活方式。

3. 游客的高层次需求助推旅居生活方式内涵丰富

随着中国步入休闲时代和高铁加上游客消费观念的成熟,旅游消费模式处于以休闲消费、时间消费、度假居住为目的的"休闲度假旅游模式"。在这种模式下,人们对于旅游消费的需求将逐步倾向于"景区的环境"+"城市的设施"并存的模式。亦即,游客向往一种"旅游在景区,生活在社区"旅居功能一体化的全新生活方式,需要有"旅"+"居",需要的是能留住客人小住,要有留客的理由、留人的内容、留人的设施、留人的环境等更加丰富的内涵。

三、旅居时代的重要特征:主客共享,宜居宜游

1. 主客共享

旅居时代的旅游目的地,既可以服务于本地居民,又可服务于外来游客,功能更加

完善,主题更加突出,其本质是针对市场人群追崇田园生活、山水旅游的时代需求,为远道而来的游客提供旅游产品,使外来游客找到"回家"的感觉,并真实体验当地的风土人情、风味美食、风景田园,倡导和满足城市居民回归自然、回归乡野、回归自我的生活方式。

2. 宜居宜游

旅居时代的重要特点便是"居游"同在,旅游目的地和我们的生活地可以同时存在,本地居民和游客之间可以相互转换,旅游活动不再是浅层次的观光形式,而是追求一种朴实价值的回归。"宜居"是区域关注点的转移和旅游综合功能的提升,其本质是为满足人类居住和生活理性,提高本地居民的自豪感、归宿感和幸福感。而"宜游"是区域旅游发展理念的最高境界,整个如同一个家庭,一个幸福的家庭总会不断有亲朋好友前来拜访,而客厅里经常高朋满座也是家庭的荣耀,游客到此有很强的认同感、舒适感和满足感。"宜居"与"宜游"之间形成一种良性的互动关系,所谓"近者悦,远者来"。

3. 泛旅游化

泛旅游化主要是旅游活动的泛化和旅游产业的泛化,旅游活动不再是传统意义上的旅游活动,而是存在于购物、休闲、美食、美容、健身、运动等种种活动中,可以称之为"无限活动";旅游活动空间也因此而泛化,不再是传统意义上的景区,而是存在于商业、休闲、游乐等众多设施空间,即"全景空间",随之而牵动旅游产业的综合化、链条化、融合化出现,即"泛旅游产业"的出现。

四、旅居时代的核心承载力:"1+N"型生活方式

人们对于旅游的内涵有了更高的要求,更加注重在一个旅游目的地内的多种旅居体验和享受。因此,在城市型功能性旅游基础上构建既服务于外来游客,又服务于当地居民的、功能更加完善、主题更加突出的主客共享的"1+N"模式(1种核心资源+N种旅居配套功能)显得尤为重要。

(一)一种核心资源

旅居创意旅游的核心资源吸引力在于适宜的旅居环境、优越的自然资源、独特的文化内涵等。

1. 自然资源的依托

依托的自然资源主要有滨海、温泉、湖岸、森林、山地资源、田园风光等。

滨海资源:从资源属性上讲,世界各国的旅游产业和住宅产业,濒临海洋的海岸线都是最佳资源,全世界60%左右的人住在沿海区域;从经济上讲,世界各国经济发达的地区,大量财富聚集在这里;在市场方面,沿海地区对人口具有巨大的吸引力,此外,还有密集交通网络。

湖岸资源:我国幅员辽阔、地理形态丰富多样,湖泊的数量和类型很多。我国拥有的湖泊景观资源居世界第三位,仅次于北美地区和北欧地区。天然的资源条件使我国的湖泊旅游得到了较大的发展,为湖泊旅游模式的开发提供了良好的基础资源和保障条件。

温泉资源:温泉是一种自然疗法,大部分化学物质会沉淀在皮肤上,改变皮肤酸碱度,故具有吸收、沉淀及清除的作用,其化学物质可刺激自律神经、内分泌及免疫系统。

森林资源:森林是大自然的"调度师",它调节着自然界中空气和水的循环,影响着气候的变化,并与人的健康相关,改善着居住环境,部分树种具有经济作用。

山地资源:山与中国宗教、哲学、养生、民居、文学、绘画、风俗民情有深厚的渊源,为发展山地休闲奠定了良好的基础。

田园风光:包括田园生活重要的意象,如耕田、梯田、水塘、牧童、耕牛、油菜花、大树、庭院植物,等等;不同时节有田园不同的景象。

2. 文化内涵的体现

主要涉及地脉文化、建筑文化、园林文化、宗教文化、民俗文化、休闲文化等文化体系。

(1)地脉文化

每个城市、每个地区都有自己独特的风格和文化,这些地脉文化形成了当地的生活习惯,并具体表现在人们的喜好、行为和文化观念等方面。只有体现出地域特色,才会有市场和生命力,必须在了解城市的地形、地貌、气候、环境等外在因素后,才会对当地的人文历史等内在底蕴进行深刻思考,深掘出城市独特的文化主题。

(2)建筑文化

建筑文化是在人类文明长河中产生的一大物质内容和地域文化特色的亮丽风景,同时也是人类生活与自然环境不断作用的产物。在不同的时代,建筑文化的内涵和风格是不一样的;在不同的地域,建筑文化也完全不同,在建筑文化的发展趋势下,多种多样的建筑流派和建筑思潮层出不穷,与城市意识流的多元化交织在一起,形成丰富的建筑文化格局。

(3)园林文化

园林中的建筑、植物、山水尽显文化的符号。依靠园林设计的文化,应用一定的地域,运用工程技术和艺术手段,通过改造地形(或进一步筑山、叠石、理水)、种植树木花草、营造建筑和布置园路等途径,可以创造出美的自然环境和游憩境域。

(4)宗教文化

宗教是一种文化现象,世界各民族的宗教观念又互不相同。落后的宗教观念虽在一定程度上束缚了人们的身心,但也给人类以极大的精神慰藉,并给后人留下了大量的宗教文化遗迹。在中国复杂的宗教体系中,既有土生土长的原始宗教道教,也有外来的世界三大宗教——佛教、伊斯兰教和基督教,民间还存在着其他一些小的宗教。

(5)民俗文化

俗话说,"十里不同风,百里不同俗"。古代与近代之间、南北与东西之间、汉民族与各少数民族之间的传统节庆、服饰、居住、配件、婚丧习俗、民间娱乐等存在着巨大差异。在项目开发中,加入民族风俗文化,加入认同感和归属感,形成自己独有的特色。

(6)休闲文化

中华民族的历史源远流长,其休闲文化的内容十分丰富。综合起来,中国传统的休闲文化主要分为文人休闲文化和大众休闲文化,前者包括琴、棋、书、画、酒、茶,后者除了民间花、鸟、虫、鱼的休闲功能外,还有其他许多诸如斗鸡、走狗之类的民间娱乐活动。

依托当地的优越自然资源,对当地的地脉文化、建筑文化、园林文化、宗教文化、民俗文化、休闲文化等文化体系内涵进行深度挖掘、主题创意、特色演绎,形成自身的特色、核心竞争力和吸引力。

(二)N种旅居配套功能

旅居配套功能主要涉及旅游功能、度假功能、休闲娱乐功能、养生(老)功能、商务会议功能、休闲商业功能等,而在多功能复合的情况下又体现出多业态的组合。

1. 旅游功能

旅居创意旅游项目所在地一般都拥有优美的自然环境和稀缺资源,如山、湖、海、森林、气候、温泉等和特色浓郁的人文环境。在具备丰富的自然资源的基础上,嫁接以人文理念。资源始终是旅居创意旅游的命脉,人性之中,追求美好的自然环境的本能不会改变,适宜的气候、幽静的环境和丰富的物产综合成为旅居创意项目的最核心竞争力,也使其具有了旅游的功能。

2. 度假功能

旅居创意旅游是适应度假生活需要应运而生的产业形态,承载着旅游度假生活。从这个意义上讲,旅游地产本身并不是一般意义上的房地产,而是一种重要的旅游产品。随着度假生活的行为需求不断增长,人们对旅游中居住的需求也将不断膨胀。业态主要体现为度假酒店、主题酒店、高中端社区、主题社区、农家旅馆等。

3. 休闲娱乐功能

休闲是指与人的休闲生活、休闲行为、休闲需求(物质的与精神的)密切相关的产业领域,特别是以旅游业、娱乐业、服务业为龙头形成的经济形态和产业系统,一般涉及国家公园、博物馆、体育(运动项目、设施、设备、维修等)、影视、交通、旅行社、导游、纪念品、餐饮业、社区服务以及由此连带的产业群。休闲产业不仅包括物质产品的生产,而且也为人的文化精神生活的追求提供保障。业态主要有演艺中心、文化博物馆、手工艺制作坊、艺术工作室、画廊、酒吧、图书馆等。

4. 养生(老)功能

按照联合国健康组织的调查显示:商业社会中的人群中有20%的人是患者、75%为亚健康人群,只有5%是健康人。不难想象,现代社会的快节奏生活和竞争压力使越来越多的人不堪重负,生态环境恶化和环境污染造成的疾病也在不断威胁着人们的生存安全,全球有87%的都市人有生态移民的愿望。伴随着人们物质生活水平的提高,养生(老)所营造的健康人居理念,越发受到各界追捧。科学规范的市场引导,也使以健康和养生为主题的旅游开发形式逐渐走进了人们的视野并逐步崛起。具体展现的业态主要有养生会所、养生餐饮、健身俱乐部、养生课堂、音乐理疗、体操运动中心、中医养生馆等。

5. 商务会议功能

商务会议产业属于第三产业,是一种新兴的产业形式,也是市场经济发展到一定阶段的产物。以文化为商务会议的基本内涵,具有带动性。会议产业不仅能创造巨大的直接经济效益,还可以带动上、下游的相关产业,是一个集交通宾馆、餐饮、购物、旅游文化交流、区域形象推介、商品交易和投资项目洽谈为一体的高效益、无污染的"产业链"。体现为会议中心、会议酒店、会展中心、商务酒店、企业总部、企业会所、俱乐部等业态。

6. 休闲商业功能

以"休闲"为主要需求的商业在崛起。无论是何种形态的休闲商业,或者是全新概念的商业广场,都离不开满足休闲商业消费的六大要素,即"吃、住、行、游、购、娱",即餐饮行业存在的空间、酒店行业的空间、商业交通的空间(城市大交通与商业之间的关系与商业配套的交通体系,尤其是停车位的设置)、商业文化的空间(博物馆、画廊、艺术展)、零售,以及百货业的空间、娱乐业的空间(酒吧、KTV、演艺吧、演唱会、话剧)。

N种旅居配套功能,涉及房地产业、文化娱乐业、康体养生业、商业、会议会展业、生态农业等多种产业。以旅居创意旅游项目为基础发展起来的庞大产业既能够带动旅游的综合消费,又能够拉动相关产业的共同发展,帮助传统产业升级转型、产业延伸、拓展空间,实现多种产业间的和谐、统一发展。

五、旅居服务体系:"旅游综合服务+城市公共服务"

针对游客的高层次旅居需求,提供"旅+居",即"旅游综合服务+城市公共服务"的双圈服务体系。

(一)旅游综合服务

1. 游客服务中心

设置功能完善、相对独立的游客服务中心,位置优越、标志醒目、规模适当,游客中心明确标示免费服务项目,在游客中心内部设置电脑触摸屏,介绍各标志设施及服务。

2. 消防医疗救护服务

设立医务室,有专职医护人员,备有日常药品、备急救箱、急救担架;建立紧急救援体系;设置内部救援电话,向游客公布且畅通有效;设置消防、安全防护站等,以应对意外情况。

3. 环卫设施服务

设置垃圾筒、垃圾箱(桶),其外观整洁美观、数量充足、布局合理;设置厕所服务设施,位置合理、数量充足,厕所总量达到旺季日均游客接待量的5%以上;若固定厕位不能满足高峰期的需求,设流动厕所;厕所使用水冲或生态厕所的比例达100%;设残疾人厕位;厕所内部有文化氛围,厕所内根据景区特点进行装饰布置。

4. 解说、导示牌服务

配备导游全景图,全景图要正确标示出主要景点及旅游服务设施的位置,包括各主要景点、游客中心、厕所、出入口、医务室、公用电话、停车场等,并确标明示咨询、投诉、救援电话;交叉路口设置导览图,标明现在位置及周边景点和服务设施的图示;配备景物介绍牌,标志牌,且中外文对照,明确无误、文图相符。

5. 安全保障服务

设置安全保护机构,有健全的安全保护制度;设有专职安全保护人员,并在游客集中和有安全隐患的地方分布;设置齐全安全警告标志,并且要醒目、规范;建设完善的监控系统。

6. 旅游购物服务

建设购物场所,但购物场所不破坏主要景观,不妨碍游客游览,不与游客抢占道路和观景空间;对购物场所进行集中管理和环境整洁工作,秩序良好,无围追兜售、强买强卖现象;旅游商品具有本旅游区域的特色。

(二)城乡公共服务

1. 保健卫生服务

建立大型综合医院,对居民和游客的各种病症提供及时的治疗;建立、健全以社区卫生服务中心(站)为主体的社区卫生和计划生育服务网络,为社区居民和游客提供预防保健、健康教育、康复、计生技术服务和一般常见病、多发病、慢性病的诊疗服务;具备药房、家庭健康档案室等医疗体系。

2. 科普文化服务

建立各种类型的学校,针对青少年以及需要进行培训教育的各类人群;建立室外活动场所,配置相应的健身器材,保证居民和游客就近、方便、经常地参加文体活动;建立独立、开放的多功能文化娱乐活动室(含图书阅览室)。面向社区居民和游客组织开展形式多样、丰富多彩的教育培训、文艺表演、科普宣传、书画摄影、棋艺球类等文体活动。

3. 便民商业服务

发展商业服务,建设便利店和超市服务点、建设大型的商业中心;发展家政服务,规范家政服务市场管理,为居民和游客提供方便、快捷、周到、优质的生活服务;建设电话亭、报刊亭服务点,使居民和游客享受到便利服务。

4. 老年残障服务

建立和完善养老服务机构,重点开展为"空巢"老人提供生活照料、家政服务、医疗服务和精神文化等方面的服务。建立医院、社区、家庭相结合,保健、医疗、福利相结合的综合性老年卫生保健服务系统,为社区内的老年人就医提供方便。建立残疾人协会,依托残疾人活动室和残疾人康复站,整合区域资源,为残疾人提供文化娱乐活动的场所和康复医疗、训练指导、心理疏导、知识普及、辅助器具、转介等无偿或低偿帮助服务,保障残疾人的基本生活需要。

5. 安全保安服务

开展以保安、联防队员为主体,专职和义务相结合的巡逻守望、看楼护院等活动,构筑以民警为主导,社区治保会和物业保安为依托,居民和游客积极参与的群防群治网络,使安全网络覆盖社区各个角落。加强社区警务室(站)的建设,大力实施社区警务战略,建立人防、物防、技防相结合的防范机制和防控网络。深入开展法制宣传教育和咨询服务活动,建立完善收集、反馈社情民意的工作机制。

6. 卫生环保服务

垃圾及时清运,定点处理,无卫生死角,公厕设施符合相关要求,无"六乱"现象。污水处理、能源利用等符合环保的要求,烟尘控制、噪声治理符合标准,除"四害"各项措施得到落实。绿化用地至少达25%,无毁绿、侵占绿地等现象;建设有效的环境管理模式,改善社区环保基础条件,提高环境管理水平,提升居民和游客的生活环境质量,倡导符合生态文明观念的生活习惯、消费方式和道德意识;建立传染病、食品安全、灾害事故的公共应急反应机制,不断提高社区应对突发事件的能力;绿化用地至少达到25%,无毁绿、侵占绿地等现象。

在旅居一体新型生活方式成为主流的背景下,构建涵盖旅游综合服务和城市公共服务体系的双圈服务体系,提供全方位、一站式配套功能和服务的主客共享的旅居创意旅游模式,成为未来泛旅游产业发展的方向。

旅居,作为旅游产业与旅游地产的模式跨越,不仅将引领余庆县经济社会的全面发展和繁荣,也将作为一种变革动力,引领中国旅游业的重大转变,让我们拭目以待。

许豫宏

2013 年 4 月 26 日

责任编辑：郭珍宏

图书在版编目(CIP)数据

余庆旅居农家与中国三农经济创新模式／许豫宏，贾伟，汪海涛编著. --北京：旅游教育出版社，2013.7
（文化旅游经济丛书）
ISBN 978-7-5637-2605-9

Ⅰ.①余… Ⅱ.①许… ②贾… ③汪… Ⅲ.①家庭农场—农业模式—研究—余庆县 Ⅳ.①F324.1 ②F327.734

中国版本图书馆 CIP 数据核字（2013）第 067206 号

余庆旅居农家与中国三农经济创新模式

许豫宏　贾伟　汪海涛　编著

出版单位	旅游教育出版社
地　　址	北京市朝阳区定福庄南里1号
邮　　编	100024
发行电话	(010)65778403　65728372　65767462(传真)
本社网址	www.tepcb.com
E - mail	tepfx@163.com
印刷单位	北京中科印刷有限公司
经销单位	新华书店
开　　本	787mm×1092mm　1/16
印　　张	18
字　　数	293 千字
版　　次	2013 年 7 月第 1 版
印　　次	2013 年 7 月第 1 次印刷
定　　价	98.00 元

（图书如有装订差错请与发行部联系）